Carsten Dürkob

A Change Is Gonna Come

MEDIEN UND KULTUR

Carsten Dürkob

A Change Is Gonna Come

Dylan, die Beatles, die Rolling Stones
und andere im Jahr 1966

The Sixties, vol. 2

MEDIEN UND KULTUR

Dürkob, Carsten:
A Change Is Gonna Come. Dylan, die Beatles, die Rolling Stones und andere im Jahr 1966.
The Sixties, vol. 2.

1. Auflage 2015
ISBN: 978-3-86815-599-0
Covergestaltung: Marta Czerwinski
Schallplatte: Designed by Freepik.com

© IGEL Verlag *Literatur & Wissenschaft*, Hamburg, 2015
Alle Rechte vorbehalten.
www.igelverlag.de

Igel Verlag *Literatur & Wissenschaft* ist ein Imprint der Diplomica Verlag GmbH
Hermannstal 119 k, 22119 Hamburg
Printed in Germany
Die Deutsche Bibliothek verzeichnet diesen Titel in der Deutschen Nationalbibliografie.
Bibliografische Daten sind unter http://dnb.d-nb.de verfügbar.

A Change Is Gonna Come

„I think we've been stuck with a used year!!"
- Lucy van Pelt 1966 [1]

1967 – ein Jahr als ein Mythos. Alles Friede und Freude? Für die einen ist es jedenfalls der „Summer of Love", ein regenbogenbuntes Kaleidoskop von Sonne, Friedfertigkeit, Unschuld, vielfarbigen Röcken, die schon wieder länger werden, als sie noch 1965 waren, von Be-Ins und Sit-Ins, von Brillengläsern und Luftballons in Herzchen-Form, von Blumen in den Haaren und Op-Art-Plakaten für endlose Free-Form-Open-Air-Konzerte, das alles eingehüllt in eine einzige Wolke süßlichen Rauches aus kleinen Röllchen spezifischer Kräuter, die, gern in größerer Runde konsumiert, stets gemeinschaftsstiftend zum Nächsten weitergegeben werden. Überhaupt bekommen das Erleben und das Handeln in der Gemeinschaft eine neue und für die Dynamik zunehmende Bedeutung. Den Soundtrack zu alledem liefern *The Beatles* mit ihrer LP „Sgt. Pepper's Lonely Hearts Club Band". Die Band hat lange auf sich warten lassen: Unerhörte zehn Monate sind seit dem letzten Longplayer „Revolver" vergangen. Die neue, ungewohnt komplexe LP lässt sich als Blick in eine Parallelwelt verstehen, als Versuch, der eigenen Identität zu entkommen und folgerichtig einen Blick auf die Welt aus einer anderen Perspektive zu finden.[2]

Ein Gefühl von „Up, Up And Away" beherrscht den Sommer.[3] „Turn on, tune in, drop out"?[4] Für manche schon.

Für andere sieht es anders aus. Sie fühlen sich herausgefordert, zumindest den Versuch zu unternehmen und praktisch zu demonstrieren, wie wunderbar das Leben sein könnte, wenn man sich Autoritäten, vermeintlichen Zugzwängen und Konsumdruck widersetzt, Politiker und ihre spießigen, furchtbarerweise voraussagbaren Handlungsweisen ignoriert und die Bürgerrechte stärkt, indem man das Gesetz des Handelns in die eigenen Hände nimmt. Ausprobieren ohne Rücksichten, aus der Rolle heraustreten, anders sein ist das Gebot, genauer noch das Gesetz der Stunde. Fast alles scheint möglich.

---

[1] Charles M. Schulz: The Complete Peanuts. 1965 to 1966. Seattle: Fantagraphics 2007, S. 159 (Story vom 3. Januar 1966).
[2] Vgl.: Carsten Dürkob: „Words are flying out ..." Die Textgeschichte der Beatles. The Sixties, vol. 1. Hamburg: Igel 2012, S. 173-196. Im Folgenden zitiert als: Dürkob.
[3] Vgl.: *The Fifth Dimension:* „Up, Up And Away" b/w „Which Way To Nowhere" (Mai 1967). Bei den 10. Grammy-Verleihungen 1968 wird „Up, Up And Away" zum „Song of the Year" 1967 ernannt.
[4] Timothy Leary; erstmals bei der Eröffnung einer Pressekonferenz am 19. September 1966 in New York City, später auch als Titel eines Buches: Timothy Leary: Turn on, tune in, drop out. Various collected essays. Berkeley, CA.: Ronin 1999.

Bei genauerem Hinsehen erweist sich also, dass 1967 (im Kleinen wie die 1960er Jahre im Großen) eine Zeit scharfkantiger Gegensätze ist. Woran man sich heute erinnert – die Gewalt bzw. die ständig zunehmende Gewaltbereitschaft auf der einen, den nicht selten naiven Idealismus auf der anderen Seite –, hängt in der Tat vom persönlichen Blickwinkel ab. Dass die Zeit unaufhaltsam vergeht, dass sich nichts und gleichzeitig alles ändert – „Man, you shoulda been here last week", ist in San Francisco zu hören –, ist schon den Zeitgenossen mehr oder weniger deutlich stets präsent. Und wer will da schon die Zeitungen oder die Mädchen von gestern, wenn wir schließlich in einer Welt ständigen Wandels leben, fragt *Mick Jagger* – wenn auch eher rhetorisch.[5]

Es gibt immer noch Krieg, obwohl die bislang im 20. Jahrhundert geführten Kriege gezeigt haben sollten, dass Waffengänge nicht die Antwort auf die Frage(n) sein können. Es gibt immer noch Gewalt als politisches Mittel – der Mord an John F. Kennedy liegt im Sommer 1967 gerade dreieinhalb Jahre zurück. Und es gibt immer noch die gezielte Ungleichbehandlung der Ethnien – der Versuch von James Meredith, seine Rechte wahrzunehmen, endet 1962 in einer großen Konfrontation und einer politischen Zwickmühle. Es sind vor allem die jungen Leute, die sich gegen diese eingefahrenen Mechanismen und Sichtweisen – die vorgebliche Notwendigkeit eines Krieges in Vietnam, die Ausgrenzung der Schwarzen, die Behinderung oder Unterdrückung von Meinungen, die von denen der herrschenden Mehrheit abweichen – engagieren. Sie sind sich sicher und machen es deutlich: Es hat sich schon manches geändert, aber es wird sich noch mehr ändern. Nicht: muss, sondern: wird. A Change Is Gonna Come.[6]

1967 ist als ein Jahr der jungen Menschen und der von ihnen formulierten Hoffnungen in die Geschichte eingegangen. Das (erste) Human Be-In findet am 14. Januar des Jahres im Golden Gate Park in San Francisco statt. Es will aufrütteln und zum Engagement anregen unter anderem für ein friedliches Miteinander der Ethnien, den verantwortungsvollen Umgang mit der Umwelt, die Legalisierung des Drogenkonsums – im Oktober 1966 war der Konsum von LSD in den USA unter Strafe gestellt worden – und die Liberalisierung der Gesellschaft. Unterstützt wird die Veranstaltung durch Live-Musik unter anderem von den Newcomer-Bands *Jefferson Airplane*, *Grateful Dead* und *Big Brother and the Holding Company*. Weil die Bewegung so dezidiert jugendlich ist,[7]

---

[5] Vgl.: *The Rolling Stones*: „Yesterday's Papers", LP „Between The Buttons" (Januar 1967).
[6] Vgl.: *Sam Cooke*: „Shake" b/w „A Change Is Gonna Come" (Dezember 1964).
[7] Für einen Augenblick sieht es so aus, als würde die Welt tatsächlich jünger. Der amerikanische Rechtswissenschaftler Charles A. Reich wird diesem Gefühl ein paar Jahre später in einem

liegt die Frage nahe, ob und in welcher Weise denn Pop-Musik und Songtexte Einfluss auf das Denken, Fühlen und Handeln der jungen Menschen haben – eher beispielsweise als Bücher oder Filme. Um Argumente für eine Antwort auf die Frage zu finden, lohnt ein Blick zurück auf das Jahr 1966. Denn tatsächlich zeichnen sich in der Pop-Musik von 1966 – deutlicher als beispielsweise in der Politik oder in der Literatur – tiefgreifende Veränderungen ab. Nicht nur innerhalb des Business, indem eine Reihe von Bands und Song-Schreibern wie die eben erwähnten neu auf der Szene auftauchen, und nicht nur, weil etliche der Interpreten, die um 1960/62 gestartet sind, 1966 aus dem Business oder zumindest aus den Charts verschwinden. Sondern weil das bis dahin gültige Pop-Konzept durch die Newcomer und vor allem durch einige LPn der etablierten, weltweit erfolgreichen Top-Stars einer radikalen Neu-Definition unterzogen wird. Sie machen alles anders als zuvor und kommen auf diese Weise zu Ergebnissen, die bis heute nichts von ihrer Strahlkraft verloren haben. In diesem Jahr geben sie der Musik neue Richtungen, neue Authentizität und eine neue Dynamik als kulturelles Medium. Deshalb konzentriert sich dieser Essay auf sechs LPn etablierter Künstler –

17. Januar: *Simon & Garfunkel*: Sounds Of Silence
15. April: *The Rolling Stones*: Aftermath
16. Mai: *The Beach Boys*: Pet Sounds
16. Mai [?]: *Bob Dylan*: Blonde On Blonde
5. August: *The Beatles*: Revolver
10. Oktober: *Simon & Garfunkel*: Parsley, Sage, Rosemary & Thyme –,

ohne dabei andere Interpreten zu ignorieren.

Allerdings muss, wer wissen will, warum 1967 so geworden ist, wie es geworden ist – und warum 1968 dann so ganz anders gelaufen ist –, mit seinen Überlegungen schon in den 1950er Jahren ansetzen. Das Wesentliche dazu herauszuarbeiten, ist Aufgabe der folgenden Einleitung. Es wird sich zeigen, dass in diesen Jahren alles Bekannte und Gewohnte hinterfragt, auf den Kopf gestellt wird, und dass Veränderungsbereitschaft und Veränderungsdruck speziell nach 1962 keine Grenzen mehr kennen. Viele Menschen zumindest der westlichen Welt werden sich ihrer Kräfte bewusst und sind nicht mehr bereit, einfach wie gehabt weiter zu machen. Dabei handelt es sich immer wieder auch um die Suche der kriegsgeborenen Generation nach ihrem Ort in der Gesellschaft. Das Jahr 1966 bringt als eine Art Kulmination dann diese

---

Buch (durchaus ein wenig blauäugig, denn die Welle hat sich schon überschlagen) Ausdruck verleihen: Charles A. Reich: The Greening of America. New York: Random House 1970.

erstaunliche Ballung wegweisender Platten. Im Hauptteil dieses Buches wird danach gefragt, welche Themen mit welchen Mitteln hier aufgegriffen und welche Antworten gegeben werden. Damals wie heute sind nicht auf alle Fragen eindeutige Antworten möglich – aber deutlich wird doch, dass eine junge Generation den Konsens der 1950er Jahre kündigt, weil sie in allem, was sie umgibt, die Option erkennt, dass es auch anders sein könnte.

Ist 1966 „… a used year"?

Nicht in der öffentlichen Wahrnehmung, wohl aber nach Auffassung der Musikverlage sind Songtexte literarische Werke, die auch in der wissenschaftlichen Literatur nur nach den Bedingungen der Verlage zitiert werden dürfen. Insofern versucht dieser Essay, ohne Zitate auszukommen. Für die Songtexte der hier betrachteten LPn werden folgende Quellen herangezogen (in eckigen Klammern der hier verwendete Kurz-Titel):

Simon & Garfunkel: Paul Simon: Lyrics 1964 – 2008. New York u.a.: Simon & Schuster 2008. [Simon: Lyrics].
The Rolling Stones: www.rollingstones.com/discog/, Zugriff vom Januar 2007 (leider sind die Texte inzwischen von der Seite genommen worden). [rs.com]
The Beach Boys: Booklet zu: The Beach Boys: The Pet Sounds Sessions. Capitol Records 1996 [PetS 1996].
Bob Dylan: Bob Dylan: Lyrics 1962 – 2001. London: Simon & Schuster 2004 [Dylan: Lyrics].
The Beatles: The Beatles Lyrics. London u.a.: Omnibus Press 1998. [Beatles: Lyrics].

Die Zeilenverweise (Z. ##) im Text beziehen sich auf diese Quellen.

Wir ändern alles, 1. Durchgang.

So kann es ja nun auch nicht weitergehen? Wer braucht denn 1962 auch die (32.) Single „Baby Face" (b/w „You Know How") von *Bobby Darin*, das Cover eines Songs aus dem Jahr 1926? Oder die (19.) Single von *Neil Sedaka*: „King Of Clowns" (b/w „Walk With Me", aufgenommen schon 1960), die ewige Geschichte vom gerade verlassenen jungen Mann, der seine Trauer hinter Fröhlichkeit versteckt? „Was hat denn das mit der Wirklichkeit zu tun?" grübeln die gerade frisch Verlassenen. Wer verlassen wurde, hat doch das Verlangen, die ganze Welt anzuklagen? Oder „Norman" (b/w „On The Outside Looking In") von *Carol Deene*, ein erschütternd ironiefreies Stück darüber, dass sich die Frau/Sängerin ständig verfügbar hält für besagten Norman und alles tut, um ihm zu gefallen, womit das Frauenbild vergangener Jahre ungetrübt fortgeschrieben wird? Oder *Buddy Greco*s „I Ain't Got Nobody", ein Song aus dem Jahr 1915? Oder ...? Wo ist der Rock'n'Roll?

Dass 1962 weit und breit praktisch kein Rock'n'Roll in den Charts zu hören ist, ist nur der akustische Beleg dafür, dass Politik und Gesellschaft auf einen toten Punkt gelaufen sind. Von heute aus ist man geneigt anzunehmen, dass der Rock'n'Roll der bestimmende Sound der zweiten Hälfte der 1950er Jahre war. Aber das stimmt nur sehr eingeschränkt; man kann sich heute leicht vor Ohren führen,[8] dass der Pop für Erwachsene, wie er 1952 gespielt wurde, in keiner Weise verdrängt worden ist. Was aber verloren gegangen ist, ist die Energie, mit der der Rock'n'Roll seine Hörer infiziert hat, seine Kraft als das die Generation der um 1940 Geborenen definierende und einende Medium der Selbstverständigung. Aus Bewegung ist 1962 Stillstand geworden, die frühen 1950er Jahre sind Anfang 1962 in vielerlei Hinsicht sehr präsent. Wie konnte das passieren?

Wir sind es gewohnt, vom Ende der 60er Jahre her auf ihren Anfang zurückzublicken und dann mit guten Gründen zu konstatieren, dass das Jahrzehnt nichts weniger als eine Revolution gebracht habe.[9] Noch 1962 ist davon aber wenig zu spüren. Auf der Suche nach Erklärungen muss man ein Stück in die 1950er Jahre zurückgehen; dabei zeigt sich, dass der Rock'n'Roll selbstver-

---

[8] CD-Label wie Ace, Fantastic Voyage oder Bear Family Records haben in den vergangenen Jahren zahllose Charts-, Label- oder themenorientierte Re-Issues und Kompilationen der späten 50er und frühen 60er Jahre vorgelegt. Mit ihrer Hilfe kann man sich einen guten Überblick über die Zeit verschaffen.

[9] So argumentiert – mit weiten Ausgriffen auf die 50er Jahre und einer Spiegelung der Entscheidungen der 60er Jahre in den Entwicklungen der frühen 70er Jahre –: Arthur Marwick: The Sixties. Cultural Revolution in Britain, France, Italy, and the United States, c.1958-c.1974. Oxford, New York: Oxford University Press 1998. Im Folgenden zitiert als: Marwick.

ständlich etwas mit den Veränderungen in den 1960er Jahren zu tun hat. Mit ebenfalls guten Gründen wird man sagen können, dass die 60er demnach irgendwann Mitte der 50er Jahre begonnen haben, und dass die 50er Jahre etwa Anfang der 60er zu Ende gegangen sind. An den beiden Jahren 1954 und 1962 lässt sich das verdeutlichen.

1954

Das Jahr 1954 bringt in den USA den Absturz des zuvor allmächtigen Senators Joseph McCarthy, der mit seinen Vernehmungen vermeintlich linker Künstler, Schauspieler, Autoren und Publizisten anfänglich einer in diesen Zeiten des Kalten Krieges verbreiteten Paranoia Ausdruck gegeben hat: der Angst vor einer kommunistischen Unterwanderung; dann aber hat er jeden Kredit verspielt und sich unglaubwürdig gemacht mit seiner Kommunistensuche in der Armee. Zwar werden andere erzkonservative Politiker und Vereinigungen (wie die John Birch Society) weiter Ängste schüren, aber das Ende von McCarthy ist doch ein erster Hinweis auf eine Rückkehr zu einer weniger hysterischen Betrachtung des Ost-West-Gegensatzes. Gleichwohl ist unabhängig von der Person McCarthys im Auge zu behalten, dass seine Befragungen vor allem demonstrieren sollten, dass sich verdächtig macht, wer nicht dem intellektuellen und seelischen Mainstream angehört, wer andere Auffassungen und Vorlieben erkennen lässt. Insofern strahlen McCarthys Verhöre immer auch einen Konformitätsdruck aus, der die Gesellschaft dermaßen prägt, dass er sich noch in den 60er Jahren bemerkbar macht. Das Jahr bringt ferner den Rechtsstreit Brown vs. Board of Education of Topeka, an dessen Ende der U.S. Supreme Court die Rassentrennung in öffentlichen Schulen verbietet – eine Entscheidung, die den Konfliktparteien als (zweites[10]) Fanal für den Kampf für/gegen die Gleichberechtigung der Ethnien dient. Schließlich läutet das Jahr endgültig das Ende des kolonialen Zeitalters ein: Frankreich, eine der Siegermächte des Zweiten Weltkriegs, muss sich nach dem Fall von Dien Bien Phu geschlagen aus Ostasien, dem damaligen Indochina, zurückziehen; in den kommenden zwei Jahrzehnten werden Großbritannien, Frankreich, Belgien, Portugal und viele andere Länder ihre Kolonien in die Selbstständigkeit entlassen.

Besonders deutlich werden die Veränderungen – für alle, die hören können – in der Musik. Neue Töne sind zu vernehmen: Das Doo-Wop-Quintett *The*

---

[10] Wenige Monate zuvor hatte die Weigerung von Rosa Parks, ihren Sitzplatz im Bus – wohlgemerkt im für Schwarze vorgesehenen Bereich – zugunsten eines weißen Passagiers aufzugeben, von Montgomery, Ala., aus für erste erhöhte öffentliche Aufmerksamkeit gesorgt.

Chords veröffentlicht seine Single(-B-Seite) „Sh-Boom",[11] *Bill Haley & His Comets* haben großen Erfolg mit „Shake, Rattle And Roll" und „Rock Around The Clock" (in einer mit Country-Elementen verwässerten Rhythm'n'Blues-Variante) und in Memphis nimmt der junge *Elvis Presley* im Juli seine erste Single „That's All Right" auf; nach seinem Wechsel von Sun Records zu RCA 1956 wird die Karriere von *Presley* eine bis dahin – auch von dem jungen *Frank Sinatra* in den 1940er Jahren – nicht erreichte weltweite Dynamik entwickeln.

So wenig diese Ereignisse von 1954 auf den ersten Blick miteinander zu tun haben: Sie zeigen, dass politische und gesellschaftliche Veränderungen imminent sind, und sie alle haben auf ihre je eigene Weise langfristige Wirkungen tief in die 1960er Jahre hinein. Augenfällig ist der sich verändernde Umgang der Geschlechter miteinander, der auch eine Veränderung im Verhältnis der Generationen markiert: Seit dem Zweiten Weltkrieg, dessen Brutalität und Rücksichtslosigkeit als Zivilisationsbruch erlebt wurden, verschwindet ein ganzes etabliertes Regelwerk des Umgangs miteinander. Ausdruck dessen ist ein zunehmend unverstellt geäußertes Interesse an aktiv ausgelebter Sexualität. Dies entspricht zum einen einem Bedürfnis der verunsicherten Menschen nach Selbstvergewisserung und bietet sich zum anderen der jüngeren Generation als Möglichkeit des Tabu-Bruchs und der bewussten Distanzierung von der Eltern-Generation an.

Kommt hinzu, dass sich mit dem Rock'n'Roll – von Interpreten, die quasi als Generation fast alle in den 1930er Jahren geboren wurden (*Chuck Berry* 1926, *Carl Perkins* und *Little Richard* 1932, *Elvis Presley*, *Gene Vincent*, *Larry Williams* und *Jerry Lee Lewis* 1935, *Buddy Holly* 1936, *Eddie Cochran* 1938) –, eine Vielzahl von Themen und offenen Fragen verbindet, die in der Suche nach einer eigenen Identität für die Generation ihrer etwas jüngeren Zuhörer ihren Fluchtpunkt findet. Musik und Texte sind deutlich bestrebt, sich von der bis dahin auf die Erwachsenen zielenden populären Musik abzusetzen und ein eigenes Generationsgefühl zu etablieren. So kommt es, dass das wachsende Interesse an einem umweglosen Umgang miteinander in die Song-Texte des (zunächst vor allem schwarzen) Rock'n'Roll aufgenommen wird. Darüber hinaus greifen sie Themen und sprachliche Wendungen auf, die Jugendliche ansprechen, Redewendungen funktionieren zunehmend als Gruppen-Code, als

---

[11] Sie wird gern mal als erste Rock'n'Roll-Aufnahme bezeichnet. Vgl.: *The Chords*: „Cross Over The Bridge" b/w „Sh-Boom" (ca. April 1954). – Natürlich ist der Rock'n'Roll nicht plötzlich da. Aufnahmen, die den *Chords* den Weg gebahnt haben, stammen zum Beispiel von *Amos Milburn* („Chicken Shack Boogie", 1948) oder *Johnnie Ray* („Cry", 1952). Die kurze Erfolgsgeschichte des Rock'n'Roll muss hier nicht noch einmal erzählt werden; empfohlen werden kann immer noch: Charlie Gillett: The Sound of the City. The Rise of Rock and Roll. New York: Outerbridge & Dienstfrey 1970, sowie spätere aktualisierte Ausgaben, z.B.: Cambridge, Ma.: DaCapo 1996.

augenzwinkernder Ausweg aus der repressiven Erwachsenen-Gesellschaft. Wiederum untrennbar damit verknüpft ist das Verhältnis der Ethnien zueinander. In der Musik, die häufiger vom Rhythmus als von der Melodie bestimmt wird, und in den Texten spiegelt sich der Umgang der Weißen mit den Schwarzen – und über die Musik hinaus wird ein Spiegel des Umgangs mit den Herausforderungen daraus, die die neuen Themen (und die dazu passenden Formulierweisen) für die Verfassung der Gesellschaft darstellen. Bedenkt man, dass es sich bei Songlyrik um die wohl am weitesten verbreitete literarische Textgattung handelt, lässt sich dieser Umstand zunächst mal als ein tief sitzendes Kommunikationsbedürfnis deuten – denn zwischenmenschlich und im realen Dialog ist dieses Bedürfnis noch nicht ohne weiteres zu befriedigen. Da wären erst Konventionen, Prüderie und Vorurteile zu überwinden.

Weil aber das Verhältnis der Ethnien angespannt ist, dominiert im Musikbusiness die Strategie, „schwarze" Themen und Vortragsweisen auf eine Weise zu überformen, dass daraus eine auch für Weiße verdauliche Präsentation wird. So wird das eben erwähnte „Sh-Boom" von der weißen Doo-Wop-Gruppe *The Crew-Cuts* noch im Jahr des schwarzen Originals gecovert, ebenso *Big Joe Turner*s „Shake, Rattle And Roll", das dem Publikum nach einer sprachlichen ‚Reinigung' von *Bill Haley* angeboten wird – und beide Cover sind ungleich größere Erfolge. Die einflussreichsten Interpreten des Rock'n'Roll zwischen 1955 und 1959 sind zwei Schwarze, *Chuck Berry* und *Little Richard*, aber ihre Songs sind als weiße Cover-Versionen (von *Elvis Presley* und anderen) in der Regel kommerziell erfolgreicher.

Die sprachliche Reinigung für die Ohren weißer Zuhörer – Anspielungen werden entschärft, die Texte sind weniger direkt, anstößig oder doppeldeutig – und die gezähmte Spielweise führen binnen kurzem zu einer Verwässerung des Rock'n'Roll. Dass er in seiner reinen Form um 1959 herum aus der Wahrnehmung der Charts verschwindet, hat nicht so sehr mit dem Tod von *Buddy Holly* zu tun – als dem Tag, an dem vermeintlich die Musik starb[12] –, als mehr mit dem Verlust der ursprünglichen Energie aufgrund dieser Zähmung durch die Plattenindustrie.

1962

Adrette, familientaugliche, junge weiße Sänger spiegeln um 1961/62 Energie und Aufbruch des Rock'n'Roll vor, bieten aber harmlose Texte, gegen die die Erwachsenen nichts einwenden können.

---

[12] Vgl.: *Don McLean*: „American Pie" b/w „American Pie, pt. 2" (November 1971).

Die New Yorker Song-Industrie rund um das Brill Building, 1619 Broadway etwas nördlich vom Times Square, bemächtigt sich um 1959 der vom Rock'n'Roll beeinflussten Generation der 1939/42 Geborenen (*Neil Sedaka*, Barry Mann und Gerry Goffin 1939, Ellie Greenwich und Cynthia Weil 1940, *Neil Diamond* 1941, *Carole King* 1942, daneben das Duo Jerry Leiber und Mike Stoller, beide 1933 geboren, deren Songs schon in den 50ern von den *Drifters, Elvis Presley, Peggy Lee* und anderen aufgenommen werden) und lässt sie die neue Rhythmik mit zumeist harmlos-unterhaltsamen Texten paaren. In Großbritannien sind John Schroeder, Les Vandyke, John Barry und der in dieser Zeit allgegenwärtige Norrie Paramor die Vertreter dieser Song-Industrie; schon die Tatsache, dass die englischen Autoren im Schnitt etwas älter sind als ihre amerikanischen Gegenüber, verrät viel über die englische Einstellung zur Musik für die Teenager. Heraus kommen auf beiden Seiten des Atlantiks Songs, die mehr oder weniger geschickt das Unterhaltungsbedürfnis befriedigen, ohne die Dringlichkeit, die emotionale Intensität und den Anspielungsreichtum des Rock'n'Roll und seiner (weißen) countryfizierten Spielarten erreichen zu können – und insofern die Teenager auch selten so recht überzeugen: „Oh Carol", „Breakin' Up Is Hard To Do", „Happy Birthday Sweet Sixteen" und der listsong „Calendar Girl" von *Neil Sedaka* (mit seinem Autoren-Partner Howard Greenfield), „Halfway To Paradise", „Will You Still Love Me Tomorrow" und „Don't Ever Change" von Goffin und King, „Tell Laura I Love Her" und „Tell Me What He Said" von Jeff Barry oder „Walking Back To Happiness" und „Little Miss Lonely" von John Schroeder (mit Schreib-Partner Mike Hawker) sind Beispiele von beiden Seiten des Atlantiks.

In den Charts spiegelt sich das Ergebnis dieser industriellen Bemühungen zur Entschärfung des Rock'n'Roll als endlose Folge meist belangloser Songs von austauschbaren Interpreten – schon früh ist die mokante Bemerkung über die vielen Bobbies (*Bobby Darin, Bobby Vee, Bobby Vinton, Bobby Stevens* ...) im Business zu hören. Vor allem die englische Industrie ist hier erfolgreich: Nachwuchsinterpreten werden generationenübergreifend kompatibel gemacht. Galt *Cliff Richard* anfänglich als englische Antwort auf den Rock'n'Roll, so wird schon mit dem seltsamen Sounddesign der zweiten LP[13] der Versuch unternommen, den 19-Jährigen auch für Erwachsene annehmbar zu machen. Die Singles bieten vorwiegend Rock'n'Roll oder R'n'R-verwandte Songs mit den

---

[13] „Blue Suede Shoes" neben „Embraceable You": *Cliff Richard*: LP „Cliff sings" (1959): Auf den jeweils ersten vier Tracks einer Seite lässt er sich von seiner Band *The Shadows* begleiten, die jeweils zweite Hälfte der beiden Seiten wird von Non-Rock'n'Roll-Songs eingenommen, die vom Orchester Norrie Paramor eingespielt werden und teilweise dem Great American Songbook zuzurechnen sind. Dieses Muster wiederholt sich so oder ähnlich bei den folgenden Veröffentlichungen.

Shadows als Begleitband, die Repertoire-Auswahl der LPn – die schon aufgrund ihres Preises eher von Erwachsenen gekauft werden – definiert den Sänger als Eltern-kompatiblen Crooner. Ähnliches ist bei *Helen Shapiro* zu beobachten: Die 14-Jährige, wie *Richard* betreut von Paramor, feiert 1961/62 mit ihrer sehr erwachsenen Stimme mehrere große Erfolge, aber ihre Teenage-Dramen („Don't Treat Me Like A Child", „Tell Me What He Said") werden von einer Rhythmusgruppe und reichlich Streichern und Bläsern begleitet – nicht eben das, was ein junges Publikum anspricht und zur Identifikation einlädt. Anders formuliert: Die englische (und in gewissem Maße auch die amerikanische) Industrie bemüht sich, ihre Sängerinnen und Sänger zwischen den Generationen zu platzieren.

Dieser Unwille zur klaren Positionierung, zur Anerkennung jugendlicher Eigenarten und Vorstellungen zeigt sich auch in der stilistischen Verwirrung, die die englischen Charts Anfang der 1960er Jahre beherrscht: Gemacht wird, was Geld verspricht. Der Pop ist generationsübergreifend gemeint, spricht aber doch eher junge Erwachsene als Jugendliche an *(Eden Kane, Craig Douglas, Mark Wynter, Helen Shapiro)*, daneben finden sich Pop für Erwachsene *(Matt Monro)*, Skiffle *(Lonnie Donegan)*, Trad Jazz *(Chris Barber's Jazz Band, Ken Colyer)*, Comedy- und Novelty-Nummern *(Bernard Cribbins, Anthony Newley)*, hörerunspezifischer Pop *(Carol Deene)* und einige wenige R'n'R/R'n'B-inspirierte Songs, bezeichnenderweise von Amerikanern *(Roy Orbison, Sam Cooke)*, in den Charts.

Also kaum Interpreten mit Persönlichkeit, kaum Songs mit Profil und Aussage. Die unfokussierte, verzweifelt nach einem Trend Ausschau haltende Musikszene ist als Spiegel der prekären gesellschaftlichen und politischen Situation zu deuten: Gesucht werden Abwechslung, Ablenkung, Unterhaltung. Von der Musik aus formuliert: Dass Industrie und Publikum gleichermaßen ratlos sind, ist ein deutlicher Hinweis darauf, dass diese Jahre zwischen 1959 und 1962 in musikalischer Hinsicht als eine Übergangszeit begriffen werden müssen. Was die Musik stilistisch und textlich in dieser Zeit voranbringt, müssen sich die Aficionados wieder einmal in der schwarzen Musik und insofern in den USA (zusammen)suchen: im Rhythm'n'Blues, im Jazz, im als Motown-Sound beginnenden Soul.

Auch die politische Historiographie hat diese Zeit als eine janusköpfige Zwischenphase definiert.[14] Mit John F. Kennedy wird 1961 ein Mann amerikanischer Präsident, der 23 Jahre jünger ist als der britische Premierminister

---

[14] Vgl. z.B.: W.J. Rorabaugh: Kennedy and the Promise of the Sixties. Cambridge u.a.: Cambridge University Press 2002. Im Folgenden zitiert als: Rorabaugh: Kennedy.

Harold Macmillan. Viele von seinen jüngeren Wählern verbinden mit Kennedy die Hoffnung auf einen Wandel weg von dem, was sie aus den 50ern kennen: Entfremdung, Repression, Machtgehabe und Langeweile durch Standardisierung zwecks Kommerzialisierung. Doch dann treibt der Kalte Krieg ausgerechnet in Kennedys kurzer Präsidentschaft 1962 auf einen gefährlichen Höhepunkt zu: Die Konfrontation der Supermächte entlädt sich in einer Reihe spektakulärer Krisen – Berlin seit 1958 bis zum Mauerbau 1961, die missglückte Bay-of-Pigs-Invasion (Kuba) durch US-amerikanische paramilitärische Verbände 1961 und schließlich die Kuba-Krise 1962 um die Stationierung sowjetischer Mittelstreckenwaffen auf der Karibik-Insel –, die das weltpolitische Kräfteverhältnis nachhaltig verändern und eine Neuordnung der Beziehungen untereinander erzwingen. Es ist vor allem die Kuba-Krise, die die Welt kurzzeitig an den Rand eines Atomkriegs bringt. Unterhaltung – siehe oben – ist da wichtiger denn je.

Wenn 1962 hier als das Jahr bezeichnet wird, in dem die 50er Jahre zu Ende gehen, so ist über Kuba hinaus auch an die vielen anderen kleinen und großen Ereignisse zu erinnern, die das Jahr aus den anderen herausheben. Als erster Amerikaner umkreist John Glenn die Erde mehrfach im Weltall. Nachdem der Kosmonaut Juri Gagarin im Jahr zuvor das Wettrennen ins All für die Sowjets gewonnen und Kennedy daraufhin verkündet hat, dass die Amerikaner noch in diesem Jahrzehnt einen Menschen zum Mond schicken werden, öffnet sich damit ein prestigeträchtiger Nebenschauplatz des Kalten Krieges. First Lady Jacqueline Kennedy führt derweil eine Gruppe von Fernsehzuschauern auf einer exklusiven Tour durch das Weiße Haus – was folgerichtig ist, weil ihr Mann seine Wahl 1960 nicht zuletzt der konsequenten Nutzung des jungen Mediums TV verdankt und die First Family auf diese Weise dessen Bedeutung anerkennt. Nebenher zeigen sich die Kennedys so einmal mehr als eine Art amerikanischer Royals.

Der Kampf der Schwarzen um ihre gesellschaftliche Gleichberechtigung findet in dieser Phase allmählich zu einer konzentrierten Form. Mehr öffentliche Aufmerksamkeit bekommt das Anliegen, als weiße Jugendliche im Zuge der „Freedom Rides" den Kampf um die Gleichberechtigung nach und nach auch zu ihrer Angelegenheit machen. Wenn einige Schwarze diese Bemächtigung auch kritisieren, so ist die Formulierung der grundlegenden Forderung durch Weiße wie z.B. im Port Huron Statement vom 15. Juni 1962 für die Mächtigen doch ein deutlicher Hinweis darauf, dass das Thema nicht mehr klein zu handeln, gar zu unterdrücken sein wird. Die Trennung zwischen Menschen schwarzer und weißer Hautfarbe ist damit aber keineswegs überwunden: Nur unter dem Schutz von Bundestruppen kann sich James Meredith als erster Schwarzer im Oktober an der Universität von Mississippi immatrikulieren; ein

Prestige-Erfolg persönlich für Meredith insofern, als in Mississippi die erbittertsten Gegner der Gleichberechtigung leben, ein Zeichen aber auch für den allzu langsamen Fortschritt in den Civil-Rights-Auseinandersetzungen, wenn die Schwarzen sich immer noch jede Position mühsam einzeln erkämpfen müssen.

Dass 1962 ein Schwellenjahr ist, wird wiederum auch in der Musik deutlich. Die wie eben beschrieben orientierungslos dahintreibende, von einem „Weiter so" beherrschte Szene bekommt frisches Blut aus der Generation der Kriegskinder. Geprägt vom Rock'n'Roll, waren sie zu jung, um noch in den 50er Jahren eine Rolle zu spielen, aber jetzt stehen sie vor der Tür – auf der Suche nach der zu ihnen passenden Ausdrucksweise als Teil ihrer Identität. Vier Ereignisse sind aus dem Lauf des Jahres zu erwähnen: Im März 1962 erscheint mit „Bob Dylan" das selbstbetitelte LP-Debüt eines 20-jährigen Folk-Adepten, der aus der Provinz von Minnesota nach New York gekommen ist. Auch das kalifornische Quintett *The Beach Boys* bringt in diesem Jahr nach einigen Singles (seit November 1961) seine erste LP auf den Markt. In England absolvieren *The Rollin' Stones* ihre ersten Club-Auftritte. Noch im gleichen Jahr ändern sie ihre Schreibweise in *The Rolling Stones* und als solche sorgen sie gemeinsam mit einigen anderen Interpreten zunächst mal für eine anhaltende (Rhthym'n')Blues-Renaissance in ihrem Heimatland. Und gleichfalls in England gehen am 4./11. September vier junge Männer aus Liverpool ins Studio, um ihre erste Single aufzunehmen: *The Beatles*. Als Speerspitze weiterer Bands entwickeln sie aus Rock'n'Roll-, Skiffle-, Country- und Rhythm'n'Blues-Elementen den Beat – und gehen auch gleich darüber hinaus. Diese vier Acts – zwei von ihnen werden über die Musik hinaus auch zu gesellschaftlichen Phänomenen – werden der Pop-Musik in den kommenden fünf Jahren Gewicht, Richtung, Aussage und Bedeutung geben – in musikalischer, textlicher, technischer und gesellschaftlicher Hinsicht.

Ob Schwarz oder Weiß: Die Erfolgsgeschichte des Rock'n'Roll ist auf alle Fälle ein wichtiger Indikator für die enge, häufig wechselseitige Beziehung von politischen, sozialen und kulturellen Einflüssen auf die Entwicklung der westlichen Gesellschaft. Die jungen weißen Hörer, vor allem Teenager mit ihrer wachsenden Zahl und Kaufkraft, identifizieren sich mit dem Rock'n'Roll anfänglich nicht so sehr als mit der Musik einer gesellschaftlich unterdrückten, gerade mal geduldeten Bevölkerungsgruppe, sondern wegen ihrer Andersartigkeit: Wie der Hochdruck des BeBop-Jazz ein paar Jahre zuvor Ausdruck der Nervosität im Klima des Kalten Krieges war, so signalisiert die Rhythmik jetzt den anderen Umgang mit dem eigenen Körper und seinen Bedürfnissen, einen anderen Umgang mit Zeit und natürlich die Absage an die musikalischen Vorlieben der Eltern. Die Texte leisten ihren Anteil, indem sie Freizeitvergnügungen (Kino, Autofahren, Musik und Tanzen, Eiscafés, auch Surfen), Sorgen (Schule, Haushaltspflichten, fehlendes Geld, erste Liebe) und die schmerzhaftschwierige Suche nach dem eigenen Ort in der Gesellschaft umkreisen.[15] Aufbegehren und Neudefinition gehören im 20. Jahrhundert in jeder Generation aufs Neue zu den Leistungen der populären Musik.

Biographisches: was prägt

Die Eltern können sich also um 1959 herum wieder entspannen: Der Rock'n'Roll ist aus den Charts verschwunden, der Aufstand der Jugend scheint beendet zu sein[16] und die aktuelle Musik ist deutlich weniger beunruhigend. Im Nachhinein zeigt sich, dass die als eigene Phase erkennbare Zeit zwischen 1959 und 1962 eine (vorletzte) erfolgreiche Zähmung rebellischer Energie durch die Plattenindustrie darstellt.[17] Doch die Rastlosigkeit liegt weiter in der Luft, das Verlangen, den eigenen Platz, das Profil, den Sinn, die Zugehörigkeit zu finden, ist für die kriegsgeborenen Kinder weiter ungestillt. Also was nun?

Der 20-jährige Robert Zimmermann jedenfalls hat in den zurückliegenden Jahren genug vom Rock'n'Roll gesehen und gehört – und gespielt! –, um seine Kraft verstanden zu haben. In seinen High-School-Jahren in Hibbing, Minnesota, hat er unter anderem die Bands *The Golden Chords* und *Elston Gunn and The Rock Boppers* zusammengestellt, um Cover der Songs von *Little Richard*, *Elvis Presley* und anderen zu spielen. 1959 bezieht er die University of Minnesota in Minneapolis; in dieser Stadt und dieser Zeit entdeckt er das Bohème-Leben für sich und vor allem die Folk-Musik. Dennoch wird es ihn hier, in seiner ersten größeren Stadt, nicht lange halten – New York lockt hinter dem Horizont. 25 Jahre und einige Identitäten später wird er als *Bob Dylan* sagen, er habe damals die Unruhe im Land verspürt: „… there was a lot of unrest in the country, you could feel it, a lot of frustration … America was still very ‚straight', ‚post-war' and sort of into a gray-flannel thing. McCarthy, commies, puritanical, very claustrophobic and what ever was happening of any real value was happening away from that and sort of hidden from view …"[18] Im Januar

---

[15] Vgl.: Dürkob, S. 15-19.
[16] Die vermutlich kurioseste Veröffentlichung zum Thema „Jung sein" kommt in diesem Jahr von *Chico Holiday*: „Young Ideas" heißt der Song verdachtserregend, aber wer hinhört, stellt fest, dass es sich um die allerältesten Ideen handelt: verlieben, heiraten, mehrere Kinder kriegen. Wohl kein Wunder, dass es bei einem One-Hit-Wonder blieb … (Single RCA 1117 im UK).
[17] Ein letztes Mal gelingt der Industrie das mit der Verwandlung des Funk-getriebenen Soul in die von weißen Interpreten beherrschte Disco-Musik in der zweiten Hälfte der 1970er Jahre.
[18] Vgl. Cameron Crowe: Liner Notes im Booklet zu: *Bob Dylan*: 3-CD „Biograph" (1985), S. 9.

1961 kommt er in New York an, absolviert bald Auftritte im Greenwich Village und bahnt sich seinen Weg zu seinem neuen Idol, dem mittlerweile schwerkranken Folk-Veteranen *Woody Guthrie*.

Wer ist man und wenn ja: warum, wo und wie viele? In New York beginnt der junge Folkie, seine Biographie, seine Identität zu verwischen. Beispielsweise lässt er manche Gesprächspartner glauben, er habe keine Eltern. Aber im Hinblick auf die Biographie geht es auch weniger dramatisierend, dafür dramatischer: Als sich der 16-jährige *John Lennon* und der 15-jährige *Paul McCartney* am 6. Juli 1957 im Liverpooler Stadtteil Woolton kennenlernen, liegt der Tod von *McCartney*s Mutter gerade mal acht Monate zurück. Er und sein jüngerer Bruder Michael werden von ihrem Vater allein aufgezogen. *Lennon* hat zwar eine Mutter, aber er lebt bei seiner Tante Mary, genannt Mimi, Smith denn sein leiblicher Vater Alfred ist verschwunden und John ‚Bobby' Dykins, der neue Mann an der Seite seiner Mutter Julia, will keinen Jungen eines anderen Mannes aufziehen. *Lennon* sieht wenig von seiner Mutter; gerade, als die Beziehung doch noch etwas intensiver zu werden verspricht, wird Julia im Juli 1958 das Opfer eines Verkehrsunfalls.[19] Später wird er sagen, er habe seine Mutter zweimal verloren: einmal, als sie sich für ihre neue Partnerschaft entschieden habe, und noch einmal durch den Unfall. Die Jungen teilen also ab 1958 einen Schicksalsschlag – und entwickeln ihre je eigenen Taktiken, damit umzugehen. Was sie darüber hinaus miteinander verbindet, ist die Musik. Allerdings nicht so sehr die der aktuellen britischen Charts, sondern der Rock'n'Roll und der Rhythm'n'Blues aus den USA. Die Beschaffung der Musik ist allerdings mühsam: Ende der 50er Jahre sind Platten noch nicht so einfach und überall zu haben, und falls sie zu haben sind, sind sie zu teuer, um sie sich zu kaufen. Eine wichtige Rolle bei der Orientierung spielen daher das Radio und die Bands, die gerade in Liverpool Musik machen. Der Austausch über Musik läuft mindestens ebenso so sehr über Neuheiten in den Repertoires befreundeter Gruppen, die zugleich Konkurrenten um Auftrittsmöglichkeiten sind, wie über private Plattensammlungen. Erste Idole sind schnell ausgemacht: *Chuck Berry*, *Buddy Holly*, *Eddie Cochran* und *Elvis Presley* sind die Maßstäbe, aber *Lennon* und *McCartney* verfügen über einen viel breiteren Hintergrund, der auch Music Hall, Jazz, das Great American Songbook und andere Stilrichtungen umfasst.[20] Gemeinsam spielen sie zusammen mit Schulfreunden von *Lennon* als *The Quarrymen* die Songs nach, vorerst mit dem Skiffle-Instrumentarium, denn richtige Instrumente sind ebenfalls teuer. Bald machen sie sich auch an erste eigene

---

19   Zur Biographie der Jungen vgl.: Philip Norman: John Lennon. The Life. London: HarperCollins 2008, S. 13-150; Barry Miles: Paul McCartney. Many Years From Now. New York: Holt 1998 [zuerst 1997], S. 4-55.
20   Vgl.: Dürkob, S. 20-24.

Songwriting-Versuche. 1960 werden sie regelmäßig im Großraum Liverpool von den Veranstaltern gebucht; was sie als Musiker in diesem Jahr aber erheblich voranbringt, ist der erste von insgesamt fünf jeweils mehrwöchigen Hamburg-Aufenthalten bis Ende 1962. Im Laufe der Hamburg-Trips 1961 und 1962 vervollkommnen sie sich als Performer und lernen, auf das Publikum zu reagieren.[21]

Lennon bekommt von seiner Tante zu hören, das mit der Musik sei ja ganz schön, aber er werde nie seinen Lebensunterhalt damit verdienen; *McCartney* andererseits wächst in einem Haushalt auf, in dem Musik zum täglichen Leben gehört. Sein Vater Jim McCartney hat schon in den 1920er Jahren eine Jazzband geleitet und er ermutigt seinen Sohn, als der erste Versuche mit einer Trompete unternimmt – bevor er zur Gitarre wechselt, weil er als Trompeter nicht singen kann. Eine solche Ermutigung bekommt in New York auch der 14-jährige *Paul* Frederic *Simon*: Von seinem Vater Louis, genannt Lee, einem vielbeschäftigten Ballroom-Bandleader für Radio- und TV-Shows, erhält er eine Gitarre, nachdem sich erwiesen hat, dass der Junge für den Klavier-Unterricht kein rechtes Interesse aufbringen kann. Mit einer Gitarre ist er auch dichter dran an den Sounds, die er im Radio hört – für die nun wiederum sein Vater keinerlei Verständnis aufbringen kann: den aufkommenden Rock'n'Roll. „Gee" von *The Crows* (1953), „Earth Angel" von *The Penguins* (1954, Anfang 1955 an der Spitze der Charts) und bald darauf die *Everly Brothers* beeindrucken ihn nachhaltig. Der junge *Paul* übt so fleißig, dass der Vater ihn schon bald zu den Auftritten seiner Band mitnehmen und ihm die Gitarrenparts überlassen kann. Was den Jungen aber noch mehr reizt, ist, selbst Songs zu schreiben. Eines der ersten Ergebnisse seiner Bemühungen mit dem Titel „Hey Schoolgirl" wird er 1957 zusammen mit seinem Schulfreund *Arthur ‚Art' Garfunkel* unter dem Pseudonym *Tom & Jerry* aufnehmen. Der Song, eng angelehnt an „Bye Bye Love" von den *Everly Brothers*, wird ein mittlerer Erfolg in den Top 100 – und dabei bleibt es erstmal. In den kommenden Jahren wird *Simon* weitgehend erfolglos versuchen, sich als Songschreiber und -Interpret zu etablieren, teils allein, teils mit *Art Garfunkel*, teils auch mit der Unterstützung der Tin Pan-Alley-Maschinerie.[22] Zwar steigt die Qualität seiner Songs langsam, aber

---

[21] Über die Hamburg-Aufenthalte und die Zeit dazwischen vgl.: [Beatles:] The Beatles Anthology. Berlin: Ullstein 2000, S. 41-69, im Folgenden zitiert als: Anthology; Bob Spitz: The Beatles. The Biography. [2005] New York u.a.: Back Bay Books 2006, S. 201-322. Über das Repertoire in dieser Zeit: Dürkob, S. 24-26; Mark Lewisohn: The Complete Beatles Chronicle. [The only definitive guide to the Beatles' entire career…] London: Pyramid 1992, S. 361-365, im Folgenden zitiert als: Lewisohn: Chronicle.

[22] 26 Titel dieser frühen Arbeit sind auch auf einer CD versammelt. Vgl.: [*Paul Simon & Art Garfunkel:*] CD „Two Teenagers. Paul Simon & Art Garfunkel as Tom & Jerry, Jerry Landis… The Singles 1957-1961" (© 2012).

sie sind immer noch offen imitativ und vom großen Durchbruch ist *Simon* Anfang 1962 noch eine ganze Weile entfernt.

Unterstützung ganz anderer Art durch ihren Vater finden die drei Brüder *Brian*, *Dennis* und *Carl Wilson* im kalifornischen Hawthorne nahe Los Angeles. Zwar verfügt Vater Murry über Kontakte in die Plattenfirmen, aber er ermutigt seine Söhne sowie Cousin *Mike Love* und Schulfreund *Al Jardine* nicht nur, sondern er betätigt sich mehr noch als unangenehmer Antreiber, als er einmal das (kommerzielle) Potential der *Pendletones* erkannt hat. Selbstbewusst übernimmt er das Management und die fünf Jungen, die zu einem erstaunlichen Harmoniegesang fähig sind, bekommen durch seine Beziehungen schließlich auch den ersten Plattenvertrag. Die Plattenfirma wird den Namen der Gruppe mit der ersten Single „Surfin'" im Dezember 1961 eigenmächtig und ohne Rückfrage in *The Beach Boys* ändern, um die Gruppe marketinggerecht dichter an das aktuelle Phänomen von Surf-craze und -Musik heranzubringen. Das funktioniert auch, aber insbesondere *Brian* wird sich trotz oder wegen des Erfolgs bald allzu heftig unter Druck gesetzt fühlen. Von ihm, der sich als Haupt-Songschreiber der Band etabliert, wird in schneller Abfolge das immer wieder (thematisch) Gleiche in immer neuer Gestalt erwartet – Sonne, Strand, Freizeit, Autos und Auto-Clubs, Eisdielen und vor allem: Mädchen.

In den Familien von *Mick Jagger* und *Keith Richards* spielt Musik bei weitem nicht die gleiche Rolle. *Jagger*s Vater und Großvater sind Lehrer, die Mutter ist Friseurin und nebenbei politisch aktiv; *Richards'* Großvater mütterlicherseits, Theodore Augustus Dupree, ist als Musiker aktiv und *Richards'* Mutter unterstützt das Interesse ihres Sohnes an Musik, während sein Vater nichts davon hält. Um die Schule kümmert sich *Richards* nicht; erst die Art School liefert ihm Anregungen. *Bill Wyman* hingegen wird von seiner Familie in seinen Ambitionen unterstützt.[23] Ähnlich wie bei *Lennon* und *McCartney* bieten die Rock'n'Roller wie *Buddy Holly* und *Eddie Cochran* eine Identifikationsfolie; *Richards* wird wie *Lennon* zeitlebens den Einfluss von *Chuck Berry* anerkennen. Wichtiger aber noch sind die Rhythm'n'Blues-Originale wie *Muddy Waters*, *Howlin' Wolf* und *Leadbelly* und andererseits Jazz-Größen wie *Chet Baker*, *Dave Brubeck* oder *Thelonious Monk*. Die Musik kommt über Radio Luxemburg, die eigenen Charts spielen auch in diesem Fall keine Rolle: „… it was intensely boring. So that's why Chuck Berry and Elvis were, to us, so startlingly differ-

---

[23] Stanley Booth: The True Adventures of The Rolling Stones. Edinburgh u.a.: Canongate 2012, S. 44-53 (Jagger und Richards), S. 88f. (Wyman). [Zuerst 1984]. Im Folgenden zitiert als: Booth.

ent", erinnert sich *Richards* 40 Jahre später.[24] *Jagger* und *Richards* sind Schulfreunde in den frühen Kinderjahren, bevor sie sich für eine Weile aus den Augen verlieren. Bei ihrer Wiederbegegnung an der Dartford Railway Station im Herbst 1960 ist es bezeichnenderweise die Musik, die das Gespräch wieder in Gang bringt: *Jagger* hat Platten von *Muddy Waters* und *Chuck Berry* unter dem Arm, an denen *Richards* außerordentlich interessiert ist ...

Literatur: was in der Luft liegt

Doch nicht nur in Politik und Musik, sondern auch in der Literatur und im Film wird der Wandel in der zweiten Hälfte der 1950er Jahre erkennbar; so soll an dieser Stelle ein Exkurs über wichtige Bücher und ihre Verfilmungen das Bild vervollständigen.[25]

Der sich verändernde Umgang der Geschlechter miteinander findet seinen Niederschlag sowohl in der englischen als auch der amerikanischen Literatur. Was hier mit Blick auf die populäre Musik als Suche nach dem eigenen Platz bezeichnet wird, ist in der Literatur ein zeitloses, in jeder Generation neu zu spielendes Thema. In England bekommt es in den 1950er Jahren seine besondere Schärfe durch die Klassen-Thematik: Eine Reihe von in den 1920er Jahren geborenen Autoren schlägt vor dem Hintergrund der egalisierenden Kriegserfahrung neue Töne an. Diese Schriftsteller werden, obwohl ihnen selbst der Begriff nicht gefällt, als die „angry young men" etikettiert, was aus zwei Gründen leicht fiel: Eine Reihe von ihnen kommt aus der Arbeiterschicht oder der unteren Mittelklasse und sofern sie über ihre Schicht schreiben, geben sie ihrer Desillusioniertheit im Hinblick auf die englische Gesellschaft Ausdruck. Eines der frühesten Werke mit nationaler Resonanz ist das Theaterstück „Look Back In Anger" (1956) von John Osborne. Präziser beschrieben wäre die – ohnehin vage – Zusammengehörigkeit dieser Autoren allerdings mit dem Hinweis auf ihr Bestreben, den Blick auf die Alltagsprobleme jener (englischen) Menschen zu lenken, die entweder bislang kaum je als literaturfähig angesehen worden sind – Arbeiter, kleine Angestellte, Dienstleister, (Haus)Frauen der Unter- und der unteren Mittelschicht – oder die sich als

---

[24] *Keith Richards* in: According to The Rolling Stones. Hg. v. Dora Loewenstein and Philip Dodd. San Francisco: Chronicle Books 2003, S. 15; über *Chuck Berry* ebd. u. S. 20. Im Folgenden zitiert als: According RS.

[25] Im Zusammenhang dieses Essays kann es nur um eine Auswahl gehen. Einführendes zur Literatur zwischen 1955 und 1963 als Teil des gesamtgesellschaftlichen Bildes in: Marwick, S. 118-143 (England) und S. 149-161 (USA); Dominic Sandbrook: Never Had It So Good. A History of Britain from Suez to the Beatles. [2005] London: Abacus 2006, S. 147-177, sowie: Ingrid Kreuzer: Entfremdung und Anpassung. Die Literatur der Angry Young Men im England der fünfziger Jahre. München: Winkler 1972.

Bohème-Naturen aus den unterschiedlichsten Gründen nicht in der Nine-to-Five-Gesellschaft verankert finden. Diese Definition verlegt den Schwerpunkt von den Autoren auf die kurze Zeitspanne innerhalb der 50er Jahre, während der sich die emotionale Befindlichkeit und die Handlungsmotivation vieler Hauptfiguren dieser Theaterstücke und Romane aus ihrem desillusionierten Blick auf die englische Gesellschaft erklären lassen. Ein umfassendes Unbehagen an Gesellschaft(sordnung) und Alltag korrespondiert mit dem Unbehagen an der je eigenen Rolle, an dem persönlichen Platz in dieser Welt und so kommt es dazu, dass viele Figuren bereit sind zu einer sozialen oder emotionalen Rebellion. Viele Texte sind weniger geeint im Bedürfnis nach auffälliger, womöglich gewalttätiger Ablehnung des status quo als in dem Bedürfnis, in diesen durch Krieg, die Kriegsfolgen und ein neues Klassenbewusstsein veränderten Zeiten die eigene Identität zu finden.

An seiner Hauptfigur Jimmy verdeutlicht John Osborne in „Look Back In Anger"[26] (1956) die Ungeduld vor allem der Unterprivilegierten in der englischen Nachkriegsgesellschaft: in der die Lebensmittelrationierung noch viele Jahre tägliche Realität ist, Konsumgüter nur wenigen Menschen zugänglich sind, die Chance auf persönliches Glück gegen Null geht, weil zuviel Kraft und Aufmerksamkeit in den mühsamen Erwerb der knappen Lebensgrundlage geht, und der Staat sein Desinteresse am Schicksal der Benachteiligten demonstriert. Indem Osborne den Benachteiligten gut ausgebildete Menschen gegenüberstellt, verdeutlicht er die nach wie vor großen Klassenunterschiede der englischen Gesellschaft.

Ebenfalls aus der englischen Unterschricht kommt Alan Sillitoe, der mit dem Roman „Saturday Night and Sunday Morning" (1958) und der Erzählung „The Loneliness Of The Long-Distance Runner" (1959) bekanntgeworden ist.[27] Im Mittelpunkt von „Saturday Night and Sunday Morning" steht der Anti-Held Arthur Seaton, ein junger Fabrik-Arbeiter, der das Ende seiner Jugend auf sich zukommen sieht und, da es ernst wird, die Chancenlosigkeit von Mitgliedern seiner Klasse in der englischen Gesellschaft konstatieren muss. „The Loneliness Of The Long-Distance Runner" berichtet von Colin Smith, dem jungen Zögling einer Erziehungsanstalt, der den Langstreckenlauf als Möglichkeit von Freiheit und Erfüllung für sich entdeckt, bis ihm klar wird, dass sein Sieg beim jährlichen Wettkampf der Erziehungsanstalt nur bedeuten würde, dass er sich den Regeln des Direktors unterwürfe. Also unterläuft er

---

[26] John Osborne: Look Back In Anger (1956); eine Verfilmung kommt 1959 in die Kinos.
[27] Alan Sillitoe: Saturday Night And Sunday Morning. London: Allen 1958; The Loneliness Of The Long-Distance Runner. London: Allen 1959. Die Verfilmungen kommen 1960 bzw. 1962 in die Kinos.

dessen Hoffnungen und kann als Folge davon auch auf keine vorzeitige Entlassung hoffen.

„Room At The Top" (1957) von John Braine[28] zieht sozusagen die Konsequenzen aus der deprimierenden Situation in der Unterschicht. Der Waisenjunge Joe Lampton will um jeden Preis gesellschaftlich nach oben. Er findet Zugang zur guten Gesellschaft in der Stadt Warley, schwängert die Tochter eines erfolgreichen Geschäftsmannes und unterhält eine Affäre mit einer einige Jahre älteren Frau, die seine künstlerischen Aspirationen befriedigen kann. Aber sie entdeckt schließlich, dass er nicht bei ihr bleiben wird. Bald darauf erliegt sie den Verletzungen, die sie sich bei einem Autounfall zuzieht, und obwohl ihm niemand eine Schuld daran gibt, muss Lampton doch mit der moralischen Verantwortung für ihren Tod zu leben lernen.

Mit den anfänglichen Erfolgen und der gnadenlosen Realitätsabbildung – „kitchensink"-Literatur ist das Schlagwort – haben die „angry young men" die Wahrnehmung bekommen, die sie für ihre Themen gesucht haben. Anfang der 1960er Jahre wenden sie sich anderen Stoffen zu, um die Begrenzungen zu überwinden und das Etikett loszuwerden. So tritt bei ihnen und anderen Autoren die Klassen-Thematik hinter Fragen der Selbstbestimmung und der Lebensbewältigung in einer politisch und – nicht zuletzt durch vermehrte Wahlmöglichkeiten – emotional unübersichtlicher werdenden Welt zurück. Die Betrachtung der folgenden Texte führt zugleich dichter an Themen und Konstellationen, die für das, was 1966 in der Luft liegt, wichtig sind.

Um Klassenzugehörigkeit und die Suche nach dem eigenen Platz geht es auch in „Absolute Beginners" (1959) von Colin MacInnes,[29] allerdings in eher schon spielerischer Weise. MacInnes, der nicht mehr zu den „angry young men" gezählt wird, macht an seiner namenlosen jungen männlichen Hauptfigur deutlich, dass die neue Generation sich für das Klassenschema und den eigenen Platz innerhalb dieses Schemas in keiner Weise mehr interessiert. Der Ich-Erzähler ist zuhause ausgezogen und hat sich ein Netzwerk von Freunden und Bekannten aufgebaut; zu diesen Freunden gehören auch jüdische Briten und Menschen aus diversen Commonwealth-Ländern. Auf diese Weise zeigt er, dass Empathie, Harmonie, Vorurteilslosigkeit und Kommunikationsfähigkeit viel wichtiger sind als abstrakte Klassendefinitionen. Die Unterschiede liegen denn auch eher in der Kleidung, mit der man sich als Angehöriger einer

---

[28] John Braine: Room At The Top. London: Eyre 1957. Eine Verfilmung mit Laurence Harvey kommt 1965 in die Kinos.
[29] Colin MacInnes: Absolute Beginners. London: Kee 1959. – In seinem kurz danach veröffentlichten Aufsatzband beleuchtet MacInnes die Situation der englischen Jugendlichen und von Commonwealth-Immigranten. Vgl.: Colin MacInnes: England, half English. London: MacGibbon & Kee 1961.

Gruppe – ob Mod oder Rocker, Trad Jazz- oder Jazz-Fan oder anderes – definiert. Als es schließlich in dem Londoner Viertel, in dem er lebt, zu grundlosen Zusammenstößen zwischen weißen Engländern und Ausländern kommt,[30] ergreift er Partei für die Ausländer. Er findet das erstarrte, mit sich selbst beschäftigte England mittlerweile so schlimm, dass er das Land verlassen will, was ihm aber nicht gelingt; in der letzten Szene beobachtet er auf dem Flughafen, wie Ausländer aus dem Commonwealth ankommen, die sich offenbar freuen, endlich in England zu sein …

Zu den Freunden und Vertrauten des Ich-Erzählers gehören wie selbstverständlich auch Frauen, die er gleichberechtigt und nicht anders als männliche Freunde behandelt, weil er sehr wohl sieht, dass auch sie nur um ihren Platz in der Gesellschaft ringen. Das tut auf ihre Weise auch Louisa Datchett aus „Something Light" (1960) von Margery Sharp.[31] Der eher als Unterhaltung konzipierte Roman zeigt die Irrwege von Louisa während ihrer aktiven Suche nach einem Mann, der sie heiraten würde. Obwohl sie etwas von Witz und Selbstbewusstsein der jungen Generation hat, fällt der Roman am Ende doch zurück in traditionelle Kategorien: Sie trifft wieder auf den Architekten, den sie ganz am Anfang schon einmal – als Nebenfigur – getroffen hatte, und der macht ihr klar, dass sie nicht hätte suchen, sondern warten sollen, bis ein Mann um sie werbe. Wenn der Roman trotz seiner ironischen Erzählhaltung doch eher ein Unterhaltungsbedürfnis stillt, so deutet sich mit der Wahl des Themas aber die zunehmende selbstbewusste Selbstständigkeit der Frauen in lebensentscheidenden Fragen an.

Wie unübersichtlich, schwer verständlich das Leben in der Tat geworden ist, zeigt auch der (sehr universal ausdeutbare) Roman „The Unicorn" (1963) von Iris Murdoch:[32] Auf eine Anzeige hin geht die vormalige Lehrerin Marian Taylor in eine weltverlassene küstennahe Gegend in der Annahme, dort ebenfalls als Lehrerin tätig zu werden. Allerdings wurde eine „governess" gesucht und es erweist sich, dass sie eine Art Gesellschaftsdame für die Landbesitzerin sein soll. Die Gegend ist so weltabgelegen, dass das Herrenhaus nicht einmal mit Strom beleuchtet wird, sondern mit Öl-Lampen, und die Menschen können in dieser Gegend auf sehr archaische Weise ums Leben kommen (eine der Nebenfiguren versinkt im Moor). Marian Taylor bekommt nichts erklärt, sie muss sich alles selbst erarbeiten, beispielsweise die rätselhaften, durch zurückliegende Verbrechen geprägten Beziehungen der Figuren zueinander. Gesprochen wird nur in Andeutungen, so als wisse ohnehin jeder, worum es geht. Das

---

[30] Vorbild dafür sind die Notting Hill-Krawalle vom August/September 1958.
[31] Margery Sharp: Something Light. London: Little, Brown & Co. 1960.
[32] Iris Murdoch: The Unicorn. London: Chatto & Windus 1963.

gilt natürlich nicht für die von außen gekommene Marian Taylor, die von einer begönnernden männlichen Hauptfigur auch schon mal „Maid Marian" genannt, also sozusagen auf Kind zurückgesetzt wird. Nimmt man nur diese einfache Ebene, so ist der Roman zu verstehen als Parabel über die Schwierigkeit, sich in der Welt zu orientieren und die notwendige Empathie zu bekommen, um seinen Platz einnehmen zu können. Folgerichtig ist „The Unicorn" von vornherein angelegt in der Form eines Angst- oder Alptraums (ohne dass der Roman am Ende tatsächlich zu einem solchen erklärt würde).

Der Versuch, als Frau unabhängig zu bleiben, ein selbstbestimmtes Leben zu führen und zugleich die Klassenvorbehalte zu überwinden, steht im Mittelpunkt von „The Millstone" (1965) von Margaret Drabble.[33] Die Hauptfigur Rosamund Stacey, eine angehende Literaturwissenschaftlerin aus wohlhabendem Elternhaus mit leicht sozialistischen Neigungen, wird bei einem One-Night-Stand ungewollt schwanger, weiß sich aber in ihrer Lebensunerfahrenheit nicht zu helfen, bis sie an den National Health Service gerät. Sie durchläuft den ganzen ihr fremden und von ihr zeitweilig als entwürdigend empfundenen Prozess, bekommt ihr Kind und behält es trotz ihrer sehr bescheidenen finanziellen Umstände. Am Ende trifft sie den Vater der Tochter wieder; er sieht das Kind, weiß aber nicht, dass er der Vater ist. Rosamund merkt an sich, dass sie nur noch Liebe für ihre Tochter aufbringen kann, und sie lernt, die Schuld nicht immer zuerst bei sich selbst zu suchen. Trotz ihrer finanziell schwierigen Umstände bleibt sie solo.

Um eine Schwangerschaft und ihre Folgen geht es unter anderem auch in „Georgy Girl" (1965) von Margaret Forster.[34] Georgina, genannt George, Tochter des früheren Mechanikers, jetzigen Dieners Ted Parkin, ist 22 Jahre alt und ziellos im Leben. Sie mag ihren Namen nicht, kleidet sich zufällig-lustlos, findet sich unattraktiv, „ugly", tut aber auch nichts, um es zu ändern, und ist naiv in Liebesdingen. Verdorben durch die Förderung, die sie von Teds Dienstherrn, dem 49-jährigen James Leamington, ihr ganzes Leben lang erfahren hat, hat sie ein Appartement in Battersea bezogen. Im Haus von Leamington, der ihr den Spitznamen „Georgy-porgy" angehängt hat, unterhält sie ein Studio, in dem sie Tanzkurse gibt. Ihr Appartement teilt sie mit der attraktiven, launischen Meredith, die ihre Freunde schnell wechselt, während Georgy keine hat. Als Meredith schließlich von Jos schwanger wird, entschließt sie sich zuerst, das Kind zu behalten, obwohl es zwischen Jos und ihr nicht die große

---

[33] Margaret Drabble: The Millstone. London: Weidenfeld & Nicolson 1965.
[34] Margaret Forster: Georgy Girl. London: Secker & Warburg 1965. Die Verfilmung mit Lynn Redgrave und Charlotte Rampling kommt 1966 in die Kinos. Der Titelsong von den *Seekers* gehört bis heute zu den Standards des Oldie-Radios. *The Seekers*: „Georgy Girl" b/w „The Last Thing On My Mind" (1966).

Liebe ist. Doch die Ehe misslingt und sie will das Kind zur Adoption freigeben – als Georgy, der sich Jos inzwischen zugewandt hat, überraschend die Mutter-Rolle übernimmt. Sie tut das in einem Maß, das zwischen Jos und Georgy Entfremdung eintreten lässt. Er verlässt auch sie, sie schlägt sich durch und muss mit der Missbilligung ihrer Eltern zurechtkommen; schließlich schlägt Leamington ihr vor, sie zu heiraten, und sie akzeptiert den Vorschlag. Mit dieser verwickelten Geschichte macht Margaret Forster vor allem deutlich, dass manch eine Entscheidung und manch eine Partnerschaft in diesen Zeiten aufs Geratewohl, zufällig, absichtslos und vor allem ohne emotionale Beteiligung entsteht – eine Metapher für die Bindungslosigkeit und die Entfremdung, die mittlerweile das Leben bestimmen. „The Millstone" und „Georgy Girl" sind einander in ihrer illusionslosen Sicht auf die Gegenwart sehr nahe.

David Lodge nähert sich dem Thema Schwangerschaft von einer ganz anderen Seite: Adam Appleby, Hauptfigur des Romans „The British Museum is falling down" (1965),[35] sinniert den ganzen Tag der Romanhandlung hindurch immer wieder über die Frage, ob seine Frau nun zum vierten Mal schwanger ist und wie er als britischer Katholik mit der Situation umgehen soll. Den katholischen Glauben erlebt er vor allem als Einschränkung der persönlichen Entscheidungsfreiheiten, konsequent lösen kann (und will) er sich aber auch nicht. Ein Problem ist das alles auch insofern, als er, im Lesesaal des British Museum beschäftigt mit einer (obskuren) sprachwissenschaftlichen Dissertation – hier hätte er Rosamund Stacey begegnen können! –, wirtschaftlich ungesichert ist. In Begegnungen mit dem lokalen Geistlichen, einer katholischen Diskussionsgesellschaft, die den Glauben reformieren will, und wissenschaftlichen Freunden und Kollegen versucht er Anhaltspunkte für den Weg zu finden, den er gehen sollte. Die Bemühungen um eine Absicherung in einer wissenschaftlichen Karriere schlagen an diesem Tag ebenso fehl wie am Abend der Versuch, Verhütungsmittel zu kaufen. Schließlich schläft Appleby völlig erschöpft neben seiner Frau ein, während sie, die inzwischen weiß, dass sie nicht schwanger ist, in ihrem Kopf einen langen Monolog über Schwangerschaft, ihre Partnerschaft und Alltagsprobleme erlebt. Nicht erst mit diesem Schlussmonolog wird deutlich, dass der Roman eine James-Joyce-Parodie vor dem Hintergrund aktueller britischer und katholischer Probleme ist. Deutlich wird auch, dass die Probleme in gewisser Weise als selbstgemachte betrachtet werden, wenn evangelische Gläubige die Freiheit haben, sich für die Verhütung zu entscheiden, der Katholizismus also Anfang der 1960er Jahre nicht mehr auf der Höhe ist, dennoch aber selbst für akademisch geprägte Menschen ein Problem darstellt. Um das deutlich zu machen, werden alle Neben-

---

[35] David Lodge: The British Museum is falling down. London: MacGibbon & Kee 1965.

ereignisse ironisch-slapstickartig überhöht (beispielsweise der Versuch, Verhütungsmittel zu kaufen, von dem Appleby ausgerechnet durch seinen lokalen Geistlichen abgehalten wird, ohne dass der wiederum das ahnt).

Um die Suche nach dem eigenen Ort geht es unter anderem auch bei den vielen Akteuren in Hubert Selbys „Last Exit to Brooklyn" (1964);[36] es geht aber vor allem um das Auseinanderfallen der Gesellschaft, den Verlust von Werten und den Daseinskampf in einer ungeschminkt dargestellten Realität. Wenn eine Jugendgang aus Brooklyn mit einer Gruppe von US-Soldaten aneinandergerät („Another Day, another Dollar"), dann steckt dahinter in erster Linie der Hinweis, dass Soldaten nicht mehr unhinterfragt als unberührbare Vertreter einer staatlichen Macht verstanden werden, sondern gerade in ihrer Eigenschaft als Vertreter einer konservativen und anonymen Macht zu Gegnern werden. Zum weiteren Personal der einzelnen Geschichten gehören unter anderen eine Prostituierte, die vergewaltigt wird, ein trunksüchtiger Vater, dessen Tochter schwanger wird, ein Mechaniker, der mit seiner Homosexualität nicht zurechtkommt und sich als Mann zu beweisen versucht, und eine Transsexuelle. Es geht wie bei den „angry young men" nicht um möglichst grelle Figuren, sondern darum, dass die Realität als solche anerkannt werde – in all ihrer Unübersichtlichkeit und schmucklosen Unerfreulichkeit, in der die Figuren vollauf mit dem Überleben beschäftigt sind. „Last Exit to Brooklyn" war 1966 in England Anlass für ein juristisches Verfahren: Weil dem Buch Obszönität nachgewiesen werden sollte, sahen sich Sittenwächter veranlasst, von vornherein gegen den Verkauf vorzugehen. Nach dem Prozess gegen D. H. Lawrence' „Lady Chatterley's Lover" 1960 und dem medialen Schluckauf um Henry Millers „Tropic of Cancer" 1961/62 war der Prozess um Selbys Buch der letzte wichtige Schritt zum Fall der Zensurbestimmungen in England.

Ohne schrille Töne, sondern das Grauen eher im Alltäglichen suchend, geht John Updike in „Rabbit, Run" (1960) vor.[37] Harry ‚Rabbit' Angstrom verlässt seine schwangere und alkoholabhängige Frau Janice, weil ihm dieses Vorortsleben auf die Nerven geht. Bei seiner Suche nach Sex und emotionaler Sicherheit trifft der puritanisch Geprägte auf Ruth, die schon andere Liebhaber hatte, und richtet sich bei ihr ein. Janice bekommt das Kind, lässt es aber, angetrunken, wie sie wieder mal ist, kurz nach der Heimkehr aus der Klinik im Badewasser ertrinken. Bei der Beerdigung hat Rabbit das Gefühl, dass alle ihm die Schuld gäben. Er wendet sich wieder Ruth zu, die nun ihrerseits von ihm schwanger ist. Unfähig, zur Ruhe zu kommen, reißt er sich auch dort wieder

---

[36] Hubert Selby, Jr.: Last Exit to Brooklyn. New York: Grove Press 1964.
[37] John Updike: Rabbit, Run. New York: Alfred A. Knopf 1960.

los … Der gesamte Alltag des Jahres 1959, vor allem aber die fehlende sexuelle Abwechslung und die engen Moralvorstellungen lähmen den einst erfolgsverwöhnten Angstrom; während seiner einsamen Autofahrten kann er seine Gedanken nicht von Frauen lösen. Der offene Ausgang des Buches signalisiert, dass eine Lösung aus einem selbst kommen muss. (Dass Angstrom nebenher auf einer Autofahrt die seichte Musik aus dem Radio registriert, die sich – wie hier skizziert – vom kaum gespielten Rock'n'Roll weg und zu Easy Listening-Standards hin bewegt, sei nur der Erheiterung halber erwähnt. Immerhin wird so deutlich, welche Rolle Musik inzwischen spielt.)

Dass Menschen, je stärker sie unter Stress geraten, desto irrationaler handeln können, um sich aus Zwängen zu befreien, zeigt auch und besonders drastisch Norman Mailers Roman „An American Dream" (1965).[38] Hauptfigur Stephen Rojack scheint alles zu haben: hochdekorierter Kriegsheld, früherer Kongress-Abgeordneter, Professor, eine regelmäßige Fernsehshow – und eine irritierend attraktive, fashionable Frau mit Aussicht auf ein Millionenerbe. Aber er fühlt sich in alledem nicht wohl; er bringt seine Frau um, verstrickt sich gegenüber der Polizei in unglaubwürdigen Erklärungen (und bleibt doch auf freiem Fuß), lässt sich mit Frauen unter seinem Niveau ein und wird von seinem TV-Sender fallen gelassen. Schließlich muss er sich gegen seinen Schwiegervater, die Unterweltgröße Barney Kelly, zur Wehr setzen. Nach einer Auseinandersetzung mit ihm verlässt er New York Richtung Yucatan. Mailers New York ist die Beute einer unmoralischen, korrupten, desinteressierten Gesellschaft: Verbrechen entstehen aus Langeweile und Gier, Freunde und Verwandte erweisen sich beim geringsten Anlass als unzuverlässig, Polizisten lassen ihren Frust verbal und körperlich an Wehrlosen aus und reagieren im nächsten Augenblick umgehend und widerspruchslos auf Weisungen „von oben", seien die auch absurd. Die Ansprüche des klassischen amerikanischen He-Man an sich selbst sind unter solchen Umständen kaum noch aufrecht zu erhalten – auch das ein Zeichen dafür, dass sich das Verhältnis der Geschlechter zueinander verändert. Kritik ruft das Buch zum Zeitpunkt des Erscheinens hervor, weil die Darstellung der weiblichen Charaktere als sexistisch begriffen wird.[39]

---

[38] Norman Mailer: An American Dream. New York: Dial Press 1965. Die Verfilmung mit Stuart Whitman und Janet Leigh erscheint im Oktober 1966 in den Kinos.
[39] Zu der Neubestimmung des Verhältnisses von Mann und Frau, die schon mehrfach angeklungen ist, passt die Tatsache, dass 1966 u.a. der Film „Who's Afraid Of Virginia Woolf?" veröffentlicht wird, der nicht zuletzt aufgrund seiner Stars Elizabeth Taylor und Richard Burton zu einem der Kassenerfolge des Jahres wird.

In thematischer Hinsicht zeitlos und doch signifikant für die Zeit ist der Sensationserfolg „Valley of the Dolls" von Jacqueline Susann (1966):[40] Drei befreundete, einander gleichwohl misstrauisch beobachtende Freundinnen versuchen, Karriere im Show-Geschäft zu machen. Sie gelangen alle drei zu Ruhm, bezahlen das aber mit missglückten Partnerschaften, Intrigen und schwächelnder Gesundheit, denn alle drei sind an dem einen oder anderen Punkt abhängig von Schlafmitteln und anderen Pillen. Eine von ihnen landet deswegen schließlich für eine Weile in einer Entziehungsklinik, eine andere begeht nach der Diagnose Brustkrebs Suizid mit Hilfe der „Puppen". („Dolls"/„Puppen" ist für die Autorin ein – nur von ihr benutztes – Code-Wort für Aufputschmittel und verwandte Pillen.)

Zwei Romane, die sich mit Politik, ihren Voraussetzungen und ihrer täglichen Kleinarbeit beschäftigen, seien noch herausgegriffen. C. P. Snow, bekannt geworden mit seiner Theorie der zwei Welten, veröffentlicht 1964 „Corridors of Power".[41] Schon der Titel macht deutlich, worum es geht: Wie entstehen Entscheidungen, die das Wählervolk nur als Mehrheitsresultate aus den Abendnachrichten erfährt? Obwohl es nicht um konkrete zeitgenössische Ereignisse geht, wird doch deutlich, dass Snow für die Gegenwart formuliert: Der Nachwuchspolitiker Roger Quaife hat lange darauf gewartet, den führungsschwachen Verteidigungsminister Lord Gilbey im Amt zu beerben. Für Quaife ist es nicht undenkbar, dass England sich aus dem Kreis der Weltmächte zurückziehe; mit seiner noch nicht mehrheitsfähigen Sicht gerät er aber in eine Mehr-Fronten-Auseinandersetzung. So liegt es im amerikanischen Interesse, Atomwaffen in möglichst wenigen Händen zu konzentrieren, im Interesse der Wissenschaftler, ihre Forschungen fortzusetzen und das Machbare auch zu machen und schließlich im Interesse der Industrie, Waffen zu verkaufen. Quaife unterliegt mit seiner differenzierten Sichtweise – tatsächlich tut sich England in diesen Jahren ja schwer mit der Erkenntnis, dass es nicht mehr zu den Weltmächten gehört – und zieht sich aus der Politik zurück. Er verlässt seine wohlhabende Frau Caro, um mit seiner Geliebten zu leben, die er im Laufe der Geschichte kennen gelernt hat. Rüstungsmanager Lufkin versteht Quaifes Sicht; er sichert ihm einige Direktorenposten, um seinen eigenen Einfluss in die Politik zu vergrößern.

---

[40] Jacqueline Susann: Valley of the Dolls. New York: Geis 1966. Die Verfilmung wird 1967 veröffentlicht.
[41] C[harles] P[ercy] Snow: Corridors of Power. London: Macmillan 1964; ders.: The two Cultures and a second look. Cambridge: University Press 1964 [zuerst: The two Cultures and the scientific Revolution. 1959].

Anders und doch teilweise ähnlich geht Arthur Hailey in „In High Places" vor.[42] Wie immer bei Hailey werden mehrere Storylines miteinander verknüpft. Kanadas Premierminister James McCallum Howden gerät unter vielfachen Druck: Mit den USA muss er einen Vertrag aushandeln, der Kanadas Zukunft nach dem offenbar unmittelbar bevorstehenden Atomkrieg mit der Sowjetunion regelt, ein illegaler Einwanderungsversuch bei Vancouver bringt ihn in den Fokus der Öffentlichkeit – die Opposition greift den Fall auf und entwickelt daraus eine Medienkampagne gegen Howden – und in seinem unmittelbaren Umfeld bahnt sich eine Liaison zwischen seinem wichtigsten Mitarbeiter und seiner Sekretärin an. Howdens Partei verfügt nur über eine instabile Mehrheit im Parlament und es stehen Neuwahlen an. Das Buch endet mit Howdens Vorbereitung auf die Rede, in der er den Vertrag mit den USA bekanntgeben will. Anders als bei Snow liegt der Fokus des Autors vorwiegend auf Thriller-Elementen; daneben ist Hailey immer auch die Beobachtung der psychologischen Effekte, die die Ereignisse auf die Figuren ausüben, wichtig. Snow will die Mechanismen zeigen, das geduldige Schmieden von Koalitionen und die geschmeidige Kursänderung, Hailey zielt mit der Integration von Liebesgeschichten und Gewaltszenen auf die Komplexität von Entscheidungsprozessen – und immer auch auf Unterhaltung. Aus den gleichen Ingredienzien besteht sein Roman „Hotel" aus dem Jahr 1965, in dem es vorwiegend um Haus- und Grundstücksspekulationen rund um ein nicht mehr ertragreiches Hotel sowie die Taktiken der unfreundlichen Übernahme geht.

Ein großes politisches Thema, das in diesen Jahren stets auf der Agenda steht (und eben schon bei Hailey erwähnt wurde), hat der Engländer Nevil Shute bereits 1957 in seinem Roman „On the Beach" abgehandelt[43] – den Atomkrieg. Die nukleare Auseinandersetzung hat stattgefunden und nun treibt die tödliche Wolke von der Nordhalbkugel aus südwärts. Von Australien aus unternimmt ein U-Boot eine Erkundungsfahrt zur anderen Seite des Pazifik, um die Quelle rätselhafter Funksignale zu erkunden – in der vagen Hoffnung auf eine Überlebensmöglichkeit in einer unverseucht gebliebenen Zone. Es erweist sich, dass das Signal von einer immer noch funktionsfähigen Station ausgeht, dass aber der Schreiber lediglich auf den mal stärkeren, mal schwächeren Wind reagiert und so das Signal auslöst. Das Boot kehrt nach Südaustralien zurück. Die Menschen an der Südküste sind die weltweit letzten, die die Giftwolke erreicht. Mit seiner nüchternen, kaum je pathetischen Darstellung hat Shute das Bild der Atomkriegsfolgen für seine Generation geprägt.

---

[42] Arthur Hailey: In High Places. [1960] London: Pan 1970; ders.: Hotel. [1965]
[43] Nevil Shute: On the Beach. London: Heinemann 1957. Die Verfilmung mit Gregory Peck und Ava Gardner kommt 1959 in die Kinos.

Wenn eben schon erwähnt wurde, dass England mit dem Verlust des Weltmachtstatus kämpft – spätestens mit der Suez-Krise von 1956 ist den Engländern das sehr deutlich geworden – und zudem 1963 einige Spionage-Affären (um Kim Philby sowie um John Profumo und Christine Keeler) zu verwinden hat, wird deutlich, warum die James Bond-Geschichten von Ian Fleming sich Anfang der 1960er Jahre wachsender Beliebtheit erfreuen. James Bond wird von seinen Auftraggebern mit den allem Anschein nach aussichtslosen Fällen betraut. So soll er in „Thunderball" (1961) verhindern, dass Ernst Stavro Blofeld mit den Atombomben, die er in seinen Besitz gebracht und auf abgelegenen Inseln eingelagert hat, die Welt erpressen kann. Bond rettet die Welt, aber Blofeld entkommt; die Jagd geht weiter in „On Her Majesty's Secret Service" (1963).[44] Im Verlauf dieses zweiten Teils der Blofeld-Trilogie spürt er Blofeld in der Schweiz auf, wo der junge britische und irische Frauen einer Gehirnwäsche unterzogen hat, um sie auf einen Einsatz als Kämpferinnen mit biologischen Waffen vorzubereiten. Blofeld gelingt es wiederum, im Laufe der finalen Konfrontation zu entkommen. Den britischen Leser wird bei alledem begeistern, dass es ein britischer Agent ist, der da mittels moderner Technologie rund um die Welt die gefährlichsten Verbrecher jagt und die attraktivsten Frauen trifft. Fleming achtet darauf, Bond nicht zu einem Superhirn à la Hercule Poirot zu machen, sondern ihm eine menschliche, romantische, Frauen gegenüber auch ritterliche Seite zu geben und ihn kleinere Fehler machen zu lassen. Mit seiner Weltläufigkeit, seiner sportlich-körperlichen Fitness, seinem taktischen Gespür und seinen beruflichen Erfolgen wird er kurzfristig weltweit zur ‚essence of cool' – bevor ihm Musiker und Hipster Mitte der 60er Jahre den Rang ablaufen.

Bei dieser notwendigerweise etwas oberflächlichen Betrachtung von belletristischen Neuerscheinungen vor 1965/66 wird deutlich, dass weltumspannende Probleme wie der Kalte Krieg und der drohende Atomkrieg ebenso in die Literatur eingehen (Shute, Fleming) wie die Darstellung der seelischen Folgen daraus und der daher erforderlichen Neuorientierung. Hinterfragt werden soziotop-spezifische Mechanismen (Sillitoe, Snow) oder Alltagserscheinungen wie beispielsweise Rassismus (MacInnes) ebenso wie das sich verändernde Geschlechterverhältnis und dessen Auswirkungen auf das Selbstverständnis von Frauen (Sharp, Drabble, Forster). Zu den grundlegenden Problemen, die die Figuren an sich erfahren, gehören das Tempo der Veränderungen und die daraus resultierende Unfähigkeit zu Orientierung und Kom-

---

[44] Ian Fleming: Thunderball. London: Cape 1961 (Verfilmung 1965 im Kino mit Sean Connery als Bond); ders.: On Her Majesty's Secret Service. London: Cape 1963 (Verfilmung 1969 im Kino mit George Lazenby als Bond).

munikation (Murdoch, Mailer). Der Einzelne ist durchaus nicht mehr Herr seiner Biographie (Updike, Selby Jr.), sondern muss sich arrangieren. Dem ‚American Dream' wird – in der amerikanischen Literatur wie auch darüber hinaus – endgültig die Absage erteilt.

Der mühsame Weg zur Revolution

Bei dem kurzen Blick auf die Biographien von Musikern, die die 1960er Jahre bestimmen werden, sind bereits alle wichtigen Faktoren ins Blickfeld gekommen, die auch in der Belletristik eine Rolle spielen: die erstickende Atmosphäre der 1950er Jahre, versinnbildlicht in den anonymen grauen Anzügen, soziale Repression, Machtlosigkeit des Einzelnen, Kriegs- und Kommunistenangst, Langeweile, Generationenkonflikte, die aus alledem resultierende Suche nach dem Authentischen und Neuen und Eigenen. In den Biographien kommt die Tatsache hinzu, dass vor allem für die Jüngeren alles, was Spaß macht, außer Reichweite zu sein scheint. Es sieht so aus, als habe die Welt den um 1940/42 Geborenen nicht viel zu bieten. Dass diese Generation zahlenmäßig größer als jede vorausgegangene ist, macht sie – vor allem in den USA – bei ständig steigendem Wohlstand aber zu einer begehrten Konsumentengruppe. Die englische Gesellschaft andererseits befreit sich gerade erst aus den Spätfolgen des Weltkriegs; Bezugsscheine und Rationierungen verschwinden erst Mitte der 50er Jahre.

Das Radio bietet den einzigen universellen Zugang zur Musik und diese wiederum ist es, die zumindest virtuell die Zugehörigkeit zu einer Gruppe ermöglicht. In den USA gibt es längst viele lokale und überregionale Stationen, die sich über Werbung finanzieren und den Jugendlichen jederzeit einen nahezu unbeschränkten Zugang zur Musik ermöglichen. In England ist die Situation etwas anders. Hier gibt es nur die landesweiten Programme der BBC – und die tun sich so schwer mit Rock'n'Roll und anderer Musik, die junge Menschen ansprechen könnte, wie die Plattenfirmen selbst. Amerikanische Platten sind im Radio überhaupt nur zu hören, wenn sie in England veröffentlicht worden sind. Darüber hinaus bedeutet dieser auf das eigene Land verengte Blickwinkel auch, dass amerikanische Songs um 1962 sonst nur eine Chance haben, wenn sie von englischen Sängern aufgenommen werden. Ein Teil des Repertoires von *Cliff Richard*, *Tommy Steele* oder *Billy Fury* besteht aus solchen Cover-Versionen; nicht zuletzt deshalb werden sie von einem Teil der englischen Jugend als wenig authentisch und insofern uninteressant empfunden. Ihre Ohren und Antennen sind daher vorwiegend auf Radio Luxemburg oder auf AFN ausgerichtet. Bei den TV-Sendern ist nur das kommerzielle ITV, gegründet 1955, als ernsthafter Mitbewerber der BBC anzusehen.

Die geringe Anzahl und Verfügbarkeit von interessanten Radio-Sendern, die logistischen und finanziellen Probleme bei der Beschaffung neuer Platten, der repressive gesellschaftliche Konsens, der den Wiederaufbau (England) und die Abwehr innerer und äußerer Bedrohungen (USA) deutlich über die Interessen des Einzelnen stellt, dazu das Unverständnis der Eltern-Generation für die Bedürfnisse ihrer Kinder – der „Teenager" wird gerade erst entdeckt –, sowie das große Gefälle zwischen Stadt und Provinz limitieren die Möglichkeiten des Ausdrucks insbesondere für die Nachwachsenden, aber auch für einen erheblichen Teil der Erwachsenen. Die Gesellschaft beruht vorwiegend auf Einweg-Kommunikation, einer hierarchischen Struktur nicht unähnlich. Insbesondere in den USA sind vom Konsens abweichende Meinungen, beispielsweise Sympathien für die politische Linke, für Künstler und Minderheiten, nicht kommunikationsfähig; viele Amerikaner finden sich „terrorized into silence"[45] und insofern sprachlos.

Es ist denn auch kein Wunder, dass viele Song-Texte des Rock'n'Roll die Kommunikation – zwischen Menschen, Generationen, Gesellschaftsschichten oder Junge und Mädchen – mehr oder weniger deutlich zu einem wichtigen Thema machen. Denn für die Jugendlichen ist die Situation noch problematischer als für die Erwachsenen: Ist es schon schwierig, sich bei den eigenen Eltern Gehör zu verschaffen und sich möglicherweise gegen Zumutungen durchzusetzen – der Text von „Yakety Yak" von den *Coasters* besteht aus einer Reihe von Anweisungen zur Reihenfolge der Haushaltsarbeit, die vom Jugendlichen zu erledigen ist: Müll hinausbringen, Küchenboden wischen, Zimmer aufräumen ... und er solle bloß nicht widersprechen[46] –, so ist die Sache völlig aussichtslos, wenn es um gesellschaftliche Institutionen geht. *Eddie Cochran* macht das am Beispiel der Politik(er) deutlich: Die Ich-Figur seines „Summertime Blues" empfindet es wie jene von „Yakety Yak" als ausgesprochen ungerecht, um kleinster Geldbeträge und Freiheiten willen übermäßig arbeiten zu sollen. Als er das Problem seinem Kongressabgeordneten vorträgt, reagiert der allerdings zynisch: Ich würde dir ja helfen, mein Sohn, aber du bist zu jung zum Wählen, lautet die Antwort.[47] Ende der Kommunikation.

Alles das macht die Suche nach dem eigenen Ort, der eigenen Identität, der eigenen Stimme für die neue Generation umso wichtiger. Der Rock'n'Roll hat gezeigt, dass Musik ein Ventil sein kann: um Gefühle auszudrücken, Sorgen zu formulieren, Zustände zu beschreiben, Kritik zu artikulieren – und alles mit anderen zu teilen, um eine virtuelle Gemeinschaft herzustellen. Dennoch ver-

---

[45] Vgl.: Rorabaugh: Kennedy, S. 44.
[46] *The Coasters*: „Yakety Yak" b/w „Zing Went The Strings Of My Heart" (April 1958).
[47] *Eddie Cochran*: „Summertime Blues" b/w „Love Again" (Juli 1958).

raten die Texte nur in den seltensten Fällen etwas Persönliches. Folk ist ein Transportmittel politischer und gesellschaftlicher Anliegen, Pop perpetuiert alle Spielarten glücklicher oder unglücklicher Liebe in klischeebelasteter Sprache; einzig Rock'n'Roll beschreibt das Lebensgefühl der Heranwachsenden zwischen Alltagsfrust und Wochenendfreuden – aber alles bleibt un- bzw. überpersönlich. Eine vage Identifikation mit dem Text oder dem Sänger wird gerade durch das allgemeingültige Element, die überpersönliche Sprache möglich. Wo bleibt also das Persönliche, die individuelle Aussprache? Nicht einmal der Blues bietet in jedem Fall authentische Texte. Die Baby-Boomer-Generation, einerseits machtlos, andererseits von der Wirtschaft umworben, muss sich eine eigene, persönliche und glaubwürdige Sprache für ihre Musik erarbeiten, um nicht nur die Sprachlosigkeit zu überwinden, sondern vor allem die eigenen Anliegen wirkungsvoll und zugleich empfängerspezifisch zu präsentieren – und es ist ihre Leistung, diese Sprache auch zu finden.

Gehört werden! Gehört werden nicht nur, um der eigenen Generation Gehör zu verschaffen, sondern vor allem, um den Blick auf Zustände und Probleme zu lenken, die von den Kräften des Beharrens, seien es konservative Politiker oder Wissenschaftler, seien es Lobbyisten der Wirtschaft, nicht thematisiert würden. Den „angry young men" ist das während der 50er Jahre gelungen. Manche der Themen und Fragen ihrer Romane und Theaterstücke stellen sich der Generation der kriegsgeborenen Kinder Anfang der 1960er Jahre schon wieder – aus ihrem speziellen Blickwinkel. Für sie ist die Literatur keine attraktive Strategie; der Rock'n'Roll hat gezeigt, wie man sich auch anders Gehör verschaffen kann.

Eine passendere Strategie ist da schon solche Musik, die über ihre Singbarkeit und ihre simple Reproduktion einzelne Menschen zu einer Gemeinschaft mit einem Anliegen formieren kann: Folk. Häufig definiert als Musik unbekannter Komponisten, die vom einfachen Volk, Handwerkern und Landarbeitern, gesungen und tradiert wird, hat Folk in seiner US-Variante um die Mitte des 20. Jahrhunderts Elemente der Country-Musik und des politischen Protestes (von Song-Autoren wie *Pete Seeger* und *Woody Guthrie*) in sich aufgenommen und seinen Weg in die Städte gefunden. Weil politischer Protest in den bigotten 1950ern wie erwähnt häufig mit Sympathien für den linken politischen Rand gleichgesetzt wird und insofern unter dem Verdacht kommunistisch motivierter Agitation steht, ist das Folk Revival anfänglich eher eine Sache kritischer junger Intellektueller (mit einem Hang zur Stärkung von Bürgerrechten) und gesellschaftlicher Underdogs denn eine breite Bewegung. Breitenwirksam wird das Genre erst durch „Tom Dooley", den *Kingston Trio*-Erfolg von Ende 1958. Die *Everly Brothers*, bekannt geworden mit countryfiziertem

Teenage-Rock'n'Roll wie „Bye Bye Love" und „Wake Up Little Susie" (beide 1957) legen im Dezember 1958 ein Album mit (unpolitischen) Folk-Songs unter dem bezeichnenden Titel „Songs Our Daddy Taught Us" vor, aber eine Charts-Notierung bleibt der LP verwehrt – vermutlich, weil das nicht die Musik ist, die das Publikum in diesem Augenblick von dem Rock'n'Roll-Duo erwartet. Anfang der 1960er Jahre kommt durch das gecastete Trio *Peter, Paul and Mary*, zusammengestellt von Impresario Albert Grossman, Bewegung in die Szene. Mit der Ankunft von *Bob Dylan* im Greenwich Village im Januar 1961 schließlich verändert sich die Szene binnen weniger Monate in jeglicher Hinsicht; davon wird später zu sprechen sein.

In Großbritannien, wo der Hintergrund einer Country-Tradition fehlt, entsteht eine eigene Spielart von mit einfachsten Mitteln gemachter Musik. In den Pausen der Auftritte von *Ken Colyers Jazzmen* spielen *Lonnie Donegan* und zwei andere Band-Mitglieder im so genannten „Skiffle break" Blues und Folk-Songs beispielsweise von *Huddie „Leadbelly" Ledbetter* oder *Woody Guthrie*. Ihre Instrumente sind eine einfache Gitarre (oder ein Banjo), ein ‚tea-chest bass' (ein Besenstiel als Hals, in der Regel eine Saite und eine ausgediente Teekiste als Resonanzkasten) und ein Waschbrett als Percussion-Instrument. Diese Variante wrd – insbesondere nach der Veröffentlichung von „Rock Island Line"[48] – landesweit populär sowohl in den Charts als auch als Einstieg in das aktive Musizieren. *Donegan* kann sich bis in die frühen 1960er Jahre hinein in der Gunst des Publikums halten, indem er auch Elemente von Comedy- und spezifisch englischen Novelty-Nummern in seine Songs aufnimmt.[49] Wichtiger ist aber der Einfluss, den die Musizierweise auf die junge Generation ausübt; mal abgesehen von den dafür bekannten *Beatles* starten auch viele andere der in den 1960er Jahren wichtigen Musiker als Skiffle-Adepten.

Um 1960/61 herum verliert diese Einfachheit ihren Reiz; wer die Musik ernsthaft betreiben will, strebt richtige Instrumente und möglichst die Elektrifizierung an. Der Skiffle-Boom vergeht, und während sich in den Charts hüben wie drüben nach dem leisen Tod des Rock'n'Roll das schon beschriebene stilistische, lyrische und emotionale Niemandsland ausbreitet, suchen vor allem in England die noch nicht 20 Jahre alten Nachwuchsmusiker nach ihrem eigenen Medium. Aus dem Rock'n'Roll übernehmen sie die Rhythmik, aus dem Skiffle die Idee einer einfachen, auf wenige Instrumente beschränkten Musizierweise, aus Country-Musik und Doo Wop den mehrstimmigen oder Harmonie-Gesang und aus dem Rhythm'n'Blues die lyrische Direktheit – so ent-

---

[48] *Lonnie Donegan*: „Rock Island Line" b/w „John Henry" (1955).
[49] Beispielsweise: *Lonnie Donegan*: „My Old Man's A Dustman" b/w „The Golden Vanity" (1960); die A-Seite schafft es auf Platz 1 der englischen Charts.

steht der Beat mit mal kleineren, mal größeren R'n'B-Anteilen. Ende 1962 gibt es erste Hinweise auf eine Trendwende in den Charts:[50] Neben den Sängerinnen und Sängern vor orchestralem Hintergrund sind nun vermehrt die kompakten Sounds von Gitarren-Bands zu hören – die mit Skiffle groß Gewordenen erlangen die musikalische Reife für höhere Weihen. Etwa zeitgleich mit den *Beatles* betreten die *Dave Clark Five* die nationale Bühne, kurz darauf folgen *Gerry and The Pacemakers* (erste Single „How Do You Do It" im März 1963), *Billy J. Kramer and The Dakotas* (erste Single „Do You Want To Know A Secret" im April 1963), *The Hollies* (erste Single „(Ain't That) Just Like Me" im Mai 1963), *The Rolling Stones* (erste Single „Come On", im Juni 1963), die *Swinging Blue Jeans* (erste Single „It's Too Late Now" im Juni 1963), *The Searchers* (erste Single „Sweets For My Sweet" im Juni 1963), die *Manfred Mann Band* (erste Single „Why Should We Not" im Juli 1963), *The Fourmost* (erste Single „Hello Little Girl" im September 1963) und etliche andere Bands. Im folgenden Jahr kommen unter anderen *The Kinks* (erste Single „Long Tall Sally" im Februar 1964), *The Animals* (erste Single „Let Me Take You Home" im März 1964), *The Who* (erste Single „I'm The Face" unter dem Band-Namen *The High Numbers* im Juli 1964), *The Zombies* (erste Single „She's Not There" im Juli 1964) und *The Moody Blues* (erste Single „Steal Your Heart Away") dazu. Viele dieser Bands werden die Pop-Musik der nächsten Jahre mitgestalten. Andererseits verlieren viele der Solisten, die im Niemandsland Erfolge verzeichnen konnten, ab 1963 an Bedeutung einfach deshalb, weil sich die Vorstellungen von Sound und Authentizität mit dem Auftreten der Bands vollkommen ändern. Einige dieser Solisten wie *Adam Faith*, *Helen Shapiro*, *Frank Ifield* oder *Craig Douglas* verschwinden bis spätestens 1966 aus der Wahrnehmung der Charts; welche großen Schritte die Entwicklung der Pop-Musik in diesen Jahren macht, belegt die Tatsache, dass auch einige der Bands und Sänger, die neben den *Beatles* und *Rolling Stones* aufgekommen sind, um 1966 wieder verschwinden. Das liegt in einigen Fällen daran, dass sie zu wenig eigenes Profil haben, in anderen, dass sie sich ihr Material nicht selbst schreiben und damit auf einen eigenen Sound und eine Unverwechselbarkeit verzichten. Dadurch verlieren beispielsweise *Gerry and The Pacemakers*, *The Fourmost*, *Billy J. Kramer and The Dakotas* oder *Freddie and the Dreamers* den Anschluss an die Entwicklungen.

Weil die BBC, durchdrungen von ihrem Bildungsauftrag, in den frühen 1960er Jahren stur bei ihrer Politik bleibt und allenfalls Pop für Erwachsene spielt, entstehen 1964 Piratensender auf Schiffen vor der englischen Küste, allen

---

[50] Nachvollziehbar mit der Hilfe der schon erwähnten Jahr-für-Jahr-Kompilationen der Labels Fantastic Voyage oder Acrobat Music.

voran Radio Caroline und Wonderful Radio London (als „Big L" in die Jugendsprache eingegangen). Legendäre Moderatoren wie John Peel und Tony Blackburn sind aus diesem Aufstand gegen das Establishment hervorgegangen. Erst 1967 wird die BBC reagieren und – nach dem Verbot der Piratensender – ihr Radio One für Pop- und Soul-orientierte Hörer einrichten – in den folgenden Jahren auch mit der Expertise unter anderem von Peel und Blackburn. Wer den Blick etwas weiter schweifen lässt, bemerkt auch, dass die BBC im gleichen Jahr 1967 die seit 1946 laufende Musiksendung „Housewives' Choice" einstellt. Das entspricht nicht zuletzt dem weltweit spürbaren Rückgang des Interesses an ‚light music', wie sie verkörpert wurde von großen Orchestern (*Edmundo Ros, Ray Conniff* und aus Deutschland *Bert Kaempfert*, der große Erfolge in den USA verzeichnen konnte[51]) oder Sängern aus den 50er Jahren, die in erster Linie gefallen wollten, ein Ersatzangebot für den Rock'n'Roll bereitstellen sollten und sich um eine stilistische Logik ihrer Karriere kaum kümmerten (*Guy Mitchell, Pat Boone* und ungezählte andere).

Das sind die Voraussetzungen im Herbst 1962, als die in diesem Essay betrachteten Interpreten und Songautoren sich auf den Weg machen. Ihr nahezu gleichzeitiges Auftreten signalisiert, dass eine neue Generation im Business angekommen ist. Sie alle nehmen, was sie vorfinden – *Dylan* und die *Rolling Stones* beginnen ihre Diskographien mit Cover-Versionen, nur die *Beatles* starten gleich mit eigenem Material auf den Singles, wenn auch jeweils sechs der jeweils 14 Songs auf den ersten beiden LPn Cover sind – und modellieren es so lange, bis es ihren Intentionen entspricht. Aus diesen Anfängen entwickeln sie ihren eigenen Sound und ihre eigenen Aussagen, was wiederum zum Sprungbrett für die nächsten Bands wird. Im Jahr 1966 haben sie so viel Erfahrung gesammelt und so viel Erfolg gehabt, dass ihnen die von ihnen entwickelten Forme(l)n nicht nur zum Hals heraushängen, sondern sie es sich auch leisten können, all das zu ignorieren – um alles anders zu machen. Noch am wenigsten werden sich *Simon & Garfunkel* verändern; sie werden im Laufe des Jahres perfektionieren, was sie am besten können. Die deutlichste Abkehr von allem Bekannten gönnen sich – nach Ansage! – die *Beach Boys*. Die radikalste Destruktion des Pop-Formats gelingt ausgerechnet den für ihren Pop weltweit geliebten *Beatles*. *Bob Dylan* sprengt buchstäblich jedes Format mit der weltweit ersten Pop-Doppel-LP. Und die *Rolling Stones* legen eine LP vor, die erstmals ausschließlich Eigenkompositionen enthält und mit dem Pop experimentiert.

---

[51] Zu *Bert Kaempfert* vgl. zurzeit: Marc Boettcher: Stranger in the Night. Die Bert Kaempfert Story. Hamburg: EVA 2002.

Es wäre ohne Frage reizvoll, noch sehr viele andere Veröffentlichungen in die Betrachtung einzubeziehen; wie die Liste im Abschnitt „Was man kennen sollte" eindrucksvoll zeigt, ist 1966 unglaublich viel gutes Material erschienen. Aber welche Songs und LPn aufnehmen und welche nicht? Um den Rahmen nicht zu sprengen, muss ein Schwerpunkt gesetzt werden: auf die Interpreten mit der höchsten Wahrnehmung und der größten Reichweite. Deshalb kann auf *The Who*, *The Kinks*, *The Hollies*, *The Byrds*, *Love*, *Jefferson Airplane* oder auch das One-Hit-Wonder *Bob Lind* nur am Rande eingegangen werden. Dass all die Songs des Jahres 1966 Konkretes zur Atmosphäre und zum Diskurs des Jahres 1967 beigetragen haben, wird sich schwerlich belegen lassen. Man darf aber von einem Einfluss ausgehen – sowohl allein durch die massenhafte Verbreitung der Texte als auch durch ihre Anliegen. Denn so sehr unterschiedlich ihre Herangehensweisen sind, so wird sich doch erweisen, dass sie textlich einiges gemeinsam haben.

Es bleibt einer späteren Ausgabe dieses Essays vorbehalten, mehr Material zu berücksichtigen und noch mehr Beziehungen der Songs untereinander offen zu legen. Hingewiesen sei noch darauf, dass das 5. Kapitel viel von dem aufgreift, was der Autor schon früher formuliert hat (vgl. Anm. 1).

Vor der Betrachtung der wegweisenden LPn sei an ein paar wichtige Daten des Jahres 1966 erinnert:

Datum	Ereignis
1. Januar	In der Zentralafrikanischen Republik putscht sich Jean-Bédel Bokassa an die Macht.
8. Januar	In San Francisco veranstaltet Ken Kesey eine weitere „Acid Test" genannte Party.
12. Januar	US-Präsident Lyndon B. Johnson betont, die USA sollten in Südvietnam bleiben, bis die kommunistischen Agressionen dort unter Kontrolle gebracht und beendet seien.
17. Januar	Bei einem Zusammenstoß zweier Flugzeuge nahe der spanischen Stadt Palomares verliert der beteiligte B-52 Bomber vier Wasserstoffbomben. Im Zuge einer aufwändigen Suche werden drei davon geborgen, aber das Gebiet ist nuklear verseucht.

Datum	Ereignis
18. Januar	8.000 neue US-Soldaten kommen in Südvietnam an; die US-Truppenstärke beläuft sich nunmehr auf 190.000 Mann.
19. Januar	Indira Gandhi wird Premierministerin von Indien.
1. Februar	☦ Schauspieler Buster Keaton (geb. 1895).
1. Februar	In Frankreich bekommen Frauen die volle juristische Gleichberechtigung.
8. Februar	Die USA verpflichten sich in einer Erklärung zur Unterstützung von Südvietnam gegen die „kommunistische Aggression".
24. Februar	Militärputsch in Ghana.
5. März	Mit „Merci Chérie" gewinnt Udo Jürgens den Grand Prix de la Chanson (später Eurovision Song Contest).
8. März	Die USA kündigen weitere Truppenverstärkungen in Südvietnam an.
11. März	Machtwechsel in Indonesien: Präsident Achmed Sukarno übergibt die Macht an General Haji Mohamed Suharto.
11. März	Die Beziehungen zwischen Frankreich und der NATO verschlechtern sich weiter: Präsident Charles de Gaulle kündigt an, dass die NATO-Truppen und das Hauptquartier binnen eines Jahres aus Frankreich abzuziehen seien.
16. März	Gemini 8 (David Scott, Neil Armstrong) führt das erste erfolgreiche Andockmanöver im All durch.
26. März	Überall in den USA finden Demonstrationen gegen den Vietnamkrieg statt.
31. März	In Großbritannien gewinnen Harold Wilson, Premierminister seit Oktober 1964, und seine Labour Party die Wahlen deutlich.
8. April	Das US-Magazin „Time" erscheint mit der Cover-Story unter dem Titel „Is God Dead?"
8. April	In der Sowjetunion wird Leonid Breschnew zum Generalsekretär der KPdSU gewählt.

Datum	Ereignis
15. April	Das US-Magazin „Time" erscheint mit der Cover-Story unter dem Titel „London: The Swinging City".
29. April	Die US-Truppenstärke in Vietnam beläuft sich auf 250.000 Mann; Ende Mai stehen weitere 20.000 Mann wegen des Krieges in Thailand.
30. April	Im Ärmelkanal beginnt der Liniendienst der Hovercraft-Schiffe (eingestellt 2000).
15. Mai	Zehntausende demonstrieren vor dem Weißen Haus gegen den Vietnamkrieg.
16. Mai	In New York hält Martin Luther King Jr. seine erste Rede gegen den Vietnamkrieg.
16. Mai	In der britischen Handelsmarine beginnt ein weit reichender Streik, der erst am 1. Juli beigelegt wird.
6. Juni	Bei einem Marsch durch den Bundesstaat Mississippi wird der schwarze Bürgerrechtsaktivist James Meredith angeschossen und schwer verwundet.
27. Juni	In Argentinien putscht sich das Militär unblutig an die Macht.
29. Juni	US-Truppen beginnen mit der Bombardierung von Hanoi und Haiphong.
30. Juni	Frankreich verlässt formell die NATO.
2. Juli	Die Atommacht Frankreich führt ihren ersten überirdischen Kernwaffentest im Muroroa-Atoll durch.
14. Juli	In Chicago ermordet Richard Speck acht Krankenschwesternschülerinnen; er wird am 17. Juli verhaftet.
18. Juli	Erstmals ethnische Konflikte in Cleveland, Ohio.
29. Juli	Bei einem Motorradunfall nahe Woodstock erleidet *Bob Dylan* eine unbekannte Zahl von Verletzungen; er nimmt das zum Anlass, sich vorübergehend aus der Öffentlichkeit zurückzuziehen.
30. Juli	Im Endspiel der Fußball-Weltmeisterschaft in Wembley besiegt England Deutschland mit 4:2 nach Verlängerung.

Datum	Ereignis
1. August	Heckenschütze Charles Whitman tötet vom Dach der University of Texas aus 13 Menschen und verletzt 31 weitere.
1. August	In Nigeria putscht sich das Militär an die Macht.
3. August	☦ Comedian Lenny Bruce (geb. 1925).
5. August	In New York beginnt die Vorbereitung des Baugrundes für das World Trade Center.
7. August	Ethnische Konflikte in Lansing, Michigan.
13. August	In China wird die Große Kulturrevolution ausgerufen.
16. August	Das House Un-American Activities Committee beginnt mit den Befragungen von Amerikanern, die den Vietcong unterstützt haben (mit dem Ziel, diese Aktivitäten illegal zu machen).
29. August	*The Beatles* beenden ihre US-Tournee im Candlestick Park in San Francisco; was noch keiner weiß: Es ist ihr letzter Live-Auftritt.
8. September	NBC-TV strahlt die erste Folge der Science-Fiction-Serie „Star Trek" aus.
30. September	Großbritannien entlässt den südafrikanischen Staat Botswana in die Unabhängigkeit.
6. Oktober	Der Konsum von LSD wird per Gesetz für illegal erklärt; auch alle wissenschaftliche Erforschung muss eingestellt werden.
7. Oktober	Die Beziehungen zwischen der Sowjetunion und China verschlechtern sich weiter: Die Sowjetunion kündigt an, dass alle chinesischen Studenten das Land bis Ende des Monats verlassen haben müssen.
22. Oktober	Der englische Spion George Blake entkommt aus dem Wormwood Scrubs-Gefängnis in London; er taucht in Moskau wieder auf.
26. Oktober	Die NATO verlegt ihr Hauptquartier von Paris nach Brüssel.
26. Oktober	☦ Sängerin *Alma Cogan* (geb. 1932).

Datum	Ereignis
27. Oktober	Die UN entziehen Südafrika das Mandat über Namibia.
2. November	✝ Blues-Sänger *Mississippi John Hurt* (geb. 1893).
4. November	In Florenz tritt der Arno über seine Ufer, macht Tausende obdachlos und vernichtet ungezählte wertvolle Kunstwerke und seltene Bücher u.a. in den Uffizien.
8. November	Der Schauspieler Ronald Reagan wird zum Gouverneur von Kalifornien gewählt.
9. November	*John Lennon* begegnet Yoko Ono in der Londoner Indica Gallery.
21. November	In Togo schlägt die Armee einen Putschversuch nieder.
24. November	*The Beatles* beginnen mit den Aufnahmen, aus denen die LP „Sgt. Pepper's Lonely Hearts Club Band" (veröffentlicht am 1. Juni 1967) hervorgehen wird.
1. Dezember	Kurt Georg Kiesinger wird zum Kanzler der Bundesrepublik Deutschland gewählt, nachdem Ludwig Erhard am Tag zuvor zurückgetreten war. Kiesinger steht einer Großen Koalition vor.
15. Dezember	✝ Walt Disney (geb. 1901).
16. Dezember	Die UN bestätigen ein Öl-Embargo gegen Rhodesien; das Land hatte sich 1965 einseitig für unabhängig von Großbritannien erklärt (nachdem im April bereits eine Blockade in Kraft getreten war).

Was man kennen sollte

Die folgende Übersicht von Single- und LP-Veröffentlichungen kann keinen Anspruch darauf erheben, eine vollständige Liste der wichtigen Produktionen in den Jahren 1965 und 1966 zu sein. Sie hat eher zum einen die Aufgabe, jene sechs LPn, die hier im Mittelpunkt stehen, in ihr zeitgenössisches Umfeld zu stellen, und zum anderen, die zeitliche Abfolge – Wer war zuerst da? Wer reagiert auf wen? – in dieser Hochphase der Pop-Musik zu verdeutlichen.

Veröffentlichungen 1965

Datum	Typ	Band: Titel
Januar	LP	Petula Clark: Downtown
26. Februar	S	The Rolling Stones: The Last Time b/w Play With Fire
März	LP	The Zombies: Begin Here [LP-Debüt]
März	LP	Otis Redding: The Great Otis Redding Sings Soul Ballads
5. März	LP	The Kinks: Kinda Kinks
12. März	S	Donovan: Catch The Wind b/w Why Do You Treat Me Like You Do? [S-Debüt]
22. März	LP	The Temptations: Sing Smokey
26. März	LP	John Mayall: Plays John Mayall [LP-Debüt]
27. März	LP	Bob Dylan: Bringing It All Back Home
5. April	S	The Beach Boys: Help Me, Rhonda b/w Kiss Me, Baby
9. April	S	The Beatles: Ticket To Ride b/w Yes It Is
12. April	LP	The Supremes: We Remember Sam Cooke
12. April	S	The Byrds: Mr. Tambourine Man b/w I Knew I'd Want You
14. Mai	LP	Donovan: What's Bin Did And What's Bin Hid (UK) [LP-Debüt]
17. Mai	LP	Herbie Hancock: Maiden Voyage

43

Datum	Typ	Band: Titel
21. Mai	S	The Kinks: Set Me Free b/w I Need You
21. Mai	S	The Hollies: I'm Alive b/w You Know He Did (UK)
Juni	S	Herman's Hermits: I Am Henry VIII, I Am b/w The End Of The World (US)
Juni	S	James Brown: Papa's Got A Brand New Bag, pt. 1 b/w Papa's Got A Brand New Bag, pt. 2
Juni	S	The Downliners Sect: I Got Mine b/w Waiting In Heaven Somewhere
Juni	LP	Herman's Hermits: Herman's Hermits (UK)
1. Juni	S	The Temptations: Since I Lost My Baby b/w You've Got To Earn It
6. Juni	S	The Rolling Stones: (I Can't Get No) Satisfaction b/w The Spider And The Fly (US)
11. Juni	LP	Them: The Angry Young Them [LP-Debüt]
14. Juni	S	The Byrds: All I Really Want To Do b/w I'll Feel A Whole Lot Better
21. Juni	LP	The Byrds: Mr. Tambourine Man
23. Juni	S	Smokey Robinson and The Mircales: The Tracks Of My Tears b/w A Fork In The Road
Juli	LP	Spencer Davis Group: Their First LP [LP-Debüt]
5. Juli	LP	The Beach Boys: Summer Days (And Summer Nights!!)
5. Juli	LP	The Yardbirds: For Your Love [LP-Debüt]
9. Juli	S	The Four Tops: It's The Same Old Song b/w [?]
9. Juli	S	Sonny & Cher: I Got You Babe b/w It's Gonna Rain
12. Juli	S	The Beach Boys: California Girls b/w Let Him Run Wild
19. Juli	S	The Beatles: Help! b/w I'm Down
19. Juli (?)	S	Barry McGuire: Eve Of Destruction b/w [?]

Datum	Typ	Band: Titel
20. Juli	S	Bob Dylan: Like A Rolling Stone b/w Gates Of Eden
22. Juli	LP	The Moody Blues: Magnificent Moodies [LP-Debüt]
23. Juli	LP	The Supremes: More Hits
30. Juli	LP	The Rolling Stones: Out Of Our Heads (US)
30. Juli	S	The Kinks: See My Friends b/w Never Met A Girl Like You Before
August	LP	Paul Simon: Songbook [UK only]
6. August	LP	The Beatles: Help!
6. August	S	The Small Faces: Whatcha Gonna Do About It b/w What's A Matter Baby [S-Debüt]
15. August	EP	Donovan: The Universal Soldier
27. August	S	The Hollies: Look Through Any Window b/w So Lonely (UK)
30. August	LP	Bob Dylan: Highway 61 Revisited
September	LP	The Animals: Animal Tracks
September	S	Simon & Garfunkel: The Sound Of Silence b/w We've Got A Groovy Thing Goin'
September	LP	The Turtles: It Ain't Me Babe [LP-Debüt]
7. September	S	Bob Dylan: Positively 4th Street b/w From A Buick 6
10. September	S	Manfred Mann: If You Gotta Go, Go Now b/w Stay Around
15. September	LP	Otis Redding: Otis Blue
17. September	EP	The Kinks: Kwyet Kinks
24. September	LP	The Rolling Stones: Out Of Our Heads (UK)
30. September	S	The Temptations: My Baby b/w Don't Look Back
Oktober	S	James Brown: I Got You (I Feel Good) b/w I Can't Help It

Datum	Typ	Band: Titel
1. Oktober	S	The Byrds: Turn! Turn! Turn! b/w She Don't Care About Time
8. Oktober	LP	Dusty Springfield: Everything's Coming Up Dusty
22. Oktober	LP	Donovan: Fairytales (UK)
22. Oktober	S	The Rolling Stones: Get Off Of My Cloud b/w The Singer Not The Song (UK)
29. Oktober	S	The Who: My Generation b/w Shout And Shimmy (UK)
November	S	Spencer Davis Group: Keep On Running b/w High Time Baby
November	S	The Dave Clark Five: Over And Over b/w I'll Be Yours (My Love)
November	LP	The Lovin' Spoonful: Do You Believe In Magic? [LP-Debüt]
1. November	LP	The Temptations: Temptin' Temptations
8. November	LP	The Beach Boys: The Beach Boys Party!
13. November	LP	The Four Tops: Second Album
19. November	S	The Kinks: Till The End Of The Day b/w Where Have All The Good Times Gone (UK)
20. November	LP	The Yardbirds: Having A Rave Up with The Yardbirds
26. November	LP	The Kinks: The Kink Kontroversy (UK)
26. November	LP	The Walker Brothers: Take It Easy with The Walker Brothers [LP-Debüt]
27. November	S	The Beach Boys: The Little Girl I Once Knew b/w There's No Other (Like My Baby)
Dezember	S	Herman's Hermits: A Must To Avoid b/w The Man With The Cigar
3. Dezember	S	The Beatles: Day Tripper b/w We Can Work It Out
3. Dezember	LP	The Beatles: Rubber Soul

Datum	Typ	Band: Titel
3. Dezember	LP	The Who: My Generation [LP-Debüt]
4. Dezember	LP	The Rolling Stones: December's Children (And Everybody's) (US)
6. Dezember	LP	The Byrds: Turn! Turn! Turn!
18. Dezember	S	The Rolling Stones: As Tears Go By b/w Gotta Get Away (US)
20. Dezember	S	The Beach Boys: Barbara Ann b/w Girl Don't Tell Me
21. Dezember	LP	Dionne Warwick: Here I Am

Veröffentlichungen 1966

Datum	Typ	Band: Titel
?	LP	The Turtles: You Baby
Januar	LP	Them: Them Again (enth. u.a. „It's All Over Now, Baby Blue")
Januar	LP	Spencer Davis Group: The Second Album
Januar	LP	Roy Orbison: The Orbison Way
10. Januar	S	The Byrds: Set You Free This Time b/w It Won't Be Wrong
14. Januar	S	Chris Farlowe: Think b/w Don't Just Look At Me
17. Januar	LP	Simon & Garfunkel: Sounds Of Silence
28. Januar	S	The Small Faces: Sha-La-La-La-Lee b/w Grow Your Own
Februar	LP	Herman's Hermits: When The Boys Meet The Girls (US)
Februar	S	Jefferson Airplane: It's No Secret b/w Runnin' Round This World [S-Debüt]
Februar	S	Simon & Garfunkel: Homeward Bound b/w Leaves That Are Green

Datum	Typ	Band: Titel
Februar	S	James Brown: Ain't That A Groove, pt. 1 b/w Ain't That A Groove, pt. 2
4. Februar	S	The Rolling Stones: 19th Nervous Breakdown b/w As Tears Go By (UK)
7. Februar	S	The Temptations: Get Ready b/w Fading Away
11. Februar	S	Peter & Gordon: Woman b/w Wrong From The Start (UK)
14. Februar	S	Bob Dylan: One Of Us Must Know (Sooner Or Later) b/w Queen Jane Approximately
18. Februar	S	The Hollies: I Can't Let Go b/w Running Through The Night
18. Februar	LP	The Supremes: I Hear A Symphony
19. Februar	S	The Lovin' Spoonful: Daydream b/w Night Owl Blues
25. Februar	S	The Kinks: Dedicated Follower Of Fashion b/w Sittin' On My Sofa
März [ca.]	S	Bob Lind: Elusive Butterfly b/w Cheryl's Goin' Home
März	S	Spencer Davis Group: Somebody Help Me b/w Stevie's Blues
März	S	The Mamas And The Papas: Monday Monday b/w Got A Feelin'
März	S	The Walker Brothers: The Sun Ain't Gonna Shine Anymore b/w After The Lights Go Out
März	S	Dionne Warwick: Message To Michael b/w Here Where There Is Love
März	LP	Gordon Lightfoot: Lightfoot! [LP-Debüt]
März	LP	The Lovin' Spoonful: Daydream
März	LP	The Mamas And The Papas: If You Can Believe Your Eyes And Ears [LP-Debüt]
März	LP	Petula Clark: My Love (enth. u.a. „We Can Work It Out")

Datum	Typ	Band: Titel
März	LP	Peter & Gordon: Woman
4. März	S	The Who: Substitute b/w Circles (Instant Party) (UK)
7. März	S	Brian Wilson / The Beach Boys: Caroline, No b/w Summer Means New Love
14. März	S	The Byrds: Eight Miles High b/w Why
21. März	S	The Beach Boys: Sloop John B. b/w You're So Good To Me
28. März	S	Dusty Springfield: You Don't Have To Say You Love Me b/w Every Ounce Of Strength
April	S	James Brown: It's A Man's Man's Man's World b/w Is It Yes Or Is It No?
April	S	Bob Dylan: Rainy Day Women # 12 & 35 b/w Pledging My Time
April	S	Billie Davis: Heart And Soul b/w Don't Take All Night
April	LP	Love: Love [LP-Debüt]
April	LP	The Righteous Brothers: Soul & Inspiration
1.April	LP	Otis Redding: The Soul Album
15. April	S	Manfred Mann: Pretty Flamingo b/w You're Standing By
15. April	LP	The Rolling Stones: Aftermath (UK)
16. April	LP	Cilla Black: Cilla Sings A Rainbow
Mai	LP	Herman's Hermits: When The Boys Meet The Girls (UK)
Mai	LP	Frank Sinatra: Strangers In The Night
Mai	LP	Sonny & Cher: The Wondrous World of Sonny & Cher
Mai	S	Jefferson Airplane: Come Up The Years b/w Blues From An Airplane
Mai	S	Petula Clark: I Couldn't Live Without Your Love b/w Your Way Of Life

Datum	Typ	Band: Titel
3. Mai	S	The Temptations: Ain't Too Proud To Beg b/w You'll Lose A Precious Love
11. Mai	LP	The Small Faces: Small Faces [LP-Debüt]
13. Mai	S	The Rolling Stones: Paint It Black b/w Long Long While (UK)
16. Mai	LP	The Beach Boys: Pet Sounds
16. Mai [?]	LP	Bob Dylan: Blonde On Blonde
21. Mai	S	Neil Diamond: Solitary Man b/w Do It
23. Mai	LP	Marvin Gaye: Moods Of Marvin Gaye
Juni	S	Bob Dylan: I Want You b/w Just Like Tom Thumb's Blues (live)
Juni	S	Herman's Hermits: The Door Swings Both Ways b/w For Love
Juni	S	The Downliners Sect: Glendora b/w I'll Find Out
[ca.] Juni	S	Georgie Fame and the Blue Flames: Get Away b/w El Bandido
[ca.] Juni	S	The Troggs: Wild Thing b/w From Home
1. Juni	LP	The Hollies: Would You Believe?
3. Juni	S	The Kinks: Sunny Afternoon b/w I'm Not Like Everybody Else
10. Juni	S	The Beatles: Paperback Writer b/w Rain
13. Juni	S	The Byrds: Fifth Dimension b/w Captain Soul
15. Juni	LP	The Temptations: Gettin' Ready
17. Juni	S	The Hollies: Bus Stop b/w Don't Run And Hide
20. Juni	LP	The Rolling Stones: Aftermath (US)
27. Juni	LP	Frank Zappa: Freak Out! [LP-Debüt]
Juli	S	Donovan: Sunshine Superman b/w The Trip
Juli	S	James Brown: Money Won't Change You, pt. 1

Datum	Typ	Band: Titel
		b/w Money Won't Change You, pt. 2
Juli [ca.]	S	Nino Tempo & April Stevens: All Strung Out b/w I Can't Go On Livin' Baby…
Juli	S	Love: 7 And 7 Is b/w No. Fourteen
Juli	LP	Dusty Springfield: You Don't Have To Say You Love Me (US)
Juli	LP	The Association: And Then… Along Comes The Association [LP-Debüt]
Juli	LP	Blues Breakers with Eric Clapton
1. Juli	S	Dusty Springfield: Goin' Back b/w I'm Gonna Leave You
2. Juli	S	The Rolling Stones: Mother's Little Helper b/w Lady Jane (US)
4. Juli	S	The Lovin' Spoonful: Summer In The City b/w Butchie's Tune
11. Juli	S	The Beach Boys: Wouldn't It Be Nice b/w God Only Knows
12. Juli	S	Chris Farlowe: Out Of Time b/w Baby Make It Soon
15. Juli	LP	The Yardbirds: Yardbirds
18. Juli	LP	The Byrds: Fifth Dimension
22. Juli	LP	John Mayall and the Bluesbreakers with Eric Clapton
25. Juli	LP	The Troggs: From Nowhere… The Troggs
29. Juli	S	Manfred Mann: Just Like A Woman b/w I Wanna Be Rich
August	LP	James Brown: It's A Man's Man's Man's World
August	S	Bob Dylan: Just Like A Woman b/w Obviously 5 Believers [US only]
August	S	Jefferson Airplane: Bring Me Down b/w Let Me In
August	S	The Four Seasons: I've Got You Under My Skin

Datum	Typ	Band: Titel
		b/w Huggin' My Pillow
5. August	LP	The Beatles: Revolver (UK)
5. August	S	The Beatles: Yellow Submarine b/w Eleanor Rigby
5. August	S	The Small Faces: All Or Nothing b/w Understanding
8. August	LP	The Beatles: Revolver (US)
16. August	S	The Monkees: Last Train To Clarksville b/w Take A Giant Step [S-Debüt]
18. August	S	The Four Tops: Reach Out I'll Be There b/w Until You Love Someone
20. August	S	Neil Diamond: Cherry Cherry b/w I'll Come Running
25. August	LP	The Supremes: The Supremes A' Go-Go
26. August	LP	The Walker Brothers: Portrait
26. August	LP	Donovan: Sunshine Superman (US)
September	S	Spencer Davis Group: When I Come Home b/w Trampoline
September	LP	Spencer Davis Group: Autumn '66
6. September	S	The Byrds: Mr. Spaceman b/w What's Happening?!?!
15. September	LP	Jefferson Airplane: Takes Off [LP-Debüt]
Oktober	S	The Kinks: Dandy b/w Party Line
7. Oktober	S	The Hollies: Stop Stop Stop b/w It's You
10. Oktober	LP	Simon & Garfunkel: Parsley, Sage, Rosemary & Thyme
10. Oktober	LP	The Monkees: The Monkees [LP-Debüt]
10. Oktober	S	The Beach Boys: Good Vibrations b/w Let's Go Away For Awhile
28. Oktober	LP	The Kinks: Face To Face
29. Oktober	LP	Neil Diamond: The Feel Of Neil Diamond [LP-Debüt]
November	S	Tom Jones: Green, Green Grass Of Home

Datum	Typ	Band: Titel
		b/w Promise Her Anything
November	S	Spencer Davis Group: Gimme Some Lovin' b/w Blues In F
November	LP	The Association: Renaissance
November	S	Simon & Garfunkel: A Hazy Shade Of Winter b/w For Emily, Whenever I May Find Her
12. November	S	Neil Diamond: I Got The Feelin' b/w The Boat That I Row
17. November	S	Easybeats: Friday On My Mind b/w Made My Bed
18. November	S	The Kinks: Dead End Street b/w Big Black Smoke
21. November	S	The Monkees: I'm A Believer b/w (I'm Not Your) Steppin' Stone
Dezember	S	The Move: Night Of Fear b/w Disturbance
4. Dezember	LP	Dionne Warwick: Here Where There Is Love
5. Dezember	LP	Buffalo Springfield: Buffalo Springfield [LP-Debüt]
9. Dezember	LP	The Hollies: For Certain Because
9. Dezember	LP	The Who: A Quick One
9. Dezember	LP	Cream: Fresh Cream [LP-Debüt]
16. Dezember	S	Jimi Hendrix Experience: Hey Joe b/w Stone Free [S-Debüt]

Erste Strophe:

„Blätter, die grün sind, werden braun"

Was bisher unter anderem geschah (1965)

Datum	Typ	Band: Titel
12. März	S	Donovan: Catch The Wind b/w Why Do You Treat Me Like You Do? [S-Debüt]
27. März	LP	Bob Dylan: Bringing It All Back Home
12. April	S	The Byrds: Mr. Tambourine Man b/w I Knew I'd Want You
14. Mai	LP	Donovan: What's Bin Did And What's Bin Hid (UK) [LP-Debüt]
6. Juni	S	The Rolling Stones: (I Can't Get No) Satisfaction b/w The Spider And The Fly (US)
14. Juni	S	The Byrds: All I Really Want To Do b/w I'll Feel A Whole Lot Better
21. Juni	LP	The Byrds: Mr. Tambourine Man
19. Juli	S	The Beatles: Help! b/w I'm Down
19. Juli (?)	S	Barry McGuire: Eve Of Destruction b/w (...)
20. Juli	S	Bob Dylan: Like A Rolling Stone b/w Gates Of Eden
6. August	LP	The Beatles: Help!
15. August	EP	Donovan: The Universal Soldier
30. August	LP	Bob Dylan: Highway 61 Revisited
September	S	Simon & Garfunkel: The Sound Of Silence b/w We've Got A Groovy Thing Goin'
7. September	S	Bob Dylan: Positively 4th Street b/w From A Buick 6
1. Oktober	S	The Byrds: Turn! Turn! Turn! b/w She Don't Care About Time
22. Oktober	S	The Rolling Stones: Get Off Of My Cloud b/w The Singer Not The Song (UK)

Datum	Typ	Band: Titel
29. Oktober	S	The Who: My Generation b/w Shout And Shimmy (UK)
3. Dezember	LP	The Beatles: Rubber Soul
6. Dezember	LP	The Byrds: Turn! Turn! Turn!
17. Januar	LP	Simon & Garfunkel: Sounds Of Silence

Hat ja auch keiner gesagt, dass alles einfach und schön sei. Bloß weil man noch keine Verantwortung für sein Leben hat, solange man zur Schule geht. Im Gegenteil: Das Leben ist voller Klippen und Krisen, die Aussichten sind meistens düster, das Glück kennen nur die anderen. Der Teenager *Jerry Landis* jedenfalls scheint da so seine Erfahrungen haben. Gerade von seinem Mädchen verlassen oder mal wieder unglücklich verliebt, sitzt er – ausgerechnet! – am Wochenende meistens allein zu Hause, weil er kein Date hat. Die Musik aus dem Radio bedeutet ihm viel, aber es gibt Tage, da langweilt ihn selbst die. Und nicht nur, dass er keine Freundin hat, während alle anderen das Glück des „going steady" kennen, sondern es gibt auch niemanden, der ihn in dieser Misere verstehen könnte. Die Freuden der Teenager-Jahre machen einen Bogen um ihn und beinahe kommt es so weit, dass er ein Buch liest – an einem Sonnabendabend! Was ihn wenigstens ein wenig mit der verflossenen Liebe verbinden könnte, wäre, wenn der Radio-DJ jetzt „unser Lied" oder doch zumindest einen traurigen Song spielen würde. Hat er aber mal eine Freundin, wird er umgehend schüchtern neben ihr.[52] Nein, so gesehen ist es wahrlich kein Vergnügen, um 1960 herum ein amerikanischer Teenager zu sein.

Jerry Landis setzt sein Leid in Lieder um. Für seine Teenager-Mini-Dramen findet er Melodien und Stilmittel, die völlig im Einklang stehen mit den aktuellen Hit-Songs. Die mehrmalige Erwähnung des Radios in seinen Texten ist kein Zufall: Einerseits bietet das Radio dem tastenden jungen Komponisten die Blaupausen für die angesagten Motive und Stilelemente; da wird „shy" auf „sigh", „see" auf „me", „night" auf „tight" und „through" auf „you" gereimt, werden Nonsense-Silben, wie sie aus dem Doo-Wop bekannt sind, und viele „oooo-(w)aaaahhh" eingesetzt, und werden musikalische Wendungen von

---

[52] Diese Motive in folgenden Songs: *Tom & Jerry:* „Our Song" und „That's My Story" (1958), *Jerry Landis:* „Loneliness" (1958), „Shy" (1960), „Play Me A Sad Song", „I Wish I Weren't In Love" und „I'm Lonely" (1961). Alle Titel auf: [*Paul Simon & Art Garfunkel:*] CD „Two Teenagers. Paul Simon & Art Garfunkel as Tom & Jerry, Jerry Landis... The Singles 1957-1961" (© 2012), Tracks 5, 7, 10, 15, 21, 23 und 24.

Buddy Holly, den *Everly Brothers* und dem Brill-Building-Pop recycelt.[53] Andererseits machen die Erwähnungen des Radios deutlich, dass dem Nachwuchs-Komponisten die virtuelle Gemeinschaft der vielen einzelnen (und womöglich einsamen) Hörer durchaus bewusst ist. Anders formuliert: Dem Radio fällt bei der Stiftung einer Generationsidentität eine wichtige Rolle zu. Dass die Songs von *Jerry Landis* mit wenigen Ausnahmen dennoch kaum in die Hot 100 vorstoßen, liegt wohl daran, dass sie denn doch allzu viele allzu gut bekannte Versatzstücke verwenden und fatalerweise – denn die Songwriting-Qualität wird nach und nach besser – auch ein wenig unterproduziert sind.

Dass *Landis* eine Pose einnimmt, eine Rolle auskleidet, eine Identität aufbaut, wird schon an der Tatsache deutlich, dass der Name ein Pseudonym ist. Dahinter steckt der junge *Paul Simon* (geb. 13. Oktober 1941 in Newark, NJ.); das Duo *Tom & Jerry* sind niemand anders als *Arthur „Art" Garfunkel* (geb. am 5. November 1941 in Queens, NYC) und eben *Simon*. Für dessen Werdegang ist die Verwendung von Pseudonymen in dieser frühen Phase durchaus folgerichtig: Nicht nur, dass die Verwendung der bürgerlichen Namen im Pop zu dieser Zeit noch eher selten, vielmehr die Annahme einer ‚stage persona' mit einem sprechenden zugkräftigen Namen üblich ist; wichtiger noch ist, dass das Was und das Wie dessen, was *Simon* zu sagen haben wird, noch unberührt am Grunde seiner Persönlichkeit liegt. Wenn er ein paar Jahre später mit seinen Themen, seiner Sprache und einer eigenen musikalischen Aussageweise mit Pop- und Folk-Elementen zurückkehrt, wird er das – zusammen mit *Art Garfunkel* – folgerichtig unter seinem eigenen Namen tun.

Was allerdings vorausweist auf das Kommende, ist sein Blick auf die Welt und die amerikanische Gegenwart. Dass diese Welt ganz und gar nicht so ist, wie es die Sunshine-Pop-Songtexte suggerieren, ist ja noch nachvollziehbar – für diese Kehrseite gibt es ja die Mini-Dramen von vergeblicher Liebe, die zum Gespött der Freunde wird, von Liebe, die verboten wird, weil sie Klassen- oder Anstandsgrenzen zu überschreiten sucht, von unmöglicher Liebe und vom daraus folgenden Alleinsein. Dahinter steckt für *Simon* persönlich allerdings mehr als eine zum Mitleid einladende Pose: nämlich eine eher schon existenzielle Einsamkeit, ein Gefühl, nirgendwo dazu zu gehören. Dass sich eine Gruppe von Menschen über Musik und das Radio in einer spezifischen Identität wiederfinden kann, ist einerseits positiv, heißt aber andererseits auch, dass diese Menschen eben nicht im direkten Kontakt miteinander stehen, sich nicht austauschen können, also in gewisser Weise allein sind. Träfen sie sich,

---

[53] *Landis*, d.i. *Paul Simon*, wird sogar eine kurze Weile mit *Carole King* zusammen Songs schreiben und Demos aufnehmen – bevor sie *Gerry Goffin* trifft (und dem armen *Neil Sedaka* endgültig das Herz bricht). Vgl.: Marc Eliot: Paul Simon. A Life. Hoboken, NJ.: Wiley 2010, S. 28. Im Folgenden zitiert als: Eliot.

müssten sie das Gemeinsame erst finden. Die Frage wäre, ob das gelingen kann, wenn jeder andere Voraussetzungen mitbringt. Die Einsamkeit des Teenagers, der sich aus der Clique seiner Altersgenossen, die er für Freunde gehalten hatte, ausgeschlossen sieht, weil er keine Freundin hat, kann schnell zur Einsamkeit des jungen Erwachsenen werden, der Bindungsängste entwickelt und sich als Versager fühlt, wenn er erträumte Ziele nicht erreichen kann. *Simon* hatte durchaus selbst mit solchen Dämonen zu kämpfen: Seinen Biographen zufolge litt er zeitweilig sehr unter seiner geringen Körpergröße, die eine Karriere als Baseball-Spieler unmöglich machte, und setzte er sich genau deswegen unter den Druck, mit der Musik ein hohes Ziel zu erreichen, bevor er 30 Jahre alt wäre.[54]

Dass ihn „Bye Bye Love" beeindruckt, ist kein Wunder. Der Song der *Everly Brothers* ist eine Geschichte über einen Jungen, der urplötzlich von seiner Freundin verlassen wird – um eines anderen Jungen willen. Die Trauer über das verlorene Liebesglück ist mindestens ebenso wirkungsmächtig wie die Angst vor dem Alleinsein. *Simon* modelliert die Geschichte von „Hey Schoolgirl" im gleichen musikalischen Idiom und auch sie scheint zunächst schiefzugehen für die Ich-Figur – bis das angehimmelte Mädchen plötzlich anderen Sinnes wird, die Hausaufgaben Hausaufgaben sein lässt und sich mit dem Ich-Sänger für den Nachmittag verabredet. Oo-bop-a-loochee-bop.

Einige seiner Songs nach „Hey Schoolgirl" nimmt er zusammen mit *Art Garfunkel* auf, einige allein und einige 1961 auch als Teil von *Tico and The Triumphs*, darunter „Motorcycle". Nichts von alledem ist wirklich erfolgreich, so dass er an seiner Studio-Arbeit für Brill Building-Firmen festhalten muss. Schließlich vertritt er sogar dessen Song-Autoren bei den Plattenfirmen, die auf der Suche nach neuem Material für ihre Künstler sind. Die Erlösung kommt schließlich mit einer Musik, die (noch) neben dem Mainstream steht und die Möglichkeit bietet, andere Themen und sprachliche Mittel aufzugreifen – so dass auch die Formulierung persönlicher, eigener Anliegen möglich wird: Im Greenwich Village entdeckt *Simon* 1962 die Folk-Szene. Unabhängig von ihm erkennt auch *Garfunkel* die Möglichkeiten, die für seinen Chorknaben-Tenor in dieser Musik stecken. Als sich die Schulfreunde nach längerer Trennung Ende 1962 zufällig in New York wiedertreffen, herrscht zwischen ihnen schnell Einigkeit darüber, dass im Folk eine Zukunft für sie stecken könnte. *Simon* arbeitet an neuem Material und ein Jahr später gehen sie im Folk-Club ‚Gerde's Folk City' erstmals während eines Hootenanny-Montags damit auf die

---

[54] Vgl. z.B.: Eliot, S. 17f.; Laura Jackson: Paul Simon. The Definitive Biography. London: Piatkus 2002, S. 16 und 34. Im Folgenden zitiert als: Jackson.

Bühne. Idee dieser Hootenanny-Abende ist, dass jeder, der es will, ob Profi oder Anfänger, sich mit drei Songs präsentieren darf ...

... und so sind im September 1963[55] zum ersten Mal „The Sound Of Silence", „Bleecker Street" und „He Was My Brother" zu hören. Die Songs mögen neu sein – das sie einigende Thema ist es nicht. Neu ist allerdings, dass *Simon* sein Thema von Einsamkeit, Vereinsamung und Vereinzelung von der Teenager- auf eine die ganze Gesellschaft einbegreifende Ebene hebt. Der Eine und/gegen die Vielen, die selbstverschuldete oder oktroyierte Einsamkeit, die unterbleibende oder missglückende Kommunikation – mit *Simons* Entscheidung, die Teenage-Lyrics hinter sich zu lassen und sich auf die persönliche Aussprache zu konzentrieren, ändern sich Sprache und Metaphern, nicht aber die Ängste des Songschreibers. Einzug hält vor allem eine von Glaube und Bibel geprägte Bildlichkeit.[56] Zu dieser Schärfung hat sicherlich auch das Literaturstudium beigetragen, das *Simon* im Frühjahr 1963 abschließt.

Die Bleecker Street im Süden von Manhattan führt vom Greenwich Village in Richtung SoHo und ist ein integraler Bestandteil des Boheme-Viertels, das von aus allen Richtungen heranströmenden Künstlern und Literaten bevölkert wird. Dies ist einer der Orte, an denen sich der urbane Folk als Amalgam aus klassischem Folk, Protestsong und Country durchsetzen wird. In „Bleecker Street"[57] zieht Nebel vom East River her auf und legt sich wie ein Leichentuch (Z. 2) über die Straße; er verunklart die Sicht und macht den Hirten für die Schafe unsichtbar (Z. 4). In den Cafés versuchen die Menschen zu verstehen, was andere zu ihnen sagen (Z. 5/6), ein Dichter trägt seine unbeholfenen Verse vor (Z. 9). 30 Dollar reichen für die Miete in der Bleecker Street (Z. 11). Am Ende schließt sich der Bogen der religiösen Anspielungen mit der Erwähnung einer fernen Kirchenglocke (Z. 13) und der Erkenntnis, dass es ein weiter Weg nach Kanaan sei (Z. 15). Der Text lebt aus der Gegensätzlichkeit von Leben, wie es sein sollte, und rauer Realität. In einem Künstlerviertel wäre grundsätzlich von einer größeren Sensibilität, von einem tieferen Verständnis

---

[55] So Eliot, S. 41; leider bringt er keine Belege für diese Behauptung. Populärem Glaube zufolge entstand „The Sound Of Silence" erst nach der Ermordung von John F. Kennedy (so in Victoria Kingstons Biographie; vgl. auch: http://en.wikipedia.org/wiki/The_Sound_of_Silence [Zugriff vom 17.11.2014], der sich Eliots Sichtweise anschließt, oder bei Jackson, S. 47-49). In den Liner Notes auf dem Back-Cover der LP „Wednesday Morning, 3 A.M." (1964) nennt *Art Garfunkel* den 19. Februar 1964 als Datum der Fertigstellung. Für das Verständnis des Songs ist der Zeitpunkt seiner Entstehung allerdings nebensächlich; immerhin ist es nicht unwahrscheinlich, dass einige Verse nach den Ereignissen – eben beispielsweise an jenem 19. Februar – noch verändert oder geschärft wurden.

[56] Diese Bildlichkeit tritt auf den folgenden LPn von *Simon & Garfunkel* etwas in den Hintergrund, bleibt aber immer spürbar. Erst in seinem Spätwerk bringt Simon diese Allusionen wieder stärker ins Spiel. Vgl.: *Paul Simon*: CD „So Beautiful Or So What" (2011).

[57] Simon: Lyrics, S. 3.

der Menschen füreinander auszugehen, statt dessen wird der Text durchzogen von Metaphern der Unsichtbarkeit, Vereinsamung in der Gruppe, Distanz und misslingenden Kommunikation. Das Künstlerviertel Bleecker Street ist eben nicht Kanaan, das Gelobte Land (vgl. Z. 15), obwohl es in gewisser Hinsicht zumindest ein Vielvölkerstaat ist; und auch wenn Menschen aus vielen Gegenden zusammenkommen, so erwächst daraus in den Augen von *Simon* ganz offensichtlich noch keine Gemeinschaft. Die Kirchenglocke ruft hier eher nicht zu einer Zusammenkunft, sondern zur Mahnung und das womöglich vergeblich. Hier wird im „sad café" (Z. 5)[58] gesprochen, ohne dass die Menschen einander verstehen (vgl. Z. 6), und die Sprache, die die Sensibleren, die Mahner unter den Menschen verwenden, ist den anderen nicht verständlich (vgl. Z. 9), vielleicht, weil der Dichter zu sehr mit sich selbst beschäftigt ist (vgl. Z. 10). Denn letztlich, so *Simon*, geht es nicht um Werte, sondern nur ums eigene kleine Leben; stellvertretend dafür steht die Miete (vgl. Z. 11).

In all seinen Bestandteilen ist „Bleecker Street" der kleine Bruder von „The Sound Of Silence", das später auf der gleichen LP-Seite von „Wednesday Morning, 3 A.M." folgt. „The Sound Of Silence"[59] hat „Bleecker Street" aber die eingängigere Akkordstruktur, die jedesmalige Steigerung der Spannung hin zu jeder fünften Zeile seiner Strophen und die eindrücklichere Bildlichkeit voraus. *Simon* nutzt einen Kunstgriff der Literatur, um auf sein Thema hinzuführen: Die erste Strophe eröffnet einen erzählerischen Rahmen (der im weiteren Verlauf klugerweise nicht geschlossen wird), die folgenden Strophen gehören hingegen zur Binnenerzählung. Im Rahmen begrüßt der Sänger die Dunkelheit als alten Freund, mit dem er wieder einmal sprechen wolle (Z. 1/2), denn eine Vision habe ihre Samen ausgestreut, sich seiner bemächtigt und sich als stark genug erwiesen, um sich gegen den Klang der Stille durchzusetzen (Z. 3-7). Die zweite Strophe eröffnet die Binnenerzählung: In seinem Traum einer ruhelosen Nacht (Z. 8) sei er durch schmale Nebenstraßen mit Kopfsteinpflaster gewandert (Z. 9), bis seine Augen geradezu aufgespießt worden seien von einem Neon-Licht, das die Nacht zerteilt habe (Z. 12/13). In der dritten Strophe schildert das Ich, was er im Neon-Licht gesehen habe: zehntausend Menschen, vielleicht mehr, die redeten, ohne zu sprechen, und hörten, ohne zuzuhören, die Songs schrieben, die niemals gemeinsam gesungen würden (Z. 16-19), weil keiner den Klang der Stille zu stören wage (Z. 20/21). Ausgesprochen beunruhigt, spricht Ich die Menge in der vierten Strophe an: ob sie, Dummköpfe, denn nicht wüssten, dass diese Stille wie ein Krebs wachse, sie sollten

---

[58] Sicherlich auch eine Anspielung auf den Roman „The Ballad of the Sad Café" von Carson McCullers (veröffentlicht im Zeitschriften-Vorabdruck 1943), nicht zuletzt eine Geschichte über Verfehlung und ausbleibende Kommunikation.
[59] Simon: Lyrics, S. 5f.

ihm zuhören ... aber er merkt, dass seine Worte wie stille Regentropfen fielen. Dramaturgisch geschickt bleibt nach dieser Klimax der Z. 26 die fällige nächste (Kurz-)Zeile (das Pendant zu den Z. 6, 13 und 20) wortlos, bis der Text mit der resignativen Beobachtung, die Worte echoten im Schacht der Stille, wieder einsetzt (Z. 27, die demnach eigentlich Z. 28 sein müsste). Aber noch will die Ich-Figur nicht aufgeben: Fassungslos beobachtet er in der fünften Strophe, wie die Menschen den Neon-Gott anbeteten, während das „sign" (Z. 30) seine Warnung von sich gebe: Die Worte der Propheten fänden sich an den Wänden der U-Bahn-Schächte und Mietskasernen und würden im Klang der Stille geflüstert (Z. 31-34).

Auch „The Sound Of Silence" lebt von seiner dualen Struktur, deutlich geteilt in naturnahe Begriffe wie „seeds", „planted", „people" und „cancer" für die evolutionäre Entwicklung des Guten wie des Bösen und naturferne Begriffe wie „cobblestone", „neon light" und „subway" für das Künstliche und den Kommerz („neon" bzw. „neon god") in der Welt. Die Vermittlung der einfachen Wahrheiten und Werte funktioniert schon nicht mehr, weil zwar alle das Gesagte hörten, aber nicht verstünden (Z. 17/18) und weil es zu keiner wahren Gemeinsamkeit mehr kommen könne (die „songs", die keine Gemeinschaft jemals singe: vgl. Z. 19; die ausgestreckten Arme, die keiner ergreife, vgl. Z. 25); und so bleibt denn auch der mahnende Ich-Sänger unverstanden (Z. 27). Das einprägsamste Bild bleibt aber die Erinnerung an die Worte der Propheten, die sich nunmehr, in die Welt des Scheins und des künstlichen Lichts transloziert, an den Wänden der U-Bahn-Schächte (Z. 33) statt in der Heiligen Schrift widerfänden. Zweifellos eine Anspielung auf die informellen Botschaften und Graffiti als Begleiterscheinung der Kommunikationslosigkeit – vulgo Bitte um Aufmerksamkeit – seitens der Missverstandenen, Randständigen, Sprach- und Ratlosen in allen Großstädten und andersherum ein Hinweis auf die Trivialisierung der großen Wahrheiten.

Dass dem Song gelegentlich Vagheit vorgeworfen wird, scheint völlig unberechtigt. Zwar geht nicht jede Zeile im Sinne eines durch- und durchliterarisierten Textes organisch aus der vorangegangenen hervor, doch bleiben die Bilder keineswegs unverbunden. Zudem verschafft sich *Simon* Freiraum durch die Einschränkung, dass es sich bei der Vision (von der zweiten Strophe an) um einen Traum handele, der allerdings – so die erste Strophe – sich als Same erweise und sich hartnäckig halte (vgl. Z. 4-6). Die aus allem resultierende Frage, was denn der ‚sound of silence' sei,[60] ist abwegig: Der Song schafft sich bei jedem Hörer seinen individuellen Bezugsrahmen. Das ist auch der Grund dafür, weshalb die Frage, ob er vor oder nach dem Mord an Kennedy entstan-

---

[60] Vgl.: Eliot, S. 39f.

den sei, als nebensächlich betrachtet werden kann: Die Nacht des Textes als Zeit/Raum von Alleinsein, Einsamkeit, Orientierungslosigkeit und womöglich Angst passt bestens zu den Metaphern der ungesungenen Lieder und der nicht ergriffenen Arme. Alleinsein ist im Sinne des existenzialistischen Denkens ein dem Menschen inhärent mitgegebener Zustand, es ist aber auch eine ganz reale Gefahr für alle, die sich im Denken über Ort und Wert des Einzelnen im Verhältnis zur Gesellschaft klar zu werden versuchen. Beide Formen sind geeignet, die Seele zu beeinträchtigen, Fühlen und Denken zu verdunkeln, die Orientierung zu erschweren. Kann denn der Einzelne überhaupt etwas ausrichten? lautet die zweifelnde Frage.

Eine Gemeinschaft aus dem Geist der Folk Musik ebenso wie aus einem gemeinsamen Anliegen beschwört „He Was My Brother",[61] doch ist diese Gemeinschaft fragil. Der hier als Bruder Beschriebene ist fünf Jahre älter als das Sänger-Ich und 23 Jahre alt, als er getötet wird. Er ist als ‚freedom rider' in der Bürgerrechtsbewegung aktiv und wird erschossen, nachdem man ihm schon angekündigt hat, dass diese (namenlos bleibende) Stadt der Ort seiner Beerdigung sein werde (Z. 11). Als Grund für seine Aktivität gibt Ich an, sein Bruder habe das Falsche gehasst. Auch hier blendet *Simon* wieder eine religiöse Metapher ein: Sein Bruder sei gestorben, damit die anderen Brüder frei sein würden (Z. 16f.). Mit wenigen Worten umreißt *Simon* das ganze Problem der Bürgerrechtsbewegung. Gutwillige junge, kritische Aktivisten nehmen sich einer Problematik an, die nicht die ihre ist, in einer Region, in der sie nicht zuhause sind (vgl. Z. 7), von der sie also nur einen vagen Begriff haben. Auf diese Weise ziehen sie sich die Abneigung von weißen und schwarzen Einheimischen zu. Als Fremder unter Fremden wird der Bruder ermordet, obwohl er das Gute wollte, denn sein Tun wird als Einmischung verstanden.[62] Zwar ist der Song dem ‚freedom rider' Andrew Goodman gewidmet, der im Juni 1964 während des ‚freedom summer' in Philadelphia, Miss., erschossen wird, doch passen die Lebensdaten nicht zu jenen, die in der ersten Strophe referiert werden.[63] Mit diesem Kunstgriff von inkorrekten Daten – die im Zuge einer Interpretation ja abgleichbar sind, so dass die Konstruktion erkennbar wird – erreicht *Simon* zweierlei: Einerseits wird einer spezifischen historischen Person stellvertretend für alle gedacht, die das Wagnis der ‚freedom rides' auf sich

---

[61] Simon: Lyrics, S. 7.
[62] Über die Gefahren, denen sich die ‚freedom rider' mit ihrem Tun aussetzten, vgl.: Rorabaugh, S. 81-85.
[63] Goodman ist 20, als er ermordet wird. Die Liner Notes der LP geben keine Auskunft über diese Widmung, sie wird aber explizit formuliert in: Simon: Lyrics, S. 7. Auch hierzu findet sich bei Eliot, S. 58, der Hinweis, dass der Text schon vor den Ereignissen entstanden ist und später nur bearbeitet wird; und auch in diesem Fall gilt, dass die Zeitgenossen die Situation des Textes auch ohne konkreten Hinweis auf Goodman verstanden haben werden.

nehmen, andererseits werden alle ‚freedom rider' aller Altersstufen und Herkunftsorte in einer idealtypischen, zu einem modernen Christus stilisierten Figur aufgehoben. Damit wird sowohl der Einzelne als auch die Gemeinschaft gewürdigt. Wenn gesagt wurde, dass die Gemeinschaft fragil ist, dann ist zu bedenken, dass die Gemeinschaft (hier: die Bürgerrechtsaktivisten) den Einzelnen nicht hinreichend vor der anderen Gemeinschaft (hier: den radikalen weißen Südstaatlern) schützen kann, dass andererseits die Gemeinschaft (der Brüder) um den mutigen Einzelnen durch ihr gemeinsames Vorgehen eines in der Zukunft liegenden Tages frei sein werde. Gestärkt wird diese Aussage durch das Doppelspiel mit dem Wort Bruder: Anfänglich scheint der Bruder tatsächlich ein leiblicher Bruder zu sein, der Hinweis darauf, dass er fünf Jahre älter ist, lässt den älteren Bruder als Vorbild anklingen. Im Laufe des Textes wird der Ältere aber zu einem spirituellen Bruder in dem Sinne, in dem die schwarze Bürgerrechtsbewegung ihre Mitkämpfer als ‚brothers' anspricht. Der Einzelne kann etwas erreichen, wenn er durch Mut und Tatkraft allen anderen vorausgeht und auf diese Weise zu einer Symbolfigur für ein Anliegen wird; zur Durchsetzung des Anliegens braucht es dann aber in aller Regel die Menge, die Gemeinschaft. Ob und wann Gemeinschaft gelingen kann – wie das Ende von „He Was My Brother" immerhin anzudeuten scheint –, ist dabei durchaus offen. Das ist die gemeinsame Aussage von „The Sound Of Silence" und „He Was My Brother", wenn man sie aufeinander bezieht.

Dabei verzichtet *Simon* auf eine einheitliche, zugespitzte Tendenz als Treibsatz aller lyrischen Bemühungen: Mit der Widersprüchlichkeit der textlichen Signale beschreibt er letztlich nur die Widersprüchlichkeit der Gesellschaft, die sich unsicher ist in Bezug auf den einzuschlagenden Weg. Dass es jenseits der Bürgerrechtsaktiviäten, in denen sich – nahezu losgelöst vom Anlass – weiße Bürger feindlich gegenüberstehen wie 100 Jahre zuvor im Bürgerkrieg, noch viel wichtigere Fragen zu lösen gibt, macht „The Sun Is Burning" deutlich, platziert hinter allen hier erwähnten Songs auf der Mitte der zweiten Seite ihrer ersten LP 1964.[64] Der Song, bestehend aus fünf Strophen à fünf Zeilen, beginnt friedlich genug mit Bildern eines träg-warmen Sommernachmittags von Bienen, die zwischen Blumen hin- und herschwirren, spielenden Kindern und jungen Paaren, die auf den Abend warten. In jeder der fünf Strophen kommt die Sonne der Erdoberfläche etwas näher. Genau in der Mitte des Textes, Z. 13, wird ihr Bild überblendet durch eine „Blüte", die sich im Laufe der folgen-

---

[64] *Simon & Garfunkel*: LP „Wednesday Morning, 3 A.M." (Oktober 1964). Eigenartigerweise hat *Simon* den Text nicht in den „Lyrics"-Band aufgenommen und auch in den Liner Notes der LP (von *Art Garfunkel*) wird der Song nicht kommentiert. Die Zeilenverweise orientieren sich daher an der Text-Version im Booklet von: *Simon & Garfunkel*: 5-CD „The Columbia Studio Recordings 1964-1970" (© 2001), S. 15.

den Strophe zu einer pilzförmigen Wolke auswächst. Der Tod, so der Text, komme als Blitz mit höllischer Hitze, die alles zu schmieriger Asche werden lasse. In der fünften Strophe ist die Sonne verschwunden, die Menschen winden sich in Dunkelheit, Wut, Schmerz und Angst, kriechen erblindet auf den Knien umher.

Anders als „The Sound Of Silence" ist „The Sun Is Burning" absichtsvoll durchliterarisiert. Deutlich wird das unter anderem am Bild der Sonne, die von Strophe zu Strophe allmählich von der Höhe des Himmels zum Horizont hin niedergeht und schließlich hinter diesem verschwindet. Die Sonne, jeweils in der ersten und der fünften (= letzten) Zeile einer jeden Strophe eingeführt, ist das zentrale zusammenbindende Element. Wie in anderen Texten nutzt *Simon* zunächst naturnahe Begriffe wie Wolken, Bienen, Blumen und Kinder/Paare, die von Leben sprechen und die naturgesetzmäßige Entwicklung betonen. Er bleibt auch noch bei einem Naturbild – dem von der Blüte, die zum Pilz wird – bei der Beschreibung der explodierenden Atombombe. Er greift damit ein populäres Bild der Wissenschaft auf, das durch Fotos belegt ist; gleichwohl steckt in diesem Bild die ultimative Verharmlosung: Den Tod durch ein Bild des Lebens erklären zu wollen, ist ein Verrat, den die Sprache im Munde der Wissenschafter und ihrer Journalisten an den Menschen begeht. Der eigentliche Vorgang und seine Folgen werden in diesem Bild unsichtbar; deshalb geht *Simon* darüber hinaus und beschreibt in einer letzten Strophe das, was in der Dunkelheit passiert. Dabei ist die Dunkelheit sowohl jene, die die untergegangene Sonne = Natur mit sich bringt, als auch jene der individuellen persönlichen Blindheit der Menschen in der Folge des Blitzes. Die Blindheit der Menschen nach der Explosion entspricht dabei der Blindheit der Menschen vor der Explosion: Eben noch paarweise spazieren gehend und Kinder beobachtend, sind sie nun an das Nichts ausgeliefert. „Blindheit" ist hier demnach auch eine Metapher: Die „Blindheit" vor der Explosion, erzeugt und perpetuiert durch das vermeintlich natürliche Bild eines Pilzes, ist der Unwille der Menschen, sich konkret mit der Gefahr zu beschäftigen und Mittel und Wege zur Verhinderung der Katastrophe zu suchen. Ohne dass es deutlich ausgesprochen wird, liegt also auch hier die Gefahr in der fehlenden Gemeinschaft der Menschen, in der Unfähigkeit, sich über die drohende Gefahr zu verständigen.

Der Text ist allzu konstruiert, als dass sich der Song zur Hymne einer Protestkultur entwickeln könnte, wie das zum Zeitpunkt seiner Aufnahme gerade *Bob Dylan*s „Blowin' In The Wind" gelingt. Dass hier der Weg der Menschheit vom Hellen ins Dunkle führt, entspricht *Simon*s Geschichtspessimismus, wie er sich auch in späteren Texten in der steten Wiederkehr einer Entwicklung von Jung zu Alt, vom Werden zum Vergehen, von grünen zu braunen Blättern spiegelt. Das apokalyptische Ende lässt keinen Raum für Hoffnung oder Interpretation, wie ihn eine für eine Gemeinschaft gedachte Hymne braucht (und wie das „We Shall Overcome" schon im Titel signalisiert). Zweifellos hat *Simon* ihn auch nicht mit Blick auf eine solche Verwendung geschrieben; vielmehr kann man hier beinahe ein Bemühen unterstellen, den richtigen Diskussionsbeitrag zum richtigen Zeitpunkt zu liefern.

The Sounds Of Silence

Die LP „Wednesday Morning, 3 A.M." wird Mitte Oktober 1964 veröffentlicht. Trotz des aktuell großen Interesses an akustischem Folk – die Platte wird auf dem Cover mit den Worten „exiting new sounds in the folk tradition" eigens in dieses Genre eingeordnet und durch das Foto in einer U-Bahn-Station zudem als urbaner Folk verortet – geht sie unter wie ein Stein. *Paul Simon* und *Art Garfunkel* sind so enttäuscht, dass sie vorläufig keine weitere Zusammenarbeit ins Auge fassen. *Simon* reist nach England, weil er – nicht ganz zu Unrecht – das aktuelle Zentrum des Musikgeschehens im Königreich vermutet, wo seit eineinhalb Jahren um die *Beatles* und zunehmend auch die *Rolling Stones* herum in großen Schritten die buchstäblich tonangebende Musikszene wächst. Allerdings führt das bei ihm nicht zu einem neuerlichen Wechsel des musikalischen Genres. Er organisiert sich selbst One-Man-Auftritte in englischen Clubs, schreibt neues Material und bekommt die Chance, in der zweiten Juni-Hälfte 1965 eine Solo-LP aufzunehmen. Sie enthält neue Interpretationen von „The Sound Of Silence" und „He Was My Brother", die den vorhandenen Versionen aber nichts Neues hinzufügen. Vor allem aber entstehen Aufnahmen von zahlreichen neuen Songs, die nicht nur die schnelle künstlerische Entwicklung des Songschreibers *Simon* belegen, sondern vor allem die Tatsache, dass er mit dem akustischen Folk sein Medium gefunden hat. Mit „A Church Is Burning"[65] gibt es ein Companion-Stück zu „He Was My Brother" insofern, als es auch hier um den amerikanischen Süden geht, um Gewalt und andere Hindernisse auf dem Weg zur Freiheit (die als dunkle Straße bezeichnet wird, wenn man allein auf ihr unterwegs sei, vgl. Z. 26). Seine Situation, sein Selbstbild und seine Fähigkeiten stellt er mit „Kathy's Song" in Frage, wenn er behauptet, Songs zu schreiben, an die er nicht glauben könne,[66] und sich vorstellt, von seiner großen Liebe – Kathy Chitty,

---

[65] Simon: Lyrics, S. 9f.
[66] Er nimmt diesen Hinweis in den selbstverfassten Liner Notes zur LP noch einmal auf: „This LP contains twelve of the songs that I have written over the past two years. There are some here that I would not write today. I don't believe in them as I once did. I have included them because they played an important role in the transition. It is discomforting, almost painful, to look back over something someone else created and realize that someone else was you."

mit der er ja aktuell in England zusammen ist – getrennt zu sein.[67] Sicherlich ein Hinweis darauf, dass er eine Rückkehr in die USA (und damit eine räumliche Trennung von Kathy) im Sommer 1965 durchaus schon im Auge hat, aber eben auch ein Beleg für die Tatsache, dass *Simon* ein optimistischer Blick in die Zukunft stets schwer fällt. Eine leichte Melancholie ist immer schon da (und schließlich sind die ersten Worte, die man vom Sänger auf der LP hört: „A winter's day ..."). Seine Bedeutung für den Autor wird „Kathy's Song" erst entfalten, wenn *Simon* im späten Herbst 1965 tatsächlich in die USA zurückkehrt.

Vor dem Hintergrund der *Simon & Garfunkel*-LP „The Sounds Of Silence", um die es jetzt gehen soll, wirken die Aufnahmen des „Paul Simon Songbook", veröffentlicht im August 1965 nur in England, allerdings eher wie Demos für Interpreten, die für die Songs interessiert werden sollen. Die Abnehmer sind schließlich *Simon* und *Garfunkel* selbst, denn etliche von ihnen tauchen in neuen Aufnahmen auf „The Sounds Of Silence" wieder auf. Warum es nach dem Misserfolg von „Wednesday Morning, 3 A.M." überhaupt neue Aufnahmen gibt, ist bestens bekannt: Die Aufnahme von *Bob Dylan*s „Like A Rolling Stone" am 15. Juni 1965 gibt Produzent Tom Wilson die Idee ein, das akustische Original von „The Sound Of Silence" mit einem elektrisch gespielten Background zu versehen. Er lässt Gitarren, Bass und Drums einspielen,[68] mischt die Aufnahme neu ab und lässt sie – ohne *Simon* oder *Garfunkel* in Kenntnis zu setzen, denn sie werden zu diesem Zeitpunkt nicht als noch aktives Duo betrachtet – als Single wiederveröffentlichen. Dass der Song in dieser Version und zu diesem Zeitpunkt plötzlich erfolgreich wird, belegt noch einmal, dass er den Hintergrund der Ermordung von John F. Kennedy nicht braucht, um zu funktionieren. Seine Aura von Trauer und Machtlosigkeit des Einzelnen belegt das verbreitete Gefühl verlorener Werte, verlorener Identität, vergeblichen Bemühens und drohender Orientierungslosigkeit.

Immerhin hat die Ermordung von Kennedy nicht nur Trauer, sondern auch ein kollektives Gefühl von Verlassenheit erzeugt. Schließlich wird der Erfolg der jugendlich-unbekümmerten *Beatles* in den USA nach ihren TV-Auftritten in den Ed Sullivan-Shows vom 9., 16. und 23. Februar 1964 gern als Erlösung aus der Trauer interpretiert; die auffällig datierte Fertigstellung von „The Sound Of Silence" am 19. Februar wirkt da leicht als bewusster Versuch, sich diesem Einfluss zu entziehen. Der Misserfolg des Songs im Spätherbst

---

[67] Simon: Lyrics, S. 15, Z. 15 (über die Songs) und 8ff. (über Kathy).
[68] Bekannt ist, dass *Dylan*s Begleitmusiker das neue Backing einspielen; angeblich soll es an diesem durch die erste Session für „Like A Rolling Stone" epochal gewordenen 15. Juni geschehen sein. Vgl.: http://en.wikipedia.org/wiki/The_Sound_of_Silence [Zugriff vom 1. März 2014]. Das Master für „Like A Rolling Stone" entsteht am 16. Juni.

1964 hängt womöglich doch eher damit zusammen, dass sich die US-Amerikaner ein Jahr nach dem Verlust ihrer großen Identifikationsfigur auf keinen so hoffnungslosen Text einlassen wollen, sondern lieber den unkomplizierten *Beatles* zuhören, die ja bekanntlich nur die Hand der Freundin halten wollten.[69] Der Erfolg ein Jahr später hingegen ließe sich damit erklären, dass der neue Background – mit einer deutlich am aktuellen Sound der *Byrds* orientierten Leadgitarre[70] – die Konzentration auf den Text schwächt, so dass der Song leichter konsumierbar wird.

Mit der Ermordung von Kennedy hat „The Sound Of Silence" allenfalls in einem metaphorischen Sinn zu tun – wenn die Tat das amerikanische Volk sozusagen in die Dunkelheit gestürzt hätte. Wenngleich sich das also so verstehen ließe, erklärt das aber andererseits nicht die Anspielung auf die falschen Götter. Immerhin könnte (zumindest) die junge amerikanische Generation Kennedy aber auch als einen Bruder im Geiste verstanden haben, wie *Simon* einen in „He Was My Brother" vorgestellt hat. Kurz bevor *Simon & Garfunkel* im Dezember 1965 an der LP „Sounds Of Silence" zu arbeiten beginnen, veröffentlichen die eben erwähnten *Byrds* mit dem umgetexteten Folk-Traditional „He Was A Friend Of Mine"[71] einen Song, der genau in diese Richtung geht. *Roger McGuinn* beschreibt Kennedy darin als seinen Bruder, obwohl sie sich nicht gekannt hätten, und die Tat als sinnlos. Allerdings ist der Song allzu plakativ, als dass er eine emotionale Wirkung haben könnte. Bemerkenswert ist nur, dass *The Byrds* mehr als zwei Jahre nach der Tat es noch für sinnvoll halten, ihn in die Setlist der LP aufzunehmen.

Was nun *Paul Simon* angeht: Wie der Blick auf die Texte der „Songbook"-LP zeigt, hat sich seine Weltsicht nach der ersten LP jedenfalls nicht verändert. Als sich der Erfolg der Remix-Fassung im November 1965 abzeichnet, verlangt die Plattenfirma nach neuem *Simon & Garfunkel*-Material, aber es liegt abgesehen von den „Songbook"-Songs nicht genug für eine LP vor. In aller Eile werden neue Arrangements von fünf „Songbook"-Liedern erarbeitet, hinzu kommen zwei Aufnahmen, die das Duo ohne konkrete Perspektive kurz vor *Simon*s Abreise nach England eingespielt hat, eine davon ein Re-Write des Titelsongs von „Wednesday Morning, 3 A.M." („We've Got A Groovy Thing Goin'" und „Somewhere They Can't Find Me"), sowie zwei neue Songs („Blessed" und „Richard Cory") und ein Cover („Anji"). Acht Songs werden

---

[69] Über die hinterlistige Ironie der Tatsache, dass sie mit „Händchenhalten" weit hinter das zurückgehen, was sie sich bis dahin schon von ihren Mädchen erhofft hatten, vgl.: Dürkob, S. 30-58.

[70] *The Byrds* hatten im Sommer 1965 mit *Dylan*s „Mr. Tambourine Man" ihren ersten großen Erfolg.

[71] Vgl.: *The Byrds*: „He Was A Friend Of Mine", LP „Turn! Turn! Turn!" (Dezember 1965).

unmittelbar nach *Simon*s Rückkehr in der zweiten Dezember-Hälfte 1965 aufgenommen, die LP erscheint bereits am 17. Januar 1966 unter dem marketing-orientierten Titel „Sounds Of Silence".

Seite 1 wird eröffnet vom neu arrangierten „The Sound Of Silence". Das Fingerpicking-Intro bleibt erhalten, wird aber nach dem ersten Takt von der hinzutretenden E-Gitarre fast völlig überblendet. Unter der Rahmen-Strophe bleibt es bei diesen beiden Gitarren, Bass und Drums kommen erst mit der Eröffnung der Binnenhandlung – des beunruhigenden Traums – ab Z. 8 hinzu. Die Strophen-Auftakte werden jeweils durch die Drums akzentuiert; auf diese Weise wird die dramatische Kontur geschärft.

Werden und Vergehen ist das Thema von „Leaves That Are Green", dem zweiten Song auf der ersten Seite.[72] Mit seiner Chorus-artigen Wiederholung der titelgebenden Zeile (Z. 4, 10 und 16) sowie den ebenfalls wiederholten beiden Folgezeilen (Z. 5f., 11f. und 17f.) orientiert er sich deutlich stärker an den Erfordernissen des Pop-Songs. Die Trauer über die vergehende Zeit erwischt das Ich schon im Alter von 21 Jahren, als es diesen Song schreibt (Z. 1) und mittlerweile werde er nicht mehr lange 22 sein (Z. 2), denn die Zeit eile fort (Z. 3). In den Ergänzungszeilen des einzeiligen Chorus baut *Simon* die titelgebende Natur-Metapher aus: Nicht nur, dass die grünen Blätter braun werden, sondern sie verwittern (Z. 5, 11 und 17) und zerkrümeln in der Hand (Z. 6, 12 und 18). Hinter diesem Zerkrümeln steckt nicht nur die Auflösung des Blattes als feste Substanz, sondern auch die biblische Idee des Zergehens zu Staub. Den pessimistisch-melancholischen Weltblick verstärkt die zweite Strophe: So natürlich, wie das Lebensalter voranschreite, verliere sich auch die einst geliebte Frau in der Nacht (Z. 8) wie ein Gedicht, das er hätte schreiben wollen (Z. 9), auf diese Weise einen Gedanken einfügend, der auch in „Kathy's Song" wieder auftauchen wird. In der dritten Strophe berichtet er, wie er einen Kiesel in einen Bach geworfen und danach die sich ausbreitenden Ringe beobachtet habe, ohne dass etwas zu hören gewesen sei (Z. 13-15) – eine leicht zu deutende Variante der Blätter-Metapher: Die Dinge vergehen, ohne Spuren zu hinterlassen. Überdeutlich macht *Simon* die seelische Heimatlosigkeit des Einzelnen durch die Z. 19 bis 21, in denen viermal nacheinander erst „Hello" und dann „Goodbye" gesungen wird, um danach zu schlussfolgern, dass das auch schon alles sei (Z. 22):[73] nirgends ein Verweilen, ein fester Halt, nie eine

---

[72] Simon: Lyrics, S. 13.
[73] Zehn Jahre später greift der US-Songwriter *Billy Joel* diesen Gedanken etwas wortreicher auf, wenn er sagt, das Leben bestehe aus einer Abfolge von „hellos" und „goodbyes". Im Zusammenhang von *Joel*s Text steht „goodbye" dann aber eindeutig für einen positiven Aufbruch in eine neue Lebensphase. Vgl.: *Billy Joel*: „Say Goodbye To Hollywood", LP „Turnstiles" (1976).

Atempause, das Werden (grüne Blätter, Hello) ist nur ein Durchgangsstadium zum Vergehen (braune Blätter, verwittern, Goodbye).

Das Vergehen der Natur (im Wechsel der Jahreszeiten) ist hier zweifelsohne zugleich Metapher für alles, was der Mensch erreichen kann – jedoch vergeht das Erreichte sofort wieder. Das Gedicht, das er hätte schreiben wollen (Z. 9), steht für den festgehaltenen Augenblick, demnach für Dauer und Überlieferung und insofern für einen Widerstand gegen das Vergehen. Zu assoziieren ist auch das zweifellos unbehagliche Gefühl, am falschen Ort zu sein: Das Leben findet gerade andernorts statt, die Gefahr ist groß, eine Entwicklung zu verpassen, zu spät zu kommen und keinen Einfluss nehmen zu können, weil alles so schnell gehe – wie denn ja mit 22 nichts mehr so sei wie mit 21. Aus diesem Blickwinkel ist die Trauer über vergehende Zeit auch keine exklusive Eigenheit späterer Lebensphasen. Die Frage, die hier gestellt wird – deshalb die Strophe mit dem Kiesel –, ist vielmehr jene nach den Möglichkeiten der Einflussnahme in hektisch-unübersichtlichen Zeiten, wie es die 1960er Jahre zunehmend sind, anders formuliert: nach dem Ort, an den man gehört. Und selbst wenn man unerschrocken in Prozesse eingreifen könne: Was bleibt schon davon, wenn man beobachten kann, dass heute nichts mehr so ist wie gestern? Ist es dann nicht besser, sich zurückzuziehen, Gedichte zu schreiben und den Wasserringen zuzusehen?

Ganz wörtlich um die Suche nach dem eigenen Ort geht es eingangs des folgenden „Blessed", einem der beiden neuen Songs. *Simon* greift einmal mehr zurück auf biblisch-religiöse Kontexte. Die ersten drei Zeilen zählen eine Reihe klassischer „Gesegneter" auf: die Sanftmütigen und Schwachen, das Lamm, die Unterdrückten. Nur für das Ich scheint es – wie in den Teenager-Songs – keinen Segen, keine Ruhe, keine Heimat zu geben: Warum sich Gott von ihm losgesagt habe, will das Sänger-Ich wissen (Z. 4). Weil er keinen Ort für sich habe, sei er die ganze Nacht durch SoHo geirrt, aber das mache nun auch schon nichts mehr (Z. 5-7). Die ersten drei Zeilen der zweiten wie der dritten Strophe gehören wieder der Aufzählung jener, die Gottes Segen teilhaftig sind – mit dem Unterschied, dass die Figuren dieser Verse (Z. 8-10 und 14-16) nicht mehr zu den klassischen Gesegneten gehören: Drogen-Konsumenten und -Dealer, billige Huren, all jene, die zur Szene der 60er Jahre gehören: die sich in Illusionen verlieren oder im modischen Auftreten gefallen, und schließlich auch jene in Diensten der Kirchen. Die klagende Frage nach dem Grund der göttlichen Verweigerung gegen das Ich (jeweils die vierte Zeile der Strophe: Z. 11 und 17) schließt wiederum den ersten Teil der Strophe ab, die jeweils folgenden Zeilen der Selbst-Reflexion werden immer kürzer: Seine Klage komme aus einer Wunde, die er nicht heilen zu lassen beabsichtige (Z. 12f.) und letztlich habe er sich zu lange um seinen Garten – metaphorisch: seine

Angelegenheiten – gekümmert (Z. 18). Es bedeutet offensichtlich keine kleine Kränkung, dass all jene, die sich von der Realität abgekehrt haben, Gottes Segen bekommen, während er selbst in der Gewissheit, ihn auch nicht mehr erlangen zu können (Z. 7), im körperlichen und seelischen Sinne heimatlos bleibe. Ob die abschließende Zeile mit dem Hinweis auf die eigenen Angelegenheiten Einsicht oder Resignation formuliert, bleibt absichtsvoll offen. Anzunehmen ist angesichts der wiederholten galligen Nachfrage aber, dass der Sänger sich bislang bemüht hat, ein nach dem eigenen Verständnis wertvolleres Leben als die erwähnten Tagediebe zu führen.

Dahinter steckt natürlich die Frage, was denn eigentlich ein „wertvolles" Leben ausmache. In „Leaves That Are Green" hatte Ich versuchsweise die Betätigung als Lyriker als eine die Zeiten überdauernde, womöglich wirkungsmächtige Aufgabe formuliert; in „Blessed" bleibt das Ich einen Vorschlag schuldig, zumal die abschließende Zeile mehrdeutig bleibt. Das ist eine eindeutige Aufforderung an den Hörer, sich seiner selbst bewusst zu werden und aktiv den Platz einzunehmen, den er für den (gegenwärtig) richtigen halte. Suchen (vgl. Z. 5-7) und Leiden (vgl. Z. 12f.) ist getreu dem biblischen Beispiel immer noch besser als Teilnahmslosigkeit oder Resignation.

Dahinter steckt aber auch die existenzielle Heimatlosigkeit des Künstlers, dem eine endgültige spirituelle Befriedigung versagt bleibt, weil seine Tätigkeit lebenslange Suche und Unrast bedeutet – wenn die Befriedigung mit dem Segen gleichgesetzt wird. Ist hier an eine Hierarchisierung von Lebensweisen gedacht, so wird eine gewisse Verachtung für jene spürbar, die offensichtlich ohne jede Anstrengung im Segen sind. Wichtig ist dafür die Parallelisierung der „klassischen" Gesegneten (1. Strophe) mit all jenen, die als Tagediebe und Trittbrettfahrer unterwegs sind (2. und 3. Strophe): Wie kann es also sein, dass beide Gottes Güte teilhaftig sind, wenn sie dem wahrhaft Suchenden, Leidenden – die Wunde (Z. 12f.) steht für Sensibilität, Verletzlichkeit und ist Metapher für ein Leben als Künstler – verwehrt bleibt?

Die Liebe, um die es in „Kathy's Song", dem vierten Lied auf der ersten LP-Seite, geht, ist nicht die gleiche wie in den anderen Liedern. Der Text offenbart, dass das Ich die Liebe zu Kathy als eine erfüllende erlebt und etwas aus der Partnerschaft mitgenommen hat. Gleichwohl wird ihm die (beendete? jedenfalls nicht aktive) Partnerschaft zur Chiffre: Der Fokus liegt nicht auf den schönen Erinnerungen, sondern wie schon in den vorangegangenen Songs auf der Reflexion des Sängers über seine gegenwärtigen Empfindungen. *Simon* erreicht diese Differenzierung wiederum mit der Hilfe von Rahmen- und Binnenerzählung, die Raum und Zeit überspannen. Der Rahmen wird aufgespannt durch das Setting der ersten und sechsten (= letzten) Strophe: Das Ich sieht und hört den Regen, der Fall der Tropfen löst Erinnerungen, genauer: Empfindungen von Erinnerungen in ihm aus und die Gedanken wandern nach England, wo sein Herz sei (Z. 8). Hiernach spricht er seine Liebe im weiteren Verlauf direkt als „you" an. Die Ablenkung, ausgelöst vom Regen, ist überhaupt nur möglich, weil der Song, an dem er gearbeitet habe, unvollendet bleibe (Z. 13). Er glaube nicht mehr an das Komponieren von Liedern (Z. 15f.), habe überhaupt jeden Glauben verloren (Z. 17-19), denn die einzige Wahrheit, die er habe, sei „you" (Z. 20). Während er also den Tropfen zuschaue, wie sie ihre Bahnen zögen und versiegten, begreife er, dass er wie der Regen sei (Z. 21-23); damit wiederholt *Simon* das Bild der vom Kiesel aufgeworfenen Wellen aus „Leaves That Are Green". Dass die letzte Strophe als Synthese gemeint ist, wird auch deutlich an der Wiederaufnahme von Reimen aus der ersten und zweiten Strophe, was das „strain to rhyme" (Z. 16) seiner Klage als Metapher für die Mühsal der Arbeit absichtsvoll in Frage stellt.

Wie schon erwähnt, ist das Lied in England entstanden, als *Simon* die reale Kathy noch um sich hatte. Mit der Rückkehr in die USA (und der mit ihr verbundenen Trennung von Kathy) mag der real empfundene Schmerz zugenommen haben; zugleich wird die selbstmitleidige Komponente, die dem Song durch seine Entstehung lange vor der Trennung schon innewohnte, durch den Sinnverlust des eigenen Tuns noch gestärkt. Die einzige Wahrheit in einer Partnerschaft zu sehen, mag romantisch sein und der Geliebten schmeicheln; eher aber noch deutet der Verlust der Konzentrationsfähigkeit (Z. 9) auf die Suche nach einem Ausweg aus einem derzeit wohl wenig Erfolg versprechenden Tun, letztlich sogar auf den Wunsch nach einer Flucht aus unübersichtlichen Zusammenhängen in den geschützten Raum einer Situation ohne Einfluss von außen, vergleichbar der Sorglosigkeit und Unschuld der Kindheit. Das mag sich decken mit dem, was *Simon* als den Anspruch an den Künstler empfindet: Welchen Ort und welche Aufgabe hat der Künstler? Und warum Verantwortung auf sich nehmen, wenn ohnehin alles vergehe (versiege wie die Regentropfen)? Kathy wird zur willkommenen Metapher für einen anderen Lebensentwurf.

Nicht nur werden hier Bilder aus „Leaves That Are Green" wiederverwendet oder neu gedeutet, sondern mit der umfassenden Verunsicherung wird auch die Antithese zu „Blessed" formuliert: „Blessed" hatte letztlich gesagt, dass der Segen im Bemühen liege, selbst wenn die Anerkennung ausbleibe; „Kathy's Song" hingegen probt die Abkehr vom großen Bemühen zugunsten des kleinen.

„Somewhere They Can't Find Me" ist ein Re-Write von „Wednesday Morning, 3 A.M." von der erfolglosen ersten LP – aber es fällt schwer, zu erkennen, was *Simon* an der lyrischen Situation gereizt haben könnte. Eher schon dürfte die Möglichkeit, den teilweise unveränderten Text mit einer stärker konturierten Melodie und einem (neuen) eingängigen Chorus zu kombinieren, in der Hektik der Aufnahmesituation im Dezember 1965 ein schnelles Arbeitsergebnis versprochen haben. Heraus gekommen ist eine Aufnahme, die im Gegensatz zur akustischen Moritat der frühen Aufnahme als Pop-Song modelliert ist.[74]

Die Handlungssituation ist die gleiche: Das Ich beobachtet seine schlafende Freundin, die er verlassen wird, während sie noch schläft – denn er hat einen Überfall auf ein Spirituosengeschäft verübt und muss nun fliehen. Während er in der Gegenwart auf das friedlich schlafende Mädchen schaut – das, wie er annimmt, von ihm träumt (Z. 13f.) –, geht ihm die eben erlebte Vergangenheit durch den Kopf und er imaginiert die unmittelbare Zukunft, von der er nur die Flucht klar vor Augen hat. An dieser Stelle beginnen die Unterschiede. In „Wednesday ..." fragt sich der Sänger etwas ratlos, warum er den Überfall verübt habe (3. Strophe), in „Somewhere They Can't Find Me" werden keine solchen Selbstzweifel formuliert; der Hörer erfährt in keinem Fall, warum das so explizit benannte Verbrechen begangen wurde. In „Somewhere ..." wird das Nebeneinander der Zeitebenen sehr viel stärker betont: Die Strophen sind am Bett der Freundin situiert, die Beschreibung der Schlafenden (1. Strophe) und die Reflexion der Tat und der aus ihr erwachsenden Gewissensbisse (3. Strophe) bilden einen Rahmen um die Rückblende auf die Tat (2. Strophe); der dreimalige Chorus formuliert die bevorstehende Flucht als Erfordernis und holt insofern die Zukunft in den Song hinein. Über die Flucht weiß er bislang nur, dass er umsichtig vorgehen (durch Seitenstraßen ...) und eine weite Distanz (... über Highways) zurücklegen muss, damit „they" (Z. 10, 19 und 28) ihn nicht finden können. In „Wednesday ..." hingegen gibt es keinen Chorus und keine stringente Abfolge der Zeitebenen. Von einer Verfolgung ist explizit nur in „Somewhere ..." die Rede, doch lässt das anonyme „they" völlig offen, ob es sich bei den Verfolgern um Polizei oder um persönliche Gegner auf der Suche nach Rache handeln könnte. Dass die Flucht erforderlich ist, wird in „Wednesday ..." ohne Begründung vorausgesetzt, doch werden Verfolger hier weder personifiziert (und sei es als anonyme „they") noch auch nur als Figuren oder als Begründung eingeführt.

In „Wednesday ..." dient die Beobachtung der Schlafenden dazu, den Sänger mit letzten Bildern für die Erinnerung zu versorgen, in „Somewhere ..."

---

[74] Im Rückblick scheint *Simon* von seinen Bemühungen nicht begeistert zu sein, denn der neue Text fand keine Aufnahme in die „Lyrics" (sofern nicht rechtliche Gründe dafür Ausschlag gebend waren; aus dem Booklet der „Columbia Studio Recordings ..." ist das nicht ersichtlich). Die folgenden Text-Verweise für „Somewhere They Can't Find Me" orientieren sich daher wieder an der Version im Booklet der „Columbia Studio Recordings 1964-1970" (vgl. Anm. 64), S. 26.

gibt es keine solche Begründung. Die Begründung verleiht der übermäßig konstruierten Situation immerhin eine Art Sinn. In „Somewhere ..." hingegen bleibt alles diffus. Es ist zu vermuten, dass die Freundin gar nichts verstehen wird, wenn sie aufwacht; sie wird die Abwesenheit des Ich vor allem als beendete Partnerschaft, als schlechten Film (in Anlehnung an Z. 21) erleben, als unterbrochene Kommunikation, die schon vor der Tat unvollständig war (denn wenn sie wüsste, was vorgeht, würde sie wohl kaum friedlich schlafen). Immerhin beschäftigt den Sänger in „Somewhere ..." also der Verrat an der Freundin, der schon irgendwann vor der Tat begonnen und zu einer unvollständigen Kommunikation geführt hat. Die Tat begründet die Flucht – ist sie auch der Vorwand, den der Sänger braucht? Dass der Sänger sich trotz drängender Zeit vom Anblick der Freundin nicht losreißen kann, spricht auch ein wenig dafür, dass er sich selbst in die Rolle des Opfers gedrängt fühlt – eine Position, die in den 60er Jahren von verschiedensten Akteuren gern einmal eingenommen wird. Worum geht's also? Wäre das Verbrechen unbenannt geblieben, ließe sich darin vielleicht ein Kafka-artiges Gleichnis dafür sehen, dass alle irgendwann und irgendwie „schuldig" werden und in der Folge auch noch Verrat an denen begehen, die ihm/ihr vertrauen. Dann ließe sich allerdings die Frage, wer dann „they" sind, kaum beantworten; die Gewissensbisse können es nicht sein, denn vor ihnen hilft keine räumliche Flucht.

Die Annahme, dass der Text wegen seiner Inkonsistenz nicht in die „Lyrics" aufgenommen wurde, hat viel für sich; interessant ist immerhin die Anspielung auf den Verrat an den Vertrauten. Möglicherweise soll die Geschichte ganz wörtlich genommen werden,[75] doch irritiert, dass *Simon* keine Lösung, keine „Moral" anbietet; möglicherweise hat er in der Hektik des Dezember 1965 einfach auch nur keine Zeit gefunden, den Song hinreichend zu polieren. Fehlende Zeit mag auch der Grund für die Hereinnahme des Fingerpicking-Instrumentals „Anji" sein, das die erste Seite der LP abschließt.

Nimmt man eine LP wie ein Stück Literatur als Kommentar zur Zeit, so bietet die erste Seite von „Sounds Of Silence" ein interessantes Bild. Ganz im Sinne der Literatur wird die Zeit kritisch begleitet: Das akustische Gewand entspricht aktuellen Folk-Trends, die mit vorsichtigen Pop-Anleihen experimentieren – wie es auch *The Byrds* mit ihren *Dylan*-Coverversionen gerade ausprobieren –, und die Texte sind alles andere als sonnig-unbekümmerter 60s-Pop, sondern beschäftigen sich mit Fragen nach dem eigenen Ort in emotional und gesellschaftlich unübersichtlichen Zeiten. Dabei werden Statements

---

[75] Alles, was Jackson dazu sagt, ist: „... revived a past theme of guilt over an illegal action ...", vgl.: Jackson, S. 92f. Ähnlich ratlos: Eliot, S. 68. Es ist ohnehin verblüffend, wie wenig sich die beiden Biographen eines Songschreibers, dem die Texte dezidiert wichtig sind, mit der Interpretation dieser Texte beschäftigen.

formuliert, die nicht gerade vor Optimismus sprühen; auf der zweiten Seite der LP wird das Bild dann geradezu düster.

Inhaltlich wie architektonisch weist „Richard Cory",[76] der Opener von Seite 2, eine klare komplementäre Struktur auf. Die titelgebende Figur ist ein erfolgreicher Unternehmer, der aufgrund seines Reichtums auch eine zentrale Rolle in der Gesellschaft seiner (namenlos bleibenden) Stadt einnimmt. Cory wird bei seinem Lebenswandel beobachtet von einem (ebenfalls namenlos bleibenden) Mann, der in dessen Fabrik arbeitet. Szenen aus Corys Leben werden in den Strophen geschildert: Als einziger Sohn eines Bankiers (Z. 3), scheint er alles zu haben, was ein Mann haben können wolle (Z. 4): Besitz (Z. 1), Beziehungen (Z. 2), öffentliche Aufmerksamkeit seitens der Medien (Z. 13), Freizeit für Opern-Besuche (Z. 14), genug Mittel für wohltätige Spenden (Z. 24) und letztlich die Dankbarkeit seiner Mitbürger (Z. 25). Freizügig scheint es auch zuzugehen, denn gerüchteweise sei von Orgien auf seiner Yacht zu hören (Z. 15). Fast jede Zeile der Strophen präsentiert ein neues Bild. Der Chorus hingegen bleibt statisch: Das Sänger-Ich teilt mit, dass er in Corys Fabrik arbeite (Z. 6, 17, 28), dass er sein Leben (Z. 7, 18 und 29) und seine Armut (Z. 8, 19 und 30) verfluche und sich wünsche (Z. 9-11, 20-22 und 31-33), Richard Cory zu sein (Z. 12, 23 und 34). Die Absicht ist klar: Corys Leben ist abwechslungsreich, für ihn ändert sich das Bild ständig (Dynamik), für das Ich vergeht jeder Tag gleich (Statik); die Konsequenz, dass Cory von der Arbeit des unterbezahlten Ich lebt, bleibt unausgesprochen, steht aber deutlich im Raum. Doch die letzten Zeilen der dritten Strophe geben Corys Erfolgsgeschichte eine Wende, mit der das Ich nicht gerechnet hat: Er sei sehr verwundert gewesen (Z. 26), als er in der Zeitung gelesen habe, Cory habe sich am Abend zuvor erschossen (Z. 27). Natürlich steht dahinter die Schlussfolgerung, dass Reichtum und Orgien nicht glücklich machen; insinuiert wird, dass auch Cory sich durch das Zuviel auf seine Weise gelangweilt habe. Dass danach aber der Chorus unverändert wiederholt wird, als habe es den Selbstmord nicht gegeben, legt nahe, dass Ich selbst unter diesen Umständen noch lieber Richard Cory gewesen wäre. Er hätte dann wenigstens für eine Weile all das gehabt, was zu erreichen ihm als Fabrikarbeiter niemals gelingen wird: Reichtum, Aufmerksamkeit, Frauen. Die böse Ironie ist, dass er sozusagen immer noch für Cory arbeitet, obwohl der nicht mehr lebt.[77]

---

[76] Vgl.: Simon: Lyrics, S. 16f.
[77] Im Kern geht der Song zurück auf ein gleichnamiges Gedicht des amerikanischen Dichters Edwin Arlington Robinson (1869-1935); im Unterschied zum Lied, dessen Chorus allein *Simon*s Findung ist, verlangt es das lyrische Ich nach Corys Tod allerdings nicht danach, Cory (gewesen) zu sein. Vgl. z.B. in: [Robinson, E. A.]: The Poetry of E. A. Robinson. Selected and with an Introduction and Notes by Robert Mezey. New York: The Modern Library 1999, S. 8.

Auch „Richard Cory" ist also – direkter als „Leaves That Are Green" – ein Lied darüber, am falschen Ort zu sein. Cory holt aus seinem Leben heraus, was die Zeit zu bieten hat; er passt in die Szene, die als Jet Set von sich reden macht. Sein Fabrikarbeiter – dass er namenlos bleibt, ordnet ihn der anonymen Masse zu – wird solche Möglichkeiten niemals haben, Corys Reichtum wird mit seiner Armut kontrastiert. Wer über das Lied hinaussieht, wird die Verknüpfung von Armut und Masse als Menetekel erkennen: Was würde passieren, wenn jene, die nichts zu verlieren haben, ihren Ort verlassen? Auch das Ich spielt mit dem Gedanken, sich als Opfer zu verstehen; der Ausgang bleibt allerdings zweideutig: Hätte er die Möglichkeiten von Richard Cory, würde er vermutlich auch bedenkenlos wie Richard Cory leben.

Corys Entscheidung, seinem Leben ein Ende zu setzen, wird zwar nicht begründet, belegt aber, dass nicht automatisch alles gut ist, wenn man von den guten Seiten des Lebens profitiert. Die Platzierung von „A Most Peculiar Man" unmittelbar nach „Richard Cory" ist zweifellos ganz bewusst vorgenommen worden, denn von hier aus fällt ein neues Licht auch auf „Richard Cory". „A Most Peculiar Man"[78] bietet zwei oder – wenn man so will – drei neue Zeitgenossen-Porträts: Aus der Perspektive eines unbeteiligten Beobachters wird dem Hörer dieser eigenartige (peculiar) Mann, dieser Sonderling vorgestellt, wobei „peculiar" bereits die Bewertung seitens Mrs Riordan ist (Z. 1f.), die im gleichen Haus in der Etage über dem Mann lebt (Z. 3). Auffällig ist, dass weder Mrs Riordan noch der Beobachter den Mann bei seinem Namen nennen, sondern seine Eigenartigkeit ihn charakterisiert, und dass von ihm von der ersten Zeile an im Präteritum die Rede ist. Warum er so eigenartig ist, wird von der zweiten Strophe an erläutert: Er lebte allein (Z. 6) im Haus, in seiner Wohnung, in sich selbst (Z. 7), hatte keine Freunde und redete selten (Z. 9), was zur Folge hatte, dass auch niemand mit ihm sprach (Z. 10). Er interessierte sich nicht für andere, weil er nicht wie sie war. In der vierten Strophe erfährt der Hörer, dass der Mann am vorausgegangenen Sonnabend verstorben ist (Z. 14), weil er die Fenster geschlossen und das Gas aufgedreht hat, um nicht wieder in seine stille Welt hinein erwachen zu müssen (Z. 15-17). Mrs Riordan weiß immerhin, dass er irgendwo einen Bruder habe, der benachrichtigt werden sollte, und fügt hinzu, es sei doch eine Schande, dass er nun tot sei – aber sei er nicht ein eigenartiger Mann gewesen?

Der Sonderling hat also wie Cory einen Selbstmord als Ausweg gewählt. Die Gründe mögen ähnlich sein. Stand Cory in der Mitte in der Gesellschaft, so gehörte der „peculiar man" zu den Randständigen. Wie es zu seiner Einsamkeit gekommen ist, erläutert *Simon* nicht; der Hinweis, er habe sich nicht

---

[78] Simon: Lyrics, S. 18.

für andere interessiert (Z. 11), scheint immerhin nahezulegen, dass die Einsamkeit eine selbstgewählte war. Dennoch bleibt die Frage nach der Henne oder dem Ei, denn die Vorgeschichte des Desinteresses wird nicht geklärt, so dass die Frage, ob er in die Einsamkeit getrieben wurde oder sie gesucht habe, ob er selbst oder die Gesellschaft an der verfahrenen Situation schuld sei, offen bleibt. Deutlich wird durch den Kommentar des Beobachters über seine stille Welt und sein kleines Zimmer (Z. 17), dass Überdruss, Lebensmüdigkeit zu der Tat geführt haben. Andererseits machen die Krokodilstränen von Mrs Riordan (Z. 21) deutlich, dass die Gesellschaft sich ihrer Mitverantwortung kaum bewusst ist – denn sei er nicht ein eigenartiger Mann gewesen? Die vorauseilende Abwendung einer Schuldzuweisung macht deutlich, dass die Übernahme einer Verantwortung füreinander erst im Fall eines Unglücks als Möglichkeit akzeptiert wird – und dass dann jede Ausrede recht ist, um sich reinzuwaschen. Der außenstehende Beobachter als dritte Person – ein Nachbar, ein Lokaljournalist, ein Bewohner des Quartiers, den Mrs Riordan im Laden an der Ecke trifft? – signalisiert mit Wortwahl und Darbietung immerhin Betroffenheit: *Simon* singt die entscheidenden Zeilen der vierten Strophe drängend und ohne Rücksicht auf Versgrenzen, sozusagen im Enjambement. Doch lässt sich dem nicht entnehmen, wie der Beobachter selbst sich verhalten hätte, wenn er mit der Forderung, Verantwortung zu übernehmen, konfrontiert worden wäre. Was Cory und dem „peculiar man" also letztlich gemeinsam ist: Sie waren mit der Gesellschaft um sich herum nicht verbunden, sondern standen allein.

Auch für „A Most Peculiar Man" nutzt *Simon* also verschiedene Strategien, wie sie aus der Literatur bekannt sind. Der Sänger, ein mittelbarer Beobachter, zitiert eine These, die Mrs Riordan, eine unmittelbare Beobachterin, aufstellt. In der Binnenerzählung folgen Belege für die Behauptung und am Ende steht noch einmal die These, nach kurzem Innehalten tentativ formuliert, um sich von einer Mit-Verantwortung freizumachen. Dass beide Figuren als Beobachter eingeführt werden, ist natürlich als Chiffre für Einsamkeit und Entfremdung in der Stadt zu verstehen. Unmittelbarer und mittelbarer Beobachter entsprechen den Wasserringen, die vom Kiesel erzeugt werden: Nach außen hin nehmen Wirkung und Interesse deutlich ab.

Mit dem folgenden „April Come She Will"[79] wird die Stimmung keineswegs wieder aufgehellt, wenn der Titel das auch zunächst zu versprechen scheint. *Simon* bindet hier das Hauptthema von „Leaves That Are Green" und viele Motive, die schon in anderen Songs angeklungen sind, in einem Text zusammen: Wieder geht es um das Werden, Verändern und Vergehen im

---

[79] Simon: Lyrics, S. 19.

Gang der Jahreszeiten. In *Simon*s Streben nach einer Verbindung von Folk und literarischem Anspruch bietet es mit seiner klaren architektonischen Struktur die formal bislang konsequenteste – wenn auch etwas statische – Lösung.

Den sechs Monaten zwischen April und September sind je zwei Zeilen in den insgesamt drei Strophen zugeordnet. Im April ist alles Werden mit der Ankunft der namenlos bleibenden „She" und der Fruchtbarkeit („swelled") durch das Regenwasser in den Bächen (Z. 2), im Mai bleibt „she" in den Armen des Sängers (Z. 4), im Juni wandert „she" ruhelos durch die Nacht (Z. 6), im Juli verschwindet sie ohne Ankündigung (Z. 8), im August stirbt sie mit den ersten Herbstwinden (Z. 10), im September ist sie nur noch Erinnerung an eine einst neue Liebe, die nun alt sei (Z. 12). Der strenge Bau mit umarmenden Reimen der jeweils zweiten und vierten Zeile einer Strophe lässt sich verstehen als ein Versuch, der sich im Text vollziehenden Auflösung der Ordnung ein Stück Struktur durch sortierte und gezielte Kommunikation entgegenzusetzen.

Insbesondere die letzte Zeile macht deutlich, dass es nicht unbedingt um den physischen Tod eines realen Mädchens gehen muss, sondern im metaphorischen Sinn auch der Verlust (= „Tod") einer Empfindung, eines Gefühls von Liebe gemeint sein kann. Wenn sich an dieses Gefühl Hoffnungen auf Vertrautheit, Geborgenheit, eine bessere Zukunft knüpfen, so steht dessen Verlust nach wenigen Monaten – mit der resignativen Feststellung, eine einst neue Liebe sei nun alt geworden – für den skeptischen Blick auf die Möglichkeiten partnerschaftlicher Vertrautheit in diesen Zeiten. Der Song klingt aus mit der Erwähnung von September und kalten Herbstwinden; der Hörer wird sich unwillkürlich die weitere Entwicklung Richtung Winter und insofern in eine freudlose Zukunft vorstellen. Nimmt man das als Metapher für den Fortgang der Zeit, wie *Simon* ihn selbst überblicken kann, so wird daraus ein vehementer Widerspruch gegen den allzu blauäugig vertretenen Fortschrittsglauben. Der technische Fortschritt bringt nicht automatisch auch Verbesserungen für die Menschen mit sich. Mit keinem Wort wird in „April Come She Will" auf technischen Fortschritt angespielt; ein Fortschritt ist nur wertvoll, wenn dabei das Wohl der Menschen, ihr materieller und seelischer Bedarf (an Identifikation, Zugehörigkeit, Geborgenheit, Beständigkeit) gleichermaßen in den Mittelpunkt gestellt wird. „Richard Cory" und „A Most Peculiar Man" hatten gezeigt, wohin es führt, wenn die Seele vernachlässigt wird, und auch die Wirklichkeit des Jahres 1965 – mit dem Beginn der Flächenbombardements in Vietnam und den gewalttätigen Unruhen in Chicago – haben Anlass genug zur Warnung gegeben – zu einer Warnung vor dem, was passiert, wenn den Menschen das Vertrauen in die Zukunft genommen wird.

Mit dem up-beat-Tempo von „We've Got A Groovy Thing Goin'" scheint sich dann doch ein Stimmungswechsel anzudeuten. Sein hohes Tempo behält der Song während seiner lediglich knapp zwei Minuten umfassenden Dauer auch bei, E-Piano, E-Gitarre und Drums sowie Bläser (ab der 2. Strophe) trompeten die Botschaft „Pop" geradezu hinaus – aber ein unbeschwerter Song wird es doch nicht. Schlechte Nachricht, so die ersten Worte des Textes,[80] stößt *Simon* hervor und sofort ist klar, dass aus Tempo Hast wird: Das Ich arbeitet gegen die Zeit, denn seine Freundin will ihn verlassen (Z. 2) und wie im Folgenden deutlich wird, hat er nicht die geringste Ahnung (Z. 4f.), warum sie ihm das antun will; ob sie denn nicht wisse, was sie da aufgebe? (Z. 8). Er habe ihr nie übel mitgespielt (Z. 11), nicht nachgetreten, wenn es ihr nicht gut ging (Z. 12), habe sie immer geliebt (Z. 13) und nie betrogen (Z. 14f.) – und wenn sie ihn verlasse, müsse sie wissen (Z. 21), dass er ohne sie nicht zurechtkommen werde (Z. 23). Was denn falsch gelaufen sein könnte, warum sie die Partnerschaft also nicht als „a groovy thing goin', baby" (Z. 9, 19 und 29) beurteilen kann, kommt nicht zur Sprache: In aller Hast und Aufgeregtheit ist der Sänger ganz auf sich, auf Darstellung und Rechtfertigung konzentriert. Ihm fällt nicht einmal auf, dass sie die Partnerschaft offensichtlich anders beurteilt, und so wird denn ein typischer *Paul-Simon*-Song daraus: Es geht um ausgebliebene Kommunikation, um Verlust- und Versagensangst. Der Verzicht auf Reime in den Strophen ist ein Spiegel der Dringlichkeit, die Ich empfindet, das up-beat-Tempo steht nicht für unbekümmerte Pop-Fröhlichkeit, sondern wird gegen die Hörgewohnheit als Hinweis auf die Anspannung im Sänger eingesetzt. So gelingt es *Simon*, sich aus musikalischen Mitteln und Formulierungen eines oberflächlichen Pop-Songs ein Lied zusammenzusetzen, mit dem er seine ganz eigenen Anliegen transportiert.[81]

Von hier aus fällt auch Licht auf die Neufassung von „The Sound Of Silence": Entstanden ist die Aufnahme von „We've Got A Groovy Thing Goin'" bereits am 5. April 1965, also acht Monate vor den LP-Sessions, und ihre erste Veröffentlichung erlebte sie als B-Seite der elektrischen „The Sound ..."-Fassung im September 1965. Das ist insofern erstaunlich, als nirgendwo ein Hinweis darauf zu finden ist, dass auch dieser Song irgendwann überarbeitet wurde. Ist er in dieser Weise im April entstanden, kann die Auffassung vom Geniestreich der elektrischen Neufassung von „The Sound ..." nicht aufrechterhalten werden – sondern dann lag die Idee in der Luft, bzw. im Tresor der Plattenfirma. Angesichts der ersten Aufnahmen der *Byrds* ist das ohnehin eher zu vermuten.

---

[80] Auch dieser Text hat keine Aufnahme in die „Lyrics" gefunden; Zeilen-Verweise orientieren sich wieder an der Booklet-Fassung der „Columbia Studio Recordings 1964-1970" (vgl. Anm. 64), S. 29.
[81] Bei Eliot wird der Song nur aufzählend erwähnt (und fehlt im Register), vgl.: Eliot, S. 68. Jackson kategorisiert ihn ohne genaueres Hinsehen als „fun number", vgl. Jackson, S. 93.

Über Pop-Appeal verfügt auch das letzte Stück der LP, „I Am A Rock". In diesem Fall lässt allerdings schon der Titel nichts Gutes erwarten und tatsächlich erweist sich der Song in mancher Hinsicht als Komplement zu „A Most Peculiar Man" – wenngleich das Sänger-Ich hier nicht mit dem physischen, aber doch mit so etwas wie einem seelischen Selbstmord endet. Das klangliche Gewand lehnt sich wie im Fall von „The Sound Of Silence" an vorhandene Folk-Rock-Experimente von *Bob Dylan* und den *Byrds* an. Textlich[82] findet sich der Hörer gleich mit den ersten Worten tief im Dezember wieder; wie inzwischen deutlich geworden ist, ist die kalte Jahreszeit für *Simon* die Metapher seelischen Unheils. Das Ich blickt allein vom Fenster aus auf die schneebedeckte Straße hinunter (Z. 3-6); hier taucht noch einmal das Wort „shroud" auf, das schon in „Bleecker Street" als Signal für eine zugedeckte, tote Straße Verwendung gefunden hatte. Aus der Strophe geht organisch der zweizeilige Chorus hervor (Z. 7f., danach 15f., 23f. und 31f.), in dem sich der Sänger als Fels und als Insel bezeichnet. In der zweiten Strophe bekennt Ich, Mauern, ja eine mächtige Festung um sich errichtet zu haben (Z. 9f.), um allein bleiben zu können, denn er habe keinen Bedarf an Freundschaft, die nur Schmerz verursache (Z. 12f.); Lachen und Liebe verabscheue er. Man solle zu ihm nicht von Liebe sprechen; er kenne das Wort, es schlafe in seiner Erinnerung und gestorbene Gefühle werde er nicht aufrühren (Z. 17-21). Er habe seine Bücher und bleibe in seinem Zimmer (Z. 25/28); wenn er niemanden berühre, rühre ihn auch niemand an (Z. 30). Eine zweizeilige Coda (Z. 33f.) nach dem vierten Chorus verrät, was mittlerweile ohnehin klar ist. Die Abschottung ist für den Sänger erforderlich, weil ein Fels keinen Schmerz spüre und eine Insel nicht weine.

Hier wird die Geschichte einer folgerichtigen Entwicklung skizziert, die zugleich als denkbare Vorgeschichte für den „most peculiar man" dienen könnte: Es sind Verletzungen aus der Vergangenheit, die das Ich in die (selbstgewählte) Isolation gehen lassen – in der Hoffnung, niemals wieder wie zuvor leiden zu müssen. Dem Leben ein Ende zu setzen, ist hier allerdings keine Lösung; in einer Mischung aus Melancholie und Selbstmitleid baut er sein Zimmer – das er explizit mit der Sicherheit des Mutterbauches vergleicht (Z. 29), klar: Hier ist er unerreichbar! – zu seiner Festung aus, die mit Büchern und Lyrik ausgestattet wird. Auch der „most peculiar man" war auf sein Zimmer konzentriert und hatte sich bemüht, mit niemandem sprechen zu müssen. In „I Am A Rock" gibt es allerdings keine beobachtende (zweite) Instanz; die einzige Person, die der Sänger erwähnt, ist er selbst, und mit dieser formalen Konzentration wird belegt, dass er es schon geschafft habe, eine Insel zu wer-

---

[82] Simon: Lyrics, S. 20f.

den. Kaum hätte es dazu noch der Erwähnung des Fensters (Z. 4) bedurft, das in der Literatur zumeist als Metapher für das Leben außerhalb der Gemeinschaft steht. Die Bücher stellen eine Einwegkommunikation dar: Ich nimmt nur noch, gibt nicht mehr.

Die außerordentliche Anhäufung von Verweisen auf Alleinsein und Einsamkeit lässt „I Am A Rock" das logische Schlussstück der LP sein: Winter (Z. 1), Dezember (Z. 2), allein (Z. 3), Fenster (Z. 4), „shroud" (Z. 6), Wände (Z. 9), Festung (Z. 10), Schmerz (Z. 13), Verachtung (Z. 14), gestorben (Z. 21), Rüstung (Z. 27) und so weiter ... in einer Mischung aus Verachtung und Trotz formuliert Ich ein Stück Selbstvergewisserung, das zugleich ein Hilferuf ist, den deutlich wörtlich auszusprechen das Ich – das sich auch hier wieder als Opfer definiert – doch zu stolz ist. Deutlicher lässt sich am Ende einer ohnehin nicht eben hoffnungsfroh stimmenden Platte nicht mehr sagen, dass mit den Zeiten etwas nicht stimmt und dass die Menschen aus den verschiedensten Gründen Gefahr laufen, nebeneinander – und womöglich isoliert – statt miteinander zu leben und zu agieren.

Als aufstrebender Künstler geht *Simon* mit seinen Texten ein erhebliches Risiko ein; schließlich ist die LP der zweite Versuch, eine Karriere in der Musik in Gang zu bringen. „Night", „rain" und „wall" kommen ebenso häufig vor wie Anspielungen auf das Vergehen von Zeit und Jahreszeiten, der Blick aus dem Fenster oder Bilder von Alleinsein oder Einsamkeit. Mit der Dunkelheit sprechen zu wollen, lässt auf Misstrauen gegen alles Helle, Oberflächliche, Alltägliche schließen – und tatsächlich: Die Menschen hören einander nicht mehr zu, können sich also gar nicht kennenlernen und demnach auch nicht aufrichtig und authentisch miteinander umgehen und sprechen, müssen ohne Hilfe mit Selbstzweifeln fertig werden. Einmal zugefügte Verletzungen und Verluste prägen das weitere Leben und machen den Weg zurück zu einem vertrauensvollen Umgang miteinander noch schwieriger. Wenn ihnen keine Chance und keine Zukunft geboten wird, enden sie in Isolation und womöglich im Selbstmord. Es ist nur folgerichtig, das literarische Medium mit der weitreichendsten Verbreitung und Aufmerksamkeit nutzen zu wollen, um vor verhängnisvollen Fehlentwicklungen zu warnen – aber diese Themen sind in den 1960er Jahren noch nicht gerade alltäglich für Songs, die (auch) auf das Pop-Publikum zielen. In dieser Konsequenz eine ganze LP voller mindestens melancholischer, meist aber schlicht kritisch-pessimistischer Texte anzubieten, ist buchstäblich unerhört. *Simon* lebt insofern die Aufrichtigkeit vor, die er in seinen Texten verlangt. Eine gewisse Sturheit ist diesem Vorgehen nicht abzusprechen; *Simon*s Biographen haben diese Sturheit als wiederkehrendes Handlungsmuster ausgemacht und ihm sowohl positive als auch negative Auswirkungen auf die Karriere zugeschrieben.[83]

Insofern erweist sich „The Sounds Of Silence" durchaus als passender Titel für eine LP, die vor allem von der Gefahr zunehmender Isolation und Kälte zwischen den Menschen spricht. Vorausgegangen ist ihr die elektrisch aufgepeppte Fassung des Songs „The Sound Of Silence". Ihr unaufhaltsamer Aufstieg an die Spitze der amerikanischen Charts ist Anlass für die Forderung der Plattenfirma, schnellstens eine LP abzuliefern. „The Sounds Of Silence" erscheint Mitte Januar 1966 – zunächst ohne begleitende Single. Erst im Februar wird eine neue nachgeschoben: „Homeward Bound"[84] (b/w „Flowers Never Bend With The Rainfall", das erst auf der nächsten LP Ende 1966 erscheinen wird) ist bereits während der LP-Sessions entstanden, wird dann aber nicht in die Songfolge der amerikanischen Veröffentlichung aufgenommen.

Vordergründig ist „Homeward Bound"[85] zunächst einmal ein Lied darüber, dass der Sänger sich wünscht, wieder „home" bei seiner Freundin zu sein. Dass das bei einem Text von *Paul Simon* nicht alles sein kann, dürfte deutlich geworden sein. Entstanden ist der Song als Reaktion auf die Erlebnisse während seiner Folk-Club-Tour durch England im Frühsommer und Sommer 1965: Während seiner Tournee als One-Man-Band mit einem genau abgesteckten Auftrittsplan wartet der Sänger in einem Bahnhof mit einem Ticket zum nächsten Ziel auf den Zug (Z. 1-6). Während dieser Tour hat er wenig Abwechslung: Die Städte sehen ihm alle gleich aus, die Tage erlebt er als gleichförmige Kette von Zigaretten und Zeitschriften – in dieser Gleichförmigkeit ist dieses Ich dem Arbeiter in „Richard Cory" verwandt –, die fremden Gesichter erinnern ihn nur daran, dass er gern ein bestimmtes anderes, vertrautes sehen würde (Z. 14-19).

Das eigentliche Problem ist aber ein anderes: Er ist nicht glücklich mit dem, was er tut, er empfindet es als Spiel und seine Auftritte als Heuchelei, denn seine Worte reichten nicht aus, seien zu mittelmäßig, um mitzuteilen, woran ihm wirklich liege (Z. 27-31). Er brauche jemanden, der ihn beruhigen, trösten, aufheitern, ihm gut zureden könne (Z. 32). Der Wunsch nach der Rückkehr zur geliebten Freundin wird im unvariierten Chorus formuliert (Z. 7-13, 20-26 und 33-39). Allerdings würde diese Rückkehr das Problem mit den Worten noch nicht lösen – insofern ist „Homeward Bound" doch eher ein Song über den Kampf eines Künstlers mit seinem Material, ein Song über das Misstrauen gegenüber den Worten, die zu abgegriffen sind, als dass sie noch

---

[83] Vgl. v.a. Eliot, der das „Capeman"-Desaster anführt (ebd., S. 214-228).
[84] *Simon & Garfunkel*: „Homeward Bound" b/w „Leaves That Are Green" (Februar 1966).
[85] Simon: Lyrics, S. 27f.

taugten für den Ausdruck tiefinnerster Empfindungen, letztlich also ein Song über den Verlust von Authentizität. Dieser Verlust ist spürbar für den Künstler, der keine Worte mehr hat, um sich verständlich zu machen, er ist aber auch spürbar für die Hörer, denen alle Songs wegen der Beliebigkeit ihrer unspezifischen Worte so ununterscheidbar vorkommen müssen wie dem Sänger die Städte seiner Tour. Richtung Heimat unterwegs sein zu wollen, heißt hier also auch, mit und bei dem geliebten Mädchen Wärme, Vertrautheit, aufrichtige Worte, einen Zustand ohne fremde Zumutungen und missbrauchte Worte erreichen zu wollen, mit einem Wort: Authentizität. „Homeward Bound" ist nicht in erster Linie ein Liebeslied oder ein Lied über den Tourneestress von Musikern,[86] sondern ein Lied über Möglichkeiten aufrichtiger Kommunikation, wie sie ein Wortkünstler von sich erwarten muss.

In seinem Literaturstudium am Queens College hatte *Simon* zwischen 1960 und 1963 unter anderem gelernt, dass Kommunikation stets vom Scheitern bedroht sei, dass Gemeinschaft nicht funktionieren könne und happy-ends einfach lächerlich seien. Aktuelle Off-Broadway-Produktionen weisen ebenso in diese Richtung wie jüngst erschienene Romane – darunter „The Man in the Gray Flannel Suit" von Sloan Wilson (1955, verfilmt mit Gregory Peck 1956) oder „A New Life" von Bernard Malamud (1961) – oder die Texte der französischen Existenzialisten um Jean-Paul Sartre, Eugène Ionesco und Albert Camus. Der Kampf von Tom und Betsy Rath (in Wilsons Roman) um eine Zweckbestimmung, einen Sinn des Lebens in einer vom Materialismus bestimmten Zeit wird im Sachbuch-Bereich komplementiert durch die Verbreitung der These, dass für einen gesellschaftlichen Aufstieg solche Eigenarten wie Konformität, konservatives Denken und Selbstverleugnung unbedingt hilfreich sind (Vance Packard: „The Pyramid Climbers", 1962). Zur (populär vereinfachten) Überzeugung der Existenzialisten, derzufolge man nur wenig Einfluss auf die Gestaltung des eigenen Lebens habe, gesellt sich spiegelbildlich die Einsicht, dass man Politikern und der Wirtschaft ausgeliefert ist. Politiker beschließen Kriege, wo allenfalls ein Teil ihrer Wähler eine Notwendigkeit dafür sehen kann, und Politik und Wirtschaft engen die Freiheit, Meinungsfreiheit und Anonymität der Bürger und Konsumenten stetig ein, um sie zu beeinflussen und für ihre Anliegen empfänglich zu machen.[87] Kommen eigene Erfahrungen zu angelesenen hinzu, ist der Weg zu einem vorwiegend skeptischen Weltbild nicht weit; *Paul Simon* formuliert die Ängste und Besorgnisse

---

[86] Gleichwohl ist „Homeward Bound" über viele Begriffe und Motive mit dem späteren „Keep The Customers Satisfied" verbunden. Vgl.: *Simon & Garfunkel*: „Keep The Customers Satisfied", LP „Bridge Over Troubled Water" (Januar 1970).

[87] Die weithin einflussreiche Studie dazu erscheint 1964: Vance Packard: „The Naked Society".

mit dem Impetus der Folk-Musik, geht aber zugleich über diese hinaus, indem er die Themen der Gesellschaftskritik gezielt als persönliche Besorgnisse identifiziert: Mit der Ausnahme von „A Most Peculiar Man" werden alle Texte von einem Ich formuliert. Man geht wohl nicht fehl, wenn man annimmt, dass viele dieser Ichs – anders als bei *Dylan*, der in Rollen schlüpft – manches mit *Simon* gemeinsam haben.[88]

---

[88] Allerdings geben die beiden hier konsultierten Biographien keine Hinweise darauf, welche Bücher *Simon* in diesen Jahren wohl gelesen, welche Off-Broadway-Produktionen er gesehen haben könnte – abgesehen von der fehlenden Beschäftigung mit den Songtexten noch ein schwerwiegendes Versäumnis. Insofern ist – zumal im Rückblick aus dem Jahr 2002 – Jacksons Satz „Influential lyricists are products of their environment" (vgl. Jackson, S. 37) doch ein wenig diskutabel.

Zweite Strophe:

„Keine Farben mehr, ich will, dass sie schwarz werden"

Was bisher unter anderem geschah (1965/66)

Datum	Typ	Band: Titel
26. März	LP	John Mayall: Plays John Mayall [LP-Debüt]
6. Juni	S	The Rolling Stones: (I Can't Get No) Satisfaction b/w The Spider And The Fly (US)
11. Juni	LP	Them: The Angry Young Them [LP-Debüt]
5. Juli	LP	The Yardbirds: For Your Love [LP-Debüt]
19. Juli	S	The Beatles: Help! b/w I'm Down
20. Juli	S	Bob Dylan: Like A Rolling Stone b/w Gates Of Eden
22. Juli	LP	The Moody Blues: Magnificent Moodies [LP-Debüt]
30. Juli	LP	The Rolling Stones: Out Of Our Heads (US)
6. August	S	The Small Faces: Whatcha Gonna Do About It b/w What's A Matter Baby [S-Debüt]
30. August	LP	Bob Dylan: Highway 61 Revisited
15. September	LP	Otis Redding: Otis Blue
17. September	EP	The Kinks: Kwyet Kinks
24. September	LP	The Rolling Stones: Out Of Our Heads (UK)
Oktober	S	James Brown: I Got You (I Feel Good) b/w I Can't Help It
22. Oktober	S	The Rolling Stones: Get Off Of My Cloud b/w The Singer Not The Song (UK)
29. Oktober	S	The Who: My Generation b/w Shout And Shimmy (UK)
20. November	LP	The Yardbirds: Having A Rave Up with The Yardbirds
3. Dezember	S	The Beatles: Day Tripper b/w We Can Work It Out
3. Dezember	LP	The Beatles: Rubber Soul

Aftermath

Datum	Typ	Band: Titel
3. Dezember	LP	The Who: My Generation [LP-Debüt]
4. Dezember	LP	The Rolling Stones: December's Children (And Everybody's) (US)
18. Dezember	S	The Rolling Stones: As Tears Go By b/w Gotta Get Away (US)
14. Jaunar	S	Chris Farlowe: Think b/w Don't Just Look At Me
28. Januar	S	The Small Faces: Sha-La-La-La-Lee b/w Grow Your Own
4. Februar	S	The Rolling Stones: 19th Nervous Breakdown b/w As Tears Go By (UK)
März	S	Spencer Davis Group: Somebody Help Me b/w Stevie's Blues
4. März	S	The Who: Substitute b/w Circles (Instant Party) (UK)
April	S	James Brown: It's A Man's Man's Man's World b/w Is It Yes Or Is It No?
April	S	Bob Dylan: Rainy Day Women # 12 & 35 b/w Pledging My Time
15. April	LP	The Rolling Stones: Aftermath (UK)
13. Mai	S	The Rolling Stones: Paint It Black b/w Long Long While (UK)

Auf seine Weise erzählt der Blues Geschichten. Sie sind nicht immer gleich als Geschichten erkennbar – dann nämlich, wenn der Sänger nur ein Stimmungsbild gibt, (s)eine aktuelle Situation skizziert, (s)einen Zustand beschreibt, eine Klage formuliert. Dann ist es am Zuhörer, die Wortbedeutungen aufzulösen, sich die Vorgeschichte aus den Andeutungen zu erschließen und die verallgemeinerten Zeilen möglicherweise auf den Sänger zu beziehen. Reflexion, ausführliche Beschreibung oder gleichnishafte Sprache sind dabei seine Sache nicht und doch gelingt es dem Blues, mit seinen (oder gerade wegen seiner) Andeutungen umfassende, größere Zusammenhänge deutlich zu machen. Dass der Blues in aller Regel von einem Ich berichtet, ist dazu kein Widerspruch: Weil niemand eine Insel (oder ein Fels) ist, setzt sich das Ich mit der Beschreibung seiner Situation oder Gefühle auch ganz unabhängig von anderen Figuren, die im Text auftauchen könnten, in eine Beziehung zu seiner Umgebung. Mag es vorrangig um eine verlorene oder treulose Liebe, Unterdrückung und ausbeuterische Arbeitsbedingungen, Armut, Heimatlosigkeit, den Tod von Freunden oder Verwandten, Niedergeschlagenheit oder auch das gute Gefühl am Ende eines Arbeitstages, den Gesang als Trost und den Tanz als Ablenkung oder die Freude über die Partnerin, die jeden Wunsch erfüllt …, gehen: Die Welt ist nie weit weg. Kommunikation ist sein Anliegen, nicht Belehrung, seltener Aufruf zur Veränderung. Indem das Ich sagt, wie es ist, schildert es einen Ausschnitt der Welt. Nun, Hörer, sieh zu, was du damit anfängst.

Wenn der Blues also zunächst ein Medium der Selbstaussprache ist, kann es nicht verwundern, wenn eine Generation auf der Suche nach ihrer Identität und ihrem Medium ihn aufgreift und ihren Bedürfnissen anpasst. Mitte der 1950er Jahre liegt der Blues dem Rock'n'Roll zugrunde, aus dem urbanen Blues entwickelt sich Ende der 50er Jahre der Soul und der reine Blues erlebt Anfang der 1960er in England, vor allem im Großraum London, eine Wiederentdeckung, die in die Provinz ausstrahlt und während des größeren Teils des Jahrzehnts für die Entstehung vieler Bands (*The Moody Blues*, *Spencer Davis Group*, *The Small Faces*, *The Who* usw.) und für viele musikalische Impulse sorgt. Auf ihrer Suche nach Orientierung gerieten auch *Mick Jagger* und *Keith Richards* unabhängig voneinander an den Blues. Der Wiederbeginn ihrer Kinderfreundschaft nach längerer Trennung ist mindestens ebenso sehr Teil der Rock'n'Roll-Folklore wie das erste Treffen von *John Lennon* und *Paul McCartney* 1957: *Jagger* hat Platten von *Chuck Berry* und *Muddy Waters* unter dem Arm, als sie sich zufällig am Bahnhof von Dartford treffen, und die Kommunikation (!!), die im Oktober 1960 beginnt, ist aller Krisen ungeachtet bis heute nicht abgerissen.

Dass *Jagger* diese Platten überhaupt besitzt, ist auch schon eine Sache der Kommunikation: Er hat sie sich per Mail Order aus Chicago beschafft, denn in England sind sie nicht zu haben. Wenn man so will, ist das ein hübscher Beleg für die kommunikative Kraft des Blues. Die Geschichte der folgenden Jahre ist oft genug erzählt worden, so dass sie hier nicht noch einmal rekapituliert werden muss; wichtig ist an dieser Stelle, dass Blues, Rhythm'n'Blues und Soul auch weiterhin die Orientierungspunkte der beiden jungen Männer bleiben. Ihr Set setzt sich in diesen frühen Jahren aus einem großen Repertoire fremder Blues zusammen. Zum Schreiben eigener Songs kommen sie nur zögerlich. *Richards* erzählt gern die Geschichte, er und *Jagger* seien von ihrem Manager Andrew Loog Oldham eingesperrt worden mit der Maßgabe, nicht eher herauszukommen, als bis sie einen Song geschrieben hätten; *Jagger* erinnert sich etwas anders an die Geschichte. Die Legende will es, dass „As Tears Go By" der erste Song gewesen sei. Zu den Einflüssen des Anfangs sagt *Jagger* im Nachhinein: „We were very pop-orientated. We didn't sit around listening to Muddy Waters; we listened to everything." Frühe Versuche haben sie an andere Künstler abgegeben, nicht zuletzt sicherlich, um die Wirkung zu erproben: „... it was a bit of a laugh ...", resümiert *Jagger*, während *Richards* betont: „The amazing thing is that although Mick and I thought these songs were really puerile and kindergarten time, every one that got put out made a decent showing in the charts." Den Effekt, den das Songschreiben auf die eigene Wahrnehmung hat, beschreibt er so: „... the minute you start to write about things, it turns you into another person. You start, without realising it, to observe things in a different way ..."[89]

Die frühesten veröffentlichten Versuche sind „Little By Little" (das Sänger-Ich entdeckt, dass seine Freundin nicht treu ist, und stellt resigniert fest, dass seine Gefühle für sie allmählich schwinden), „Tell Me" (Ich fleht, dass seine Freundin zurückkommen möge), „Empty Heart" (desgleichen; ein leeres Herz bringe einen dazu, tot sein zu wollen), und „Good Times, Bad Times" (desgleichen; es müsse Vertrauen geben in der Welt, anderenfalls herrsche Krieg). „Grown Up Wrong", auf der gleichen LP veröffentlicht wie „Empty Heart" und „Good Times, Bad Times",[90] ist ein erster Versuch, von der nüchternen Zustandsbeschreibung wegzukommen: Der Sänger sagt seiner Freundin auf den Kopf zu, dass sie zu viel in zu kurzer Zeit bekommen habe und dass ihr das nicht gut tue. Weil sie ihre Vergangenheit vergesse, habe ihre Partnerschaft keine Zukunft.

Zu einer Analyse finden *Jagger/Richards* in „Grown Up Wrong" noch nicht; mit dem schnell wachsenden Selbstvertrauen der Songautoren taucht die Situation – ein junges Mädchen in einem defekten, optimierungsfähigen Verhältnis zu ihrer Umwelt und ihrer Familie – aber in Kürze wieder auf, zunächst in „Play With Fire" und dann am überzeugendsten in „19th Nervous Breakdown". „Play With Fire"[91] ermahnt das namenlose Mädchen, von seiner Hochmütigkeit abzulassen: Ihre Eltern hätten das Leben nicht hingekriegt, denn obwohl ihrer Mutter ein Haus in St. John's Wood gehört habe, lebe sie nun nicht mehr in Knightsbridge, sondern in Stepney, und wenn sie, die Tochter, mit ihm, dem Ich-Sänger, nur spiele, finde sie sich nur allzu schnell bei ihrer Mutter in Stepney wieder. Allein durch die Zuordnung der Londoner Stadtteile zu Lebenssituationen entsteht über die Geschichte eines individuellen Abstiegs hinaus ein sozialer Kommentar: Die Eltern, nebeneinander herle-

---

[89] Alle Zitate: According RS, S. 85.
[90] *The Rolling Stones*: „Grown Up Wrong", LP „12x5" (US-Release), (Oktober 1964).
[91] *The Rolling Stones*: „The Last Time" b/w „Play With Fire" (Februar 1965).

bend, haben sich offensichtlich ein zu großes Stück abgebissen und die Tochter sei nun in Gefahr, das gleiche Schicksal zu erleben. Habgier, Herzlosigkeit, Desinteresse und Hochmut sind die Gründe für den Absturz.

In diesen frühen eigenen Texten dominiert eine Eigenheit des Blues: Zwar ist von einer boy-and-girl-Beziehung die Rede, aber gemeint ist die ganze Lebenssituation des Sängers; die boy-and-girl-Geschichte ist lediglich der Spiegel dafür. Einen ersten Versuch eines Gesellschaftsbildes ohne eine solche Spiegelung unternehmen *Jagger/Richards* mit „What A Shame",[92] einem geradezu klassisch gebauten Blues. Der Sänger beklagt, dass nichts richtig zu laufen scheine (1. Strophe), was wohl nicht zuletzt daran liegt, dass „they" ständig einen Kampf vom Zaun zu brechen versuchten (2. Strophe), also solle man sich vorsehen, wenn man nicht eines Morgens aufwachen und feststellen wolle, dass man tot sei (3. Strophe). *Jagger/Richards* belassen es dabei, die Ratlosigkeit des Sängers zu formulieren; die Stärke des Textes liegt gerade darin, dass sie darauf verzichten, ihn mit einer bestimmten sozialen und/oder geographischen Realität zu verknüpfen – so dass Hörer rund um die Welt ihn auf sich beziehen können. Zugleich wird damit auch ein Stück Ratlosigkeit in Bezug auf die richtige Richtung, die richtige Entscheidung jedes einzelnen deutlich: Was ist zu tun, um dem sich aufheizenden Klima zu begegnen, um entweder in Sicherheit zu bleiben – was der Sänger vorzuziehen scheint – oder Einfluss zu nehmen?

Diese Ratlosigkeit von „Play With Fire" und vor allem „What A Shame" verdeckt die Sprengkraft, die in den angedeuteten Brüchen zwischen Gesellschaftsschichten und -gruppen lauert. Allzu leicht lasse sich diese Unzufriedenheit verdecken, indem man einfach behaupte, es sei doch alles in Ordnung, konstatiert der Sänger von „What A Shame". Aber sie lässt sich nicht vertreiben, schon gar nicht durch materiellen Besitz, wie das Mädchen in „Play With Fire" zu vermuten scheint.[93] Worum es gehen müsse, seien Aufrichtigkeit, Ehrlichkeit im Umgang miteinander, Kommunikationsbereitschaft und Authentizität. Die Single, die drei Monate nach „The Last Time" b/w „Play With Fire" erscheint, lässt in dieser Hinsicht an Deutlichkeit keine Fragen offen: „(I Can't Get No) Satisfaction",[94] gern verstanden als ein Song über die misslin-

---

[92] *The Rolling Stones*: „Heart Of Stone" b/w „What A Shame" (Januar 1965), zeitgleich auf den LPs „The Rolling Stones No. 2" (UK-Release) und „Now!" (US-Release).

[93] *John Lennon* und *Paul McCartney* spielen um diese Zeit herum Wert und Bedeutung von materiellem Besitz gegenseitig in ihren Texten und Cover-Songs aus: von „Money" über „Can't Buy Me Love" und „A Hard Day's Night" bis zu „I Feel Fine". Vgl.: Dürkob, S. 55f., 60-62, 66f. und 76-78. Das Thema taucht bis in die letzten Tage der *Beatles* immer wieder in den Texten auf.

[94] *The Rolling Stones*: „(I Can't Get No) Satisfaction" b/w „The Spider And The Fly" (Juni 1965). Zur Verärgerung der englischen Fans erscheint die Single in England erst im August.

gende Suche nach sexueller Befriedigung, handelt zunächst einmal von der Diskrepanz zwischen der Welt, wie der Sänger sie erlebt, und der Welt, wie sie Zuschauern und Zuhörern von Medien und Werbung als real untergeschoben, vorgegaukelt wird. Aus dem Autoradio kommen nur überflüssige Informationen (1. Strophe), im Fernseher behauptet irgend so ein Kerl immer wieder, dass die Shirts noch weißer sein könnten, aber der könne gar kein richtiger Mann sei, weil er nicht die gleiche Zigarettenmarke rauche (2. Strophe) – eine besonders hämische Zurückweisung von dessen Glaubwürdigkeit, weil der Sänger sich erst gar nicht darauf einlässt, sich mit den Werbeversprechungen auch nur irgendwie zu beschäftigen –, und wenn er rund um die Welt dieses tue, jene Papiere unterzeichne und Frauen rumzukriegen versuche, bekomme er nur zu hören, er solle nächste Woche wiederkommen (3. Strophe). Wahrlich unbefriedigend, das alles. Dass er all dem sinnlosen Gerede in keiner Situation (im Auto, zuhause) und rund um die Welt entgehen kann, ist das eine; dass er aber auch nicht finde, was er suche – Mitgefühl, Authentizität, Wärme und eben auch Befriedigung im weitesten Sinne –, ist das andere. Hier geht es sowohl um den Verlust der Glaubwürdigkeit all dessen, was über die Medien vermittelt wird – was den wichtigen Umkehrschluss nahe legt, dass nur noch das selbst Erlebte Glaubwürdigkeit beanspruchen könne –, als auch um die seelische (und körperliche) Unzufriedenheit, Ruhelosigkeit, Perspektivlosigkeit, die daraus entstehe. Genau durch das, was als Entwicklung, Fortschritt, Verbesserung dargestellt wird, werde die Welt ein ärmerer, langweiligerer, kälterer Ort – und so, aber das wird nicht mehr gesagt, kann es auch nicht verwundern, dass die Welt immer öfter und unausweichlicher auf alle möglichen Konfrontationen (siehe „What A Shame") zulaufe.

Paraphrase und Fortsetzung zugleich ist die nächste Single „Get Off Of My Cloud".[95] Der Sänger hat offensichtlich viel von dem erreicht, was der Durchschnittsmensch sich wünschen könnte: Er wohnt im 99. Stockwerk seines Blocks und hat die Zeit, einfach nur aus dem Fenster zu sehen und sich seinen Gedanken hinzugeben. Allein die dezidierte Angabe des Stockwerks signalisiert bereits eine gewisse Enthoben- oder Entrücktheit. Allerdings wird er auch hier noch aus seinen müßigen Träumen gerissen: Offenbar der Mann, der in „Satisfaction" noch im Fernseher über sein Waschmittel geschwafelt hatte, erscheint nun leibhaftig, um sein Produkt anzupreisen (1. Strophe). Allerdings wird er vom Sänger angeherrscht, er solle von seiner Wolke verschwinden (Chorus). Dann beklagt sich ein Nachbar über den Lärm, der vermeintlich vom Appartement des Sängers ausgehe; nur weil es ihm gut gehe,

---

[95] *The Rolling Stones*: „Get Off Of My Cloud" b/w „I'm Free" (US) bzw. b/w „The Singer Not The Song" (UK). (September bzw. Oktober 1965).

habe er noch nicht das Recht, andere zu stören (2. Strophe)[96] – und auch er bekommt den Hinweis, er solle von der Wolke verschwinden. Schließlich flüchtet er aus der Wohnung – eine Parallelbewegung zu „Satisfaction" – und fährt mit dem Auto in die Stadt, wo er sich wieder seinen Träumereien überlässt – nur, um am kommenden Morgen sein Auto voller Falschparker-Tickets zu finden (3. Strophe): nicht nur ein Hinweis darauf, dass den Kräften des Beharrens, der regelungswütigen Obrigkeit nicht zu entkommen ist, sondern vielleicht auch gedacht als kleine Replik auf das Parkticket, dass der Sänger von „Bob Dylan's 115th Dream" vom Mast abreißt, bevor er sein Schiff wendet und bei der Ausfahrt aus dem Hafen Columbus begegnet.[97] Mit ihrem Text bewegen sich *Jagger/Richards*[98] auf einem schmalen Grat: Einerseits geht es sehr wohl um das Recht auf die freie Entfaltung einer Persönlichkeit, dem schon relativ geringfügige Verstöße gegen gesellschaftliche Konventionen Grenzen setzen; so ist natürlich wiederum keine „satisfaction" zu erreichen. Andererseits ist der Sänger von „Get Off Of My Cloud" durchaus in einer privilegierten Position und für ihn geht es nicht nur um die Suche nach Freiraum und Authentizität, sondern auch um die Absicherung des Raums (der „cloud"), den er sich erarbeitet hat, gegen die engstirnige, verständnislose, spießige Gesellschaft. Allein und ungestört sein zu können, wann immer ihm danach ist, betrachtet er als (s)ein Recht, das er arrogant verteidigt. Hinter dem Sänger wird also eine Figur erkennbar, die besondere Rechte für sich in Anspruch nimmt – vielleicht der Künstler, der Freiheiten braucht, um sich entfalten zu können. In den Tag (oder die Nacht) hineinzuträumen, um auf die Inspiration zu warten, gehört schließlich zu den Grundlagen des Lebens, wie es ein Künstler nach Ansicht des Publikums führt.

Wie gesagt: Bedenkt man Herkunft und Entwicklung des Blues – und seiner in der Regel kommerzielleren Spielart Rhythm'n'Blues –, dann überrascht es nicht, dass eine junge Generation in ihm ein Medium der Identifikation entdeckt. Für das englische Blues-Revival Anfang der 60er Jahre spielt dabei noch nicht einmal eine Art ideologischer Transformation eine Rolle: nämlich die Identifikation junger Weißer mit den um ihre Gleichberechtigung kämpfenden Schwarzen in Amerika über das musikalische Idiom der Schwarzen. Vielmehr

---

[96] Eine hübsche Paraphrase des gerichtlichen Urteilsspruchs, der im Juli gegen die *Rolling Stones* ergangen ist: Nur weil sie als Musiker so außerordentlich erfolgreich seien, hätten sie noch nicht das Recht ... usw. Straftatbestand war die Tatsache, dass einige Bandmitglieder an einer Tankstelle gegen eine Wand uriniert hatten, weil man ihnen die Nutzung der Toilette verwehrt hatte. Zu der Episode vgl.: Booth, S. 61f.
[97] Dylan: Lyrics, S. 148-151, hier: S. 151. Vgl. *Bob Dylan*: „Bob Dylan's 115th Dream", LP „Bringing It All Back Home" (März 1965).
[98] Die Texte der *Rolling Stones* stammen in aller Regel im Wesentlichen von *Jagger*.

Aftermath

ist (Rhythm'n')Blues das Medium der Wahl, weil seine musikalischen Strukturen leicht zu erfassen und zu variieren sind, weil ihm sowohl das Amateurhafte des Skiffle als auch das Beliebige des Erwachsenen-Pop fehlt, und weil seine elektrifizierte Form – in Verbindung mit entsprechenden Texten – laut (und gegebenenfalls aggressiv) genug ist, um seinen Interpreten Gehör zu verschaffen. Das vermeintlich Rohe, Ungeschliffene der musikalischen Form fördert einen entsprechenden Umgang mit dem textlichen Material: Rhythm'n'Blues ist das Medium zur Formulierung simpler Wahrheiten, eigener Erfahrungen und unmissverständlicher Standpunkte sowie nicht zuletzt auch – in Abgrenzung von jeglicher Kunstmusik – die Ausdrucksform für ein Unterschicht-Bewusstsein oder doch zumindest für eine entsprechende Pose.

Im Sommer 1965 ist die Zeit offensichtlich reif für deutliche Stellungnahmen. Die Generation der 1941/45 Geborenen hat ihre ersten Erfahrungen mit der Erwachsenenwelt gemacht – und ist auch schon mal zurückgestoßen worden. Nichts von dem, was der Erwachsenen-Pop von *Adam Faith* oder *Petula Clark* vermittelt, passt zu den Erfahrungen dieser neuen Generation. Viel wichtiger, bedrängender aber ist, dass die Entwicklung der Gesellschaft außer Kontrolle zu geraten scheint: Ob heißer oder Kalter Krieg, ob Ungleichbehandlung der Ethnien oder Benachteiligung der Frauen, ob Armut oder eskalierende Gewalt (und der womöglich zwischen diesen Erscheinungen bestehende Zusammenhang) – es hat ganz den Anschein, als ob zumindest niemand von den Politikern tatsächlich an einer Lösung der sich stetig verschärfenden Probleme interessiert sei. Das hat zur Folge, dass die neue Generation ihre Unzugehörigkeit sehr bewusst erlebt und daraus schließt, dass ein Gruppengefühl womöglich nur innerhalb der eigenen Generation erfahrbar sein wird – der Grundstoff der Rebellion, aus der Revolution werden könnte.

Während er 1965 in England ist, weil sich die musikalische Entwicklung gerade dort abspielt, schreibt *Paul Simon* aus der Tradition des Folk heraus einige seiner scharfkantigsten Texte über Einsamkeit, Isolation und Kommunikationsunfähigkeit. Die *Beatles* haben im Frühjahr mit „Ticket To Ride" eine erste Single abseits des harmlosen mop-top-Pops vorgelegt; der Text von „Help!", veröffentlicht im Juli, ist genau das: ein unverdeckter Hilferuf, der als solcher vom Publikum aber wegen des Band-Image (noch) nicht ernstgenommen wird. Die *Rolling Stones* haben ihr Idiom, den Rhythm'n'Blues, mit „(I Can't Get No) Satisfaction" musikalisch bis an die Anschlussstelle des sich entwickelnden Rock getrieben und zugleich textlich ein Statement ihrer Generation über Entfremdung und Verlust von Authentizität abgeliefert. Aber selbst dieses „monster of rock"[99] ist textlich noch zu aufwendig, zu reich an Anspielungen, als dass es der Song der Generation sein könnte. Diesen zu schreiben, ist dem 20-jährigen *Pete Townshend* vorbehalten. Das Idiom seiner Band *The Who* ist ebenfalls der Rhythm'n'Blues; dabei sind *The Who* anders als die *Rolling Stones* in diesem Jahr noch sehr viel stärker eine englische Band, verwurzelt mit der Mod-Kultur, die um diese Zeit den Höhepunkt ihrer Entwicklung und Verbreitung erlebt. Der Song mit dem programmatischen Titel „My Generation" – der Titel wird im Song mehr als 20-mal in Background und Chorus wiederholt[100] – erscheint Anfang November. Von der ersten Zeile an zielt der Sänger auf das „wir" im Gegensatz zum „die" – das nicht nur zur Abgrenzung der Generationen, sondern auch zur Etablierung des Selbstbewusstseins als Künstler gehört, wie es in „Get Off Of My Cloud" deutlich geworden ist. Von den anonymen „people", den Älteren, Etablierten, Meinungsprägenden, würden sie wegen ihres anderen Lebensstils nicht ernst genommen. Dabei sähe alles, was jene täten, kalt aus; um nicht eines Tages genauso zu sein, hofft Ich, tot zu sein, bevor er alt werde (1. Strophe). Die Älteren sollten gar nicht erst versuchen, zu verstehen, worum es ihnen gehe; sie selbst versuchten ja auch nicht, vorsätzlich Aufsehen zu erregen, sondern es gehe ihm nur darum, deutlich zu machen, dass er über „my generation" spreche (2. Strophe). Im Vordergrund steht die Absage an alles, was das Leben der „people" ausmacht. Anders als in „Satisfaction" werden nicht einzelne Facetten herausgegriffen, sondern formuliert wird die vollständige Verachtung – für den Unwillen und die Unfähigkeit, die Jugend zu verstehen, für das Desinteresse an der Lösung drängender Probleme, für das unpersönliche Handeln. Schneidender kann eine Absage kaum ausfallen, desillusionierter kann eine neue Generation kaum beginnen.

In „My Generation" geht es sehr offensichtlich um die Suche nach dem Platz in der Gesellschaft; um das, was die Gesellschaft zu bieten hat, geht es im Text der nächsten Single. Im Kern handelt „Substitute"[101] dem Vernehmen nach von *Townshend*s ungutem Gefühl, demzufolge *The Who* nur als ein Ersatz, als zweitklassige Ausführung der *Rolling Stones* angesehen würden. Im Text geht der Sänger allerdings darüber hinaus, wenn er sein Erscheinungsbild bitterironisch als das Ergebnis von bewussten Manipulationen decouvriert. Dafür gibt er viele Beispiele in Strophe und Chorus: Er sei ja nur Ersatz für einen

---

[99] Martin Elliott: The Rolling Stones Complete Recording Sessions 1962-2012. 50th Anniversary Edition. London: Cherry Red Books 2012, S. 58 [Nr. 232]. Im Folgenden zitiert als: Elliott.
[100] *The Who*: „My Generation" b/w „Shout and Shimmy " (UK-Release) bzw. b/w „Out In The Street" (US-Release) (November 1965).
[101] *The Who*: „Substitute" b/w „Circles (Instant Party)" (UK-Release) bzw. b/w „Waltz For A Pig" (US-Release) (März 1966).

anderen Typen[102] und wenn er hochgewachsen erscheine, dann liege das nur an seinen hohen Absätzen (1. Strophe), er sehe zwar weiß aus, aber sein Vater sei ein Schwarzer gewesen (1. Chorus), schon in seiner Kindheit habe kein Augenschein der Wahrheit entsprochen (2. Strophe). Entscheidend ist allerdings, dass „you", ein namenloses Mädchen, sich offensichtlich nicht bemüht, hinter diese Fassade zu blicken, und alles (hin)nehme, wie es zu sein scheine. Das ist das Problem, das er grundsätzlich mit ihr habe. Er durchschaue sie, wenn sie die Wahrheit durch Lügen zu ersetzen versuche; diesen Reifungsprozess verdeutlicht er noch (im 2. Chorus) mit der Bemerkung, dass er nun die Cola durch Gin ersetze, ein symbolischer Hinweis darauf, dass er erwachsen werde – und wenn er seine Mutter durch sie ersetze, bekomme er zumindest seine Wäsche gemacht (2. Chorus). Wie in „(I Can't Get No) Satisfaction" geht es auch hier um Authentizität: Der Sänger nutzt gezielt harmlose Manipulationen, um Vorteile zu erreichen, aber er bleibt sich dieser kleinen Lügen bewusst und ist in der Lage, die Unehrlichkeiten der anderen zu durchschauen; was ihn von jenen unterscheidet, sind sein Sarkasmus und die Tatsache, dass es den anderen ernst ist mit ihren Unehrlichkeiten. Von der Standortsuche in „My Generation" unterscheidet sich „Substitute" durch die Tatsache, dass sich der Text gegen Mitglieder der eigenen Generation wendet. Wer sich nicht die Mühe mache, die Wahrheit zu erkennen, sei auch nicht in der Lage, mit ihr zu leben – und der sei eben nicht auf der richtigen Seite, wenn es darum gehe, Wahrheit und Ehrlichkeit durchzusetzen. Schärfer lässt sich die Trennung von Spreu und Weizen in der eigenen Generation nicht formulieren.

Der Text von „Till The End Of The Day", das *The Kinks* in dem Monat veröffentlichen, in dem auch „My Generation" erscheint, lässt sich nur verstehen, wenn man berücksichtigt, dass zwei Monate zuvor die EP mit „A Well Respected Man" erschienen ist.[103] Die *Kinks* kommen ebenfalls aus dem Rhythm'n'Blues und sind anfänglich der Mod-Szene zuzuordnen; vom Sommer 1965 an erweitern sie zielstrebig ihre musikalische Sprache um Elemente aus dem Pop und der sehr englischen Music Hall-Tradition. Dieser „Well Respected Man" gehört zu den „people" aus „My Generation": Er geht um 9.00 Uhr zur Arbeit, kehrt jeden Tag mit dem gleichen Zug um 17.30 Uhr zurück, denn seine Welt beruhe auf Pünktlichkeit (1. Strophe), seine Mutter sei anerkannt in der Gesellschaft ihres Ortes, er selbst fühlt sich anderen überlegen und hofft, seinen Vater einst zu beerben (2. und 3. Strophe), er besuche

---

[102] Die Anregung für Figurenkonstellation und Wortwahl („substitute") geht auf *Smokey Robinson*s Song „The Tracks Of My Tears" zurück. Vgl.: *The Miracles*: „The Tracks Of My Tears" b/w „A Fork In The Road" (Juni 1965).

[103] *The Kinks*: „A Well Respected Man", EP „Kwyet Kinks " (September 1965); „Till The End Of The Day" b/w „Where Have All The Good Times Gone" (November 1965).

die wichtigen gesellschaftlichen Ereignisse und er verehre die junge Frau aus dem Nachbarhaus (4. Strophe) ... so die hämisch-ironische Schilderung des Alltags eines Angehörigen der Mittel- oder unteren Oberschicht.[104] Dass nicht alles so ist, wie es vorgespiegelt wird, wird an dem Hinweis deutlich, dass der Vater dem Dienstmädchen nachstelle; die Mutter hat das Heft in der Hand und der „well respected man" ist die Marionette der gesellschaftlichen Konventionen. Und das, so Song-Autor *Ray Davies* ohne es noch auszusprechen, sind die Menschen, von denen wir unser Leben lenken lassen: unselbstständig, phantasielos, kritikresistent und eingebildet. Die Beachtung der Sekundärtugenden (Pünktlichkeit!) entspricht der Inhaltsleere: Was der „well respected man" zwischen 9.00 und 17.30 Uhr tut, wird nicht eigens erwähnt – aber weil er nicht unangenehm auffällt, sondern konservativ bleibt, immer das Richtige tut und hübsch im Rahmen des Ehrwürdig-Vorgegebenen, allzu Bekannten verharrt, ist er „well respected" – und eine Illustration der Manager aus Vance Packards erwähntem Buch „The Pyramid Climbers". Dass seinem Leben etwas fehlt, fällt ihm gar nicht auf.

„Till The End Of The Day" kommt hingegen mit einem Minimum an Worten aus – und ist in all seiner ironielosen Diesseitigkeit, die von der Zufriedenheit mit dem Leben mit „you" von morgens bis abends handelt, eine einzige Ironie. Dass sie zusammen die Dinge täten, wie es ihnen gefalle, kann vor dem Hintergrund früherer eigener und einiger der hier bereits behandelten Texte nur als Rollen-Lyrik verstanden werden: Hier spricht jemand, der das Leben so (kritiklos) nimmt, wie es kommt, und deshalb die Existenz der drängenden offenen Fragen gar nicht erst zur Kenntnis nimmt. Aufschlussreicher ist da schon die B-Seite „Where Have All The Good Times Gone", von der noch zu sprechen sein wird.

Als „Get Off Of My Cloud" und „A Well Respected Man" erscheinen, stehen die *Rolling Stones* schon wieder im Studio, um Songs für die US-LP „December's Children (And Everybody's)" aufzunehmen; teilweise wird das Material auch noch in die UK-Fassung von „Out Of Our Heads" aufgenommen, die bereits 18 Tage nach der letzten Session erscheint. An diesem Aufnahmetag[105]

---

[104] Der Song spiegelt *Davies'* Sicht des Establishments, geht aber auch auf konkrete biographische Erfahrungen zurück. Vgl.: Neville Marten und Jeff Hudson: The Kinks. London: Sanctuary 2001, S. 72f. Im Folgenden als: Marten/Hudson.
[105] Dem 6. September 1965. Vgl.: Elliott, S. 64-66 [Nr. 260-264]. *The Rolling Stones*: „I'm Free" und „Blue Turns To Grey", LP „December's Children (And Everybody's)" (US-Release) (Dezember 1965). „I'm Free" zweckentfremdet die Chorus-Auftaktzeile „Hold me ..." aus „Eight Days A Week" von den *Beatles* durch Vertauschen ihrer Bestandteile für die eigene Bridge vor der Chorus-Zeile. Vgl.: *The Beatles*: „Eight Days A Week", LP „Beatles For Sale" (Dezember 1964).

Aftermath

entstehen unter anderem die (nicht ganz überzeugende) Unabhängigkeitserklärung „I'm Free", die wie „Get Off Of My Cloud" den status quo des erkämpften Freiraums feiert – oder auch, je nach Blickwinkel, die sexuellen Freiheiten, die das Sänger-Ich sich herausnehmen könne[106] –, und „Blue Turns To Grey", das von einer Selbsttäuschung erzählt: Jetzt, wo das Mädchen gegangen sei, denke „you", er werde nicht lange traurig sein, denn er könne sich doch jedes andere Mädchen holen; aber das stimme nicht, denn wenn aus Blau Grau werde, sei ihm klar, dass er die Verlorene wiederfinden müsse. Die allerletzte Aufnahme für „December's Children ..." findet statt, als „Out Of Our Heads" (mit dem gleichen Cover-Foto) schon in den Läden steht: Die *Rolling Stones* graben eine alte eigene Nummer aus, die *Marianne Faithfull* 16 Monate zuvor ihre erste Nr. 1 beschert hat: „As Tears Go By"[107] gehört zur Gruppe der retrospektiven Songs, die Mitte der 1960er Jahre beinahe allgegenwärtig sind. Am Abend sieht der Sänger lachenden Kindern beim Spielen zu, aber er selbst könne nicht lachen, er habe nur Tränen. Mit seinem Reichtum könne er sich nicht alles kaufen; er würde gern den Gesang von Kindern hören, stattdessen höre er nur den Regen. Was die Kinder tun, so der Sänger, erleben sie jeweils als neu, aber er erinnere sich, das in seinen Kindertagen auch schon getan zu haben. Dass man sich nicht alles kaufen könne, deutet auf den tieferliegenden Wunsch, angesichts der aktuellen Situation (Tränen!) am liebsten in die Unschuld der Kindheit (zurück)fliehen und alle Optionen, die die Unbeschwertheit bietet, haben zu wollen. Ob es um die Trauer über den Verlust der Unschuld geht oder eher um die ersehnte Möglichkeit, noch einmal alles neu und aufregend finden zu können – anders formuliert: noch einmal neu beginnen zu können –, bleibt unentschieden. Der Grundton des Selbstmitleids deutet allerdings auf die Trauer über vergehende Zeit (zumal der Anlass der Tränen nicht benannt wird) und auf Desillusionierung.

„Help!" von den *Beatles*, „(I Can't Get No) Satisfaction", „The Sound Of Silence", „Get Off Of My Cloud", „A Well Respected Man" und schließlich „My Generation" – die prominenten Songschreiber der jungen Generation lassen 1965 eine erstaunliche Folge von Texten erscheinen. Desillusionierung und das Ringen um Authentizität und Selbstbehauptung sind die Themen, Oberflächlichkeit, Desinteresse, Verlogenheit und die Wahl der falschen Leitbilder werden angeprangert, Verärgerung, Sarkasmus und Verbitterung bestimmen die Sprache. Das ist keine jugendliche Unbekümmertheit, kein sorg-

---

[106] Zum realistischen Hintergrund Booth, der wiederholt auf die Eskapaden während der Tourneen eingeht, z.B. von *Jones* und *Wyman* 1964/65, vgl. S. 228-231.
[107] Aufnahme vom 26. Oktober 1965. Vgl.: Elliott, S. 67f. [Nr. 275]. *The Rolling Stones:* „As Tears Go By", LP „December's Children (And Everybody's)" (US-Release) (Dezember 1965). In England veröffentlicht als B-Seite der nächsten Single „19th Nervous Breakdown" (Februar 1966).

loses Einverständnis, sondern das ist Sorge um den Zustand der Gesellschaft – der besser sein könnte.

Die *Rolling Stones* haben viel gelernt im Laufe des Jahres 1965. Mit dem Pop um sie herum in den Ohren bauen sie aus ihrem Rhythm'n'Blues-Verständnis und Pop-Elementen zu Beginn des Jahres ihre erste Riff-getriebene und eindeutig Charts-orientierte Single „The Last Time", dann verschärfen sie die Gangart und setzen mit dem ultimativen Riff-Song „(I Can't Get No) Satisfaction" Maßstäbe für das sich aus R'n'B, Pop und anderen Elementen entwickelnde Genre Rock, und dann entwickeln sie die Dimension des Textes im Pop für ihre Bedürfnisse weiter, indem sie mit „Get Off Of My Cloud" den Anspruch darauf formulieren, mit den eigenen Lebensideen ernst genommen zu werden. Die dritte „soziologische" Single der *Rolling Stones*, das schon erwähnte „19th Nervous Breakdown", steht am 8. Dezember am Anfang der zwei Session-Blöcke, aus denen schließlich das Material für die LP „Aftermath" hervorgeht.[108] Die Single erscheint knapp fünf Monate nach der UK-LP „Out Of Our Heads" und zwei Monate nach der US-LP „December's Children..." als erste *Stones*-Veröffentlichung 1966 am 4. (UK) bzw. 11. Februar (US).[109] In „19th Nervous Breakdown" kommt Verschiedenes zusammen, was in früheren Songs schon angeklungen ist. Der Sänger wendet sich direkt an das Mädchen, das ihm auf die Nerven geht: Sie sei das Zentrum fader Parties, rede zu laut, laufe exaltiert die Treppe rauf und runter, um auf sich aufmerksam zu machen – und das alles, weil sie ihren Ort noch nicht gefunden und zu viel in zu kurzer Zeit gesehen habe. Dabei könne sie die Tränen in ihren Augen kaum verbergen (1. Strophe). Als Kind sei sie falsch erzogen worden (was an „Play With Fire" erinnert), indem man sie zu sehr verwöhnt habe, und trotz ihrer 1000 Spielsachen habe sie häufig geweint (wieder Tränen, vgl. 1. Strophe). Die Mutter, die sie vernachlässigt habe, schulde dem Finanzamt eine Million (ein Äquivalent zum Haus in St. John's Wood aus „Play With Fire"), und der Vater habe sich aus der Realität verabschiedet (2. Strophe). In der Schulzeit sei ihr der Kopf von einem „fool" verdreht worden, und deshalb habe sie sich entschieden, Menschen nicht mehr freundlich zu begegnen. Er, der Sänger, habe sich wirklich Mühe gegeben, sie wieder auf den Weg zu bringen, aber damit habe er ja keinen Erfolg gehabt (3. Strophe). Sie solle mal kurz innehalten, bevor sie sich ihren 19. Nervenzusammenbruch – der hier komme, der hier komme, der hier komme ... je dringlicher die Situation wird, desto höher

---

[108] Details dazu im weiteren Verlauf der Erörterungen. Schauplatz der Sessions sind die RCA Studios in Hollywood. Vgl.: Elliott, S. 68-75 [Nr. 277-299].

[109] *The Rolling Stones*: „19th Nervous Breakdown" b/w „Sad Day" (US-Release) bzw. b/w „As Tears Go By" (UK-Release) (Februar 1966).

gehen die Stimmen – nehme. Ähnlich wie in „Play With Fire" wird der schlechte Einfluss der überforderten Eltern für die fatale Entwicklung des Mädchens (mit)verantwortlich gemacht – immer ein probates Argument, wenn man auf der Suche nach der eignen (Generations)Identität ist. Fatalerweise seien ihr aber auch die eigenen Maßstäbe abhandengekommen, so dass sie das Richtige, Sinnvolle, Ädaquate nicht mehr erkennen könne. Bisher haben *Jagger/Richards* eher unmissverständlich deutlich gemacht, wo der Standpunkt des Ich und jener des Mädchens ist; die geradezu verächtlichen Frauenporträts, für die die Band viel Kritik einzustecken hatte, sind noch nicht erschienen. Aber in „19th Nervous Breakdown" wird schon Ungeduld mit der Unbeherrschtheit und Unfähigkeit zur Selbstkritik erkennbar. Bis heute sei sie flatterhaft und jage allem nach, was aufregend zu sein verspreche. Unbelehrbar im Hinblick auf die Realität, sei sie sich ihrer (falschen) Position so sicher, dass sie andere verwirre. Was den Umgang mit ihr so problematisch macht, ist – mit anderen Worten formuliert – ihr Mangel an Individualität und Identität. Nicht die gezielte Flucht in eine Parallelwelt liegt hier vor, sondern die trotzige, egozentrische Ablehnung der Realität in Form von Grenzen. Als ein Produkt aller auf sie wirkenden Einflüsse wird sie zu einer Figur, wie sie für manch eine der hedonistischen In-Groups der 60er Jahre typisch ist. Die Ungeduld und Ratlosigkeit des Sängers resultiert aus der Einsicht, dass ihre Tränen aus einem Gefühl von Wut, Unverständnis, verletztem Egozentrismus und einem diffusen Gefühl ständigen Defizits herrühren.

Aftermath

Der Übergang ist fließend. „Around 1966 we started writing these different kinds of music",[110] erinnert sich *Jagger* im Nachhinein. Hinter dieser Bemerkung steckt die Antwort auf die Frage, warum das Album „Aftermath" einen völlig anderen Charakter als die vorausgegangenen Alben hat, obwohl die Themen größerenteils die gleichen sind. Was auf dem Album im Einzelnen vorgeht, soll nun betrachtet werden.

Wenn es irgendetwas gibt, was der jungen Generation Unbehagen bereitet, dann der Gedanke, alt zu werden. Einziger Ausweg scheint da zu sein, schneller zu leben, mehr reinzustecken und rauszuholen, denn wer schnell lebt, wird weniger schnell alt? Lohnt es dann noch, alt zu werden? Der Bebop hatte Ende der 1940er Jahre Geschwindigkeit zu Thema und Lebensstil gemacht; der literarische Ausdruck davon ist später Jack Kerouacs Roman „On The Road" (1955). Die Rock'n'Roller kehrten das Motiv um und feierten das Jung-

---

[110] Vgl.: Acoording RS, S. 100.

sein, indem sie die Angst vor dem Altern thematisierten – einzig aufgrund der Tatsache, dass das Alter nun mal das Gegenteil von Jugend ist. Stellvertretend ist an *Larry Williams'* „Dizzy Miss Lizzy" zu erinnern: Der Sänger bittet, Lizzys Liebe zu bekommen, bevor er alt werde.[111] James Dean wird zum Mythos, weil er schnell unterwegs ist – anders formuliert: alles herausholt – und jung (im Spiel mit dem Risiko) ums Leben kommt. Und nun, zehn Jahre nach Deans Tod und sieben Jahre nach „Dizzy Miss Lizzy", kommt die junge Generation und verkündet, lieber tot als alt sein zu wollen. Die *Rolling Stones*, ihrerseits schnell unterwegs, nehmen den Faden auf: Das erste, was die englischen Hörer von der neuen LP „Aftermath" im April 1966 zu hören bekommen, ist *Jaggers* ratlos-bissiger Ausruf am Anfang von „Mother's Little Helper": Was für eine Zumutung es doch sei, alt zu werden.

Die Idee, die letzte Zeile der Bridge als catch-phrase an den Anfang des Songs zu stellen, könnten die *Stones* sich bei den *Beatles* geliehen haben, das zentrale Wort „old" arbeitet sich, während die *Stones* für die Aufnahme im Studio stehen, gerade als Teil von „My Generation" durch die Charts nach oben[112] – aber im Grunde braucht es diese Anregungen nicht. Die neue Generation hat sich bemerkbar gemacht, sie will schnell viel erreichen und hat ständig Angst, trotz des hohen Tempos etwas zu verpassen. Die Gefahr, zur falschen Zeit am falschen Ort zu sein, plagt ja auch *Paul Simon*. Anders formuliert: Als Teil der vielen umlaufenden Ängste liegt „getting old" als Thema in der Luft, und die Klage an die Ausdrucksstelle zu setzen, ist nur folgerichtig.

Bei all den vielen Veränderungen – der Einstieg in die vier Strophen erfolgt jeweils mit einer einzeiligen Klage, die als Zitat der fiktiven Mutter formuliert wird, jeweils auf „today" endend – bleibt das Leben sich doch gleich insofern, als es eine seelische und körperliche Belastung darstellt. Auf dem Laufenden zu bleiben, nichts zu verpassen, die Anforderungen zu bewältigen, ist Stress, und um dem gewachsen zu sein, greift man zum „helper". Für die *Rolling Stones* selbst ist das eine kaum verhüllte Anspielung auf Drogen, für alle anderen – eben auch für Hausfrauen – und im Hinblick auf den labilen *Brian Jones* aber auch eine auf Anti-Depressiva, Schlaftabletten, Schlankmacher, Aufputscher und alle anderen chemischen Hilfsmittel, die korrigieren sollen, was Körper und Seele nicht mehr hinkriegen. Die Kinder sind heute anders, die Männer sind heute anders ... – tatsächlich ist das ganze Leben heute viel zu anstrengend, so die Mutter in den Eingangszeilen der Strophen, als dass es sich ohne Hilfsmittel noch bewältigen ließe. Zwar sind Drogen in den Augen ihrer Nut-

---

[111] *Larry Williams*: „Dizzy Miss Lizzy" b/w „Slow Down" (1958).
[112] „My Generation" erscheint Ende Oktober 1965, die *Rolling Stones* nehmen „Mother's Little Helper" am 8. Dezember 1965 auf. Vgl.: Elliott, S. 69 [Nr. 278].

zer immer auch ein Genussmittel oder zumindest ein Mittel, um das Gefühl einer Belastung zu blocken – aber dass jegliches Zuviel vor allem eine Gefahr darstellt, wird in der vierten Strophe explizit formuliert. Scheint die Erhöhung der Dosis anfänglich noch das Mittel der Wahl zu sein, um den Stress mit Kindern (1. Strophe) und Haushalt (2. Strophe) zu bewältigen und noch den Mann zufrieden zu stellen (3. Strophe), so wird die Einnahme schließlich zum nicht länger kontrollierten Reflex – von gleich vier mehr ist die Rede, kaum dass die „Patientin" der Aufsicht des Arztes entronnen ist (Bridge) –, der die Gefahr von Überdosis und Tod mit sich bringt (4. Strophe).

Die allmähliche Steigerung der Belastung durch die Strophen – Kinder, Dinge, Männer, schließlich das Leben, parallel zur Erhöhung der Dosis, wie sich vermuten lässt – und das Immer-mehr der Eindrücke führt zu der kuriosen Erfahrung, dass selbst die Suche nach der persönlichen Zufriedenheit[113] eine Belastung sei und langweilig werde. Angespielt wird auch hier auf den Missbrauch der „helper", der zu Apathie, Willenlosigkeit und Niedergeschlagenheit führen kann und einen insofern alle Ziele aus den Augen verlieren lässt. Zugleich weist die Vorstellung, das Leben mit der Suche nach Zufriedenheit zu verbringen, zurück auf „(I Can't Get No) Satisfaction" das sich der Bedeutung und Suche von Authentizität gewidmet hatte. Authentizität ist, so scheint „Mother's Little Helper" sagen zu wollen, kaum noch zu haben, denn die „helper" verändern die Wahrnehmung, indem sie die Realität verschleiern. Wer regelmäßig zu ihnen greift, beginnt damit, sich in einer Parallelwelt einzurichten und den Kontakt mit der Wirklichkeit (und den Menschen in ihr!) zu verlieren.

Dass *Jagger* diese Erfahrung an einer frustrierten Suburbia-Hausfrau verdeutlicht, ist kein Zufall. Gemessen an der Lebenswirklichkeit des Mannes, der auch Mitte der 1960er Jahre noch der Familienversorger ist, ist der Radius der Hausfrau und Mutter vergleichsweise kleiner und dabei deutlich weniger geprägt von Selbstverwirklichung, Anerkennung oder gar Erfolg. Manch ein zeitgenössischer Hörer entdeckte Herablassung in dem Text – als greife die Hausfrau zu den Tabletten, weil sie gelangweilt sei und ihr nichts Besseres einfalle. Heute wird deutlich, dass *Jagger* mit der Betonung der Belastung einer Hausfrau vor allem auf das Nebeneinander von Unter- und Überforderung eingeht. Nicht Herablassung, sondern Empathie bestimmt den Text. Zum Ende der 1960er Jahre hin wird mehr und mehr Frauen auffallen, dass sie ihren eigenen Kampf um ihre gesellschaftliche und seelische Gleichberechtigung noch zu kämpfen haben. Ihre Unterstützung im Kampf um die Gleich-

---

[113] Mit der Formulierung „pursuit of happiness" greift *Jagger*, ob bewusst oder nicht, den berühmten Satz aus der amerikanischen Unabhängigkeitserklärung von 1776 auf.

berechtigung der Schwarzen oder die Durchsetzung der Bürgerrechte bringt ihnen nicht die Anerkennung, die zugleich auf ihre eigene Position zurückwirkt.

Ungeduld mit den Mädchen ist schon gelegentlich erkennbar geworden – aber noch keine Verachtung. In „Off The Hook"[114] zahlt der Sänger Gleiches mit Gleichem heim: Weil er sein Mädchen nicht per Telefon erreichen kann – er bekommt nur das Besetzt-Zeichen zu hören, was an einem Gespräch, an Krankheit oder einer unbezahlten Telefonrechnung liegen könne –, legt er endlich seinerseits den Hörer neben die Gabel (ohne natürlich zu erfahren, ob diese „Rache" ihren Zweck erfüllt). In „The Last Time"[115] kündigt der Sänger seiner Freundin an, die Partnerschaft zu beenden, denn sie habe ihm nie zugehört und sich auch nicht eben angestrengt, ihm zu gefallen. Wie schon der Sänger von „Off The Hook" ist er es leid, sich aus seiner Sicht dauernd falsch behandeln lassen zu müssen; er habe zu viel Schmerz und Sorge erfahren, aber nun habe sie ja Zeit, sich Gedanken zu machen, denn er werde lange weg sein. Wie später in „19th Nervous Breakdown" will das Mädchen die Ratschläge nicht annehmen und stellt sich taub bei Wiederholungen. Deutlich wird, dass der Sänger sich überlegen fühlt – aber eine verächtliche Haltung wird hier und in anderen Texten dieser Zeit noch kaum erkennbar. Am ehesten wird sie versuchsweise formuliert in „Surprise, Surprise":[116] Er höre neuerdings von Freunden, so der Sänger, dass seine Freundin nicht ehrlich sei, und vermutlich sei sie ja auch stolz auf ihre Streunerei, aber – und hier kommt die Überraschung – er habe das lange gewusst und allzu sehr habe er sie auch ohnehin nicht gewollt, wenn sie auch gute Zeiten erlebt hätten. So täusche sie also nur sich selbst. Eine etwas abfällige Haltung nimmt auch der Sänger des Covers „Look What You've Done" ein.[117]

Mit den Aufnahmen zu „Aftermath" ändert sich das Bild. War eben noch Empathie für das ereignisarme und dennoch anstrengende Leben der Hausfrau spürbar, so findet sich nichts mehr davon für das Mädchen, das den Anlass von „Stupid Girl" bildet. Dass sie schlicht „stupid" sei, zeige sich nicht so sehr an der Kleidung oder an der Art, die Haare zu kämmen (1. Strophe) oder zu färben, sondern vor allem an ihrem – offenbar – affektierten Verhalten und an ihrem Gerede. Wie sie sich ihre Nase pudere, zeige ihre selbstgefällige Überheblichkeit, und wie sie über Dinge oder Menschen rede, die sie nicht aus eigener Anschauung kenne, zeige ihre Dummheit (2. Strophe). Die volle Ab-

---

[114] *The Rolling Stones:* „Little Red Rooster" b/w „Off The Hook" (November 1964).
[115] *The Rolling Stones:* „The Last Time" b/w „Play With Fire" (März 1965).
[116] *The Rolling Stones:* „Surprise, Surprise", LP „Now!" (US-Release, Februar 1965)
[117] *The Rolling Stones:* „Look What You've Done", LP „December's Children (And Everybody's)" (US-Release) (Dezember 1965).

neigung trifft sie aber wegen ihrer Uneinsichtigkeit, denn der Sänger kann auf eigene Erfahrung zurückgreifen: In der Bridge wird deutlich, dass er sich bemüht hat, ihr über diese Unarten die Augen zu öffnen, aber er sei es nun leid, denn offenbar führt das alles zu nichts. Dieser Versuch, Einfluss zu nehmen, erinnert an „19th Nervous Breakdown", wo der Sänger ebenfalls erfolglos geblieben ist.

Einer späten Äußerung von *Jagger* zufolge hat „Stupid Girl" einige autobiographische Elemente. Das bleibt zwar irrelevant für sein Verständnis, würde aber die Schärfe erklären. „I had so many girlfriends at that point. None of them seemed to care they weren't pleasing me very much"[118] ist ein Hinweis darauf, dass er die Freiheiten des Swingin' London 1965/66 in vollen Zügen für sich genutzt hat; gleichzeitig macht es die Sache aber auch noch schlimmer als der Text, denn seine Partnerin ist zu dieser Zeit (noch) Chrissie Shrimpton, die jüngere Schwester von Model Jean Shrimpton („The Shrimp", die ihrerseits mit dem Mode-Fotografen David Bailey liiert ist, der wiederum auch die *Rolling Stones* fotografiert hat). Die Bedeutung des Textes liegt woanders: Dass das Bemühen um Kommunikation, die zu einer Änderung führen könnte – einer Verbesserung in den Augen des Sängers –, keinen Erfolg zeitigt, ist der eigentliche Anlass für die gallige Verärgerung. Ihre Überheblichkeit aus Dummheit ist das eine, sein Ärger über seinen Misserfolg das andere.

Wenn man so will, ist das folgende „Lady Jane" eine Art Gegenstück zu „Stupid Girl": Auf einen Song über ein Mädchen, das sich falsch verhält, folgt einer über einen Mann mit intolerablem Verhalten. Die Ballade und ihre Instrumentierung weisen schon auf die „englishry" des Stückes und die sich entwickelnde musikalische Mode des Spiels mit altertümelnden Versatzstücken, von der noch zu reden sein wird. Nimmt man das als Hinweis, lässt sich auch der Text entsprechend verankern; einige Zeitgenossen der 1960er Jahre haben ihn schon als Anspielung auf König Henry VIII. verstanden. Jedenfalls passen die erwähnten Frauennamen dazu: In der ersten Strophe verabschiedet sich der Sänger vorübergehend von seiner titelgebenden Lady Jane, deren untertäniger Diener er zu sein und zu bleiben verspricht; in der zweiten Strophe verabschiedet er sich auf Nimmerwiedersehen von Lady Anne, für die er getan habe, was er tun konnte, aber nun gehöre seine Seele Lady Jane, und in der dritten Strophe verabschiedet er sich von seiner „sweet Marie", denn die Zeit für ihre Lady – offenbar Lady Anne – und ihn sei nun vorbei. Tatsächlich folgt Lady Jane Seymour als englische Königin (1536/37) an der Seite Henrys VIII. auf Lady Anne Boleyn (Königin von 1533 bis 1536); die „sweet Marie"

---

[118] Zitiert bei: Elliott, S. 73 [Nr. 292]; vgl.: Steve Appleford: The Rolling Stones. The Stories behind the biggest Songs. [1997], London: Carlton 2010, S. 38.

wäre dann vielleicht eine Zofe von Lady Anne, mit der er auch noch angebandelt hat. Dass ihre Zeit gekommen sei (2. Strophe), wäre dann nichts anderes als die Ankündigung ihrer Exekution (historisch wegen vermeintlichen Hochverrats, Ehebruchs und Inzests); über das Schicksal der „sweet Marie" nach dem Tod ihrer Herrin wird nichts gesagt.

Natürlich ist das Zusammenspiel der Musik und der historisierenden Andeutungen überzeugend. Die Instrumentierung mit akustischer Gitarre, Dulcimer und Cembalo – so nicht von den *Rolling Stones* zu erwarten – sorgt für eine leise Begleitung, die zumindest für die erste Strophe, vordergründig aber auch für die zweite und dritte auf ein ritterliches Liebeslied über tiefempfundene Gefühle und Aufrichtigkeit schließen ließe. Wenn man die Namen aber versteht, wie es hier vorgeschlagen wird, hat das alles mit Ritterlichkeit nichts mehr zu tun. Was also ist dann gemeint?

Selbst der gelegentliche Hinweis darauf, dass mit Lady Jane womöglich Jane Ormsby Gore gemeint ist – Ehefrau des fashionablen Herrenausstatters Michael Rainey, der sein Geschäft in Chelsea betreibt, Mitglied der angesagten Gesellschaft und befreundete Bekannte von *Jagger* –, ist nur begrenzt hilfreich; interessant ist daran allerdings der Vorschlag, den Text auch zeitgenössisch zu verstehen. In diesem Fall sieht sich der Sänger als Gesellschaftslöwe des Swingin' London, der seine Partnerinnen so schnell wechselt wie Henry VIII. seine Ehefrauen, und die (jeweilige) Ankündigung, dass eine Partnerschaft zuende gehe, parallelisiert mit der Art, wie Henry VIII. sich von seinen Frauen getrennt hat.[119] Auf alle Fälle gehört es in der In-Society des Swingin' London für einen Mann zum guten Ansehen, nicht nur gut gekleidet in der Gesellschaft zu erscheinen – auch von *Ray Davies'* „Dedicated Follower Of Fashion" wird noch die Rede sein –, sondern auch (zählbaren) Erfolg bei Frauen zu haben. Aus diesem Blickwinkel wäre „Lady Jane" ungeachtet der populären historisierenden Interpretation eher das Porträt eines erfolgreichen Schürzenjägers, der sich ein Quantum königlicher Gewissenlosigkeit nimmt, um seine Erfolge zu erzielen – das erinnert an die Freiheiten, die der Künstler für sich in Anspruch nimmt –, und der sein Tun in ritterliche Ehrsamkeit kleidet. So wird „Lady Jane" eine Art Selbstporträt, wie es *John Lennon* mit „Norwegian Wood (This Bird Has Flown)" vorgelegt hat.[120] Das intolerable Verhalten freilich ist

---

[119] Übrigens wird in der englischen Musikgeschichte Heinrich VIII. auch als Komponist geführt – und von ihm ist ein Stück des Titels „Adieu Madame et ma Maitresse" überliefert. Vgl. z.B. die Aufnahme des Ensembles Pro Cantione Antiqua unter der Leitung von Mark Brown (1979).

[120] *The Beatles*: „Norwegian Wood (This Bird Has Flown)", LP „Rubber Soul" (3. Dezember 1965). Vgl.: Dürkob, S. 115-117. Die *Rolling Stones* nehmen „Lady Jane" zwischen dem 6. und 9. März 1966 auf; vgl.: Elliott, S. 72 [Nr. 290].

zeitgenössisch eines nur in den Augen derer, die nicht nur Society gehören – oder im nachträglichen Blick auf die Ereignisse wie in den zitierten Sätzen von *Jagger*.[121] Betrachtet man das Lied also als eine Aussage über das Selbstbewusstsein des Sängers in seiner Gesellschaft, so lässt sich auch eine indirekte Beziehung zu „My Generation" herstellen; hier dürfte die Motivation für den Text eher zu finden sein als in der vordergründig historisierenden Einkleidung.

Auf seine – freilich recht aggressive – Art macht *Jagger* mehr als deutlich, dass im Verhältnis zwischen Mann und Frau etwas nicht (mehr?) stimmt. In „Mother's Little Helper" leben Mann und Frau nebeneinander her, in „Stupid Girl" kann der Sänger nicht fassen, wie überheblich und dabei ahnungslos das Mädchen sich verhält und in „Lady Jane" werden Mann und Frau als Teilnehmer eines Beziehungsreigens gezeigt. In welchem Maß die Frau hier Opfer ist oder ob sie zu der Aufkündigung der Beziehung etwas beigetragen hat, lässt der Text offen; möglicherweise passt *Jagger*s Bemerkung, er habe zu jener Zeit zu viele Freundinnen gehabt, noch eher auf „Lady Jane" als auf „Stupid Girl". Dass jedenfalls manch ein konservativer Mann wenig damit anfangen kann, wenn die Freundin zu viel für sich beansprucht und die Aufgabe, ihm zu Gefallen zu sein, gar vernachlässigt, macht der Sänger von „Under My Thumb" deutlich. Er ist voll der Befriedigung darüber, dass er das Mädchen, das ihn einst fertiggemacht hat, nun unter seine Kontrolle gebracht habe: Aus der herumstreunenden Hündin (2. Strophe) habe er eine Schmusekatze (3. Strophe) gemacht, Wie sie sich kleide, wie sie tue, was ihr gesagt werde, und wie sie rede, wenn sie angesprochen werde: Die Veränderung sei eingetreten, deutlich, er habe nun den Daumen drauf. Ob diese Veränderung so auch eingetreten wäre, wenn der Sänger von „19th Nervous Breakdown" oder „Stupid Girl" Erfolg gehabt hätte mit seinen Versuchen der Einflussnahme? War es auch dort schon das Ziel, das Mädchen dahin zu bringen, dass sie tut, was der Macho-Mann von ihr erwartet? Dass der Text *Jagger* in Konflikt bringen würde mit der „Women's Liberation Movement", liegt auf der Hand; er hat die Verantwortung auch auf sich genommen, weil der Text ähnlich wie „Stupid Girl" aus der Begegnung mit der falschen Frau hervorgegangen sei.[122] Unbeachtet bleibt dann, dass es sich schließlich auch um ein Stück Rollenlyrik zum Geschlechterverhältnis handeln könnte – und auf diese Weise mehr über den Umgang der Geschlechter miteinander als über *Jagger* sagen könnte. Denn weil bei diesem Paar zuvor der Mann der Unterlegene war, lässt sich folgern, dass hier mit der Umkehrung der Verhältnisse die moderne Partnerschaft als Kräf-

---

[121] Es gibt auch noch den Vorschlag, „Lady Jane" als Anspielung auf Marihuana und „Lady Anne" als Code-Wort für Amphetamine zu verstehen; das scheint aber weit hergeholt zu sein.
[122] Vgl.: Appleford, S. 40.

temessen, als Tauziehen betrachtet wird. Was der Text (noch) nicht sagt, was aber die nächste logische Folgerung ist: Nicht nur ist das Verhältnis der Geschlechter aus der bisher behaupteten Balance geraten, sondern beide Seiten werden auch ihr Selbstverständnis zu überprüfen haben. In der liberalen, zur Promiskuität neigenden Atmosphäre der Mitt-60er Jahre versuchen sich Frauen an männlichem Dominanz-Gehabe, während Männer sich in der Defensive üben müssen. Den schmalen Grat hatte *John Lennon* schon zwei Jahre zuvor mit „You Can't Do That"[123] ausgeleuchtet: Wenn sie weiter andere Männer ansehe und mit ihnen rede, werde er sie sitzen lassen, denn wie stehe er in den Augen anderer Männer da? Das kannst du nicht tun, betont er jeweils im Chorus. Es geht also um den persönlichen Stolz des Sängers, um sein Bild von sich und vor den anderen – aber allein die Tatsache, dass er das überhaupt thematisieren muss, ist vielsagend. Die Frau jedenfalls ist nicht mehr bereit, selbstverständlich die nachgeordnete Rolle einzunehmen. Wenn *Lennon* in „You Can't Do That" mit seiner Eifersucht auch ein sehr persönliches Thema anschlägt, so ist „Under My Thumb" zwei Jahre später als Reflex interessant: Sie behalte die Augen jetzt hübsch niedergeschlagen, während er seine immer noch schweifen lassen könne. Aber für den klassischen Macho wird es immer offensichtlicher, dass seinem Verständnis von einer Partnerschaft die Zukunft keineswegs mehr sicher ist. Als musikalisches Indiz dafür lässt sich nicht nur die Tatsache werten, dass der Chorus von einer Bassgitarre und einem Fuzz-Bass begleitet wird – gerade so, als müsse der Sänger für Nachdruck sorgen –; sondern dafür spricht auch die Tempo-Steigerung ab 3:02 Min., die mit dem Abbruch des Strophen-Textes einhergeht. *Jagger* skandiert nur noch *Otis-Redding*-artig, dass das neue Gefühl großartig sei und dass sie es doch nicht so schwer nehmen solle ... Es könnte sein, dass er die Situation genießt, es könnte aber auch sein, dass er sich der Unsicherheit der Beziehung bewusst ist und sich selbst zu überzeugen sucht.

Von hier aus denkt der unvoreingenommene Hörer zunächst vermutlich, dass mit dem folgenden „Doncha Bother Me" wieder eine Frau angesprochen werde – dem ist allerdings nicht zwingend so, es sei denn, der Sänger habe im vorangegangenen Jahr eventuell gelegentlich auch mal einen Rock getragen. Nein, das angesprochene „you" bleibt vielmehr unspezifisch, es könnte um eine einzelne Person ebenso wie um eine Gruppe gehen. Das Drum-pattern, das in den Song hinein- und auch wieder aus ihm herausführt, lässt an eine Gruppe, einen Marschtritt und insofern eher an Männer denken. Textlich

---

[123] *The Beatles*: „Can't Buy Me Love" b/w „You Can't Do That" (März 1964):

handelt es sich um *Jagger*s Version von „Think For Yourself":[124] Das „you" solle ihm nicht länger gedankenlos folgen und tun, was er tue; in seinen Augen sei „you" nur zu verachten, weil er die Kleidung und die Frisur trage, die er, der Sänger, im vorausgegangenen Jahr getragen habe (1. Bridge). „You" solle endlich anfangen, sich eigene Gedanken zu machen (2. Strophe), statt Dinge zu tun, von denen er gar nicht wisse, warum er sie tue (2. Bridge) – und ihn endlich in Ruhe lassen. Die Vermutung liegt nahe, dass mit dem Text all jene Mitläufer der Erfolgreichen und der gesellschaftlichen Ikonen gemeint sind, die sich einbilden, hip zu sein, wenn sie tun, was ihre Vorbilder tun. Das, gibt der Sänger zu verstehen, sei nur noch lächerlich, wenn es mit einem Jahr Verspätung oder völlig gedankenlos geschehe. Die Suche nach Ideen und Führerfiguren, ob religiös, politisch oder intellektuell, ist ein großes Thema der 1960er Jahre – und offenbart die tiefe Unsicherheit über den Weg, den die Gesellschaft nehmen sollte. „Doncha Bother Me" – die Zeile kommt im Text übrigens gar nicht vor – hat „Think For Yourself" allerdings den Verzicht auf den erhobenen Zeigefinger voraus: Die gallige Verstimmtheit des Sängers geht mit Sarkasmus einher, wenn er „you" erklärt, dass seine Augenfältchen copyright-geschützt seien (3. Strophe) …

Fortführung von und Echo auf „(I Can't Get No) Satisfaction" und zugleich auch eine Art Rücknahme von „Stupid Girl" stellt der Elf-Minuten-Blues „Going Home" dar. Der Sänger weiß durchaus, wo er seine Befriedigung, Zufriedenheit finden kann, denn es gibt eben nicht nur dumme Gören, sondern auch die eine Frau, die ihm geben kann, was ihm fehlt. Wärme und Authentizität sind also möglich – und zu dieser einen will er, dreitausend Meilen entfernt, nun umgehend zurück, denn Briefe seien kein Ersatz, er schlafe nicht so wie neben ihr, er wolle nicht die Welt, sondern ihr Gesicht sehen … Interessant ist der Song eher aus einem anderen Grund. Zwar ist die Beziehung zu den früheren Arbeiten notierenswert, vor allem die Tatsache, dass „home" ist, wo sie ist; aber die reine Länge des Tracks ist ein Versuch, die Drei-Minuten-Grenze für Popsongs auf spektakuläre Weise niederzureißen. Es bleibt allerdings beim Versuch, denn überzeugend ist „Going Home" jenseits von 3:06 Min. nicht mehr. Textlich kommt nichts mehr hinzu, *Jagger*s ad libs und Händeklatschen sowie die Rhythmus-Shifts machen eher deutlich, dass die Band nicht recht weiß, was sie mit ihrem Riff anfangen soll; sie verpasst die Gelegenheit, den Song zu einer ekstatischen Selbstbefreiung aufzubauen, wie

---

[124] The Beatles: „Think For Yourself", LP „Rubber Soul" (Dezember 1965); vgl.: Dürkob, S. 118-120. Ein Einfluss der *Beatles* ist allerdings unwahrscheinlich, denn „Doncha Bother Me" wird in eben den Tagen aufgenommen, als „Rubber Soul" gerade erscheint; es ist eher so, dass auch dieses Thema in der Luft liegt. Vgl. *Dylan*s Aufforderung, nicht den selbsternannten Führern zu folgen, sondern die Parkuhren im Auge zu behalten.

es den *Beatles* mit ihrem „Twist And Shout"-Cover[125] gelungen war. Stattdessen ist es eher eine Wunschbeschreibung, eine Beschwörung. Als Live-Ritual funktioniert dergleichen;[126] im Studio bedarf es doch etwas mehr Vorbereitung. So ist der Song nicht mehr – aber auch nicht weniger – als eine Blaupause für die kathartischen Rituale, die *Jim Morrison* bald darauf aus diesem ausufernden Song-Format entwickeln wird.

Die kleine Song-Groteske „Flight 505" eröffnet Seite 2 der ursprünglichen englischen „Aftermath"-LP. Die Platzierung passt insofern, als der Sänger „home" ist – wo er ja im vorausgegangenen Song hatte sein wollen –, aber das ist nun auch nicht das Richtige. Von seinem Mädchen ist nicht die Rede, sondern davon, dass das nun auch nicht das Leben sei, das er sucht. Also ruft er von einem Moment auf den anderen eine Fluggesellschaft an, bucht einen Platz auf dem Flug 505 – egal wohin der führt? – und fährt zum Flughafen. Im Flugzeug angekommen, fühlt er sich schon besser und ordert einen Drink. Und irgendwann unterwegs wird ihm klar, dass er sein Ziel nicht erreichen wird, denn das Flugzeug geht auf dem Wasser nieder – das Ende von Flug 505. Die Aussage ist mehrdeutig. Dass der Sänger vom Ende des Fluges berichten kann, heißt nicht etwa, dass er irgendwie gerettet worden wäre, sondern dass es sich um einen Alptraum oder eine andere Form außerbewusster Wahrnehmung handelt. Flugzeuge sind die alltäglichen Transportmittel zumal für die Tourneen der Band rund um die Welt. Sowohl die *Beatles* als auch die *Rolling Stones* haben im Rückblick von Vorahnungen und brenzligen Situationen berichtet. Andererseits ist es in „Flight 505" auch das Fluchtmittel der Wahl, um der aktuellen Situation zu entkommen und aus einer Laune heraus einen Ort ansteuern zu können, an dem Ich sich wohler fühlen werde („mein neues Leben", 2. Strophe) – und ausgerechnet dieser Flug endet dann in einer Katastrophe. Hier wird also vor unbedachten Aufbrüchen und spontanen Fluchten gewarnt. Das, so ist hier zu ergänzen, gilt nicht nur für die physische Ortsveränderung per „Flight 505", sondern auch für den unkontrollierten Konsum von Drogen, der gleichfalls als Flucht zu verstehen ist – entweder aus der schalen Realität oder als Suche nach einer anderen Wirklichkeit, die neue Einsichten und Denkmöglichkeiten für die reale Welt vermittelt.[127] Die technischen und finanziellen Möglichkeiten der modernen Welt sind also nicht per se

---

[125] *The Beatles*: „Twist And Shout", LP „Please Please Me" (März 1963). Vgl.: Dürkob, S. 38f.
[126] Im Booklet der CD „da capo" von der Band *Love* findet sich der Hinweis von *Love*-Gitarrist *Johnny Echols*, dass die *Rolling Stones* im „Whisky a Go Go" die frühe Live-Version von „Revelation" gehört hätten und daraufhin ins Studio gegangen seien, um etwas Ähnliches zu machen; daraus sei „Going Home" geworden. Das würde einerseits dessen unfertig-experimentellen Charakter erklären, aber „Revelation" ist auch ein deutlich anderes Stück. Vgl.: *Love*: CD „*da capo*" (© 2002), Booklet, S. 10.
[127] Im Kapitel über die *Beatles*-LP „Revolver" ist darauf zurückzukommen.

Mittel der Befreiung. Sie sind vielmehr ambivalent und können nur in Kenntnis ihrer Risiken genutzt werden. Der naive Glaube an den technischen Fortschritt ist mit dieser Geschichte bereits erschüttert. Drei Jahre vor der Landung von Menschen auf dem Mond werden die zahllosen Aufbruchs- und Durchbruchsfantasien der Mitt-60er bereits denunziert. Und klargestellt, dass buchstäblich abstürzt, wer unbedacht handelt.

Auf die Groteske „Flight 505" folgt gleich noch eine, die allerdings eher aus musikalischen denn aus textlichen Gründen interessant ist: „High And Dry" ist ein Hybrid aus Blues-, Country- und Folk-Elementen, eingespielt mit der ernsten Intensität von Skiffle-Adepten und versetzt mit einer Hillbilly-Harmonika,[128] die sich gemeinsam mit den Drums auf dem schmalen Grat zur Satire hält. Der Sänger erzählt die Geschichte vom Ende der Partnerschaft, in der er sich eben noch befand, als könne er gar nicht glauben, was ihm da widerfahren ist. Ohne dass er noch ein Wort habe sagen können, sei er stehen gelassen, aus dem Spiel genommen worden (1. und 2. Strophe). Er habe nur fragen müssen, um zu bekommen, was er haben wollte (3. Strophe) ... und in vorsätzlicher Unbefangenheit oder tatsächlicher Ahnungslosigkeit stellt er die Vermutung an, dass sie wohl dahinter gekommen sei, dass es ihm nur ums Geld gegangen sei (3. Strophe). Weil sie sich also wie ein Spielverderber benimmt, wirft er ihr – wie der Sänger von „Surprise, Surprise" – noch schnell nach, dass er sowieso nichts für sie empfunden habe (4. Strophe). Natürlich lässt sich der Text problemlos als weitere frauenfeindliche Schmäh-Attacke lesen – wenn die letzte Strophe nicht zugleich auch als Hinweis auf das Phänomen der Trittbrettfahrer verstanden werden müsste: Wo immer sich die Erfolgreichen, die öffentlichen Berühmtheiten aufhalten, sind auch jene anzutreffen, die sich an sie hängen, um ein wenig von der Sonne abzubekommen und die Aufmerksamkeit möglichst für sich ausnutzen zu können. Das Ich gehört ganz offensichtlich zu diesen ‚hangers-on'; die deutlich ganz gegen die eigene Zielvorstellung laufende Bemerkung, bei der nächsten Partnerschaft werde er darauf achten, dass das Mädchen viel ärmer sei, entlarvt den Text als Rollenlyrik eines unreifen Mitläufers – diese 180-Grad-Abkehr von der Intention ist eine trotzige Behauptung des um Selbstachtung Ringenden. Jedenfalls ist in Betracht zu ziehen, dass *Jagger* trotz der Vertauschung von Perspektive und Geschlecht einen Text über eine ihm nur allzu gut bekannte Situation schreibt – und nicht einfach einen weiteren frauenfeindlichen Text.

---

[128] Die Möglichkeiten einer Verbindung all dieser Elemente werden die *Rolling Stones* auf ihren LPn der Jahre 1968 bis 1972 noch intensiv erkunden, vor allem auf „Let It Bleed" (1969) und „Exile On Main Street" (1972).

Aftermath

Frauenfeindlich ist auch „Out Of Time" nicht; es ist textlich gesehen eher eine Fortsetzung von „High And Dry" (oder auch von „Stupid Girl" mit anderen Mitteln). Eine gewisse Geringschätzung, ja Herablassung ist allerdings deutlich spürbar, wenn der Sänger dem Mädchen erläutert, dass sie – die ihn ja verlassen habe – zu lange weg gewesen sei, als dass sie jetzt wissen könnte, was gerade laufe. Mit dieser Behauptung stellt sich der Sänger als jemand im Zentrum der In-Szene und auf der Höhe der Zeit stehend vor. Sie hingegen habe den Kontakt zu dieser Szene verloren und es sei absurd von ihr, anzunehmen, dass sie nur zurückzukehren brauche, um ihre alte Position in der Szene und in seinem Leben mir nichts dir nichts wieder einzunehmen (2. und 3. Strophe). Die Kränkung, die sie ihm zugefügt hat, kann er jetzt – gut begründet – zurückgeben: Sie sei weggelaufen, also habe er sie aufgegeben. Es geht also auch hier eher nicht um Bemühungen zur Lösung einer Situation, sondern um das Kräfteverhältnis zwischen Mann und Frau. Die Mischung aus Bitterkeit und Befriedigung über das umgekehrte Verhältnis (wie in „Under My Thumb") versteckt er hinter dem Argument, sie habe einfach keine Ahnung; er zahlt es ihr also auf zweierlei Weise heim, wenn er sie aus seinem Leben und aus der Szene, in die sie zurück will, ausschließt. Vielleicht auch, dass er in ihr eine Trittbrettfahrerin entdeckt, jenen bemitleidenswerten Typ Mensch ohne eigene Ideen, Kreativität und Ausstrahlung (die eine Berechtigung für die Zugehörigkeit zu einer Szene ergeben würden). Musikalisch gesehen ist „Out Of Time" ein sehr viel eindrucksvollerer Ausflug in den Motown-Pop, als es der frühere Versuch mit dem Cover von „Under The Boardwalk"[129] war. Fast noch deutlicher wird der Motown-Charakter mit dem Streicher-Arrangement der sechs Wochen später als Demo für *Chris Farlowe* aufgenommenen Fassung,[130] doch ist der konzentrierten „Aftermath"-Version mit den Marimbas von *Brian Jones* und der hyperaktiven Bass-Linie von *Bill Wyman* der Vorzug zu geben. Manch eine Band wäre wohl froh gewesen, diese eingängige Nummer als Single zur Verfügung zu haben; die *Stones* können es sich leisten, sie auf einem Album zu verstecken.

Ab und zu muss aber auch ein Mann mal ein paar Lehren einstecken; ohne ein wenig Selbstmitleid geht das allerdings nicht ab. Das Ich von „It's Not

---

[129] *The Rolling Stones*: „Under The Boardwalk", LP „12x5" (US-Release), (Oktober 1964). Der Song stammt aus dem Repertoire der *Drifters*; vgl.: *The Drifters*: „Under The Boardwalk" b/w „I Don't Want To Go On Without You" (Juni 1964). Letzteren Song nehmen die *Moody Blues* 1965 (also vor Personalwechsel und Neustart) auf – mit ihrer Fassung von „Time Is On My Side" als B-Seite. Die Welt ist klein!
[130] Später erschienen auf der dubiosen Compilation „Metamorphosis". Vgl.: *The Rolling Stones*: „Out Of Time", LP „Metamorphosis" (Juni 1975). *Chris Farlowe*: „Out Of Time" b/w „Baby Make It Soon" (Juli 1966); seine Version steht Ende Juli für eine Woche an der Spitze der britischen Charts.

Easy" kommt in dieser Hinsicht unmittelbar zum Thema: Es sei nicht einfach, allein zu leben, es sei hart, allein zu leben, es sei echt hart, vertraut er einem ungenannten Gegenüber an. Sein Missgeschick hat er sich offenbar selbst zuzuschreiben, denn er habe die Anwesenheit und die Liebe seines Mädchens wohl doch für etwas zu selbstverständlich gehalten. Nun habe er kein „home" mehr – die Verwendung des Begriffs ruft „Going Home" und die Suche nach Wärme, Vertrautheit und Aufrichtigkeit in Erinnerung –, nur noch ein Bett und ein Telefon als letzte Überbleibsel. Die beiden Gegenstände sind aus „Off The Hook" bekannt und stehen vor allem für die abgerissene Kommunikation. Verlassensein ist also auch eine Art Heimatlosigkeit; eine solche emotionale Offenbarung über die Bedeutung einer Frau im Leben steht in krassem Gegensatz zu der Situation in „Stupid Girl" oder „Out Of Time". Nach „home" und Bett führt der Sänger mit einem Hinweis auf ihr langes Haar noch etwas an, was er nun nicht mehr hat. Schließlich macht der fünfmal durchgespielte Chorus sehr deutlich, dass es mindestens ebenso sehr um Selbstmitleid und verwundetes Selbstgefühl wie um den Verlust der (stabilisierenden) Partnerschaft geht: Wenn Bett und Haare als stellvertretend für ihren Körper verstanden werden, wird die Quelle des Selbstmitleids und der Grund für das „It's Not Easy" klar. Abgesehen davon ist der Text über die boy-and-girl-Beziehung hinaus natürlich ein Plädoyer für den sorgsamen Umgang miteinander: Man könnte Menschen verlieren, wenn man sich nachlässig verhält und nicht deutlich macht, wie sehr man sie schätzt. Mit dieser Betonung einer über den Song hinausreichenden Botschaft steht „It's Not Easy" nahe bei „(I Can't Get No) Satisfaction" oder „Mother's Little Helper".

Wer „Mother's Little Helper", „Lady Jane" oder auch „Under My Thumb" wegen ihrer musikalischen Eigenarten als Höhepunkte der LP begreift, wird wohl zu dem Schluss kommen, dass – mit der Ausnahme vielleicht von „Out Of Time" – nichts auf der Seite 2 mithalten kann. Betrachtet man hingegen jeden Song einzeln, wird deutlich, wie unfair diese Sichtweise ist. Und auf kaum einen Song trifft das mehr zu als auf „I Am Waiting". Zu seiner unverdienten Geringschätzung kommt er, weil er viele Kommentatoren seltsamerweise ratlos lässt … und jedenfalls sind das nicht die „young Stones at their most convincingly romantic …"[131] Es beginnt damit, dass „I Am Waiting" keine klare Strophe-/Chorus-Struktur hat; vielmehr bewegt sich der Song in rhythmischen Bögen voran, die von kurzen Bridge-artigen Strukturen wie Eruptionen unterbrochen werden. Der Sänger wartet, wartet auf jemanden, der von irgendwoher kommen müsse (1. Bogen) und das könne ja nicht ewig so weitergehen (2. Bogen). Dann die Eruption, angekündigt durch zwei Drum-

---

[131] Appleford, S. 31.

taps: Man sehe, wie „it" komme, ohne dass „you" wisse, woher, aber man werde es schon herausfinden; mal abgesehen davon, dass das ständig passiere (1. Bridge). Dann sackt die Musik zurück in die vermeintliche Ruhe der Bögen: Ob langsam oder schnell, es komme, und das Warten auf jemanden von irgendwoher werde ein Ende haben (3. Bogen). Und wieder zwei Drum-taps und wieder die Eruption: Die Furcht vor einer Eskalation werde noch zunehmen, wie „we" herausfinden werden, und diese Angst werde sich in die Knochen einfressen, „you" werde schon sehen (2. Bridge). Wieder tritt die Musik in die Ruhe zurück, aus „I am ..." wird „We are ..." – und wir warten immer noch auf jemanden von irgendwoher ... (4. Bogen). Klar erkennbar repräsentieren die Bögen Hoffnung, während die Bridge-Partien für Ratlosigkeit und kaum fassbare Ängste stehen.

„Unusually obscure",[132] also rätselhaft seien die Lyrics – und in dieser Uneindeutigkeit sind sie so eindeutig wie nur möglich. Alles ist in Bewegung. Auf der einen Seite stehen Krieg, politischer Mord, Kampf um Gleichberechtigung, die Verfolgung derer, die anders denken, die der Gesellschaft einen Spiegel vorhalten, die endlosen Richtungskämpfe zwischen all jenen Gruppen, die nicht an der Macht teilhaben, auf der anderen ein laisser-faire in Moden, Umgangsformen, sexuellen Beziehungen und künstlerischen Ausdrucksweisen – die mit Andy Warhol, Lenny Bruce, den It-Girls der Stunde im Umfeld der Künstler (wie Edie Sedgwick) und vielen anderen ein kaum gekanntes Maß gesellschaftlicher Aufmerksamkeit erleben und sich von der Behäbigkeit derer, die man in dieser Zeit das Establishment nennt, nicht mehr bremsen lassen –: All das verwirrt und überfordert den Einzelnen. *Paul Simon* steht mit seinen Zweifeln darüber, wo man sein müsse und welcher nächste Schritt der richtige wäre, also nicht allein: *Jagger* bringt die Ratlosigkeit der Gesellschaft, die Mitte der 1960er Jahre staunend steht vor allem, was sie losgetreten hat, auf den Punkt mit der Frage, die möglicherweise viele bewegt: Wer sagt uns, wie es weitergeht, und sollten wir auf diesen Jemand warten? Dass man selbsternannten Führergestalten oder Zeitgeist-Ikonen, seien es Models oder charismatische Rock-Musiker, nicht kritiklos folgen sollte, haben die *Beatles* oder auch die *Rolling Stones* („Doncha Bother Me") bereits deutlich gemacht. Wenn man aber selbst die, die man mit der Führung der Geschäfte eines Landes beauftrage, fehlbar seien: Wem dürfe man dann noch vertrauen? Was „I Am Waiting" vermeintlich rätselhaft macht, ist der literarische Trick, nicht zu erläutern, was „it" denn ist; und gerade die Aufweitung von „I" zu „We" im letzten Bogen macht deutlich, dass es hier um eine diffuse Zukunftsangst geht: Sagt man uns die Wahrheit, wohin muss es gehen, und sollten wir das Heft des Handelns

---

[132] Appleford, S. 31.

selbst in die Hand nehmen? Glück und Befreiung könnten ebenso am Ende des Weges stehen wie Anarchie. Der Sänger weiß sich in Übereinstimmung mit einer Gruppe von Menschen, die Ängste und Forderungen formuliert. Dass die Angst vor einer Eskalation nicht aus der Luft gegriffen ist – man denke zurück an „What A Shame" –, werden die unmittelbar folgenden Jahre aufs Schlimmste beweisen, und dass der Versuch, sich von etablierten Strukturen zu lösen und die Organisation in die eigenen Hände zu nehmen, verhängnisvoll schiefgehen kann, müssen die *Rolling Stones* 1969 sogar im eigenen Camp erfahren.[133]

Auch der Sänger von „Take It Or Leave It" geht nicht verächtlich mit seinem Mädchen um. Er ist eher traurig; er hat ihre Falschheit, ihre Tricks, ihre Stimmungswechsel durchschaut und zieht nun Bilanz, um sich innerlich von ihr trennen zu können. Er kann sich allenfalls zu dem Vorwurf aufraffen, dass sie doch allzu willkürlich mit seiner Person, seinem Leben umgesprungen sei; dass er ihr offenbar nie viel bedeutet habe, habe sie ja deutlich gemacht, als sie all seinen Freunden – die er bei dieser Gelegenheit auch so richtig kennengelernt habe – schöne Augen gemacht habe. Sie komme und gehe, wie es ihr gefalle, verspreche Dinge, die sie nicht halte, und treibe sich herum. Und wenn sie dann zurückkehrt, muss der Sänger sich offenbar allerlei inhaltsneutrales Gerede anhören; als Parodie darauf lassen sich jedenfalls die „Oh la la la"-Nonsenssilben-Passagen jeweils nach dem Chorus verstehen. „A schmaltzy, embarrassing song, written with little imagination ..."[134] ist im ersten Teil sicherlich ein hartes Urteil; richtig ist zweifellos der zweite Teil: „Take It Or Leave It" fügt dem Katalog der *Rolling Stones* musikalisch und textlich nichts Neues hinzu.

„Think" ist eine Aufforderung wie „Think For Yourself", aber der Sänger verfolgt ein anderes Ziel. Um das Selberdenken war es wie gezeigt bereits in „Doncha Bother Me" gegangen und die Aufforderung „Think" deutet auch zurück auf die Ratlosigkeit von „I Am Waiting": Vor dem Handeln muss das Nachdenken stehen. In „Think" geht es um den offenbar nur unzureichend aufgeräumten Kopf eines Mädchens. „Jetzt sag ich dir mal was ... und das auch noch gratis", beginnt der Sänger. Es folgt der Rat, sich auf die Vergangenheit zu besinnen, nur ein wenig zurückzudenken: Wer habe seinerzeit den

---

[133] In seinem immer noch lesenswerten Bericht über die 1969er-Tournee der *Rolling Stones* durch die USA macht Stanley Booth ganz deutlich, dass die Katastrophe von Altamont das Ergebnis von fahrlässiger Planung und Naivität ist. Die große Zahl der *Stones*-Fans bewegt sich nicht auf dem gleichen Bewusstseinsniveau wie der Front-Mann der Band. *Jagger* muss zur Kenntnis nehmen, dass die Zeit noch nicht reif ist – und wie die Jahre deutlich machen, ist die Zeit auch nie reif geworden.
[134] Elliott, S. 70 [Nr. 281].

Fehler gemacht? Ausgehend von gemeinsamen Erinnerungen (2. Strophe) rate er ihr, sie solle doch nun mal um sich schauen: Sie habe sich nicht verändert und werfe ihm fehlende Reife vor (3. Strophe). Aber sie seien ja schließlich keine Kinder mehr und also solle sie ehrlich mit sich sein. Er habe jedenfalls den Eindruck, dass sie vorzeitig alt werde (4. Strophe). Da ist das Stichwort „old" wieder: Nicht nur, dass sie – anders als der Sänger – keine Schlussfolgerungen aus der Vergangenheit gezogen habe, sondern sie muss auch noch auf den Gedanken gebracht werden, dass die Lehren der Vergangenheit wichtig für die Gegenwart seien. Wenn sie aber darauf verzichte, sich mit der Gegenwart weiterzuentwickeln, sei sie wohl schon alt. Hier geht es also um die Fähigkeit zur selbstkritischen Einschätzung und insofern um Ehrlichkeit sich selbst und anderen gegenüber.

Vordergründig ist „What To Do", das die LP abschließt, ein Lied, das das Thema von „(I Can't Get No) Satisfaction" weiterführt. Denn das Fernsehen (1. Strophe) und die Nachtclubs (2. Strophe) sind auch nur Dinge, die einen langweilen – zumindest dann, wenn man zu viel davon gesehen hat – wie die entsetzliche Routine von Arbeit und Schlafen (3. Strophe).[135] Wo könnte also die Befriedigung zu finden sein? Ich weiß es auch nicht, gibt das Ich unumwunden zu. Nichts zu tun, was zu tun, und kein Ort, den aufzusuchen sich lohnen würde, zudem Unterhaltungen mit Leuten, die man gar nicht kenne – der Sänger ist nicht nur ratlos, sondern regelrecht genervt. Aufschlussreich ist, dass es in diesem Zusammenhang keine Anspielung auf Drogen als Ausflucht aus dieser Langeweile gibt; gleichwohl bedeutet die ultimative Gereiztheit des Sängers, dass er wohl über wesentlich mehr Erfahrungen verfügen muss, als er in diesem Text erwähnt.

Wenn „Lady Jane", „Doncha Bother Me" oder „High And Dry" im literarisierenden Gewand der Zweierbeziehung etwas über den Zustand der Gesellschaft sagen und „Flight 505" und „I Am Waiting" Fortschrittsglaube und Zukunft in Frage stellen, dann erscheint es berechtigt, auch die anderen Songs auf eine zweite Ebene hin zu befragen. Tatsächlich haben nicht alle eine, aber „What To Do" hat über „Satisfaction" hinaus Berührungspunkte mit „I Am Waiting" und „Think". Was jetzt zu tun wäre, ist hier nicht die gelangweilte Frage dessen, der schon alles gesehen und versucht hat, sondern die Frage dessen, der sich Mitte der 1960er Jahre Gedanken über die Entwicklung der aus dem Gleichgewicht geratenen Gesellschaft macht. *Jagger* artikuliert diese

---

[135] In dieser Strophe können sich die *Rolling Stones* einen kleinen ironischen Seitenhieb auf Bedeutungslosigkeit, wie sie der Alltag darstellt, nicht verkneifen – indem sie den Background *Beach Boys*-artig mit „Bow – bow – bow – bow" unterlegen, also den trivialsten Gesang wählen.

Sorge in seinen Texten, freilich meist auf eine so indirekte Weise, dass er nie sicher sein kann, auch auf dieser Ebene verstanden zu werden.

Als die *Rolling Stones* Anfang Dezember 1965 am Ende einer langen USA-Tournee für drei Tage ins Studio gehen, um mit den neuen Aufnahmen zu beginnen, verrät das musikalische Material kaum etwas von ihrer Erschöpfung – obwohl die Sessions ironischerweise mit „19th Nervous Breakdown" beginnen. Danach entstehen „Mother's Little Helper", „Doncha Bother Me", „Going Home", „Take It Or Leave It" und „Think", sowie auch drei Titel, die es nicht auf die LP schaffen: „Ride On, Baby", „Sittin' On A Fence" und „Sad Day".[136] Nach der Tournee entspricht „Going Home" – wo immer auch „home" sein könnte – sicherlich am ehesten der Stimmung der Musiker und das unkonzentrierte, keinem Ziel oder Höhepunkt verpflichtete ad-libing passt in gewisser Weise zum Abflauen der Anspannung. Nehmt es oder lasst es, um mit einem anderen Songtitel zu sprechen. Dabei nähert sich die Schaffenskraft der Autoren nach Qualität wie nach Quantität gerade in dieser Zeit einem ersten Höhepunkt und dass gleich drei Titel entweder für andere Zwecke reserviert oder ganz beiseitegelassen werden (können), spricht für sich – zumal die Songs keineswegs deutlich schwächer wären als das andere Material. Im Gegenteil hat „Ride On, Baby" großen Pop-Appeal und weist mit Cembalo und Marimba voraus auf die Experimente, die die Band bei ihren nächsten Aufnahmen unternehmen wird. In dem Song fordert der Sänger ein Mädchen auf, weiter zu ziehen, denn sie sei nicht, was sie auf den ersten Blick zu sein scheine. Das liegt nicht etwa im Auge im Betrachters: Sie trage zwar ein Lächeln im Gesicht, aber nicht in den Augen (1. Strophe), sie gäbe Schüchternheit vor, aber das Rote in ihren Augen verrate sie (2. Strophe) und wenn sie 30 sei, werde sie wie 65 aussehen. Es ist nicht so sehr Verachtung für das Mädchen, weil es offensichtlich die falschen Wege gehe, sondern eher Gereiztheit darüber, dass sie überhaupt den Versuch unternimmt, ihre Tricks auch bei dem Sänger zu versuchen. Für den Sänger läuft es auf die Erkenntnis hinaus, dass sie zwar nett aussehe, dass sich Gleiches aber nicht auch über ihr „mind"[137] sagen lasse (1. und 3. Chorus), und weil sie mit 65 nicht mehr nett aussehe, werden sich ihre Freunde von ihr abgewandt haben. Mitleid ist das beherrschende Gefühl. Mit diesem Hinweis auf das vorzeitige Alt-Werden steht

---

[136] *The Rolling Stones*: „Ride On, Baby" und „Sittin' On A Fence", LP „Flowers" (US-Release). (Juli 1967). „19th Nervous Breakdown" b/w „Sad Day" (US-Release), (Juli 1966).

[137] „mind" gehört zu den unübersetzbaren Worten: Je nach Kontext kann es Gedächtnis, Erinnerung, Verstand, Überzeugung, Vernunft, Seele, Meinung oder auch Geisteshaltung, Einstellung bedeuten.

„Ride On, Baby" nahe bei „Think" (das ja auch in diesen Tagen aufgenommen wird).

„Sittin' On A Fence" beginnt als ein Song über das boy-and-girl-Problem: Wenn es etwas gebe, das er nie verstehen werde, dann sei das all das, was ein Mädchen einem Mann anzutun vermöge. Bei dieser Feststellung bleibt der Song aber nicht stehen; mit der zweiten Strophe hebt der Sänger das Problem auf eine andere Ebene, wenn er ausführt, dass all seine Freunde sich mittlerweile niedergelassen und ihr Leben mit Hypotheken überladen hätten. Das spielt nicht nur auf die finanziellen Verpflichtungen an, die mit Hausbau und gesellschaftlicher Respektabilität einhergehen, sondern im Zusammenhang mit der ersten Strophe auch auf die Lebenspartnerschaft: Dem Sänger kommt es so vor, als heirateten die Leute nur, weil sie nichts anderes zu tun hätten – und so wird auch aus der Partnerschaft eine Hypothek aufs Leben. Unter solchen Belastungen könne der Tag kommen, an dem man sich alt, krank und (lebens)müde fühle, ohne so ganz genau zu wissen warum, aber die Entscheidungen seien die falschen gewesen ... und eines Abends kehre man nicht mehr nach Hause zurück ... (3. Strophe). Die Zeile lässt sich mehrdeutig verstehen; um aber nicht in eine solche Situation zu geraten, sitze er, der Sänger, doch lieber auf einem Zaun und lasse das Leben passieren, statt Entscheidungen im bürgerlich-ehrbaren Sinne zu treffen (Chorus).[138] Zum einfachen Leben jenseits vorstädtischer Konventionen – Du kannst ja behaupten, dass ich keinen Verstand habe, brüstet sich der Sänger im Chorus – passt das weitgehend akustische Setting mehrerer intrikat verflochtener Gitarren und im Chorus einem Schellentamburin; der elektrische Bass tupft anfänglich nur Akzente hinein, mit der zweiten Strophe entwickelt er ein dezentes Fundament. Zur Akzentuierung der Konsequenzen in der dritten Strophe treten die Gitarren zugunsten einer Begleitung, die nur aus einem cembalo-artigen Spiel und der Bassgitarre besteht, kurzfristig zurück.

Den gleichen gedanklichen Ausgangspunkt – dass es nur eine Sache gebe, die er nie verstehen werde, und das seien Frauen – weist auch „Sad Day" auf. Der Sänger wacht mit den Resten eines schlechten Traums im Kopf auf und um den Traum loszuwerden, ruft er seine Partnerin an, um sich ihrer zu vergewissern. Er bekommt zu hören, dass sie nicht da sei; in der Post findet er die Erklärung dafür: Sie hat ihm einen Brief geschrieben und Schluss gemacht – und das, so der Sänger, nach alledem, was sie gemeinsam durchgemacht und bewältigt hätten. Die eher konventionelle, zudem uninspiriert erzählte Ge-

---

[138] *John Lennon* greift das Thema im gleichen Jahr („I'm Only Sleeping") und Jahre später noch einmal auf. Vgl.: *John Lennon*: „Watching The Wheels", LP „Double Fantasy" (November 1980).

schichte geht zusammen mit einer musikalisch wenig anspruchsvollen R'n'B-Vorgehensweise. Im Arrangement fällt nur die Dominanz des E-Pianos auf. Das ist ideales B-Seiten-Material, weil es niemanden mit Unerwartetem verschreckt; in diesen Dezember-Sessions haben die *Stones* schon Innovativeres geleistet.

„Aftermath" wird im Rückblick als wichtiger Meilenstein im Werk der *Rolling Stones* betrachtet. Will man die Entwicklung der Band in diesen Monaten richtig verstehen, muss man sich vergegenwärtigen, welches Material in den März-Sessions – dem zweiten Aufnahme-Block – entsteht: „Out Of Time", „Lady Jane", „It's Not Easy", „Stupid Girl", „Under My Thumb", „High And Dry", „Flight 505", „I Am Waiting" und „What To Do" sowie „Paint It Black" und dessen UK-B-Seite „Long Long While".[139] Trotz einer Australien-Tour im Februar fallen die Schreibmonate seit Mitte Dezember also außerordentlich produktiv aus. Beim zweiten Blick auf das Material wird auch deutlich, dass im März die wesentlich stärker pop-orientierten und zugleich experimentelleren Songs entstehen. „Aftermath" ist zudem die erste LP, die ausschließlich originales *Jagger/Richards*-Material enthält und die Song-Autoren erweisen sich jetzt – nach dem langen Anlauf seit den ersten Versuchen und dem zeitweiligen Verstecken hinter dem Nanker-Phelge-Pseudonym – als ausgesprochen selbstbewusst: Sie lassen den reinen Rhythm'n'Blues hinter sich (wie die *Beatles* bereits Ende 1964 im Wesentlichen das Cover-Material hinter sich gelassen haben), um in der Mischung von Stil-Elementen und in der Reflexion der aktuellen Ereignisse zu eigenen Aussagen zu kommen. Dabei bewegen sie sich auf ihre Weise so clever wie die *Beatles* zwischen direkter („Stupid Girl") und verschlüsselter („Lady Jane", „I Am Waiting") Aussage.

Die Anreicherung einer Stilart mit Elementen einer anderen liegt in der Luft; den in den Augen des Publikums radikalsten Schritt hat *Bob Dylan* im Jahr zuvor mit seiner Elektrifizierung vollzogen, die zugleich einen Schritt weg vom puristischen Folk und hin zu Rhythm'n'Blues-Formen darstellt. Den *Rolling Stones* dient die vorübergehende Erweiterung ihrer R'n'B-Sprache um tagesaktuelle Pop-Elemente und -Experimente dazu, den neuen Text-Inhalten eine adäquate musikalische Form zu geben: Die Ratlosigkeit über den Zustand der Gesellschaft und den einzuschlagenden Weg sowie die Verunsicherung über Charakter und Belastbarkeit menschlicher Beziehungen drängen zum Ausdruck: Verbitterung und Melancholie sind die Enden der Parabel. Musikalisch entsprechen dem klangliche Experimente, die zwölf Monate zuvor im Katalog der *Rolling Stones* undenkbar gewesen wären. Das vermutlich prägnanteste Beispiel dafür ist der Zweiviertel-Takter „Paint It Black", der der LP im Mai

---

[139] Details zu den Sessions siehe: Elliott, S. 68-75 [Nr. 277-299].

als Single folgt, auf dem Album jedoch nicht enthalten ist.[140] In der Tat ist das Potential des Songs zu groß, als dass er auf einer LP versenkt werden dürfte. Worum es in „Paint It Black" eigentlich geht, lässt sich allerdings auch nach fast 50 Jahren nicht eindeutig bestimmen. Was dem Text sein Gepräge gibt – und was die inhaltliche Bestimmung zugleich so schwierig macht –, ist die so im Song-Katalog der *Rolling Stones* kaum sonst anzutreffende literarische Durchformung. Die Kombination der Bilder und Metaphern, das Spiel mit sprachlichen Gegensatz-Paaren – all das verbindet sich zu einer rätselhaften, düsteren Augenblicksaufnahme, die vielleicht einer Erinnerung, vielleicht aber auch eine Vision ist. Mit Sicherheit lässt sich nur sagen, dass das Ereignis, das den Sänger so beschäftigt, noch nicht lange zurückliegt, und dass ihm andererseits die Zukunft noch nicht klar ist.

Eine rote Tür will der Sänger schwarz gestrichen sehen, denn das entspricht seinem Gemütszustand (1. Strophe): Er hätte am liebsten alle Farben ausgelöscht und nur noch Schwarz um sich. Selbst mit den Mädchen in ihren Sommerkleidern kann er nichts anfangen, bis er nicht die Dunkelheit überwunden habe. Die Reihe schwarzer Autos (2. Strophe) gibt einen Hinweis auf den möglichen Grund für seine depressive Verstimmtheit: Die Kombination von Blumen und „my love", die beide nicht zurückkehren würden, sowie der Hinweis auf Passanten, die sich abwendeten, lässt den Schluss zu, dass sich hier ein Trauerzug formiert; für alle Nicht-Betroffenen zwar ebenso alltäglich wie andererseits eine Geburt, aber für den Sänger offenbar ein tiefer Einschnitt. Am liebsten würde er der Realität eine Weile aus dem Weg gehen (3. Strophe), wo doch nichts weniger als seine ganze Welt schwarz sei. Mit der Bemerkung, er habe, was geschehen sei, nicht voraussehen können, deutet er an, dass er sich über seinen Anteil an Verantwortung Gedanken macht; im Augenblick ist ihm am ehesten danach, aus der Realität zu verschwinden, um wieder mit seiner Liebe lachen zu können (4. Strophe). Wie schließlich die Wiederholung der ersten Strophe andeutet, ist der Sänger unfähig oder unwillig, einen Ausweg zu erkennen.

Kaum je ist der Sänger eines *Rolling Stones*-Songs emotional so betroffen wie der von „Paint It Black". Schwarz gegen alle Farben, er (allein) gegen die Menschen (viele), die sich schnell abwenden, Trauerzug gegen Geburt, Mädchen in Sommerkleidern gegen die untergehende Sonne ... der Sänger kann die Welt nicht anders als in schroffen Gegensätzen zu seinen Ungunsten wahrnehmen und Besserung ist nicht in Sicht. Ob es sich auf die Verarbeitung

---

[140] „Aftermath" wird ohne begleitende Single veröffentlicht und enthält auch nicht die Februar-Single „19th Nervous Breakdown". Aus Marketinggründen setzt die amerikanische Plattenfirma „Paint It Black" dann allerdings an die erste Stelle auf Seite 1 des US-LP-Release vom 20. Juni.

eines realen Erlebnisses, eine Depression, eine Imagination, die aus dem Unterbewusstsein heraufkommt, oder eine Drogen-induzierte Vision bezieht, ist nicht entscheidend: Im Kern geht es um die latente Instabilität aller Beziehungen zwischen Menschen. Das eben noch für selbstverständlich und sicher Gehaltene – dass er eben, was geschehen ist, nicht habe voraussehen können, vgl. 4. Strophe – verändert sich im nächsten Augenblick, und weil manche Veränderung unumkehrbar ist, sind Melancholie und Verlustangst schon früh Bestandteil eines Lebens und auch für einen jungen Menschen nicht ungewöhnlich oder unangemessen. Die Scharfkantigkeit, mit der der Sänger sein Erlebnis formuliert, und die Tatsache, dass einen Ausweg zu erkennen ihm praktisch unmöglich ist, deutet darauf hin, dass er diese Erfahrung der Flüchtigkeit aller Dinge zum ersten Mal macht, dass also eine Initiation, ein Schockerlebnis beschrieben wird. Diese Orientierungslosigkeit des Sängers entspricht der bereits in anderen Zusammenhängen formulierten Verunsicherung über den Weg, den die Gesellschaft einschlagen sollte („I Am Waiting", „What To Do") – und insofern einer tiefen Besorgnis über die Zukunft, die doch von den Beziehungen zwischen Menschen abhängt.

DRITTE STROPHE:
„Ich bin nicht gemacht für diese Zeit"

Was bisher unter anderem geschah (1965/66)

Datum	Typ	Band: Titel
6. Juni	S	The Rolling Stones: (I Can't Get No) Satisfaction b/w The Spider And The Fly (US)
21. Juni	LP	The Byrds: Mr. Tambourine Man
23. Juni	S	Smokey Robinson & The Miracles: The Tracks Of My Tears b/w A Fork In The Road
5. Juli	LP	The Beach Boys: Summer Days (And Summer Nights!!)
12. Juli	S	The Beach Boys: California Girls b/w Let Him Run Wild
19. Juli	S	The Beatles: Help! b/w I'm Down
August	LP	Paul Simon: Songbook [UK only]
6. August	LP	The Beatles: Help!
September	S	Simon & Garfunkel: The Sound Of Silence b/w We've Got A Groovy Thing Goin'
30. September	S	The Temptations: My Baby b/w Don't Look Back
Oktober	S	James Brown: I Got You (I Feel Good) b/w I Can't Help It
1. Oktober	S	The Byrds: Turn! Turn! Turn! b/w She Don't Care About Time
November	LP	The Lovin' Spoonful: Do You Believe In Magic? [LP-Debüt]
8. November	LP	The Beach Boys: The Beach Boys Party!
19. November	S	The Kinks: Till The End Of The Day b/w Where Have All The Good Times Gone (UK)

Pet Sounds

Datum	Typ	Band: Titel
27. November	S	The Beach Boys: The Little Girl I Once Knew b/w There's No Other (Like My Baby)
3. Dezember	S	The Beatles: Day Tripper b/w We Can Work It Out
3. Dezember	LP	The Beatles: Rubber Soul
6. Dezember	LP	The Byrds: Turn! Turn! Turn!
18. Dezember	S	The Rolling Stones: As Tears Go By b/w Gotta Get Away (US)
20. Dezember	S	The Beach Boys: Barbara Ann b/w Girl Don't Tell Me
17. Januar	LP	Simon & Garfunkel: Sounds Of Silence
Februar	S	Simon & Garfunkel: Homeward Bound b/w Leaves That Are Green
18. Februar	LP	The Supremes: I Hear A Symphony
25. Februar	S	The Kinks: Dedicated Follower Of Fashion b/w Sittin' On My Sofa
März	S	The Mamas And The Papas: Monday Monday b/w Got A Feelin'
März	LP	The Lovin' Spoonful: Daydream
7. März	S	Brian Wilson / The Beach Boys: Caroline, No b/w Summer Means New Love
14. März	S	The Byrds: Eight Miles High b/w Why
21. März	S	The Beach Boys: Sloop John B. b/w You're So Good To Me
28. März	S	Dusty Springfield: You Don't Have To Say You Love Me b/w Little By Little (US)
April	S	James Brown: It's A Man's Man's Man's World b/w Is It Yes Or Is It No?
15. April	LP	The Rolling Stones: Aftermath (UK)
Mai	LP	Frank Sinatra: Strangers In The Night
16. Mai	LP	The Beach Boys: Pet Sounds

Pet Sounds

Datum	Typ	Band: Titel
16. Mai [?]	LP	Bob Dylan: Blonde On Blonde
18. Juli	S	The Beach Boys: Wouldn't It Be Nice b/w God Only Knows

Brian Wilson quält sich. Als Songschreiber hat der 22-Jährige Ende 1964 bereits eine Reihe von Erfolgen hinter sich, aber der Druck ist weiter konstant hoch. Nach einem Nervenzusammenbruch verabschiedet er sich im Dezember des Jahres abrupt und zum Entsetzen seiner Mitstreiter aus dem Tournee-Leben der *Beach Boys*, um sich künftig auf das zu konzentrieren, was er als seine Zukunft betrachtet: das Song-Schreiben und die Arbeit im Studio. Als Komponist hat er sich seit den Anfängen der Band Ende 1961 schnell und stetig weiterentwickelt und er ahnt, dass noch viel mehr möglich ist. Mit zunehmend komplexen Songstrukturen und Vokal-Arrangements wehrt er sich gegen den Druck, den die selbst entwickelte Erfolgsformel für *Beach Boys*-Hits auf ihn ausübt. Zwölf Monate später, Ende 1965, weiß er, dass er einige beeindruckende Arbeiten abgeliefert hat, die auf eine Weiterentwicklung des Pop deuten, weil sie gegen die Hörgewohnheiten der Charts-Musik verstoßen. Und in diesem Augenblick kommen nun die *Beatles* mit der LP „Rubber Soul" um die Ecke.

Man sieht es vor sich, wie *Brian Wilson* sich ungläubig die Ohren reibt. Noch 30 Jahre später legt er von dieser Überraschung ein beredtes Zeugnis ab. „We had recognized that the Beatles had cut Rubber Soul and I really wasn't quite ready for the unity; it felt like it all belonged together. Rubber Soul was a collection of songs ... of folk songs; it was like a folk album by the Beatles that somehow went together like no album ever made before, and I was very impressed. It really blew me out", formuliert er im Vorwort zum Booklet von „The Pet Sounds Sessions".[141] Er fühlt sich herausgefordert, die geeignete Antwort zu geben.

Aber wie müsste die Antwort aussehen? Die Lösung ist, „... to create something that I thought would bring an adequate amount of spiritual love to the world", sagt *Wilson* 30 Jahre nach der Veröffentlichung von „Pet Sounds".[142] Vorausgesetzt, dass er das auch während der Aufnahmen zwischen

---

[141] Brian Wilson: It was 30 years ago. In: „The Pet Sounds Sessions" (1996), Booklet, S. 2. – Es ist allerdings davon auszugehen, dass *Wilson* das Album in der US-Version kennengelernt hat, die in Song-Auswahl und -Reihenfolge erheblich vom britischen Original abweicht; daher der Eindruck eines Folk-Albums. Darauf wird zurückzukommen sein.

[142] *Brian Wilson*-Interview vom 1. Februar 1996. In: The Making of Pet Sounds. Beilage zu: „The Pet Sounds Sessions" (1996), S. 8.

Januar und März 1966 schon so formuliert hätte, macht das Attribut „spiritual" deutlich, wohin es gehen soll: in die Seele des Zuhörers. Indirekt wäre damit auch eine Distanzierung von jenem Material formuliert, das *The Beach Boys* bisher geliefert haben. Wenn es eigens betont werden muss, dann hat es bislang gefehlt – und zwar nicht nur den Songs, sondern womöglich auch der Welt.

Wie bei den *Beatles* wird das Image der *Beach Boys* vor allem über die Singles aufgebaut – und da geht es vorwiegend um die sorglosen Seiten des Teenager-Daseins: um Surfen, Autofahren, Auto-Clubs, Mädchen und „Fun, Fun, Fun". Und wie bei den *Beatles* sieht das Bild auf den LPn von vornherein etwas anders aus. Vom ersten Album an finden sich dort zwischen den Good-Time-Songs auch Lieder über die Beschwernisse des Teenager-Lebens: Beim „County Fair" verliert das Ich seine Freundin an einen Kerl mit mehr Muskeln (wie er beim „Hau-den-Lukas" eindrucksvoll demonstriert) – so viel zur Treue der Mädchen. „Lonely Sea" vergleicht die Freundin mit dem Meer, das kommt und geht und am Ende nicht bleiben wird. Mit „In My Room" gehen die *Beach Boys* das Thema der Teenager-Ängste und -Frustrationen Ende 1963 etwas ernsthafter an: Die Sorgen werden gar nicht erst noch benannt, sondern ihre Existenz wird anerkannt durch die Bedeutung, die ein Ort zum Rückzug vor ihrem Hintergrund bekommt. An diesem Ort kann man sich der bedrückenden Realität entziehen, den Träumen hingeben und sich auf die nächste Begegnung mit der Welt vorbereiten.[143]

Hatte „County Fair" die fragile Natur der Beziehungen zwischen den Geschlechtern noch auf eine eher spielerische Weise behandelt, so drehen sich „Lonely Sea" und „In My Room" bereits um das Alleinsein als existentielle Erfahrung. Vereinzelte Texte über die Existenz von Sorgen, Bedrängnissen und Tiefschlägen selbst im dauersonnigen Kalifornien – auf die hübschen Cheerleader können sich nun mal nur die erfolgreichsten oder muskulösesten Footballer gewisse Hoffnungen machen – können dem Image der Band nicht ernstlich schaden, zumal sie als Single-A-Seiten nicht in Frage kommen.[144] Aber zwischen all den Sommer-Sonne-Mädchen-kriegen-Texten der LPn 1963/64 versteckt *Wilson* weiterhin regelmäßig (und zunehmend) Lieder über die Schattenseiten der Jugend.

---

[143] *The Beach Boys:* „County Fair", LP „Surfin' Safari" (November 1962); „Lonely Sea", LP „Surfin' USA" (März 1963); „In My Room", LP „Surfer Girl" (Oktober 1963).

[144] „In My Room" schafft es immerhin mal auf eine B-Seite, was zweifellos mit Intensität und musikalischer Stärke der Ballade zusammenhängt. Vgl.: *The Beach Boys:* „Be True To Your School" b/w „In My Room" (Oktober 1963). „Be True To Your School" erwähnt Football und Pom-Poms.

Einen wichtigen Meilenstein in seiner Weiterentwicklung sowohl als Komponist als auch als Arrangeur[145] stellt die LP „Shut Down, Volume 2" dar. Der erste Eindruck mag der von einer gewissen Unausgeglichenheit sein; bei genauerem Hinhören ist aber zu spüren, dass *Wilson* stärker als bisher dahin drängt, die Texte (die zumeist von Co-Autoren stammen) stärker zu Aussagen über den Ort von Heranwachsenden in dieser Umwelt zu entwickeln. Das Ich von „Don't Worry Baby" quält sich, weil es ihm in der Begegnung mit der Welt häufig an Selbstbewusstsein fehlt – aber seine Freundin gibt ihm Rückhalt und Stärke. „The Warmth Of The Sun" reiht Empfindungen aneinander, die aus der Erinnerung an eine zuende gegangene Liebe erwachsen: Zwar sei die Liebe vergangen, aber er spüre die Wärme der Sonne, die sie ihm war, und seine Liebe sei ebenso die Wärme der Sonne, weil sie nicht vergehen werde. „Keep An Eye On Summer" erzählt von dem Versuch, die Sommerliebe durch Erinnerungen und Briefe wach zu halten – aber das kann nicht gelingen.[146] Eine Reihe anderer Texte perpetuiert Motive und Aussageweisen, wie sie von der Band bereits bekannt sind („Fun, Fun, Fun", „This Car Of Mine"; ferner das ambivalente „Pom Pom Play Girl", das Zustandsbeschreibung und zugleich Kritik an ritualisierten Verhaltensweisen ist[147]). Von den zuerst erwähnten Balladen her fällt ein fragwürdiges Licht auf die anderen Texte: Eine solche Ansammlung von Kalifornien-Klischees, wie sie die *Beach Boys* in diesen zweieinhalb Jahren geboten haben, eine solche Zustimmung zur Teilhabe an einer der heilen Oberfläche verpflichteten Lebenskultur gezielt mit einzelnen Songs zu torpedieren, ist ein fast schon satirisches Vorgehen.

*Wilson*s Ziel ist also, mehr Aufrichtigkeit und mehr Relevanz in die Songtexte zu bringen. Vorläufig taktiert er aber: Die nächste LP „All Summer Long" bietet die gleiche Mischung von Bewährt-Erwartetem und Neuem. Zum Bewährten gehören das Titelstück und „Little Honda", zum (textlich) Neuen gehören „We'll Run Away" (in dem sich das Ich darüber beklagt, zu jung zu sein, um heiraten zu können, also bleibe nur, auszureißen – schließlich

---

[145] Aufschlussreich dazu: Philip Lambert: Inside the Music of Brian Wilson. The Songs, Sounds, and Influences of the Beach Boys' Founding Genius. New York, London: Continuum 2007. Im Folgenden zitiert als: Lambert. Über „Shut Down, Volume 2": S. 126-141.
[146] The Beach Boys: „Don't Worry Baby", „The Warmth Of The Sun", „Keep An Eye On Summer", LP „Shut Down, Volume 2" (März 1964).
[147] Lambert zitiert eine Äußerung von Text-Autor Gary Usher, der „Pom Pom Play Girl" als „happy-go-lucky teenage song" charakterisiert. Dass die reine Aufzählung des ritualisierten Verhaltens in all seiner Voraussagbarkeit schon als Kritik aufgefasst werden kann, entgeht also selbst dem Autor. Vgl.: Lambert, S. 134f., hier: S. 134. Anders *Wilson*-Biograph Peter Ames Carlin: Er sieht das Konfliktpotential und weist darauf hin, dass viele Texte eine „fantasy version of Southern California" sind. Vgl.: Peter Ames Carlin: Catch A Wave. The Rise, Fall & Redemption of the Beach Boys' Brian Wilson. O.O.: Rodale 2006, S. 47. Im Folgenden zitiert als: Carlin.

hätten die Eltern das auch getan …) und „Girls On The Beach", das (auf eine subtilere Weise als „Pom Pom Play Girl") wiederum ambivalent daherkommt (die Mädchen am Strand seien alle erreichbar – „… beach / … within reach" –, wenn… wenn Junge denn wisse, was zu tun sei, um sie zu bekommen).[148]

Mit den LPn des Jahres 1965, „Today!" und „Summer Days (And Summer Nights!!)" geht *Wilson* diesen Weg seiner persönlichen Befreiung hin zur Wahrhaftigkeit – und gegen die Ansprüche und Hoffnungen der Plattenfirma, die immer mehr vom Gleichen haben will, weil die *Beach Boys* keine Künstler für sie sind – weiter. Und immer deutlicher wird dabei, dass die Teenager-Jahre vor allem eine Zeit von Ängsten, Konflikten und unerfüllten Hoffnungen sind – und keineswegs die Zeit unschuldigen Vergnügens. „Today!" ist ein noch bedeutsamerer Schritt vorwärts als „Shut Down, Volume 2" und die wegweisende Veröffentlichung vor „Pet Sounds". „Good To My Baby" erkennt an, dass es für ein Paar auch schwierige Zeiten gebe, aber sie blieben zusammen, während andere Paare kämen und gingen. „Don't Hurt My Little Sister" ist ein advice-song an die Adresse des Freundes seiner kleinen Schwester mit dem Hinweis, der Freund solle die Beziehung nicht als Spiel betrachten. „When I Grow Up (To Be A Man)" sieht die bevorstehende Reifung zum Erwachsenen mit gemischten Gefühlen: als Verlust jugendlicher Freiheiten und künftige Belastung durch Verantwortung. Bevor das Sänger-Ich noch ganz erwachsen ist, wird er schon melancholisch wegen der verlorenen Jugend. Das genaue Gegenstück dazu – und insofern ein Hinweis auf die Gefühls-Achterbahn in Jugendlichen – ist „I'm So Young"; es wiederholt „We'll Run Away" in dem Bedauern des Ich, zu jung zu sein, um heiraten zu können. Musikalisch und textlich besonders zugewandt und liebevoll ist „Please Let Me Wonder": Wenn das Ich auch Schwierigkeiten habe, seine Gefühle auszudrücken, so könne er nun mittlerweile nicht mehr ohne „you" leben. Ganz und gar überraschend ist schließlich „In The Back Of My Mind", das in seiner Verunsicherung des Sänger-Ich zunächst verwandt zu sein scheint mit „Don't Worry Baby". In der letzten Strophe ringt sich Ich allerdings zu dem Eingeständnis durch, dass er möglicherweise alles gefährde, wenn er seine Irritationen nicht in den Griff bekomme; eines Tages fortzugehen, werde er immer im Hinterkopf haben.[149]

---

[148] *The Beach Boys*: „We'll Run Away", „Girls On The Beach", LP „All Summer Long" (Juli 1964). Lambert entgeht die Ambivalenz des Letzteren; er liest vielmehr eine fortschreitende Entwicklung (parallel zum Lauf des Tages) hin zu „… with the boys tonight" und übersieht völlig die Möglichkeit, dass das Sänger-Ich ein Junge sein könnte, der eben am Abend kein Mädchen hat. Vgl.: Lambert, S. 159-162. Weil in diesem Fall auch der Text von *Wilson* stammt, ist aber von dieser Gratwanderung auszugehen.

[149] *The Beach Boys*: „Good To My Baby ", „Don't Hurt My Little Sister", „When I Grow Up (To Be A Man)", „I'm So Young", „Please Let Me Wonder", „In The Back Of My Mind", LP

Irritierend zumal ist der Song, weil er kurz nach *Wilson*s Hochzeit mit Marilyn Rovell (im Dezember 1964) entsteht. So viel ist inzwischen deutlich: Liebe und das Bekenntnis zu Gefühlen sowie eine gewisse Selbstsicherheit sind komplizierte Dinge für *Wilson*.

Mit „Summer Days (And Summer Nights!!)" nimmt *Wilson* die Schilderung der Konflikt-Potenziale des Jung-seins etwas zurück; das liegt im Wesentlichen daran, dass die meisten Texte in Zusammenarbeit mit Cousin und *Beach Boy Mike Love* entstehen, der stets (und bis heute) die unterhaltende Seite der Band betont hat. In „Amusement Park U.S.A.", „Salt Lake City" oder „California Girls" geht es um die sorglosen Seiten des Jung-seins. Die Songs, die eine andere Richtung nehmen, sind „Girl Don't Tell Me" (eine Solo-Arbeit von *Wilson*) und „Let Him Run Wild". „Girl Don't Tell Me" ist eine Summer-Camp-Geschichte über die Unaufrichtigkeit der Mädchen: Als sie sich nach dem Sommer getrennt hätten, habe er Tränen in den Augen gehabt, aber sie habe dann seine Briefe nicht beantwortet, also war das wohl alles eine Lüge; und in diesem Sommer werde er sie in dem Augenblick vergessen, in dem er in die Schule zurückkehre – ein Versuch, die Selbstachtung zu wahren, und der Hörer ahnt, dass das mit dem Vergessen nicht klappen wird. Musikalisch und dramatisch besonders beeindruckend ist die Dreiecks-/Leidensgeschichte „Let Him Run Wild": Das Sänger-Ich rät dem Mädchen, den anderen Kerl ziehen zu lassen, denn der sei unehrlich und verdiene ihre Zuneigung nicht; sie solle am besten alle Pläne, die sie mit ihm geträumt habe, vergessen, denn was sie brauche, sei wahre, aufrichtige, zugewandte Liebe – und die bekomme sie vom Ich. Was als advice-song beginnt, wird in der dritten Strophe also ein direkter Hinweis des Ich auf sich selbst als bessere Alternative. Das folgende „You're So Good To Me" singt das Loblied der treuen, aufrichtigen Freundin, die keine anderen Jungs ansehe; mit ihr gehe es ihm gut und wie könne es nur sein, dass sie so gut zu ihm sei (was wiederum Selbstzweifel andeutet). Alle Teenager-Alpträume kommen zusammen im Piano-Blues „I'm Bugged At My Ol' Man", einer Art Befreiung vom eigenen despotischen Vater Murry, der die Band in ihren Anfangstagen gemanagt hatte. Nur weil das Sänger-Ich etwas zu spät nach Hause gekommen sei, werde er in seinem Zimmer eingesperrt. Surfbrett verkauft, Haare im Schlaf abgeschnitten, Telefon lahmgelegt, Radio an sich genommen – dieser Vater hat wirklich an alles gedacht. Über die autobiographische Grundierung hinaus hat dieser etwas hysterische Monolog natürlich eine allgemeinere Bedeutung: Manch ein Teenager dürfte sich in dieser ungerecht(fertigt)en Behandlung wiedergefunden haben; dass daraus der

---

„Today!" (März 1965). Erstaunlicherweise ist „Don't Hurt My Little Sister" schon im Juni 1964 entstanden.

Wunsch erwächst, möglichst schnell erwachsen werden zu wollen, liegt auf der Hand.[150] In den sieben Jahren seit „Yakety Yak" von den *Coasters* scheint sich nicht viel verbessert haben. Nein, jung sein ist wirklich kein Vergnügen.

Die Erwähnung von „Yakety Yak" ist kein Zufall. Über die Fundamente, auf denen *Brian Wilson* sein musikalisches Gebäude errichtet hat, ist an anderer Stelle alles Wichtige gesagt worden. Als wichtigster Einfluss sind *The Four Freshmen* zu nennen, eines der erfolgreichsten Vokal-Quartette der 1950er Jahre. Nicht nur deren four-part-harmony-Gesang begeistert *Wilson*, sondern auch das Repertoire, das zu großen Teilen aus klassischen Songs des American Songbook von (unter anderen) Cole Porter, George Gershwin, Johnny Mercer, Irving Berlin, Jerome Kern, Hoagy Carmichael, Richard Rodgers oder Jimmy Van Heusen besteht. Hier lernt *Wilson* viel über das elegante Song-writing der 1930er und 1940er Jahre.[151] Die anspruchsvollen Vokal-Sätze des Quartetts verbindet *Wilson* mit der Rhythmik und mit den Themen und Motiven der Musik, die er aktuell überall um sich herum hört: des Rock'n'Roll.[152] Das Miteinander der Geschlechter spielt in beiden Gattungen eine Rolle, Komposition und Präsentation hingegen unterscheiden sich erheblich. Es ist erst diese Kombination des anspruchsvollen, überraschenden Song-writings der Altmeister mit der textlichen Direktheit des Rock'n'Roll (als Medium seiner eigenen Generation), die ihn 1964/65 nach und nach vom Formel-Pop weg- und hinbringt zu unerwarteten, emotionalen Songs.

Während *Wilson* sich also im Klaren ist über die Richtung, in die er mit seinem Song-writing vorstoßen will, hätte die Plattenfirma gern mehr vom Immer-Gleichen, um den kommerziellen Erfolg nicht zu gefährden. Für den jungen Song-Schreiber wird der Spagat zwischen den vielfältigen Ansprüchen an ihn und an sich selbst allmählich zum Problem. In einem ersten, wohl eher unbewussten Schritt bringt er hier und dort, gleichsam tastend Signale seiner Unzufriedenheit in den Songtexten unter. Es lohnt sich, diesen Hinweisen zu folgen; so heißt es beispielsweise in der ersten Strophe von „I Get Around", er

---

[150] *The Beach Boys*: „Girl Don't Tell Me", „Let Him Run Wild", „You're So Good To Me", „I'm Bugged At My Ol' Man", LP „Summer Days (And Summer Nights!!)" (Juni 1965). – Nur mit der Hilfe einer größeren lyrischen Transformation lässt sich eine Interpretation aufrechterhalten, die „Let Him Run Wild" als *Wilson*s Verarbeitung des Seitensprungs seines Vaters verstanden wissen will. Denn in welcher Position des Dreiecks ist dann das ratgebende Sänger-Ich? Die Erzählsituation von „Let Him Run Wild" funktioniert ja nur zwischen annähernd Gleichaltrigen. Vgl.: Carlin, S. 73.

[151] Dazu ausführlich: Lambert, S. 3-11.

[152] Vgl.: Lambert, S. 11-20. – *Wilson*s Verbeugung vor dem Rock'n'Roll ist eine spielerische Hommage mit viel name-dropping. Vgl.: *The Beach Boys*: „Do You Remember", LP „All Summer Long" (Juli 1964). Im Zusammenhang unserer Überlegungen ist bemerkenswert: Hier erinnert sich ein knapp 22-Jähriger !! nostalgisch an seine Jugend.

sei es leid, ständig die selbe Straße auf- und abzucruisen, er und seine Freunde seien dort mittlerweile bestens bekannt und nun müsse er einen neuen Ort finden, wo die Kids hip seien.[153] Auch der Vers, was wichtig (und Handlungsgrundlage) sei, sei nur das, was sie fühlten,[154] ist ein solches Signal: einerseits songdienlich für die Geschichte, die erzählt wird, andererseits über den Song hinaus wichtig als Erklärung der Unabhängigkeit von den Werten und Verhaltensweisen der vorangegangenen Generation. Der zweite wichtige Schritt auf dem Weg ist die allmähliche Individualisierung ganzer Song-Texte hin zur persönlichen Aussprache, wie sie oben beschrieben wurde. Entscheidend dabei ist, dass *Wilson* und seine Texter sich trauen, Verunsicherung und fehlendes Selbstbewusstsein der jungen Menschen in ihren persönlichen Angelegenheiten deutlich zur Sprache zu bringen. Anders formuliert: Die Welt ist weder, was sie vor kurzem noch war, noch was sie zu sein scheint. Vielmehr tun sich Fragen auf, die nur zu beantworten sind, wenn man einen neuen Blickwinkel einnimmt, neue Werte sucht. Der dritte Schritt hin zu mehr Bewegungsfreiheit ist schließlich die Trennung vom tyrannischen Vater als Manager der Band; sie ereignet sich zwei Monate nach *Wilson*s Nervenzusammenbruch und überstürzter Hochzeit (Dezember 1964) im Februar 1965 im Verlaufe der Neuaufnahme von „Help Me, Rhonda". Zu diesem Zeitpunkt sind wichtige Neuerscheinungen für 1965 wie „She Knows Me Too Well", „Don't Hurt My Little Sister" und „When I Grow Up (To Be A Man)" bereits produziert; *Wilson* verfügt also – zumindest in musikalischen Angelegenheiten – über genug Selbstbewusstsein, um diesen für die Familie (auch noch im Nachhinein) schmerzhaften Schritt zu tun.

Immer das gleiche tun und bei der Plattenfirma abliefern zu sollen, wird also eine seelische Belastung für *Wilson*. Er ist fest entschlossen, sie abzuwerfen und die volle künstlerische Kontrolle über seine Arbeit zu erlangen, aber er macht es sich nicht leicht; auch am Immer-Gleichen arbeitet er noch konzentriert, auf Neuerungen und Sorgfalt bedacht. Beispiele sind die Singles „California Girls" – mit einem langsamen Intro, dessen Zusammenhang mit dem Song sich nur durch sorgfältiges Hören ergibt – und „The Little Girl I Once Knew", dessen Stop-time-Einschnitte Hörer wie Top40-DJs verwirren.[155] „The Little Girl I Once Knew" greift das Motiv des unbeachtet gebliebenen Mädchens auf, das plötzlich ein Stück erwachsener und attraktiver geworden ist und so in die Wahrnemung des Ich zurückkehrt und Ziel von Eroberungsplänen wird – auch ein im Pop geläufiges Thema, das beispielsweise

---

[153] *The Beach Boys*: „I Get Around" b/w „Don't Worry Baby" (Mai 1964).
[154] *The Beach Boys*: „We'll Run Away", LP „All Summer Long" (Juli 1964).
[155] *The Beach Boys*: „California Girls" b/w „Let Him Run Wild" (Juli 1965), „The Little Girl I Once Knew" b/w „There's No Other (Like My Baby)" (November 1965).

schon „Next Door To An Angel" von *Neil Sedaka* zugrunde lag.[156] Doch nach der LP „Summer Days (And Summer Nights!!)" vom Juli 1965 will *Wilson* sich Ruhe verschaffen, um unbelastet von Ablenkungen einen weiteren Schritt nach vorn zu machen. Um die Bedürfnisse der Plattenfirma zu befriedigen und sich gleichzeitig nicht zuviel Arbeit aufzuladen, entwickeln er und die Band ein neues Format. Im Laufe von mehreren Live-im-Studio-Sessions nehmen sie im September 20 (mit Ausnahme einer Bassgitarre) akustisch eingespielte Tracks auf. Die Begleitung besteht aus Gitarrenarbeit und minimaler Percussion (vor allem Bongos und Klatschen); zwischen die Tracks werden audio-verité-Schnipsel montiert, die das Programm insgesamt nach einer mitgeschnittenen Strandparty klingen lassen (wenn auch der Live-Hinweis auf dem Cover eigens in Anführungsstrichen erscheint). Es muss *Brian Wilson* ziemlich irritiert haben, dass er einerseits der Plattenfirma ein mit so verhältnismäßig wenig Aufwand, gleichwohl sorgfältig (man höre sich „Devoted To You" an!) produziertes Band quasi vor die Füße werfen kann, wo er ganz anderes im Sinn hat, und dass diese Produktion andererseits ein großer Kassen-Erfolg (inkl. No. 2-Single „Barbara Ann") wird.

Von eigener Ironie ist es, dass *Wilson* in die Setlist von „The Beach Boys Party!" auch *Dylan*s „The Times They Are A-Changin'" aufnimmt. In der Tat: Die Zeiten ändern sich.

Pet Sounds

Es beginnt damit, dass *Brian Wilson* sich reichlich Zeit nimmt, um die nächste LP zu erarbeiten. Zehn Monate vergehen zwischen „Summer Days (And Summer Nights!!)" und „Pet Sounds" (wenn man „Party!" mal außer Acht lässt) – für die 60er Jahre eine lange Zeit. Er bezieht ein neues Haus, spielt endlos Klavier, wartet. Dann erscheint am 6. Dezember 1965 die US-Version von „Rubber Soul". Das abweichende amerikanische Track-listing lässt ihn die LP einerseits als eine Folk-Platte wahrnehmen; man kann davon ausgehen, dass Capitol mit dieser Kopplung einiger der neuen mit zurückgehaltenen älteren Titeln tatsächlich den Folk-Trend (*Dylan, The Byrds*) zu bedienen versuchte, zumal die akustischen Titel jeweils die Seiten eröffnen (was beim Probehören in den Läden entscheidend sein kann).[157] Andererseits entsteht durch

---

[156] Neil Sedaka: „Next Door To An Angel" b/w „I Belong To You" (1962), die Follow-up-Single zum erfolgreichen „Breakin' Up Is Hard To Do".

[157] *The Beatles*: „Rubber Soul" (US-Version): (Seite 1) I've Just Seen A Face / Norwegian Wood (This Bird Has Flown) / You Won't See Me / Think For Yourself / The Word / Michelle / (Seite 2) It's Only Love / Girl / I'm Looking Through You / In My Life / Wait / Run For Your Life. Das Fehlen von „Drive My Car" oder auch „If I Needed Someone" und die Hinzunahme von „I've Just Seen A Face" verändert den Charakter der Platte erheblich. Anderer-

diese eigenwillige Kopplung ein eigener Eindruck von Geschlossenheit, der *Wilson* nicht entgeht. Nun ist die sorgfältige Zusammenstellung zu einem Programm mit einem Gesamteindruck, sei es von der Songsauswahl, sei es vom Sounddesign her nichts Neues,[158] doch in der jugendorientierten Pop-Musik hat es derlei bislang allenfalls in thematischer Hinsicht gegeben. Die *Beach Boys* selbst haben mit „Little Deuce Coupe" eine solche Platte rund um Jugend-Gangs und Autofahren abgeliefert.[159] Die Begegnung mit „Rubber Soul" lässt *Wilson* darüber nachdenken, wie eine solche Stimmigkeit auch in musikalischer und vor allem emotionaler Hinsicht zu erreichen wäre.

Sein thematischer Ausgangspunkt wird seine eigene Verunsicherung als junger Erwachsener in dieser Welt. In zunehmend nuancierten Texten ist er dieser Spur ja seit 1963 immer mal wieder nachgegangen („You're So Good To Me", „When I Grow Up (To Be A Man)"). Der Erinnerung von Tony Asher zufolge hatte *Wilson* aber nicht von vornherein zu Beginn der gemeinsamen Arbeit (im Januar und Februar 1966) die Absicht, ein ganzes Album rund um dieses Thema zu entwickeln; vielmehr seien die Texte hervorgegangen aus ihren Gesprächen rund um Dinge und Gefühle, die sie beide bewegten.[160]

Sei es, dass *Brian Wilson* das Gefühl hatte, mit Cousin *Mike Love* als Texter nicht das erreichen zu können, was er fühlte, erreichen zu wollen, sei es, dass die Empfehlung eines gemeinsamen Freundes Ausschlag gebend war – auf jeden Fall ist die Hinzunahme von Tony Asher einer der vielen Faktoren, die „Pet Sounds" zu einem Album machen, das nicht nur aus der Reihe der *Beach Boys*-LPn hervorsticht. Ein anderer Grund ist die innere Unruhe von *Wilson*, der nicht nur Abstand von den Ansprüchen der Plattenfirma zu gewinnen sucht, sondern der seine Vision auch mit bislang ungehörten musikalischen Mitteln umsetzen will – die Unabhängigkeitserklärung eines jungen Mannes, die demnach in zwei Richtungen wirkt. Später hat *Wilson* bekannt, dass er das im Entstehen begriffene Album bald auch eher als ein Solo-Projekt verstanden hat denn einfach als die nächste Platte der Band. Tatsächlich kommen die anderen *Beach Boys* auf dieser Platte nur noch als Sänger vor und nicht mehr – mit der Ausnahme von „That's Not Me" – als Instrumentalisten. Was der Platte nicht zuletzt ihr einzigartiges Klangbild gibt, ist stattdessen der Einsatz vielfach erfahrener Studiomusiker der Los-Angeles-Area, die unter dem Spitz-

---

seits weist selbst diese „defekte" Version kein Füll-Material auf. – Übrigens sind seit Anfang 2014 auch die US-Versionen der *Beatles*-Platten als CDs wieder erhältlich.

[158] *Frank Sinatra* hat seit der LP „In The Wee Small Hours" (1955) bis etwa 1960 mehrmals diesen Weg gewählt, um den Eindruck eines zusammenhängenden Programms zu bieten; die *Four Freshmen* haben kurz darauf ähnlich viel Sorgfalt aufgewendet.

[159] *The Beach Boys*: LP „Little Deuce Coupe" (Oktober 1963).

[160] Vgl. Tony Asher in: „The Making Of Pet Sounds" (1996).

namen „The Wrecking Crew" bekannt sind.[161] Und unabdingbar schließlich ist *Wilson*s intuitives Verständnis für den Einsatz von Instrumenten; die teilweise verblüffenden Kombinationen haben hier – und in der Geduld und Probierfreude der Musiker, die den Autodidakten *Wilson* schätzen gelernt haben – ihren Ursprung.[162] Neben der Kombination von Instrumenten ist wichtig, dass *Wilson* die moderne Studio-Technik, in diesem Fall unter anderen die neue Ampex 8-Spur-Aufnahmekonsole, als ein weiteres Instrument begreift; in dem einen oder anderen Fall ergibt sich die erstrebte Klangwirkung erst aus dem geschickten Umgang mit den technischen Möglichkeiten.

„Wouldn't It Be Nice" ist insofern ein cleverer Einstieg in das Album, als es von Sound und Text her zunächst anzuschließen scheint an frühere *Beach Boys*-Songs – obwohl auch hier schon experimentiert wird. Es beginnt mit einer spieldosenhaften Melodie auf der zwölfsaitigen Gitarre, die nach dem vierten Takt grob gestört wird durch den Einsatz der Drums: eine klangliche Metapher für den Übergang von Traum in Realität, von Unschuld in Verantwortung. Der Text[163] erzählt von einer Wunschvorstellung: Wäre es nicht wunderbar, wenn wir älter wären / und nicht mehr so lange warten müssten / und wäre es nicht wunderbar, zusammen leben zu können / in der Art von Welt, in die wir gehören? (Z. 1-4), fragt der Sänger sein Gegenüber, mutmaßlich seine Freundin (wegen des später angesprochenen „Baby", Z. 16). Ständig zusammen bleiben zu können, zusammen aufzuwachen und sich gegenseitig umarmt halten zu können (Z. 7 und 10), mache die Dinge so viel besser (erste Bridge: Z. 5). Endlich alt genug zu sein, um zusammen leben zu können, war schon das Thema von „We'll Run Away" und „I'm So Young". Mit „Wouldn't It Be Nice" findet es nun seinen prägnantesten Ausdruck. Allerdings sind Ich und Partnerin offenbar noch weit entfernt von der Realisierung, denn im Middle Eight heißt es: „Wenn wir denken und wünschen und hoffen und beten, / wird es vielleicht wahr / Und dann gibt es nichts / was wir nicht tun könnten / Wir könnten heiraten ... (Z. 14-18). Darüber zu sprechen, ist einstweilen die einzige Möglichkeit, diesen Traum am Leben zu halten (Z. 21-24). Gerade diese Formulierung im verlangsamten dritten Bridge-Teil kurz vor der „Good Night"-Coda gibt dem Text über die rein partnerschaftliche Seite hinaus eine weitere Dimension: Einerseits ermöglicht die Stärke, die zwei Menschen aus einer funktionierenden Partnerschaft beziehen, es ihnen, viel zu erreichen und Widerständen die Stirn zu bieten; andererseits macht der Text

---

[161] Viele von ihnen kommen in „The Making Of Pet Sounds" mit ihren erhellenden Erinnerungen zu Wort.
[162] Über die musikalischen Elemente, die aus „Pet Sounds" eine Einheit machen, vgl.: Lambert, S. 227f.
[163] PetS 1996, S. 30.

deutlich, dass, wer etwas erreichen, etwas ändern will, unbeirrbar an seiner Vision festhalten muss. Darüber zu reden, sich mitzuteilen, ist in der Regel der notwendige Schritt, um den Wunsch wachzuhalten und gegebenenfalls (in der Auseinandersetzung mit der Realität) zu modellieren, bis seine Verwirklichung in greifbare Nähe rückt. Dass der Song nach dieser nachdenklichen Antiklimax im Bridge-Format mit einem fill der Drums wieder sein vorheriges Tempo aufnimmt, ist eine schöne musikalische Entsprechung für das Festhalten an der Vision nach Momenten der Nachdenklichkeit oder des Zweifels (Letztere vor allem in Z. 21f.).

Der Song klingt in all seiner vermeintlichen Fröhlichkeit sehr vertraut, sehr *Beach-Boys*-artig – 2:31 Minuten voller Bewegung und Abwechslung –, und der Text trifft in seinem Schwanken zwischen Träumen und Verzweifeln zweifellos den Nerv vieler Heranwachsender.[164] Ein genaueres Hinhören offenbart, dass er aber zugleich voller Innovationen steckt; man achte beispielsweise auf die unerwarteten Tonart- und Tempo-Wechsel, die sorgsame Zusammensetzung des Backing-track, der unter anderem von vier Gitarren und zwei Akkordeons getragen und von Bläsern garniert wird, oder die Abwärtsbewegung nach der Titel-Zeile, die die Rückkehr der Strophe andeutet (Z. 13, 20, 24), den Vollzug dann aber listig umgeht – eine musikalische Entsprechung für den Verzicht, den die jungen Träumer vorläufig zu leisten gezwungen sind.

„You Still Believe In Me", der zweite Song auf Seite 1, lässt alles Vertraute hinter sich. Eher ein Kontinuum denn ein Song, nimmt er nicht nur vorläufig das Tempo raus, sondern er erinnert an alles Bekannte auch nur noch durch das Vokal-Arrangement. Das Sänger-Ich formuliert seine Unzufriedenheit mit sich selbst im Spiegel seiner Partnerschaft:[165] Ich weiß ganz gut, dass ich nicht bin, wo ich sein sollte / Mir ist ganz klar, dass du sehr geduldig mit mir warst. / Jedesmal, wenn wir uns trennen, / bringst du mir doch wieder deine Liebe (Z. 1-4), eine Selbstbetrachtung, wie sie ungefähr schon aus „She Knows Me Too Well" bekannt ist. Ungewohnt ist, dass der Song an dieser Stelle in einen Chorus einbiegen sollte, darauf aber verzichtet und stattdessen im dritten Vers-Paar, eingeleitet durch Bläser, eine Zusammenfassung bietet: Nach allem, was ich dir angetan habe, / glaubst du noch immer an mich (Z. 5f.), staunt Ich. Ich bemühe mich, mehr so zu sein, wie du mich willst, / aber ich kann auch nicht ändern, wie ich mich verhalte, / wenn du nicht hier bist bei mir (Z. 7-9), heißt

---

[164] Darin vage verwandt mit dem aufsässigen „All Day And All Of The Night" von *The Kinks*. Auch hier wird vom Sänger-Ich der Wunsch nach ununterbrochenem Zusammensein mit seinem „girl" formuliert; allerdings gibt es hier keine Anspielung darauf, dass der Grund, der das derzeit verhindere, das Alter der Protagonisten sei. Vgl.: *The Kinks*: „All Day And All Of The Night" b/w „I Gotta Move" (Oktober 1964).
[165] Vgl.: PetS 1996, S. 30.

es in der zweiten Strophe. Der Chorus-Vertreter faßt wiederum zusammen: Nach allem, was ich dir versprochen habe, / glaubst du noch immer an mich (Z. 11f.). Das Ich, irritiert von sich, verunsichert in der Welt, sieht seine Fehler und findet Halt, Sicherheit und Kontinuität in der Partnerschaft. Offensichtlich fühlt er sich der Welt (noch) nicht gewachsen, denn das Sounddesign mit Cembalo, Gitarren, Finger-Cymbals, und einer Fahrradklingel bewahrt das Thema von Unschuld und Verspieltheit der Ur-Fassung – der Song begann sein Leben unter dem Titel „In My Childhood" –, bietet mit dem neuen Text von Asher nun aber einen ähnlich reizvollen Widerspruch zwischen Text und Musik wie „Wouldn't It Be Nice". Das jugendlich-unreife Ich, das sich in seinem Anspruch an sich selbst auch schon gelegentlich verfehlt (Z. 10), sucht nach Orientierungspunkten auf dem Weg zum Erwachsenwerden. Zu seinem Erstaunen ist einer davon die vertrauensvolle Partnerin, die offenbar mehr in dem jungen Mann sieht als er selbst; she knows him too well, ließe sich sagen. Die minimale harmonische Bewegung des Songs ist Ausdruck dieser wissenden Beharrlichkeit. Offen bleibt aber, wann Ich zu ihrer Höhe findet; sein verzweifeltes Falsett in Z. 13 macht immerhin deutlich, dass er an sich arbeitet, um wenigstens ihr keinen Schmerz mehr zuzufügen. In dem Bemühen darf es kein Innehalten geben, wie die Beinahe-stop-time – zwischen 2:07 und 2:12 ist nur der akustische Bass zu hören – deutlich macht. Indirekt wird auch betont, dass man jemandem, dem man vertraut und vielleicht viel verdankt, auch sagen sollte, was man für ihn empfindet; hierin erinnert „You Still Believe In Me" von ferne an „It's Not Easy" von den *Rolling Stones*, wo dem Ich ja die Freundin abhanden gekommen war, weil er ihre Anwesenheit allzu selbstverständlich genommen hat.

Auch das Sänger-Ich von „That's Not Me"[166] ist noch auf der Suche nach sich selbst, genauer: nach den Werten und Maßstäben, die für das eigene Leben bestimmend sein sollen. Er habe beweisen müssen, dass er es allein schaffen könne, und er habe zeigen wollen, wie unabhängig er sei (Z. 1/3), aber das sei denn doch nicht er (Z. 2/4); wichtig sei ihm nach dieser Erfahrung nur, wer oder was er in den Augen eines Mädchens sein könne (Z. 6f.), heißt es in der ersten Strophe. Aufklärung über den Grund für sein Verhalten bringt das erste Middle Eight: Er sei lange nicht zuhause gewesen, aber er wisse, dass er „you" zurückgelassen habe, als sie seine Liebe gebraucht hätte (Z. 8-11). Nach erster Strophe und Middle Eight (elf Zeilen) ist also festzuhalten, dass Ich die Selbstständigkeit gesucht hat, obwohl er in emotionaler Hinsicht auf andere angewiesen war. Auch seine Familie habe gewusst, so die zweite Strophe, dass er auf dem falschen Weg sei, und schließlich habe er häufig an Zuhause gedacht

---

[166] Vgl.: PetS 1996, S. 30.

(Z. 12-18). Zur dritten Strophe, die Geschehen und Schlussfolgerung zusammenfasst, wird das Arrangement nach und nach reduziert. Immer mehr fällt weg, bis ein ähnlicher Einschnitt wie in „You Still Believe In Me" entsteht; hinter Z. 25 – Ich hatte einen Traum, packte und ging – sind nur noch Gitarre und Bassgitarre zu hören, aber zur nächsten Zeile nehmen Song und Arrangement wieder Fahrt auf ins Outro. Dieser Prozess der Selbstfindung, den das Erwachsenwerden darstellt, wird also parallelisiert mit der Abkehr von der Heimat, dem Versuch, in der großen Stadt Erfolg zu finden, und der Erkenntnis, dass die Heimat doch der Ort ist, an den man gehört, weil dort – durch das Netz von Familie und Freunden – Verlässlichkeit, Sicherheit, Geborgenheit, Verständnis zu finden sind. Dennoch wird diese zeitweilige Abkehr nicht als Fehler angesehen: Wenn sich im Nachhinein auch erweist, dass es Irrwege waren – die man aus Unabhängigkeitsdrang oder falscher Einsicht eingeschlagen hat –, so werden sie doch nicht als verlorene Zeit betrachtet, weil es auch auf diesen Wegen viel zu lernen gibt und sich der eigene Standort am Ende nur umso deutlicher definieren lässt. Worin der Traum des Ich bestand, wird nicht gesagt; wichtiger ist vielleicht die Vermittlung der Erkenntnis, dass man tun muss, was man tun muss – wenn es letztlich vielleicht auch nicht zum Erfolg führt; am Ende kann man sich besser auf das konzentrieren, was wirklich wichtig ist (vgl. Z. 6f.). Insofern funktioniert „That's Not Me" als eine Art Fortsetzung von „You Still Believe In Me": Der junge Mann weiß nach seinen Erfahrungen in der Stadt besser, wer er ist, wer er nicht ist und wer er nicht sein will; die Suche endet erfolgreich.[167] Nicht auszuschließen ist aber auch, dass es sich bei dem etwas forciert wirkenden Weggang von zuhause um eine Art gesellschaftlicher Zuschreibung handelt: Er habe weggehen müssen, um seine Selbstständigkeit zu beweisen und als strahlender Held zurückzukehren, nicht unähnlich einem Soldaten. Von einer strahlenden Rückkehr ist nicht die Rede; aber der Weggang kann durchaus weniger dem Ich entsprechen, sondern mehr einem Anspruch, den das Ich verinnerlicht hat und dem (in den Augen der lokalen Gesellschaft) zu genügen ist. Gelernt hat er allerdings in der Fremde, was es bedeutet, einen Platz in einer Gemeinschaft zu haben.

Reden oder nicht reden, wann reden und wann nicht reden? Das Ich von „That's Not Me" hat Angehörige und Freundin offenbar ohne ausreichende Erklärungen zurückgelassen. Aber im Leben gibt es auch Augenblicke, in denen sich ganz ohne verbale Kommunikation auskommen lässt. In der Song-

---

[167] Erwähnt sei, dass der Song einem anderen Verständnis zufolge auch als Metapher für *Brian Wilson*s Ausstieg aus dem Tour-Leben der *Beach Boys* verstanden werden könne – wenn *Wilson* Anfang 1966 auch kaum über eine dauerhafte Rückkehr zur Bühnenpräsenz nachgedacht haben dürfte: Zu sicher dürfte er sich gewesen sein, dass der eingeschlagene Weg für ihn der richtige und einzig befriedigende ist. Vgl. dazu: Lambert, S. 240f.

Sequenz von „Pet Sounds" lässt sich „Don't Talk (Put Your Head On My Shoulder)" ganz ohne Schwierigkeiten auch als Fortsetzung von „That's Not Me" deuten: Ich ist zurückgekehrt, hat die zurückgelassene Freundin in die Arme geschlossen und ihr deutlich gemacht, dass sie die einzige ist und er nicht wieder verschwinden wird. Oder so ähnlich. Nach der relativen Spröde von „You Still Believe In Me" und dem detailreichen, unruhigen „That's Not Me" beginnt „Don't Talk" ohne Intro mit einer schwer lastenden Orgel und einem Double Bass sowie einer gleichmäßig durch das ganze Lied führenden Cymbal-Begleitung als Zeitgeber. Fast unmittelbar nach dem unvermittelten Start ist auch die Stimme von *Brian Wilson* da (der das Lied allein, an einigen Stellen allerdings gedoppelt singt): Ich kann so viel in deinen Seufzern hören / so viel in deinen Augen sehen / Es gibt Dinge, die wir sagen könnten (Z. 1-3), heißt es in der ersten Strophe, aus der die Akkordprogression unmittelbar in den Chorus hinüberführt: Aber sprich nicht. Leg deinen Kopf an meine Schulter / Schließ deine Augen und sei still / Sprich nicht, nimm meine Hand / und lass mich dein Herz hören (Z. 4-7). In einer glücklich gefundenen musikalischen Verbildlichung unternimmt die Bassgitarre, gespielt von Carol Kaye, unter der letzten Zeile des Chorus fünf distinkte Schritte abwärts, die unmittelbar einleuchten als stetig ruhiger werdender Herzschlag. In der zweiten Strophe, deren Arrangement um Streicher erweitert wird, drückt Ich sein Wohlgefühl über die gefundene Zweisamkeit aus; über den kommenden Tag nachzudenken, lehnt er ab (Z. 8-10), um nicht in der Stimmung und dem Augenblick gestört zu werden. Darauf folgt der Chorus, abgewandelt nur in Z. 13f. (... und hör auf meinen Herzschlag), wieder begleitet von den sehr bildmächtigen fünf Abwärtsschritten. In „Don't Talk" kommen zwei in der glücklich gefundenen Zweisamkeit völlig zur Ruhe, nehmen sich einen Moment abseits von allen Einflüssen und finden Stärke in der Gegenwart des anderen. Sie gleiten sozusagen in das üppige instrumentale Mittelstück, das vom Streichsextett ausgestaltet wird, und darauf folgt noch einmal der Chorus. Das Arrangement belegt die emotionale Kraft, die Musik entwickeln kann; dazu passt, dass Text und Gesang die glückliche Zweisamkeit zeigen und zugleich deren Zerbrechlichkeit bloßlegen. Das wiederholte Flehen, nicht zu sprechen, macht deutlich, wie offensichtlich mindestens das Ich dieses Ruhemomentes bedarf. In der Tat nicht nachvollziehbar ist hingegen ein Verständnis des Textes, dass die beiden Figuren am Ende ihrer Partnerschaft angekommen sieht und nach einem gelassenen Abschied suchen lässt.[168]

---

[168] Vgl. dazu: Lambert, S. 229, der die Interpretation von Jim Fusilli referiert. Vgl. auch: Jim Fusilli: Pet Sounds. New York, London: Continuum 2007, S. 25-27 (= 33 1/3, Bd. 19).

Es liegt also am Hörer, ob er eher die stille Zweisamkeit wahrnimmt – so dass „Don't Talk" wie beispielsweise „And I Love Her" von den *Beatles* als Soundtrack für einen gelungenen Augenblick funktioniert –, oder ob er eher die Fragilität der Partnerschaft, das verzweifelte Bedürfnis nach einem stillen Moment, nach einem Rückzug aus der Welt hört. *Brian Wilson*s eigene Worte – „I have to say I'm proud of it. The innocence of youth in my voice, of being young and childlike. I think that's what people liked"[169] – deutet jedenfalls eher auf Gelassenheit und Harmonie.

Ließen sich die ersten vier Songs als Teil einer Geschichte verstehen – vom jugendlichen Sehnen über den Aufbruch bis zur Heimkehr –, so bricht dieser Faden nach „Don't Talk (Put Your Head On My Shoulder)" ab. „I'm Waiting For The Day" variiert die Dreiecksbeziehung von „Let Him Run Wild" – mit einem wichtigen Unterschied: In dem früher veröffentlichten Song – „I'm Waiting For The Day" liegt zum Zeitpunkt der Aufnahme im Februar 1966 tatsächlich auch schon seit rund zwei Jahren in der Schublade – muss das Sänger-Ich noch darum kämpfen, das geliebte Mädchen zur Einsicht zu bringen und von dem Rivalen, der sie falsch behandle, abzulassen; in „I'm Waiting ..." hingegen hat sich das Mädchen schon aus der fatalen Beziehung gelöst und das Sänger-Ich verspricht, auf den Tag zu warten, da sie wieder lieben könne. Ein gereiftes Ich bietet Trost, Zuspruch, Empathie, Unterstützung an.

Nach dem stillen „Don't Talk" beginnt „I'm Waiting For The Day" Achtung gebietend mit einem Intro durch Pauken, unterstützt von einzelnen Drum-shots. Nach dieser Wucht sackt die Musik für die erste Strophe zurück auf ein Arrangement aus Orgel, Oboe und einem nicht zweifelsfrei zu bestimmenden Zupfinstrument. Das Ich erinnert sich an die Situation:[170] Ich kam gerade, als der andere dir das Herz brach (Z. 1) und ich gab dir das Gefühl, geliebt zu werden, / als du es brauchtest, / um dein Herz zu befreien (Z. 4-6). In der kurzen Bridge (Z. 7f.) passiert selten Gehörtes: Das Arrangement wird ein zweites Mal reduziert (auf Orgel, Bass und Flöten), um die Aufmerksamkeit auf die Handlung zu lenken, im anschließenden einzeiligen Chorus (Ich warte auf den Tag, an dem du wieder lieben kannst) sind gar schließlich nur noch Orgel und Bass zu hören. Unter „again" nimmt das Arrangement indes schon wieder Fahrt auf und für die zweite Strophe bleiben nun alle Instrumente beieinander. Das Ich erinnert seine neue Freundin daran, wie nach und nach die Liebe zwischen ihnen gewachsen sei. Zur zweiten Bridge – Er hat dich verletzt, aber das ist vorbei / ich denke, du bist die Einzige für mich (Z. 16f.) – erfolgt wieder die Reduzierung, bis im zweiten Chorus wieder nur Orgel und

---

[169] Booklet zu „The Pet Sounds Sessions" (1996), S. 15.
[170] Vgl.: PetS 1996, S. 30.

Bass (und vereinzelte Gitarrennoten) zu hören sind. Nach einer kurzen Instrumentalpassage und der Wiederholung von zweiter Bridge und zweitem Chorus strebt das Lied seinem unerwarteten Ruhepunkt entgegen: Ähnlich wie in „Don't Talk" gleitet die Komposition in ein kurzes Streicher-Interlude (2:21 bis 2:31), das die gefundene Harmonie symbolisiert.[171] Dass der Sänger bei alledem längst seine eigenen Interessen hatte und die Situation sehenden Auges genutzt hat, wird im Outro deutlich, das die Percussion-Figur des Intro (Pauken, Drums, Orgel usw.) in die Ausblende abreitet: Du hast doch wohl nicht gedacht, dass ich zugucken würde, während er seins macht und dich mir wegnimmt, betont Ich, durchaus auch triumphierend, in mehreren Variationen (Z. 22-31).

Wuchtig, mit dem Herzschlag des aufgewühlten Liebenden, beginnt der Song, erreicht mehrere Ruhepunkte und schließlich eine kurze harmonische Phase, bevor wieder das seelische Drunter-und-Drüber ausbricht. Dass dabei gerade auch die zweite Strophe, die von der allmählichen Annäherung der neuen Partner berichtet, vom energischen „Herzschlag" der Pauken sowie abwärts gedehnten „Aaaaah-aaaaah-aaaaah" der Backing-Vocals (aus der einleitenden Flötenmelodie entwickelt) begleitet wird, die Musik also sozusagen gegen den Text gesetzt wird, ist ein geschicktes Sinnbild für den inneren Aufruhr, die Unsicherheit des Ich. Die Musik vollführt also im Detail wie im Ganzen diverse Kreisbewegungen, die die emotionale Achterbahn verdeutlichen. Und wie im Outro deutlich wird: Sicher kann sich das Ich der neuen Partnerschaft offenbar längst noch nicht sein.

Es gibt drei Stücke auf der LP, mit denen sich Interpreten schwertun, weil sie mit dem Konzept der Platte kaum in Einklang zu bringen seien: zwei Instrumentals, die gern auch mal als Füllstücke angesehen werden, und die vorausgegangene Single. Wer die Instrumentals nicht als Füllstücke hört, dem gelten sie als Ruhepunkte im musikalischen und emotionalen Auf und Ab der Platte. *Wilson* muss das seinerzeit wohl anders gesehen haben. Der Titel „Let's Go Away For Awhile" passt immerhin zum jugendlichen Aufbegehren – und hier geht nicht einer allein wie in „That's Not Me", sondern möglicherweise eben zwei, die im Alleinsein zueinander finden und Stärke sammeln. Tatsächlich lässt sich die musikalische Struktur als Aufbruch und erfolgreiche Ortsveränderung deuten. Der erste Teil spiegelt das Hin und Her der Gedanken und Fluchtvorbereitungen: Ein Thema wird aufgebaut (00:00 bis 00:17, vibes, Pauken, Gitarre, Bass) und strebt einer Lösung zu (00:17 bis 00:30, Klavier und Bläser treten hinzu), die aber vorläufig noch nicht erreichbar ist (00:30, Drum-

---

[171] Das Interlude wird anderenorts auch verstanden als musikalische Entsprechung von Schmerz und Traurigkeit des Mädchens. Vgl.: Lambert, S. 243.

shots beenden den Versuch). Das tastende Suchen wird wiederholt (00.30 bis 00.46, alle, Streicher treten hinzu) und wieder wird der Ausbruch ins Auge gefasst (00:46 bis 01:02, beendet von Bläsern). Und diesmal beginnt Neuland: eine spielerische Melodie – die gewonnene Freiheit? – entwickelt sich (ab 01:02, vibes und percussion, Streicher, Gitarre, Saxophone), deren wiederholte Durchführung immer mal wieder von Drum-shots und dann auch wieder Pauken gestört wird; sie verdämmert schließlich in der Ferne. Behält man im Auge, dass *Wilson* mit „Pet Sounds" in erster Linie „spiritual love" übermitteln wollte, ist leicht nachvollziehbar, warum er noch 30 Jahre später diese 2:22 Minuten als „the most satisfying piece of music I've ever made"[172] bezeichnet.

„Let's Go Away For Awhile" ist dramatisch (im Vordrängen und Innehalten) und emotional (durch die geglückte Aktion; das Fade-Out lässt die beiden Personen quasi zum Horizont hin immer kleiner werden).[173] Insofern ist es auch ein Lied über den Mut, den man haben muss, wenn man sein Ziel verfolgt, und über die Belohnung für den Mut – und könnte so verstanden durchaus wieder Bestandteil eines „Konzepts" sein.

Auch von „Sloop John B.", der Vorab-Single und hier dem letzten Stück auf der ersten Seite, wird gern behauptet, dass es nicht in das Konzept der LP passe. Aufs erste Hören mag das zutreffen, doch wenn man als das – ja keineswegs von *Wilson* präformulierte – Konzept die Suche nach dem sowohl sozial als auch emotional richtigen Ort des Heranwachsenden in der Welt begreift, dann hat auch „Sloop John B." einen Platz darin: als Initiationsmoment. Die Vorlage ist ein 1926 zuerst bekannt gewordener Folk Song von den Bahamas, der von einem Schiffbruch vor Nassau erzählt. Von diesem Schiffbruch ist in der Version des *Kingston Trio*, die den Song populär gemacht hat,[174] und in der der *Beach Boys* nicht mehr viel übrig. Das Sänger-Ich, das sich mit dem ersten Verspaar vorstellt, muss zum Zeitpunkt des Geschehens sehr jung sein, denn es segelt gemeinsam mit seinem Großvater (!) auf der „John B." Nachdem die Besatzung offenbar die Nacht durchgesoffen hat, kommt es zu einem Kampf (mit ungenannten Gegnern) und schließlich zu einer Konfrontation mit den Gesetzeshütern, denn Unerhörtes hat sich ereignet. So hat der Obermaat im Suff den Koffer des Kapitäns aufgebrochen und der Koch ist völlig durchgedreht und hat alle Habseligkeiten des Ich weggeworfen. Ich ist mittlerweile so fix und fertig, dass er den Sheriff John Stone nur noch erschöpft bittet, in Ruhe gelassen zu werden. Am liebsten würde er sofort die Segel setzen, um den Schauplatz dieser furchtbaren Erfahrung zu verlassen.

---

[172] Vgl. Booklet zu „The Pet Sounds Sessions" (1996), S. 15.
[173] Zur musikalischen Analyse vgl.: Lambert, S. 233.
[174] Vgl.: Lambert, S. 386.

Mit dem Hinweis kurz vor dem Outro, dass das die schlimmste Fahrt war, die er je mitgemacht habe, wird deutlich, dass Ich ein lange zurückliegendes Erlebnis rekapituliert – das seine Dramatik für ihn seither nicht verloren hat.

Angesichts des offenbar doch noch jugendlichen Alters des Ich – unterwegs mit dem Großvater! – dürfte er noch nicht genug Vergleichsmöglichkeiten haben, um eine bestimmte als die „schlimmste Fahrt" kennzeichnen zu können. Das Alter des Ich liefert denn auch die Grundlage für das Verständnis von „Sloop John B." als Lied über eine Initiation. Ich erfährt, wie furchtbar es sein kann, anderen Personen oder auch unabänderlichen Umständen unterworfen zu sein, denen nicht zu entkommen ist. Dabei liegt eine gewisse Mitschuld durchaus beim Ich, denn erwähnt werden ja ein Besäufnis und daraus erwachsende Handgreiflichkeiten, die in einem völligen Durchdrehen der „John B."-Crew enden. Möglicherweise gehört dieses Besäufnis nicht einmal nur zur regulären Freizeitgestaltung bei Landaufenthalten, sondern ist in diesem Fall für das Ich auch Teil eines Initiationsrituals, dem junge Seefahrer zu unterwerfen sind wie zu anderen Zeiten der Äquatortaufe. Doch von erwachsenen Menschen, deren Schutz man anbefohlen ist, ohne Ahnung oder Vorwarnung einer solchen „Prüfung" unterworfen zu werden, kann durchaus ein verstörendes und prägendes Erlebnis sein. Kommt der Verlust der eigenen Habseligkeiten hinzu; auf See, wo der Raum begrenzt ist, ist das durchaus ein Verlust von identitäts- oder erinnerungbildendem Besitz. Kein Wunder, dass Ich am Ende der Strophen und des Chorus wiederholt, nur noch nach Hause zurückkehren zu wollen.

So verstanden, passt „Sloop John B." durchaus in den Zusammenhang des LP-Themas – wenn auch nicht zu der den Liedern sonst eignenden boy-and-girl-Perspektive. Andererseits darf dieses Verständnis einer thematischen Einbindung nicht überbewertet werden; Ausschlag gebend für die Aufnahme des Songs in die Setlist dürfte wohl eher der Wunsch der Plattenfirma gewesen sein, der LP mit dem vorausgegangenen Single-Titel (einem No.-3-Charts-Erfolg, was bei der Zusammenstellung der Platte aber noch nicht der Fall war) einen zusätzlichen Kaufanreiz mitzugeben. Eigenartigerweise muss sich *Brian Wilson* aber bis heute Kritik für seine Nachgiebigkeit gegenüber Capitol anhören. Gut möglich andererseits, dass er durchaus ahnte, dass die neuen Songs angesichts vorherrschender Hörgewohnheiten nicht das kommerzielle Potential früherer Arbeiten entfalten würden. Ganz unabhängig von solchen Erwägungen ist aber auch deutlich zu hören, dass die sorgfältige Produktion dieses Cover-Songs mit dem hohen Standard der anderen Aufnahmen spielend mithalten kann; man achte nur auf den wunderbaren viereinhalb Takte langen a-cappella-Moment im Verlauf des zweiten Chorus (01:51 bis 01:59).

Falls *Wilson* das kommerzielle Potential der neueren Songs tatsächlich eher gering eingeschätzt hat, muss er wohl auch „God Only Knows" keine großen Chancen eingeräumt haben. Tatsächlich ist der Opener der Seite 2 auch nur als B-Seite (von „Wouldn't It Be Nice") veröffentlicht worden; trefflich lässt sich an diesem Beispiel darüber streiten, ob ein perfektes Werk von vornherein zum Scheitern verurteilt ist, weil die Hörer es nicht merken oder nicht verstehen. Zur Folklore der Pop-Musik-Geschichte gehören jedenfalls die Bedenken von *Wilson* wegen des Wortes „God" im Titel – vermeintlich das erste Mal in einem Songtitel an so hervorgehobener Stelle, sprich: in einem Titel einer dermaßen Charts-verwöhnten Band. Mal abgesehen davon, dass der Song nichts mit Gott zu tun hat – er taucht vielmehr als Teil einer alltäglichen Redewendung auf –, können die Bedenken auch so groß nicht gewesen sein, denn für einen alternativen Titel gibt es nirgends einen Beleg.

Als spirituelles Statement überzeugt der Song jedenfalls auf ganzer Linie. Obwohl die Komposition, die melodische Findung eher unspektakulär ist, entsteht durch die Lead vocals von *Carl Wilson* (denen der Bass auf delikate Weise folgt), durch das intrikate instrumentale Arrangement (man achte beispielsweise darauf, wie die Waldhorn-Melodie aus dem Intro kurz vor Schluss in den Flöten wieder auftaucht, oder wie die sleigh bells als Rhythmusgeber die Stelle des üblicherweise verwendeten Tambourins so perfekt einnehmen, dass sie auch im Sommer nicht irritieren) und schließlich durch die Backing vocals im Interlude und im Outro schiere Perfektion.[175] Und der Text? Wieder geht es um die eigene innere Verunsicherung, um die Unzufriedenheit mit sich selbst im Verhältnis zur Partnerin und nicht zuletzt um das Maß des gegenseitigen Vertrauens. Das Ich ist zunächst ganz erfüllt von Hingabe, wenngleich der Song mit einer Irritation beginnt: Vielleicht werde ich dich nicht immer lieben, / aber so lange Sterne über dir stehen, / daran sollst du nie zweifeln / werde ich es dich wissen lassen, / Nur Gott weiß, was ich ohne dich wäre (Z. 1-5). Heißt die Zeile: Vielleicht werde ich dich nicht immer lieben (Z. 1), dass er fürchtet, dass sie es möglicherweise nicht zulassen und ihn verlassen werde, oder nimmt er voraus, dass sich seine Gefühle verändern könnten? („But ...", Z. 2). Die Widersprüche liegen also vorläufig im Ich, etwa so wie in „She Knows Me Too Well". Die zweite Strophe baut auf diesen Befürchtungen auf: Wenn du mich je verlassen solltest, / würde mein Leben sicher weiter gehen, / aber die Welt hätte mir nichts mehr zu bieten / welchen Grund hätte ich also, weiterzuleben / Nur Gott weiß, was ich ohne dich wäre (Z. 6-10). Sich gegenüber jemandem ganz und gar zu öffnen, sich dem Partner und den Gefühlen vorbehaltlos hinzugeben, weist einerseits auf das zutiefst menschliche Bedürf-

---

[175] Zum Arrangement vgl.: Lambert, S. 245-247.

nis, irgendwo anzukommen, ganz selbst sein zu dürfen, und birgt doch andererseits Risiken, wenn das Vertrauen vom Partner nicht in gleichem Umfang gewährt oder gar mißbraucht wird. In diesem Sinne unternimmt das Ich tastende Formulierungsversuche: Wie viel kann ich sagen, um meine Ängste, meine Verunsicherung deutlich zu machen und doch nicht jeden Rückhalt aufzugeben? So könnte „Vielleicht werde ich dich nicht immer lieben" die Angst vor einem Vertrauensverlust und einem emotionalem Loch auf Seiten des Ich antizipieren, denn ausgeliefert hat er sich (vgl. Z. 1/5); aber gleich beruhigt sich Ich mit dem Hinweis, dass nichts davon passieren werde, so lange sie zusammen seien (vgl. Z. 2-4). Vor diesem Hintergrund formuliert die zweite Strophe nichts anderes als die Angst, im Fall einer Trennung den Halt, die Welt zu verlieren – in der Form einer Liebeserklärung. Nur zu zweit, teils aus Gründen wahrer tiefer Liebe, teils aus Gründen eines Schutzes vor der Welt, ist das Leben zu bestehen; so ist „God Only Knows" ein Liebeslied und eben auch ein Plädoyer für unbedingte Aufrichtigkeit – um mehr Vertrauen in die Welt zu bekommen.

Natürlich ließe sich der Text auch offensiv verstehen: Kann sein, dass ich irgendwann aufhöre, dich zu lieben, aber bis es so weit ist, haben wir eine tolle Zeit, und wenn du mich eines Tages verlässt, würde mein Leben auch weitergehen ... das ist ungefähr so die Sorglosigkeit, die „I'll Follow The Sun" von den *Beatles* ausstrahlt; bevor wir beide in schwierige Umstände geraten, ziehe ich lieber der Sonne nach, so dessen Ego-zentrierter Text zu einer lieblichen Akustik-Melodie.[176] Wie der Blick auf die Vorgeschichte von „Pet Sounds" gezeigt hat, liegt es allerdings deutlich näher, in den Formulierungen das verunsicherte Ich zu entdecken. Es gibt demnach auch eine Lesart, die „God Only Knows" als persönliche Aussage von *Brian Wilson* zu deuten versucht – weil dessen Ehe mit Marilyn eben nicht sorglos dahinlief –, aber ob diese biographische Verankerung zutrifft oder nicht, ist für das Verständnis des Songs nicht entscheidend. In Komposition und Produktion hat *Wilson* etwas Einzigartiges geschaffen; einzigartig nicht zuletzt, weil er diese Qualität nie wieder erreicht hat (woran sowohl der Druck als auch der Drogenkonsum seinen Anteil hat). Im Auge ist zu behalten, dass er wie beispielsweise in „You Still Believe In Me" den ambivalenten Text gegen die Melodie setzt.

Und wer ist der Sänger von „I Know There's An Answer"? Einerseits bietet der Titel in seiner Funktion als Chorus die Antwort auf die rhetorischen Fragen des Sänger-Ich, andererseits lässt sich die Zeile natürlich wieder über den Text und seine besondere Problemstellung hinaus allgemeingültig verste-

---

[176] Vgl.: *The Beatles*: „I'll Follow The Sun", LP „Beatles For Sale" (Dezember 1964).

hen. Wird hier also Zuversicht ausgestrahlt? Der Text beginnt klagend:[177] Ich kenne so viele Menschen, die denken, sie schaffen es allein / sie schließen sich ab und bleiben, wo sie sich sicher fühlen (Z. 1-4). Es allein schaffen zu wollen, erinnert zunächst einmal an „That's Not Me", lässt also nicht gleich an Positives denken. Dass die Klage aber wohl doch aus einer Position besseren Wissens kommt, machen die folgenden Zeilen deutlich: Was kann man ihnen nun sagen? / Was kann man ihnen sagen, das sie nicht in die Defensive geraten lässt? (Z. 5-7). Der folgende Chorus – Ich weiß, es gibt eine Antwort / Ich weiß es jetzt, aber ich musste sie schon selbst finden (Z. 8f.) – kommt ebenfalls aus dem besseren Wissen; es ist die Antwort auf die Frage, was man diesen in sich isolierten Menschen sagen könne, es ist aber auch die darüber hinaus reichende Antwort auf die Frage, ob diesen Menschen grundsätzlich zu helfen wäre. Die zweite Strophe setzt die Beschreibung der Verhaltensweise fort: Sie wirken so friedfertig, / aber innerlich sind sie völlig verspannt. / Tagsüber auf dem Trip, vergeuden sie nachts all ihre Gedanken (Z. 10-13). Das Ich nimmt es auf sich, etwas an dieser Situation ändern zu wollen: Was kann ich also tun, um ihnen zu sagen, dass die Art / wie sie leben, eine bessere sein könnte (Z. 14f.). Darauf folgt der unveränderte Chorus ein zweites Mal. Der Blick auf den Text hat deutlich gemacht, dass sich Strophen und Chorus in einer Hinsicht zu widersprechen scheinen: In den Strophen beklagt das Ich, dass so viele Menschen glaubten, es allein schaffen zu können, im Chorus bestätigt das Ich, die Lösung allein gefunden zu haben. Nun, es allein schaffen zu wollen, entspricht sicherlich zunächst einmal sowohl einer gewissen kompetitiven Haltung des Menschen und andererseits der menschlichen Unlust, Fragen zu stellen – weil Fragen vermeintlicherweise Unsicherheit und Unkenntnis offenlegen, statt auf Souveränität zu deuten. Nur der souveräne Mensch kann Fragen stellen, sich damit persönlich weiterbringen und vor allem aus Problemen befreien. Fragen zu stellen, wäre dann das Bindeglied von Strophen und Chorus: Ich hat sich vorangebracht und es insofern „allein" geschafft. Und weil er es geschafft hat, spricht er aus der Situation eines Überlegenen; den Anderen, Unwissenden, Unerleuchteten sagen zu wollen, wie sie besser leben könnten (vgl. Z. 14f.), deutet auf die Mitte der 60er Jahre vieldiskutierte Suche nach einer Führerfigur, die hier schon angesprochen wurde: Ich kann für sich in Anspruch nehmen, zu wissen, dass es Antworten gibt. Die positive Botschaft des Chorus passt letztlich auch gut zu den Aussagen anderer Songs auf der LP.

---

[177] Vgl.: PetS 1996, S. 31.

Einzugehen ist aber noch auf die Vorgeschichte des Songs.[178] In seinem frühen Stadium hieß er „Hang On To Your Ego" und umfasste Zeilen, die in den Ohren von *Mike Love* auf Drogenkonsum deuteten und Drogen als Mittel der Ausflucht gut zu heißen schienen. Seither hat *Love* viel Wert darauf gelegt, dass er den positiven Chorus eingeführt hat. Interessanterweise ist aber die zweite Strophe mit dem Hinweis auf die tagsüber unternommenen Trips stehen geblieben; wenn die Trips hier nicht auf Drogen verweisen sollen, dann könnten jene Irrwege gemeint sein, auf die Unerleuchtete zu geraten drohen. Die „verschwendeten Gedanken" bei Nacht müssen demnach als bedauerlicher Verlust kreativer Energie gedeutet werden: zur falschen Zeit am falschen Ort formuliert.

Vertrauen und sich jemandem anvertrauen zu können, gehört zu den grundlegenden seelischen Bedürfnissen des Menschen. Das haben auch die Songs bisher deutlich gemacht. Bisweilen würde man ja nur allzu gern dem ersten Augenschein nachgeben; dass man möglicherweise aber anders (re)agieren würde, wenn man mehr und andere Informationen hätte, gehört im Blick zurück zu den Erkenntnissen, die es mit wachsender Erfahrung schwerer machen, Vertrauen zu fassen. Das Sänger-Ich von „Here Today" hat entsprechende Erlebnisse hinter sich und ist nun in der Lage, einen Freund zu warnen. Mit dem Ton des Wissenden, der auch schon „I Know There's An Answer" eigen ist, steigt er in den Text ein:[179] Es beginnt mit einem Blick / und schon denkst du an eine Romanze. / Du weißt, du solltest es langsamer angehen, / aber du kannst es gar nicht abwarten ..., so die erste Strophe (Z. 1-4) – und das ist eindeutig nicht die Begeisterung von „Wouldn't It Be Nice". Hiernach beginnt die erste Bridge-Passage zum Chorus: Eine neue Liebe ist eine wundervolle Sache, / aber bedenk den Schmerz, der sich einstellt, wenn du nicht vorsichtig bist (Z. 5-7). Dann windet sich die Bridge Zeile für Zeile etwas höher: Es macht dich so unglücklich, / es macht dich so traurig, / deine Tage gehen schief, / deine Nächte werden lang. / Du darfst es nicht vergessen ... (Z. 8-12). Mit einer auffälligen Abwärtsbewegung der Bassgitarre, diesmal gespielt von Ray Pohlman, fällt das Lied von dort in den Chorus: Heute ist die Liebe da / morgen ist sie wieder verschwunden / hier und so schnell wieder weg (Z. 13-15). Es geht also um die Flüchtigkeit der Gefühle, die doch die Grundlage einer Partnerschaft sein sollten.[180] Woher der Sänger sein besseres

---

[178] Vgl. dazu: Lambert, S. 237.
[179] Vgl.: PetS 1996, S. 31.
[180] Lambert versteht den Chorus offensichtlich nicht als Warnung in der Konsequenz der Strophen. Er stellt den Chorus vielmehr gegen die Erfahrungen, wie sie in den Strophen geschildert werden, und hört deshalb „essentially ...[ein] *carpe diem*" heraus: Heute ist die Liebe da (also genieße sie, denn) / Morgen ist sie wieder verschwunden ... Vgl.: Lambert, S. 248.

Wissen hat, verrät er in der zweiten Strophe: Ich zieh dich ja ungern runter, / aber sie hat mich verlassen, bevor du sie gefunden hast (Z. 18f.), heißt es dort. In der zweiten Bridge-Passage wiederholt er die Zeilen der ersten – mit einem Unterschied: Aus ‚Es macht dich so unglücklich' („It makes ...") wird ‚Sie machte mich so unglücklich' („She made ..."). Das Outro wiederholt mehrmals den Chorus. In gewisser Weise ist „Here Today" also die Fortsetzung von „I Know There's An Answer", denn es geht um den Wert und die Anwendung der eigenen Erfahrungen, und die Variation von „It ..." zu „She ..." macht das Anliegen des Sängers sowohl dringlicher als auch überzeugender. Die Erfahrungen anzuwenden, um gerüstet zu sein für die Zukunft, im Guten wie im Schlechten, ist demnach das Anliegen von „Here Today".

Aber hängt es von der Zahl der Erfahrungen ab, ob, wann und wo man seinen Platz findet? Erfahrungen allein reichen wohl nicht, es muss auch eine seelische Disposition hinzukommen, die Gewissheit, verstanden und akzeptiert zu werden, seinen Weg gehen zu dürfen. Von „Don't Worry Baby" und „Good To My Baby" über „She Knows Me Too Well" bis „You Still Believe In Me" hatten vorausgegangene Songs dieses Problem auf ihre Weise ja auch schon formuliert: im Spiegel der Partnerschaft. Wenn aber Partnerschaft und Liebe nicht vorausgesetzt werden können („God Only Knows", „Here Today"), muss man eine Sicherheit auch in sich selbst haben („I Know There's An Answer") – aber der Weg dahin kann lang, deprimierend und reich an Nackenschlägen sein. Wenn man diesen Kampf um den eigenen Platz in der Welt als das Kernthema von „Pet Sounds" – und als das Anliegen, das *Brian Wilson* im Innersten umtreibt – betrachtet, dann ist „God Only Knows" vielleicht das musikalische Zentrum der Platte; die zentrale textliche Aussage ist dann aber in dem resignativ betitelten „I Just Wasn't Made For These Times" zu vermuten. Und wie sich zeigen wird, formulieren *Wilson* und Texter Tony Asher das Problem von der Suche nach dem richtigen Ort noch sehr viel grundsätzlicher als *Paul Simon*.

Das Sänger-Ich kommt umstandslos auf der ersten Note des Songs zum Thema: Ich suche weiter nach einem Ort, an den ich gehöre, / wo ich mich aussprechen kann. / Und ich habe mich verzweifelt bemüht, Menschen zu finden, / die ich nicht (gleich) wieder hinter mir lasse (Z. 1-4), so die Situation. Zu Cembalo und knochentrockener Bassgitarre treten hiernach Drums und Gitarren: Seine Intelligenz habe ihm nicht geholfen, und jedesmal, wenn die Dinge mal in seine Richtung zu laufen scheinen, passt es am Ende doch wieder nicht (Z. 5-10). In der folgenden Bridge, die zum einzeiligen Chorus führt, singen Lead- und Backing vocals unterschiedliche Zeilen. Die Lead-Stimme formuliert dreimal die Klage: Manchmal bin ich sehr traurig; die Backing vocals liefern darunter zweimal die Begründung dafür: Ich habe das noch nicht gefunden, wohinein ich Herz und Seele investieren kann (Z. 11-13); eine dritte Stimme macht es noch deutlicher: Leute, die ich kenne, wollen nicht dort sein, wohin es mich treibt.[181] Eine kurze Bläser-Linie, vermutlich von einer Klarinette, führt in den Chorus: Ich bin nicht gemacht für diese Zeit (Z. 14), lautet die Folgerung des Ich aus alledem. Dass diese emotionale Einsamkeit für das Ich eine existenzbestimmende Erfahrung ist, wird in der zweiten Strophe deutlich. Sie setzt die Situationsbeschreibung der ersten Strophe fort: Jedesmal, wenn ich inspiriert bin, / alles zu verändern, / Will mir niemand dabei helfen, die Orte zu finden / wo Neues zu entdecken wäre (Z. 15-18). Wohin soll ich mich wenden, wenn meine Schönwetterfreunde sich dünn machen? / Worum geht's hier eigentlich? (Z. 19-21) fragt Ich mit schmerzbefrachteter Stimme. Dann werden die Frage, warum am Ende die Dinge doch wieder nicht passen, und der Chorus wiederholt. Auf den Chorus folgt das kurze Theremin-Solo; die dünne, fragile und etwas wacklige Stimme des Instruments setzt die Verunsicherung des Ich ideal in Musik um. Mit weiteren Wiederholungen des Chorus (ähnlich wie bei „Here Today") geht der Song in die Ausblende.

Wie das Ich von „I Know There's An Answer" muss das von „I Just Wasn't Made For These Times" also allein zurechtkommen. Dem von „I Just …" fehlt allerdings das erfahrungsgesättigte Wissen; er hat keine feste Position, sondern ist im Tiefsten verunsichert; deutlich wird, wieviele Spuren von hier zurückführen zu früheren Texten. Aus dieser Verunsicherung formuliert er vorwiegend Fragen – wie jene, wohin er sich denn wenden könne, wenn seine so genannten Freunde sich abkehrten (vgl. Z. 19f.). Die Konstellation, in der sich das Ich demnach bewegt, ist auf verschiedene Weise ausdeutbar. Der Text lässt sich verstehen als Ausdruck der existentiellen Erfahrung, allein zu stehen im Leben – weil eben niemand die Dinge genau so sieht wie man selbst, weil es genau deshalb niemanden gibt, der einem Halt bieten kann, und weil man immer alles allein machen muss, wenn sich niemand für das interessiert, was einen beschäftigt. Doch weil er sich bei seinem Versuch, an den Kern seiner Fähigkeiten zu kommen und seine individuellen Ausdrucksmöglichkeiten zu finden, gern auf andere stützen würde, landet er im Paradox: Allein geht's nicht, mit anderen auch nicht. Gemeint sein könnte aber auch das Drama des überdurchschnittlich Begabten, der zu Großem berufen wäre, wenn seine Umgebung denn sensibel genug wäre, das zu erkennen und zu unterstützen. Halb stolz darauf und halb entsetzt darüber, nicht zu sein wie die anderen, sucht er nach einem Ventil, um den Druck entweder loszuwerden und nutzbar zu machen. Seine Begabung empfindet er halb als Gabe und halb

---

[181] Vgl.: PetS 1996, S. 31. Diese dritte Stimme findet sich dort allerdings nicht berücksichtigt; sie ist nur aus sorgfältigem Hören zu erschließen.

als Last. Dass er nicht in diese Zeit(en) passt, hat etwas mit dieser besonderen Sensibilität zu tun, ist aber andererseits eine Erfahrung, die sensible, genialisch veranlagte junge Menschen überall und zu allen Zeiten machen können – zumindest solange ihr Drang nach Ausdruck ungerichtet ist. Die vielleicht auch ein wenig selbstmitleidige, gleichwohl nicht weniger existentielle Erfahrung, allein zu stehen, ist demnach für viele Überbegabte mindestens ein Durchgangsstadium auf dem Lebensweg.

Manch ein Interpret hat „I Just Wasn't Made For These Times" denn auch als persönlichste Aussage von *Brian Wilson* (auf dieser LP) verstanden. Hatte er anfänglich alles mit seinen Brüdern zusammen beschlossen und umgesetzt, wurde ihm in der Folge seines Nervenzusammenbruchs im Dezember 1964 aber klar, dass seine wahren Begabungen noch nicht ausgeschöpft sind. In der Abwesenheit der *Beach Boys* hat er sich allein auf den Weg gemacht, um die Hit-Formeln hinter sich zu lassen und sein kreatives Potential zu nutzen. Dabei ging es ihm vor allem um seine Weiterentwicklung als Komponist und die Nutzung der Song-Texte für den Ausdruck tiefer, persönlicher Empfindungen. Selbstverwirklichung durch Selbstbefreiung ist das Thema. Wie die bandinternen Auseinandersetzungen um das neue Song-Material zeigen, ist er dabei auf Territorium vorgedrungen, das vor allem *Mike Love* nicht für vielversprechend hielt. Allerdings hat ihn der Drogenkonsum zugleich auch um dieses Potential gebracht; wie die weitere Entwicklung zeigt, sollte „Pet Sounds" ein einsamer Höhepunkt bleiben.

Der Hinweis, er sei nicht für diese Zeiten gemacht, bezieht sich dabei vielleicht nicht einmal so sehr auf die Gesellschaft der 1960er Jahre als seine „times", sondern grundsätzlicher und über *Wilson* hinaus im Sinne der Argumentation vom überdurchschnittlich Begabten darauf, dass jemand sich als erratisch in seiner Lebenszeit empfindet – im Fall von *Wilson* beispielsweise, weil er nach etwas strebt, wofür die Pop-Musik seiner Zeit noch kaum reif ist. „All my friends thought I was crazy to do ‚Pet Sounds'", erinnert er sich 30 Jahre später.[182] Anders als in „That's Not Me" – das zwar auch von der Entwicklung hin zur Einsicht und Einordnung handelt, dessen Fluchtpunkt aber letztlich doch noch eine Partnerin ist (vgl. dort Z. 4) – spricht das Ich in „I Just Wasn't Made For These Times" ausschließlich von sich und seinem Missverhältnis zur Welt. In „That's Not Me" scheint eine emotional befriedigende Beziehung zu einem anderen Menschen noch möglich, in „I Just ..." wird eine Ein- und Zuordnung als Wunsch formuliert (vgl. Z. 1), aber sie ist nicht erreichbar.

---

[182] Vgl.: PetS 1996, S. 17. Und es ist ja vielleicht auch kein Wunder, dass gerade die 1960er-Jahre das Top-40-Radio erfunden haben ...

Ausgerechnet der Titelsong der LP ist das Stück, das sich am wenigsten mit dem musikalischen und lyrischen Gehalt der LP in Beziehung setzen lässt. Zwar gibt es einige musikalische Details, die „Pet Sounds" mit anderen Stücken verbindet, aber das Sounddesign des kleinen Instrumentals bietet etliche Abweichungen vom bisher Gehörten. Zunächst hängt das zusammen mit dem ursprünglichen Charakter des Stückes: „It was supposed to be a James Bond theme type of song",[183] hat *Wilson* über das schon am 17. November 1965 (also vor Beginn des „Pet Sounds"-Projekts) aufgenommene Stück gesagt. Tatsächlich ist der Song, der zunächst „Run, James, Run" heißt, so spannungsreich komponiert und arrangiert, dass er gut für diesen Zweck geeignet erscheint. Die laute und verhallte Gitarre sorgt für Dramatik, die Percussion liefert ein exotisches Flair, wie es für James-Bond-Filme gebraucht wird, die kompakten Bläser setzen markante Punkte in den Durchführungen (z.B. ab 00:52) oder binden die Motive ab (z.B. 01.31 bis 01:35). Sucht man außerhalb der James-Bond-Assoziationen nach einem Anknüpfungspunkt für die LP, so lässt sich nur jene Spannung anführen, die sich als jene Anspannung deuten lässt, wie es sie in jedem Leben vor einer Herausforderung gibt. Das wäre eine eher dünne Begründung – und im Rückblick will es vielmehr scheinen, dass das Instrumental für die späteren LP-Aufnahmen vor allem eine Art musikalisches Versuchslabor war. In die Setlist ist es gekommen, weil *Wilson* sich keine echten Chancen ausgerechnet hat, es an die James-Bond-Macher vermitteln zu können. Wie und wann es zu Titelstück-Ehren gekommen ist – einen textlosen Song zum Namensgeber einer doch etwas skurril benannten LP zu machen, ließe sich wohl nur mit hintergründigem Witz oder einer bandinternen Anspielung begründen –, ist nicht zu ermitteln.[184]

Die Leadstimme für „God Only Knows" hatte *Brian Wilson* nach einem eigenen Versuch seinem Bruder *Carl* überlassen; so ist es vermutlich zu erklären, dass ihm bis heute „Caroline, No", das Schlussstück der LP, noch etwas näher steht. „… my favorite on the album. The melody and the chords were like Glenn Miller … the prettiest ballad I've ever sung. Awfully pretty song", sagt er im Rückblick.[185] Beim ersten oder oberflächlichen Hören scheint es sich um einen rein retrospektiven Song zu handeln; wer etwas mehr Aufmerksamkeit aufwendet, merkt, dass der Text aber vielmehr den ständigen Abgleich zwi-

---

[183] Vgl. dazu: Lambert, S. 232f. über das Arrangement, das *Wilson*-Zitat ebd., S. 232.
[184] Das Booklet der „Pet Sounds Sessions" (1996), S. 17, ist da leider keine Hilfe: „The title cut and the LP title have a double meaning. The sounds that are on the album could be considered to be Brian's ‚pet sounds'. And Brian's pups (Banana and Louie) can be heard on the canine coda to the album's final track, ‚Caroline, No'. Brian credits Carl with coming up with the title, Carl credits Brian. Other reports say it was Mike's idea. Will somebody step forward with the truth?" Ah, ja.
[185] Vgl.: PetS 1996, S. 17.

schen Erinnerung und Gegenwart durchführt – mit Versen, die je der Erinnerung (E), dem Abgleich (A) oder der Gegenwart (G) gewidmet sind. In der ersten Strophen heißt es: (E) Wohin sind deine langen Haare verschwunden? / (A) Wo ist das Mädchen, das ich kannte? / (A) Wie konntest du deinen glücklichen Schein verlieren? / (G) Oh Caroline, nein (Z. 1-4), in der zweiten Strophe: (A) Wer nahm dir dein Aussehen? / (E) Ich erinnere mich, dass du zu sagen pflegtest, / (A) Du würdest dich nicht ändern, aber das ist nicht wahr. / (G) Oh Caroline, du (Z. 5-8). Unter der wörtlichen Bedeutung der Zeilen schwingt deutlich immer mit, dass das Sänger-Ich nicht nur die (idealisierte?) Vertraute früherer Jahre sucht, sondern dahinter zugleich etwas Größeres: die Zeit und die Konstellation, die sie verband. Denn dass Ich sich vor allem an ihr Versprechen erinnert, sich nicht ändern zu wollen, deutet auf seinen Wunsch, stets auf eine verlässliche und emotional befriedigende Freundschaft zurückgreifen zu dürfen, ein wenig Stabilität, Ruhe im ewigen Wandel zu haben. Das folgende Middle Eight – mit dem Enjambement „you" aus der zweiten Strophe – ist vor allem der Gegenwart gewidmet: (G) brichst mir das Herz, ich möchte weinen, / (A) So traurig, etwas so Schönes vergehen zu sehen / (G) Oh Caroline, warum? (Z. 9-11). Die emotionale Rückwärtsgewandtheit des Ich wird in der dritten Strophe besonders deutlich: (A) Könnte ich wohl je in dir wiederfinden, / (E) jene Dinge, die mich dich einst so lieben ließen? / (G) Könnten wir sie je zurückholen, / da sie nun einmal vergangen sind? / (G) Oh Caroline, nein (Z. 12-16).

Den literarisierenden Trick, das Vergehen von Zeit an den Veränderungen zu zeigen, die ein Mädchen durchläuft, hat *Wilson* schon kurz vor Beginn der Arbeit an „Pet Sounds" einmal angewendet: für „The Little Girl I Once Knew".[186] Allerdings unterscheiden sich die beiden Songs substantiell – was nicht so sehr auf einen qualitativen Sprung des Komponisten in den vier Monaten zwischen den Aufnahmen deutet, sondern eher auf die Rücksichten verweist, die für eine Single zu nehmen sind. Die Erzählsituation von „The Little Girl I Once Knew" ist sehr viel leichter zu erfassen für Top-40-Hörer: Das Sänger-Ich entdeckt, dass aus dem unscheinbaren Mädchen der Vergangenheit eine attraktive junge Frau geworden ist, und er beschließt, sie nun – die sich noch in einer Partnerschaft befindet – für sich zu erobern. Wie hätte ich ahnen können, dass sie je die werden wird, die sie heute ist, fragt er sich in der zweiten Strophe. Dieses Mädchen hat also mit der Zeit gewonnen, während das Mädchen von „Caroline, No" in den Augen des Sänger-Ich verloren hat

---

[186] *The Beach Boys*: „The Little Girl I Once Knew" b/w „There's No Other (Like My Baby)" (November 1965).

(vgl. Z. 1, 3, 5 und öfter) – was ihn allerdings nicht zu Desinteresse, sondern zu Melancholie führt. Er wendet sich nicht ab, sondern formuliert Empathie ... – und vielleicht auch seinen persönlichen Verlust. Der Text lässt immerhin verschiedene Verstehensweisen zu. Denkbar ist, dass das Ich eine Vergangenheit vor Augen hat, die es so nie gab, und die er jetzt trotzdem vermisst. Ist das Mädchen denn jetzt die wahre Caroline? Und was hat er dann damals gesehen? Geht es vielleicht darum, dass die Gegenwart gegen jede Vergangenheit (als „gute alte Zeit") blasser erscheint? „Caroline, No" weist also mindestens zwei Bedeutungsebenen auf: Da ist zum einen die Trauer um die vergangene Zeit und die Veränderungsprozesse, die das Vergehen von Zeit mit sich bringt. Und da ist zum anderen die persönlichere Trauer über diese Veränderungen – die man so ungern zur Kenntnis nimmt, weil sie liebgewonnene Bilder und Erinnerungen beschädigen und damit persönliche Verluste markieren; damit geht nicht selten eine Art Selbstmitleid einher.

Wie kommt diese kleine, wenn auch berührende Ballade an diese Ausdrucksstelle am Ende von „Pet Sounds"? Es ist nicht der eindrucksvollste („God Only Knows"), der persönlichste („I Just Wasn't Made For These Times") oder der positivste Song („Wouldn't It Be Nice") der LP. Wenn die LP ausläuft, hängt nach „I Just Wasn't Made For These Times" und „Caroline, No" vor allem Melancholie in der Luft. Näher an eine Antwort kommt man, wenn man sich mit der vielfach aufgeworfenen Frage auseinandersetzt, ob „Pet Sounds" denn tatsächlich ein (und womöglich das erste) Konzeptalbum ist.

In der Diskussion um Begriff und Gestalt eines Konzeptalbums ist bislang nicht einmal eindeutig festgelegt, ob ein solches eine Platte ist, bei der in erster Linie die einzelnen Titel in einer thematischen Beziehung zueinander stehen oder sogar eine zusammenhängende Geschichte erzählen müssen, oder ob auch ein musikalischer Zusammenhang zwingend zum durchgängigen Konzept gehört. Eine alle Lieder verbindende Geschichte wird häufig alternativ auch mit dem Begriff „Rockoper" belegt, wobei der Halbterminus Oper durchaus irreführend sein kann, denn musikalische Mittel der klassischen Oper kommen dabei kaum oder nur verdeckt zum Einsatz;[187] um andererseits einen dramatischen Bogen herauszuarbeiten, bedarf es des Begriffes ‚Oper' nicht. Um einen inhaltlichen Zusammenhang zwischen Liedern herzustellen, reicht die Zusammenstellung von thematisch verwandten Stücken, wie es *Woody Guthrie* 1940 mit seinen „Dust Bowl Ballads" und wie erwähnt dann *Frank*

---

[187] Als eine der ersten Rockopern gilt „Tommy" von The Who. Vgl.: The Who: LP „Tommy" (Mai 1969). Gitarrist *Pete Townshend* hat das Konzept später noch mehrmals aufgegriffen, z.B. mit „Quadrophenia" (Oktober 1973) und solo mit dem als Musical bezeichneten „The Iron Man" (Juni 1989).

Sinatra in den 1950er Jahren mit dem Aufkommen der (eine längere Laufzeit ermöglichenden) LP getan haben (stilbildend: „In The Wee Small Hours", 1955). Diese Platten erzählen allerdings keine zusammenhängende, sich allmählich entwickelnde Geschichte eines Protagonisten und mehrerer Nebenfiguren. Entwirft „Pet Sounds" eine solche Geschichte?

Der Blick auf die einzelnen Lieder hat ergeben, dass man zumindest von einer Kreisbewegung sprechen kann. Eine zusammenhängende Geschichte lässt sich in Umrissen erkennen; „in Umrissen", weil sie nicht stringent an einer Person entlang erzählt wird, sondern eher – im Sinne der Theaterdramaturgie – als Stationenstück zu verstehen ist. Im Zentrum der lose verknüpften Episoden steht ein Heranwachsender, aber es handelt sich doch nicht notwendigerweise in allen Liedern um den gleichen jungen Mann. Zu denken ist eher an eine universelle Figur, einen Jedermann. Die Geschichte entwickelt sich von jugendlich-unschuldiger Begeisterung für die neue Freiheiten verheißende Zukunft in Partnerschaft („Wouldn't It Be Nice") und den jugendlichen Ungestüm („That's Not Me") über die glückerfüllte Zweisamkeit („Don't Talk (Put Your Head On My Shoulder)") zum abgetönten Blick auf die Welt aus eigenen Erfahrungen mit der persönlichen Umgebung („Sloop John B.") und mit Frauen („Here Today") und schließlich zur Erkenntnis, wie schwer es ist, den eigenen Ort zu finden, wenn man über den Durchschnitt hinausragt oder zumindest nicht so ist wie alle anderen („I Just Wasn't Made For These Times"). Dieses für *Wilson* persönlich sehr wichtige Stück bedeutet einen Wendepunkt: Soll man sich anpassen oder soll man seinen persönlichen Weg ohne Rücksichten verfolgen? Jedenfalls ist eine das künftige Leben bestimmende Entscheidung fällig. Den dazu passenden Abschluss bildet ein Blick zurück auf alte Neigungen und Beziehungen, der den ersten Verlust von Illusionen und jugendlicher Unschuld markiert („Caroline, No") – ein Verlust, wie ihn zum Beispiel auch „Help!" oder – ganz aktuell für *Wilson* – „In My Life" von den *Beatles* beschreibt. „Caroline, No" macht unmissverständlich klar, dass es kein Zurück (in alte Zeiten oder hinter eine Erkenntnis) gibt. Caroline könnte gut das Mädchen sein, mit dem die Ich-Figur aus „Wouldn't It Be Nice" so unbedingt alle 24 Stunden des Tages teilen wollte – bis Zweifel („God Only Knows") und die auseinander driftende Entwicklung der Persönlichkeiten (wie sie „I Just Wasn't Made For These Times" andeutet) die Unvereinbarkeit aufgezeigt haben. Versteht man „Pet Sounds" als den Entwicklungszyklus eines etwa 17- bis 22-jährigen jungen Mannes, dann bekommt auch das Ende mit dem heranbrausenden Zug und dem Bellen der beiden Hunde einen gewissen Sinn: In einem Alter, da man noch kaum eine Entscheidung selbst treffen kann, braust das Leben heran und erzwingt eine Lösung – entweder springt man auf den Zug auf und nimmt die Herausforderung an oder man bleibt stehen und bellt ihm, vermutlich in der vagen Ahnung verpasster Chancen, die andere ergreifen, empört ob der Ruhestörung hinterher. Dynamik oder Statik, Einmischen oder Verharren in Beschaulichkeit, Aktion oder Kontemplation – was soll es sein? So gesehen wird „Pet Sounds" zu einem Statement, wie es für die Mitte der 1960er Jahre kennzeichnend ist: Es geht auch hier um die Frage, wie man seinen Platz findet und was man für sein soziales Umfeld tun kann. Ist die vertraute Zweisamkeit die Utopie gegen die Unruhe in der Welt oder muss man der Herausforderung begegnen und eine Position einnehmen? *Brian Wilson* erzählt von den Zweifeln und der Zerbrechlichkeit der jugendlichen Seele, er macht deutlich, dass sowohl die ruhige Zweisamkeit als auch die Einmischung (wie der junge Mann sie in „I Just Wasn't Made For These Times" ja anstrebt) persönliche Befriedigung gewähren können – aber er gibt so wenig eine Antwort vor wie er der LP im Voraus ein Konzept unterlegt hat. Die Entwicklung bleibt offen, die Suche geht weiter.

Im musikalischen Sinn lässt sich „Pet Sounds" fraglos als Konzeptalbum bezeichnen. Dafür sind sowohl die Idee eines die ganze Platte beherrschenden Sounddesigns als auch die Komplexität einzelner Arrangements angeführt worden; Vorbilder waren „Rubber Soul" von den *Beatles* und die ‚wall-of-sound'-Produktionen von *Phil Spector*.[188] Weil „Pet Sounds" in Ansätzen auch eine zusammenhängende Geschichte erzählt – Stationen aus dem Leben eines Heranwachsenden, nicht notwendigerweise in chronologischer Ordnung –, ließe sich die LP als echtes Konzeptalbum bezeichnen. Das eine oder das andere Element fehlt auf den erwähnten Platten von *Sinatra*, den *Four Freshmen* und anderen; deshalb wird „Pet Sounds" gelegentlich auch als das erste Konzeptalbum der Pop- und Rockmusik bezeichnet.[189] Dass diese Bezeichnung gelegentlich auch für das sechs Wochen nach „Pet Sounds" veröffentlichte und in einem ganz anderen Idiom konzipierte Album „Freak Out!" von *Frank Zappa* in Anspruch genommen wird, belegt nur, dass die Idee, eine ganze LP für eine zusammenhängende story zu verwenden, Mitte der 1960er Jahre durchaus in der Luft liegt.

Amerikanische Hörer, so scheint es im Rückblick, konnten mit der LP 1966 offenbar nicht so viel anfangen. Sei es, dass der für *Beach Boys*-Verhältnisse sehr magere Verkauf auf die fehlenden Promotion-Bemühungen von Capitol zurückzuführen wäre, sei es aber auch, dass das Sounddesign von durchschnittlichen Pop-Hörern und den Fans der Band einfach nicht goutiert

---

[188] Vgl. dazu: Lambert, S. 223-226. Ferner *Brian Wilson*: „… I think I was trying to emulate Phil Spector in some ways with my tracks." in: The Making of Pet Sounds (1996), S. 10.

[189] Diese Einschätzung geht zurück auf eine Rezension von Stephen Davis vom 22. Juni 1972. Vgl.: http://www.rollingstone.com/music/albumreviews/pet-sounds-19720622.

wurde: Die Platte ging unter und wurde auch noch torpediert von einer „Best-of"-Kopplung, die Capitol kurz danach auf den Markt brachte.[190] Ganz anders in Europa: Hier, wo die Hörer über einen viel weiteren historischen Hintergrund von Lied- und Spieltraditionen verfügten, und wo Pop-Hörer durch viele Interpreten – von denen die *Beatles* nur die Speerspitze bildeten – an vieles Experimentelle gewöhnt waren und die Instrumente der klassischen Musik durchaus nicht als irritierend oder unpassend empfanden, wurde die LP ein ungleich größerer Erfolg. In den US Billboard Charts erreichte die Platte 1966 gerade mal Platz 10, in den UK Top 40 wurde sie auf Platz 2 geführt. So wirklich überraschend ist das nicht.

---

[190] *The Beach Boys*: LP „Best of The Beach Boys " (Juli 1966).

Vierte Strophe:
„... während mein Bewusstsein explodiert"

Was bisher unter anderem geschah (1965/66)

Datum	Typ	Band: Titel
12. März	S	Donovan: Catch The Wind b/w Why Do You Treat Me Like You Do? [S-Debüt]
27. März	LP	Bob Dylan: Bringing It All Back Home
12. April	S	The Byrds: Mr. Tambourine Man b/w I Knew I'd Want You
14. Mai	LP	Donovan: What's Bin Did And What's Bin Hid (UK) [LP-Debüt]
6. Juni	S	The Rolling Stones: (I Can't Get No) Satisfaction b/w The Spider And The Fly (US)
14. Juni	S	The Byrds: All I Really Want To Do b/w I'll Feel A Whole Lot Better
21. Juni	LP	The Byrds: Mr. Tambourine Man
19. Juli	S	The Beatles: Help! b/w I'm Down
19. Juli (?)	S	Barry McGuire: Eve Of Destruction b/w [?]
20. Juli	S	Bob Dylan: Like A Rolling Stone b/w Gates Of Eden
August	LP	Paul Simon: Songbook [UK only]
6. August	LP	The Beatles: Help! (UK)
15. August	EP	Donovan: The Universal Soldier
30. August	LP	Bob Dylan: Highway 61 Revisited
September	S	Simon & Garfunkel: The Sound Of Silence b/w We've Got A Groovy Thing Goin'
September	LP	The Turtles: It Ain't Me Babe [LP-Debüt]
7. September	S	Bob Dylan: Positively 4th Street b/w From A Buick 6

Datum	Typ	Band: Titel
10. September	S	Manfred Mann: If You Gotta Go, Go Now b/w Stay Around
1. Oktober	S	The Byrds: Turn! Turn! Turn! b/w She Don't Care About Time
22. Oktober	LP	Donovan: Fairytales (UK)
November	LP	Lovin' Spoonful: Do You Believe In Magic? [LP-Debüt]
8. November	LP	The Beach Boys: The Beach Boys Party!
26. November	LP	The Kinks: The Kink Kontroversy (UK)
3. Dezember	S	The Beatles: Day Tripper b/w We Can Work It Out
3. Dezember	LP	The Beatles: Rubber Soul
6. Dezember	LP	The Byrds: Turn! Turn! Turn!
Januar 1966	LP	Them: Them Again (enth. u.a. „It's All Over Now, Baby Blue")
10. Januar	S	The Byrds: Set You Free This Time b/w It Won't Be Wrong
17. Januar	LP	Simon & Garfunkel: Sounds Of Silence
Februar	S	Simon & Garfunkel: Homeward Bound b/w Leaves That Are Green
14. Februar	S	Bob Dylan: One Of Us Must Know (Sooner Or Later) b/w Queen Jane Approximately
25. Februar	S	The Kinks: Dedicated Follower Of Fashion b/w Sittin' On My Sofa
März [ca.]	S	Bob Lind: Elusive Butterfly b/w Cheryl's Goin' Home
März	S	The Mamas And The Papas: Monday Monday b/w Got A Feelin'
März	LP	Gordon Lightfoot: Lightfoot! [LP-Debüt]
März	LP	The Lovin' Spoonful: Daydream

Blonde On Blonde

Datum	Typ	Band: Titel
März	LP	The Mamas And The Papas: If You Can Believe Your Eyes And Ears [LP-Debüt]
14. März	S	The Byrds: Eight Miles High b/w Why
21. März	S	The Beach Boys: Sloop John B. b/w You're So Good To Me
April	S	Bob Dylan: Rainy Day Women # 12 & 35 b/w Pledging My Time
15. April	LP	The Rolling Stones: Aftermath (UK)
16. Mai	LP	The Beach Boys: Pet Sounds
16. Mai [?]	LP	Bob Dylan: Blonde On Blonde
3. Juni	S	The Kinks: Sunny Afternoon b/w I'm Not Like Everybody Else
10. Juni	S	The Beatles: Paperback Writer b/w Rain
13. Juni	S	The Byrds: Fifth Dimension b/w Captain Soul
20. Juni	LP	The Rolling Stones: Aftermath (US)
27. Juni	LP	Frank Zappa: Freak Out! [LP-Debüt]
18. Juli	LP	The Byrds: Fifth Dimension
29. Juli	S	Manfred Mann: Just Like A Woman b/w I Wanna Be Rich
August	S	Bob Dylan: Just Like A Woman b/w Obviously 5 Believers [US only]
8. August	LP	The Beatles: Revolver (US)
26. August	LP	Donovan: Sunshine Superman (US)

Er kommt buchstäblich aus dem Nichts. Auf den nachlässig gekleideten jungen Mann mit der nölig-näselnden Stimme, dem manchmal rücksichtslosen Verhalten und der Gitarre auf dem Rücken hat die Folk-Szene im Village nicht gerade gewartet. Er stellt sich als „Bob Dylan" vor und erzählt seltsame Geschichten: Er habe keine Eltern, er sei mit einem Zirkus herumgezogen und als Hobo auf der Eisenbahn durchs Land gereist, habe für *Bobby Vee* Piano gespielt ... Schnell wird offensichtlich, dass einige dieser Geschichten nicht stimmen. Und wenn das so ist: Heißt der Junge dann überhaupt Bob Dylan? Die Wahrheit ist ein wilder Slalom zwischen Erfindung, (um)gedeuteter Wahrheit und nachweisbaren Fakten. Als er in New York ankommt, heißt er im juristischen Sinne noch Robert Allen Zimmerman. Geboren am 24. Mai 1941 in Duluth, aufgewachsen in Hibbing, Minnesota, geht er früh eigene Wege. Die Behauptung, keine Eltern zu haben, entsteht vermutlich aus der intensiven Ablehnung seines Vaters und überhaupt seiner Herkunft aus dieser Familie und diesem Niemandsland.[191] Mit dieser Herkunft kann er nichts anfangen: „I left where I'm from because there's nothing there. I come from Minnesota ...", wird er später in einem Interview sagen.[192] Aber halt: Können wir uns denn darauf verlassen, dass er hier die Wahrheit sagt? Immerhin stimmt Minnesota.

Mehrere immer wiederkehrende Muster werden schon hier erkennbar. Zweifellos ist *Dylan*s Bedürfnis, eine Identität zu konstruieren, sehr ernstzunehmen, wenn er sich als aus einem Niemandsland kommend erlebt. Sich eine Identität zurechtzulegen, ist in seinem Fall – das lässt sich im Blick zurück sicher sagen – nicht nur das Bedürfnis des Jugendlichen, der sich auf alle Fälle von den Eltern abzusetzen sucht (was normalerweise über die Generationenidentität funktioniert), sondern auch der bewusste Versuch, sich von den Wurzeln zu lösen, neu anzusetzen, sich das Passende auszusuchen, um sich eine Biographie frei von jeglicher Verantwortung und jeglichem Erwartungsdruck zurechtzubauen. Was wie Flexibilität und Willkür aussieht, gerät *Dylan* über die Jahre aber auch zum Fluch: Weil er nicht greifbar sein will, weil er immer wieder versucht, jedem neuen Gegenüber seine Version von Vergangenheit, Wahrheit und Ambition aufzureden, wird er letztlich sehr allein sein – in allen Triumphen, allen Krisen, allen Erfolgen und auf allen Irrwegen.

Immer wieder aber auch wird er sich selbst widersprechen, um seine aktuelle Sichtweise zu formulieren, zu provozieren oder sich über sein Gegenüber, einen Dritten oder seine Hörer/Leser lustig zu machen. Es fällt jederzeit leicht, *Dylan* mit *Dylan* zu widerlegen; er will immer nur der sein, der er im Augenblick zu sein beschließt. Seine gesamte künstlerische Biographie wird

---

[191] Als bestrecherchierte Biographie gilt aktuell: Clinton Heylin: Bob Dylan: Behind the Shades. [20th Anniversary Edition]. London: Faber and Faber 2011. Im Folgenden zitiert als: Heylin (2011). Vergleichend heranzuziehen ist: Robert Shelton: No Direction Home. The Life and Music of Bob Dylan. Rev. and upd. ed. London u.a.: Omnibus 2011. Sehr lesenswert auch: Heinrich Detering: Bob Dylan. Stuttgart: Reclam 2007. – Zur Ablehnung des Vaters vgl.: Heylin (2011), S. 28f.

[192] Paul J. Robbins: The Paul J. Robbins Interview. [L.A. Free Press, März 1965]. Jetzt in: Younger Than That Now. The collected Interviews with Bob Dylan. [o.Hg.] New York: Thunder's Mouth Press 2004, S. 35-46, hier: S. 42. Im Folgenden zitiert als: Younger.

davon gezeichnet sein: immer wieder der Rolle zu entkommen, die er gestern noch eingenommen hat oder die ihm zugeschrieben wird – um allen Ansprüchen zu entkommen. „I'm only Bob Dylan, when I have to be", sagt er 1986 im Laufe einer Pressekonferenz, und auf die Nachfrage, wer er sonst sei, antwortet er: „Myself."[193] Das ist nur konsequent, denn „Bob Dylan" ist ja sozusagen die erste Neu-(Er)Findung von „Myself". Aber Robert Allen Zimmerman will er ja auch nicht sein ...

Verwirrt? Zurück in den Januar 1961. Der arrogante Folk-Adept hat den Rock'n'Roll der Jahre 1957/58 hinter sich gelassen, sich 1959 intensiv mit der Gitarre beschäftigt (nachdem das erste Instrument das Klavier war), eignet sich 1960 die Mundharmonika an, modelliert seine Stimme. Nun beginnt er seine Runden durch die Clubs des Greenwich Village, schließt Freund- und Bekanntschaften, findet die erste (einflussreiche) Partnerin und deren (widerspenstige) Mutter und schließlich auch sein großes Vorbild *Woody Guthrie*. Er saugt Musik auf, wo immer er sie findet, verarbeitet Folk, Blues, Country, Americana, schreibt neue Texte auf *Guthrie*-Melodien. Rock'n'Roll oder Pop und ihre Themen spielen für ihn keine Rolle mehr. Die Dinge entwickeln sich nun zügig für ihn: Im September wird er überraschend zum Vorspielen in ein Columbia-Studio eingeladen; ein paar Tage später erhält er einen Plattenvertrag und am gleichen Tag erscheint eine Rezension in der „New York Times", die ihn zum Stadtgespräch macht. Ende November folgt die Aufnahme der ersten LP.

Wie die nächsten Monate zeigen, wächst *Dylan* nach Aufnahme und Veröffentlichung der LP „Bob Dylan" schnell über das Material hinaus, und doch zeigt sie einige Charakteristika, die auf die Zukunft vorausweisen. Viel ist schon gesagt worden über die Tatsache, dass sich viele Songs um den Tod drehen („In My Time Of Dyin'", „Fixin' To Die", „Highway 51 Blues", „See That My Grave Is Kept Clean"), aber im Blick zurück ist der nervösüberhastete Auftakt mit „You're No Good" für unsere Überlegungen bedeutungsvoller: *Dylan* ist immer ungeduldig im Studio; im Laufe der Jahre wird *Dylan* ein im Studio aufgezeichneter *Dylan* immer mehr als Widerspruch in sich vorkommen, wenn er doch morgen nicht mehr der ist, der er heute war. Und er vermittelt darüber hinaus auch bei jeder anderen Aktivität den Eindruck, schon halb und halb bei der nächsten Sache zu sein, viel zu viel tun zu wollen oder aus innerer Notwendigkeit tun zu müssen, als dass er sich lange bei einer Sache aufhalten könnte. Es geht nicht gegen den Tod, wie die Texte nahelegen könnten, es geht gegen die unaufhaltsam verrinnende Zeit. Die Beobachtung, dass die Welt zu sterben scheine, obwohl sie doch kaum geboren sei (aus der

---

[193] Die Anekdote in: Heylin (2011), S. 4.

Eigenkomposition „Song To Woody"), taucht zweieinhalb Jahre später anverwandelt in „It's Alright, Ma (I'm Only Bleeding)" wieder auf. Was für die Zukunft ebenfalls zu beachten ist: Die Formulierungen des Topical Song entsprechen nicht unbedingt den Ansichten des Sängers. Hier ist vielmehr von Rollenlyrik auszugehen: Ein Thema wird aufgegriffen und formuliert, um die Hörer zum Nachdenken anzuregen. Insofern ist das Folk-Genre eine natürliche Wahl für Künstler mit Sendungsbewusstsein. Aber ähnlich wie im Pop sind Cover-Versionen auf Dauer nicht die Lösung und so präsentiert der Ruhelose 14 Monate nach der ersten seine zweite LP „The Freewheelin' Bob Dylan" mit elf Eigenkompositionen und nur noch zwei Cover-Songs.[194] Im Interview erläutert *Dylan* wiederum ein Jahr später – als die Diskussion zwischen Folk-Puristen und Liberalen ihrem Höhepunkt entgegenstrebt –, dass er keine Cover singen könne, wenn die Situation nicht dazu passe: „I have to make a new song out of what *I* know and out of what *I'm* feeling."[195] Themen auf dieser zweiten LP sind vor allem die politische und die gesellschaftliche Gegenwart. Der Eröffnungssong „Blowin' In The Wind" stellt viele Fragen, gibt aber keine Antworten und bleibt gerade deshalb universal gültig als Aufruf zur (Selbst-)Befreiung zur Menschlichkeit. „Masters Of War" ist eine – zunächst vorsätzlich naiv formulierte – Anklage gegen das egoistische, schamlos auf Gewinn und persönliche Vorteile gerichtete Treiben der Kriegsherrn und Waffenlieferanten. Es kalkuliert den Tod Unschuldiger ein; die letzte Strophe wendet die Realität für die Soldaten – sterben – plakativ gegen die Kriegstreiber, indem sie die Hoffnung formuliert, dass sie doch möglichst bald verrecken möchten. „A Hard Rain's A-Gonna Fall" wird im Allgemeinen verstanden als Lied über die Auswirkungen des nuklearen Fallout. *Dylan* hat dieser Interpretation wiederholt widersprochen; es sei einfach ein Lied darüber, dass sich etwas ändern werde. Ein Blick auf die Konstruktion des Textes stützt diese Sichtweise: Ein namenloser Mensch – Vater? Mutter? – befragt seinen blauäugigen Sohn, wo er gewesen sei, was er gehört und gesehen habe, und erhält einen Bericht, der realistische Fakten in halluzinatorische Bilder übersetzt. Die Chorus-Zeile bedeutet, dass der Regen noch nicht gefallen ist – aber was er bringt, wird mehr als deutlich beschrieben. „Oxford Town" fasst die Ereignisse um James Meredith, den hier schon erwähnten ersten schwarzen Studenten an der Universität von Mississippi, vom September 1962 aus *Dylan*s Sicht zusammen. „Talkin' World War III Blues" bietet hingegen eine satirische Zusammenfassung der Situation nach dem Krieg. Der

---

[194] *Bob Dylan*: LP „The Freewheelin' Bob Dylan " (27. Mai 1963).
[195] Nat Hentoff: The Crackin', Shakin', Breakin', Sounds. [The New Yorker, 24. Oktober 1964]. In: Younger, S. 13-30, hier: S. 28. [Hervorhebungen im Original].

Text beginnt und endet mit der Rahmensituation, in der Ich zum Arzt geht, um sich Rat zu holen wegen des Alptraums, der dann in der Binnengeschichte erzählt wird und vor allem von misslingenden Kommunikationsversuchen berichtet. Am Ende erweist sich, dass der Arzt und viele andere auch solche Alpträume erleben. Zwischen diesen Topical Songs, die die Folk-Szene zu Beifall wie Ablehnung provozieren, finden sich Lieder über boy-und-girl-Geschichten, gebrochene Liebeslieder über Partnerschaften, die gefährdet sind oder zu Ende gehen.

Mit „The Freewheelin' Bob Dylan" wagt sich *Dylan* sehr viel dichter und direkter an die Kommentierung der eigenen Gegenwart heran. Er wird zum Darling der Civil Rights-Kämpfer wie der Friedensaktivisten und zum viel gelobten Star der Folk-Szene. Den Folk-Puristen sind die Wortkaskaden wie die ambivalenten Positionen des Ich, hinter denen deckungsgleich *Dylan* vermutet wird, verdächtig und nicht plakativ, nicht fokussiert genug. Mit der dritten LP setzt sich *Dylan* schon vorsichtig von den allzu konkreten Songs und damit auch von den Erwartungen der Folk-Szene ab.[196] Noch schreibt er große Entwürfe wie den Titelsong oder „With God On Our Side". Letzteres ist ein Gang durch die Geschichte der Kriege, in die die USA verwickelt waren. Seine ätzende Kritik läuft darauf hinaus, dass die USA sich jedes Eingreifen, jedes Tun gutreden mit der Beteuerung, man sei ja mit Gott – anders formuliert: Es gäbe gar keinen Grund, Krieg oder Rechtfertigung moralisch zu hinterfragen. „North Country Blues" erzählt – aus der Sicht einer Frau – von dem verantwortungslosen Vorgehen einer Minengesellschaft, die ihre Aktivität in Länder verlegt, in denen die Arbeitskräfte billiger sind. „Only A Pawn In Their Game" nimmt zwar den Mord an Medgar Evers zum Ausgangspunkt der Geschichte, aber es geht um die Manipulierungstricks der weißen Machtinhaber, die die armen Weißen zu Bauern in ihrem Spiel, in diesem Fall zu Mördern machen. Auch „The Lonesome Death Of Hattie Carroll" greift noch einmal in die Bürgerrechtsdebatte ein, wenngleich *Dylan* die historischen Fakten ignoriert und einen plakativen Fall weißer Ignoranz, weißen Machtgehabes daraus konstruiert und am Ende auch noch Kritik an einer Justiz übt, die weiße Aggressoren glimpflich davonkommen lässt. Aber neben diesen klassischen Topical Songs stehen Texte, in denen *Dylan* stärker als zuvor zu eigenen, individuellen, persönlichen Aussagen vorstößt, allen voran „Restless Farewell", einer Abrechnung mit der Presse, die unwahre Behauptungen über ihn verbreitet, oder „When The Ship Comes In", das gern als Erlösungsgeschichte gelesen wird, zugleich auf einer einfacheren Ebene aber auch als eine lustvolle Ankündigung von Rache funktioniert, wenn jene überflügelt seien, die einen

---

[196] *Bob Dylan*: LP „*The Times They Are A-Changin'*" (13. Januar 1964).

heute noch zurücksetzen, unterdrücken, klein machen, weil sie sich so überlegen fühlen (und nicht damit rechnen, dass die Kräfteverhältnisse morgen ganz andere sein könnten). „One Too Many Mornings" erzählt vom Ende einer erschöpften Partnerschaft; auch das ist zukunftsweisend: Liebe taucht bei *Dylan* vor allem im Modus der Melancholie, der Unerfüllbarkeit (im Hinblick auf Erlösungshoffnungen) oder des Abschieds auf.

Aber es ist der Titelsong, der den größten Eindruck hinterlässt – weil er sehr individuell interpretierbar ist. Es ist ein Aufruf – aus der Perspektive eines Straßenpredigers, also eines Außenseiters – an die Mitglieder der etablierten Gesellschaft, sich den Veränderungen zu stellen, die sich andeuten: Senatoren und Kongreßmitglieder sollen nicht im Weg stehen, bald werde sich die Schlacht vor ihren Fenstern abspielen (3. Strophe), Mütter und Väter sollten nicht kritisieren, was sie nicht verstünden, und sich heraushalten, wenn sie nicht mitwirken wollten (4. Strophe). Die Ordnung verfalle rasch (5. Strophe). Aber was genau und wo es sich ändern werde, sagt der Song in all seiner Selbstgewissheit nicht. Es geht darum, die latente Ahnung kommender und wohl notwendiger Veränderung als Aufruf zu formulieren: Der Wandel ist ohnehin unaufhaltsam und es gilt, an der richtigen Stelle dabei zu sein.

Mit „The Times ..." wird *Dylan* endgültig als Protest-Sänger kategorisiert – ein Etikett, das er auf gar keinen Fall haben will. Ihm geht es wie gezeigt von Anfang an darum, diesen Zuschreibungen aus dem Weg zu gehen und sich den größtmöglichen Bewegungsspielraum zu bewahren. Wenn er das nächste Mal von sich hören lässt, wird die Song-Sammlung einen deutlich anderen Charakter haben und das auch schon im Titel andeuten. „Another Side Of Bob Dylan" kündigt die Loslösung aus den Zuschreibungen des Folk-Volks und den zunehmenden Verzicht von Einmischung oder Parteinahme an.[197] *Dylan* lässt die vorsätzlich naiven Formulierungen, die seine Texte bis hierhin massentauglich gemacht haben, endgültig zugunsten größerer Komplexität hinter sich. Die Geschichten werden nun immer seltener chronologisch oder anderweitig linear entwickelt; stattdessen erzählt er diskontinuierlich und ausschnitthaft, ohne Anfang und Ende. Mit „Another Side ..." steigt *Dylan* in den künstlerisch und seelisch notwendigen, kalkulierten Häutungsprozess ein, den die Folk-Puristen als Verrat empfinden und der seinen Höhepunkt im Mai 1966 in Manchester im Verlaufe der Welttournee erreicht.[198]

---

[197] „As a set, the songs constitute a decisive act of noncommitment to issue-bound protest, to tradition-bound folk music and the possessive bonds of its audience ... the topical themes pass over artificial moral boundaries and leap into wide-ranging social observation." Vgl.: Tim Riley: Hard Rain. A Dylan Commentary. Upd. ed. New York: DaCapo Press 1999, S. 83.
[198] Vgl. dazu die Ereignisse nach der Veröffentlichung von „Blonde On Blonde", hier S. 189 und 275.

Die LP beginnt mit einer Positionsbeschreibung, die die Absage an die Einmischung überaus deutlich macht: „Ich" will nicht kritisieren, analysieren, runtermachen, manipulieren, einsperren, betrügen oder anderweitig bedrängen – „All I Really Want To Do"[199] ist, der Freund des angesprochenen Du sein zu dürfen. Mit den gleichen vorsätzlich einfachen sprachlichen Mitteln des vorigen Albums wird hier eine andere Richtung anvisiert: Der additive Textbau und die strenge Paarreim-Struktur machen den Text leicht erfassbar, vielen Negationen (jeweils in den ersten vier Zeilen der Strophen) steht der simpel-humane Wunsch des chorusartig wiederkehrenden dritten Zeilen-Duos gegenüber – Freund sein zu wollen. Einen völlig anderen Weg geht das Großpoem „Chimes Of Freedom".[200] Mit großem Wort- und Metaphernaufwand wird am Abend eines Kampftages die Veränderungsgewissheit von „The Times They Are A-Changin'" neu formuliert. Apokalyptische und halluzinatorische Bilder stehen scheinbar unvermittelt nebeneinander, zusammengehalten durch die formale Strenge innerhalb der achtzeiligen Strophen (Zeilen 1 und 3 reimlos, Zeilen 2 und 4 umarmende Reime, Zeilen 5 bis 7 Paareime, Zeile 8 reimlos – mit der Ausnahme der ersten Strophe, in der auf die Zeilen 2 und 4 gereimt wird). Diese Strenge steht der enthemmten Sprache gegenüber und verweist darauf, dass es auch im Chaos noch Regeln gibt, die der Orientierung dienen können. „I Shall Be Free No. 10"[201] funktioniert – auch! – als Komplement von „All I Really Want To Do": Auf eine Eröffnungsstrophe, in der Ich sich als ein Jedermann vorstellt, folgen neun Strophen mit wirr-verspielten Bildern, in denen Ich wechselnde Identitäten annimmt und vor allem feststellt, dass es schwer ist, Vertrauen zu fassen. Und während der Hörer sich schon fragt, wohin das alles eigentlich führen soll, formuliert Ich genau diese Frage in der elften Strophe. Es sei nichts, nur etwas, das er in England gelernt habe, lautet die gleich mitgelieferte Antwort. Mit „All I Really Want To Do" hatte *Dylan* für sein „I" die Position einer intellektuell oder qua Zugehörigkeit zu einer Generation definierten Führungspersönlichkeit zurückgewiesen; zweifellos auch eine autobiographisch begründete Absage. Mit „I Shall Be Free No. 10" sagt er: Wenn Ihr endlich aufhören wolltet, in allem, was ich sage oder tue, nach Botschaften oder meiner Bereitschaft zur Führungsrolle zu suchen, und mich in Ruhe lasst, werde ich frei sein (und kann mich darauf konzentrieren, nur guter Freund zu sein). Noch nimmt er diese Unfreiheit ironisch – aber er wird auch bald rabiatere Töne anschlagen. „To Ramona", eine stilistische Steilvorlage für den bald aus den Kulissen tretenden *Leonard Cohen*, wendet

---

[199] Dylan: Lyrics, S. 113.
[200] Dylan: Lyrics, S. 116f.
[201] Dylan: Lyrics, S. 118f.

sich vorgeblich an die geliebte Frau, aber es funktioniert auch als Selbstverständigung des Ich, das auf dem Sprung steht, sich aus allen Erwartungen der Mitwelt zu befreien. Denn er hat erkannt, dass alles Gerede der anderen nur dazu dient, einen ihren Zielen und Vorstellungen gefügig zu machen. Stattdessen solle man bei allem Druck und allen Veränderungen tun, was man tun zu müssen glaube, mit anderen Worten: authentisch und individuell bleiben – und eben nicht auf selbsternannte Führer zu hören. Beschlossen wird das Album mit einer weiteren Absage: dem berühmten „It Ain't Me Babe".[202] Wie „All I Really Want To Do" definiert sich Ich aus der Verneinung: Er sei nicht der, den you suche oder brauche, denn sie wolle einen, der immer da und immer stark sei, sie schütze, alle Türen öffne, sie aufhebe, so oft sie falle ... und das gehe einfach nicht. Auf der direkten Ebene geht es um die gegenseitigen Erwartungen in einer Partnerschaft, auf einer zweiten Ebene aber natürlich auch wieder um die Zurückweisung aller Erwartungen an die Übernahme einer Führungsverantwortung. In sicherer Einschätzung der eigenen Möglichkeiten und aus egoistischen Gründen kommt das weder für Ich noch für *Dylan* in Frage.

Verstört, um ihre Hoffnungen betrogen, buchstäblich trostlos – weil ungetröstet – bleibt die Welt nach dem letzten „it ain't me" in der letzten Zeile des Albums zurück. Wie wichtig diese Abkehr vom Bewährten/Erwarteten für ihn ist und wie viel Selbstbewusstsein ihm diese Tat[203] vermittelt, wird deutlich beispielsweise während des so genannten Helloween-Konzertes vom 31. Oktober des Jahres in der Philharmonic Hall von New York:[204] Er scherzt ungezwungen mit dem Publikum, erklärt, er trage seine Bob Dylan-Maske – da doch Helloween sei – und muss sich lachend in den Text von „I Don't Believe You (She Acts Like We Never Have Met)" hineinhelfen lassen; schon eher zur Routine gehört, dass er Songs spielt, die das Publikum noch nicht von der Platte kennt: wie „Gates Of Eden" oder „It's Alright, Ma (I'm Only Bleeding)", das er als „very funny song" ankündigt. Beim anzüglichen „If You Gotta Go, Go Now" geht das Publikum – das derlei sicher nicht erwartet hat; sieh' da, *Bob Dylan* ist auch nur ein Mann – begeistert mit. Dabei fehlen die dunkleren Töne nicht: „A Hard Rain's A-Gonna Fall", „The Lonesome Death Of Hattie Carroll" und „With God On Our Side" stehen ebenfalls auf der Setlist. Mit der Aufnahme von Songs, die das Publikum noch nicht kennt, darun-

---

[202] Dylan: Lyrics, S. 131.
[203] Für die Aufnahme der LP braucht er nur wenige Stunden am Nachmittag und Abend des 9. Juni 1964.
[204] Bob Dylan: D-CD „The Bootleg Series, vol. 6: Bob Dylan Live 1964. Concert at Philharmonic Hall" (30. März 2004).

ter auch „Mr. Tambourine Man", macht er vor allem deutlich, dass er schon nicht mehr der ist, der er bei der Aufnahme der jüngsten LP noch war.[205]

Zumindest für die Öffentlichkeit. Denn bei der Aufnahme von „Another Side Of Bob Dylan" hat er bereits einen Anlauf mit „Mr. Tambourine Man" unternommen. Tatsächlich ist er aber gedanklich schon wieder weiter, denn für „Bringing It All Back Home" holt er sich nach ersten Solo-Sessions erstmals Begleitmusiker ins Studio – um elektrisch zu arbeiten. Außer der steten Bereitschaft, Erwartungen des Publikums aus dem Weg zu gehen oder zu sabotieren, dürften für diesen Schritt auch einige Pop-Neuerscheinungen und -Entwicklungen des Jahres 1964 Ausschlag gebend gewesen sein. Erinnert sei vor allem an die elektrifizierte Version des Folk-Traditionals „House Of The Rising Sun" – das *Dylan* selbst für seine erste LP aufgenommen hatte – von der englischen Band *The Animals*.[206] Berühmt geworden ist auch *Dylan*s Schlußfolgerung aus dem Auftauchen der *Beatles*, die seit Februar 1964 auch in den USA das Maß der Dinge sind: „They were doing things nobody was doing ... I knew they were pointing the direction of where music had to go", wird er 1971 sagen.[207] Und weil *Dylan* – bei allem Hang zum Dilettantischen, Halbfertigen[208] – seine Platten sorgfältig als Statements plant, wird der Hörer auf der ersten Seite der LP gleich mit den elektrischen Songs konfrontiert; und wie zur Beruhigung folgen auf der zweiten Seite vier (weitgehend) akustische Songs. Es bedarf keiner großen Interpretationskünste, um zu verstehen, dass diese Zweiteilung als eine Art Testballon verstanden werden muss: Welche Folk-Hörer akzeptieren den Schritt, welche nicht, welche Pop-Hörer lassen sich überzeugen? Die klare Trennung ist ein Angebot an neue wie alte Anhänger, die verstörenden Hörerfahrungen schlimmstenfalls aus dem Weg gehen können, und dennoch: „Bringing It All Back Home"[209] ist nach dem Wendepunkt von „Another Side ..." knapp acht Monate später ein weiterer Wendepunkt auf *Dylan*s Suche nach seinem Ort im aktuellen Musikgeschehen.

Die LP beginnt mit dem atemlosen „Subterranean Homesick Blues",[210] einem Amalgam verschiedenster Einflüsse sowohl in musikalischer als in textli-

---

[205] Neue Songs auszuprobieren, bevor sie auf Platte erscheinen, sie sozusagen anzuziehen, bis sie passen, gehört zur ständigen performativen Praxis von *Dylan*. So wird das zentrale „A Hard Rain's A-Gonna Fall" schon im Spätherbst 1962 im „Gaslight Café" aufgeführt. Dokumentiert auf: *Bob Dylan*: CD „Live At The Gaslight 1962" (30. August 2005).

[206] *The Animals*: „The House Of The Rising Sun" b/w „Talkin' Bout You" (19. Juni 1964, US-Version: August 1964).

[207] Zitiert bei: Heylin (2004), S. 148.

[208] Vgl. dazu: Jean-Martin Büttner: Bob Dylans Verweigerungen als List und Tücke. In: Bob Dylan. Ein Kongreß. Hg. v. Axel Honneth, Peter Kemper und Richard Klein. Frankfurt/M.: Suhrkamp 2007, S. 251-271.

[209] *Bob Dylan*: LP „Bringing It All Back Home" (27. März 1965).

[210] Dylan: Lyrics, S. 141f.

cher Hinsicht, die ihrerseits wiederum in ein Gesellschaftspanorama münden, das als Ratschlag-Predigt an ein „kid" daherkommt. Johnny, der in seinem Keller Drogen zusammenmixt (Z. 1f.), der Arbeitslose mit dem Husten, der von der Gesellschaft marginalisiert wird (Z. 5-8), Maggie, die vor Abhörwanzen der Polizei warnt (Z. 19-23), während sich Ich offenbar gerade darüber klarzuwerden versucht, was die Regierung eigentlich vorhat (Z. 3f.) und der offene Aufruhr auf der Straße unmittelbar bevorzustehen scheint (Z. 24f., Z. 31f.). Die Ratschläge der dritten und vierten Strophe (Z. 37-71) widersprechen einander, jedoch nur insoweit, als Ich empfiehlt, das andere zu tun, wenn das eine nicht klappt – eine satirische Abrechnung mit der Wendigkeit, die dem Individuum von der etablierten Gesellschaft für den Alltag empfohlen wird, wenn es nicht scheitern wolle, und die so viele auch akzeptieren, ohne darüber nachzudenken, dass sie damit ihre besondere Individualität einbüßen. Eine anspruchs- und widerspruchslose Masse ist leichter zu lenken und vor genau diesem Hintergrund muss der gute Rat verstanden werden: dass man lieber keinen selbsternannten Führern folgen solle (Z. 52), zumal man selber sehen könne, woher der Wind wehe (Z. 35f.).

Als ein ähnliches Panorama lässt sich „Maggie's Farm"[211] verstehen – wobei die Farm vielleicht als Metapher für die USA gedeutet werden kann, was durchaus naheliegend ist in den Mitt-60er-Jahren, grundsätzlich aber auf jedes abhängige (Arbeits-)Verhältnis zielt, das die Formulierung einer Wahrheit unmöglich macht. Der Berichterstatter, ein namenloser Arbeiter auf Maggies Farm (wie jener in Richard Corys Fabrik!), reiht in fünf jeweils achtzeiligen Strophen Bilder des verachtungsvollen Umgangs mit ihm durch Maggie und ihre Familie aneinander und zeigt dabei, wozu eine festgefügte Macht imstande ist. Unwillkürlich denkt der Hörer weniger an eine Farm als an eine Korrektionsanstalt oder auch ein Straflager. Und das Ich des „Outlaw Blues" bittet, keine Fragen gestellt zu bekommen – bevor er womöglich noch die Wahrheit sage (Z. 23).[212] „Bob Dylan's 115th Dream"[213] ist ein weit ausholendes USA-Portrait, das seine satirische Schärfe aus der Kombination historischer und aktueller Szenen und Personen bezieht. So kommt das Ich zwar auf der Mayflower (1. Strophe), dabei aber vor Columbus (11. Strophe) im neu gefundenen, sogleich America benannten Land (2. Strophe) an, auf diese Weise die Amerikaner daran erinnernd, dass das Land durchaus schon vor Columbus Einwohner aufzuweisen hatte. Aus Melvilles Käpt'n Ahab wird Arab und für diesen und die anderen Besatzungsmitglieder will Ich eine Kaution auftreiben.

---

[211] Dylan: Lyrics, S. 144.
[212] Dylan: Lyrics, S. 146.
[213] Dylan: Lyrics, S. 148-151.

Hilfe und Mitgefühl findet er nirgends, dafür aber bei der Rückkehr einen Strafzettel am Mast seines Schiffes (10. Strophe). Kleinere Rollen spielen unter anderem eine Guernsey-Kuh (3. Strophe), eine Kellnerin (4. Strophe), eine Französin (5. Strophe), ein bewaffneter Mann, der eine US-Flagge an seinem Haus aufgezogen hat (6. Strophe) und die Küstenwache (10. Strophe). Bildungsbürgerliche Lesefrüchte und eine wildgewordene Imagination gehen eine vergnügliche Kombination ein, die auch nach 50 Jahren noch unterhält.

Gleichermaßen überzeugend sind aber auch die noch deutlich hermetischeren Titel „Gates Of Eden" oder „It's All Over Now, Baby Blue" auf der akustischen Seite der LP. Dass diese sinnverwirrenden Wortgebirge ohne elektrische Verstärkung daherkommen, beweist nicht zuletzt, wie sicher sich *Dylan* ihrer Strahlkraft ist. „It's All Over Now, Baby Blue"[214] ist als letzte Absage an das Folk-bewegte Movement verstanden worden: Man solle die Tritthilfen und die Toten hinter sich lassen (Z. 19f.), sie seien keine Hilfe mehr, sondern zusammenpacken, was man zu brauchen glaube (Z. 1f.), um sich neue Möglichkeiten zu erarbeiten. Und dann ist da noch das enigmatische „It's Alright, Ma (I'm Only Bleeding)",[215] das – vielleicht – davon handelt, dass die Reifung zur menschlichen Größe, zur Individualität ein lebenslanger Prozess ist, der praktisch nicht abschließbar ist und das insofern den Topos der lebenslangen Reise noch einmal neu formuliert. Doch jeder könne etwas beitragen: Das Gefährliche (weil Individuelle) seien die Gedanken, deretwegen man womöglich unter der Guillotine lande (Z. 103ff.). Auf einer direkteren Ebene funktioniert der Song aber auch als eine weitere Absage seines Komponisten an die Einmischung in die Politik.

Bei „Bringing It All Back Home" kommt es eher nicht mehr auf den einzelnen Song an, sondern das Album will in seiner Gesamtheit verstanden werden. Der Prozess beginnt mit dem zunehmenden Verzicht auf eine explizite Botschaft im einzelnen Song. Wenn man die LP trotzdem noch kein Konzeptalbum nennen kann, so steht doch vermutlich ein Wille zu einer Gesamtaussage hinter der Bemühung: eine Absage an all jene Kräfte, die die Entfaltung der Individualität zu behindern suchen, die Unterdrückung der Freiheit fördern und sich anmaßen, anderen einen Weg vorzuschreiben, den diese nicht gehen wollen. Ob es um die Arbeitsbedingungen auf Südstaaten-Farmen, um die Verpflichtung zum Militärdienst für den eskalierenden Krieg in Vietnam, den Kampf um Bürgerrechte (für Schwarze) oder gegen deren empfindliche Einschränkung (für Weiße) oder auch die Belästigung durch die Kommerz-Maschinerie, der Unbedarfte zum Opfer fallen, geht: Die USA sind nicht das

---

[214] Dylan: Lyrics, S. 159.
[215] Dylan: Lyrics, S. 156-158.

Gelobte Land, als das sie sich selbst sehen. Das erinnert von fern an *Paul Simon*s Erkenntnis, dass Bleecker Street nicht das Gelobte Land sei. Dem ruhelosen *Dylan* ist es nur recht, seinen Sound durch eingestöpselte Gitarren variieren zu können. Willkommene Bestätigung ist ihm die Veröffentlichung der *Byrds*-Debüt-Single „Mr. Tambourine Man" zwei Wochen nach „Bringing It All Back Home".[216] Sie erreicht im Juni die Spitzenposition der Charts und etabliert das Genre Folkrock auf der musikalischen Landkarte. Auch die zweite Single „All I Really Want To Do" ist ein *Dylan*-Cover; beide Songs sind neben „Spanish Harlem Incident" und „Chimes Of Freedom" auch auf der Debüt-LP enthalten.[217] Aber *Dylan* ist gedanklich schon wieder weiter: An den beiden Tagen nach der Veröffentlichung der zweiten *Byrds*-Single steht er für eine der wichtigsten Sessions der Rock-Geschichte im Studio: Am 15. und 16. Juni entsteht „Like A Rolling Stone",[218] der vitriolgetränkte Abgesang auf ein Mädchen aus gutem Hause (Z. 1, 15), das am eigenen Hochmut gescheitert ist und nun auf der Straße leben muss – unter all jenen, die sie zuvor verachtet hat (Z. 2, 30). Wie fühlt es sich an (Z. 10f., 24f. und öfter), will das beobachtende und erzählende, dabei aber auch triumphierende Ich wissen, wenn man allein steht und es keinen Weg zurück nach Hause gibt (Z. 26f.), wenn man als vollkommen Unbekannte zurechtkommen muss (Z. 13 28 und öfter), hin- und hergestoßen wird? (Z. 14, 29 und öfter) Dass ein Mädchen mit guten Anlagen den Halt verliert, weil es den Versuchungen des Kommerz und den Versprechungen falscher Freunde erliegt, ist von den Texten der *Rolling Stones* („Play With Fire", „19th Nervous Breakdown") her vertraut. Der Unterschied liegt im beobachtenden Ich: Während Ich bei den *Rolling Stones* ein aufgrund eigener Interessen direkt Betroffener ist, der etwas dafür tun würde, um das Mädchen von dem drohenden Abgrund wegzureißen, bleibt *Dylan*s Ich unbeteiligt und insofern ein scharfer Kritiker. Bei den *Rolling Stones* klingt die Gesellschaftskritik nur an, *Dylan*s Ich macht hingegen überaus deutlich, dass der Absturz des Mädchens auf das fehlende System ethischer Werte (und insofern vielleicht ähnlich wie bei den *Rolling Stones* auf eine unzureichende Erziehung durch die Eltern) zurückzuführen ist. Zwar war sie auf den besten Schulen, aber dort hat sie offenbar nicht gelernt, Achtung vor allen Mitmenschen gleich welcher gesellschaftlichen Position und Herkunft zu haben. Nun findet sie sich, unsichtbar geworden (Z. 53), mit Gauklern, Clowns (Z. 30) und

---

[216] *The Byrds*: „Mr. Tambourine Man" b/w „I Knew I'd Want You" (12. April 1965).
[217] *The Byrds*: „All I Really Want To Do" b/w „I'll Feel A Whole Lot Better" (14. Juni 1965); LP „Mr. Tambourine Man" (21. Juni 1965).
[218] *Bob Dylan*: „Like A Rolling Stone" b/w „Gates Of Eden" (20. Juli 1965). Dylan: Lyrics, S. 167f. Über die Sessions und die Bedeutung des Songs vgl.: Greil Marcus: Like A Rolling Stone. Bob Dylan at the Crossroads. New York: PublicAffairs 2005.

dem „mysterious tramp" (Z. 20) auf einer Stufe wieder und muss sich ihre nächste Mahlzeit zusammenkratzen (Z. 9). Hinterrücks wird aus der Kritik am Fehlverhalten des Mädchens eine grundsätzliche Gesellschaftskritik: Angeprangert wird der von Verachtung geleitete Umgang derer, die etwas haben und etwas darstellen, mit jenen, die nichts haben – woran jene, die haben, ja durchaus eine Mitverantwortung tragen. Wer seinen Platz und seine Verantwortung nicht kenne, werde moralisch und gesellschaftlich zu Recht scheitern, so eine mögliche Moral. Anders formuliert: Besitz und Position allein berechtigen zu nichts, Verachtung und Überheblichkeit lösen keine Probleme, Selbstverwirklichung, die auf Kosten anderer erreicht wird, muss Egomanie heißen. Versteht man „Like A Rolling Stone" so, wird eine klare Ansage für die Mitt60er-Jahre daraus.

Zumindest angerissen sei hier noch eine Interpretation, die den Text als Rollenlyrik versteht. Dabei findet sich Ich/*Dylan* in der Rolle des Mädchens. Viel hat *Dylan* dafür getan, um nicht vom Folk Movement oder den Gutmenschen der Bürgerrechtsbewegung vereinnahmt zu werden und deshalb, so der Sprecher, finde er sich jetzt allein und ohne Idee für die Zukunft wieder (und muss sich den hämischen Kommentar anhören). Er habe nur Verachtung für das Folk Movement geäußert und jetzt sei er bei den Clowns des Pop gelandet und müsse, weil es dort nur wenige schafften und keine Solidarität herrsche, sich Sorgen machen um seine nächste Mahlzeit. So verstanden, muss es *Dylan* mit seinem unbeirrbaren Selbstvertrauen des Jahres 1965 eine tiefe Befriedigung gewesen sein, sich dabei zu denken: Euch werde ich's schon noch zeigen.

Mit der auffälligen Zweiteilung von „Bringing It All Back Home" hatte *Dylan* seine Hörer aufgefordert, Stellung zu beziehen. Dass die erste Seite die elektrisch eingespielten Tracks enthält, ist kein Zufall: So ist es jetzt, so fühle ich es, so muss es gesagt werden, ist die Aussage. Seite 2 mit den akustischen Songs funktioniert sozusagen als Blick zurück und als Abgesang; die Positionierung von „It's All Over Now, Baby Blue" am Ende der Seite ist dann keinesfalls Zufall. Zwar sagt *Dylan* mit dieser Teilung: Entscheidet euch, aber die Entscheidung für ihn selbst – it's all over now … – ist schon gefallen. He's an artist, he don't look back: Mit „Maggie's Farm" und „Subterranean Homesick Blues" hat er auch bereits zwei elektrisch eingespielte Songs als Singles veröffentlicht, mit dem bissigen, unnachsichtigen, schneidend scharf formulierten und gesungenen „Like A Rolling Stone" macht er im Juli 1965 nicht nur deutlich, dass die Frage akustisch oder elektrisch keine Frage für ihn mehr ist, sondern auch, dass er in klassischer Folk-Musik mit ihren hochtönigen Anklage- und Weltverbesserungstexten – in Form von Protestsongs – endgültig keine Zukunft mehr für sich sieht.

Als *Dylan* am 25. Juli 1965 beim Newport Festival auftritt, kennt das informierte Publikum also seinen Eröffnungssong „Maggie's Farm" und weiß auch, dass die elektrische Verstärkung nichts Neues ist. Nun macht er aber offenbar ernst, denn hinter ihm lässt die *Paul Butterfield Blues Band* einen – für Newport – unerhörten Lärm los. Was genau diesen legendären Auftritt zu dem Desaster gemacht hat, als das er auf die Augen- und Ohrenzeugen gewirkt hat und in die Rock-Folklore eingegangen ist – die Musik? die Lautstärke? der schlechte Sound? –, hat sich nie befriedigend klären lassen. Die Fragen müssen hier auch nicht noch einmal gestellt werden; entscheidend aus *Dylan*s Sicht und für den weiteren Verlauf seiner Karriere ist letztlich nur die hohe Symbolkraft dieses Auftritts: Er hat wieder einmal eine Loslösung vollzogen. Allen, die das an jenem Abend noch nicht wahrhaben wollen, wirft er noch ein akustisches „It's All Over Now, Baby Blue" hinterher.[219]

Zwar für den Moment irritiert, aber doch unbeirrt geht *Dylan* ein paar Tage nach Newport wieder ins Studio, um Material für eine neue LP aufzunehmen. Äußerlicher Beleg für den Wandel ist der Wechsel des Produzenten: Statt Tom Wilson, der noch bei „Like A Rolling Stone" die Regler bedient hat, trägt nun Bob Johnston die Verantwortung,[220] ein Produzent, der weniger Einfluss auf seine Künstler nimmt. Im Laufe von drei Aufnahmetagen entstehen acht Songs.

Auf „Like A Rolling Stone", das „Highway 61 Revisited" eröffnet, folgt der schnelle „Tombstone Blues", der während der Aufnahme von den Musikern, die sich (angeführt von *Mike Bloomfield*s Gtarre) buchstäblich fortreißen lassen, noch etwas beschleunigt wird. Es ist ein weiteres der breit angelegten und ins Absurde vorangetriebenen USA-Porträts. Der letzte Vierzeiler zielt vor dem Hintergrund dieses Figuren-Panoptikums – und was werden *Ma Rainey* und Beethoven in ihrem Schlafsack gemacht haben?[221] – nicht nur auf all jene, die aus der Folk-Musik ihr beruhigendes Gutmenschen-Selbstgefühl beziehen, sondern auf alle Amerikaner: Freundlich-beruhigende, womöglich etwas hochmütig-begönnernde Töne sind fehl am Platz, es geht jetzt nur noch um die ungeschminkte Wahrheit – deshalb der ruppige „Tombstone Blues" und kein irreführend-harmonisierendes „We Shall Overcome". Kann man doch längst nicht mehr sicher sein, der Situation noch Herr zu werden!

---

[219] Zum Auftritt vgl. z.B. Heylin (2011), S. 206-216.
[220] Johnston hat Wilson auch schon zuvor bei *Simon & Garfunkel* abgelöst: zwischen der Elektrifizierung von „The Sound Of Silence" und der Aufnahme der LP „Sounds Of Silence". Vgl.: Eliot, S. 69; Heylin (2011), S. 216f.. Auch zu *Dylan*s Gründen für diesen Wechsel gibt es keine befriedigende Erklärung.
[221] Dylan: Lyrics, S. 169-171, hier: S. 170, Z. 71.

So hämisch und so unversöhnlich wie „Like A Rolling Stone" ist auch „Ballad Of A Thin Man".[222] Seine Schauplätze und die Handlungen der Figuren haben für den unvorbereiteten Hörer ebenso wie für den Mr. Jones des Liedes keinerlei Beziehung zur lebensweltlichen Realität – und wer solche Eins-zu-eins-Bezüge sucht, übersieht, dass es gar nicht um widergespiegelte Vorbilder und Handlungen geht. Was Mr. Jones – Jones ist im angelsächsischen Raum der metapherngleiche Name des Durchschnittsbürgers schlechthin, des Mannes von nebenan, der das Hamsterrad-Rennen um die Karriere humorlos ernst nimmt und ständig darüber nachdenkt, wie er Nachbarn und Kollegen überflügeln kann, kurz: des dezidierten Nicht-Künstlers[223] – in diesem Song widerfährt, ist eine einzige Hyperbel auf die gegenläufigen Lebensentwürfe von Vorstadt-Bürger und Gegenkultur-Angehörigem. Mag Mr. Jones auch noch so belesen sein (vgl. Z. 47f.), so hat er doch kein Sensorium, um die Gegenkultur zu verstehen. An Regeln gewöhnt, hat er keine Möglichkeit, einen Bezug zu diesem unverständlichen Regeln – Regeln? – folgenden Geschehen des Songs zu finden. Wie die beiden „Dialog"-Strophen (Z. 12-19 und Z. 65-71) zeigen, ist eine Verständigung nicht möglich. Dahinter steht triumphierend der namenlos bleibende Sänger, der zu verstehen gibt, dass Schulwissen nun mal nicht mehr reicht, um mit dem realen Leben zurechtzukommen. Irgendwas geht hier vor, aber du verstehst es nicht, oder? fragt der Sänger abschätzig, aber auch etwas besorgt.

Von diesem erstaunlichen Album ist mindestens noch das abschließende „Desolation Row" zu erwähnen, ein weiteres additiv gebautes Panoptikum realer und literarischer Figuren auf Augenhöhe und der einzige (fast) akustische Song. In der Welt der „Desolation Row" ist Einstein nur für sein Spiel auf der (elektrischen!) Violine bekannt, Casanova muss aufgepäppelt werden, Ophelia ist 22 Jahre alt und keineswegs lebenslustig, der Gute Samariter macht sich fertig, um eine Show zu besuchen ... fehlt nur noch, dass der ebenfalls erwähnte Nero als Feuerwehrmann tätig würde, denn tatsächlich ist die Desolation Row eine Halbwelt – ein Vorbild zu suchen, wäre einmal mehr unsinnig –, die durch die dislozierten Figuren auffällt: Niemand tut etwas von dem, wofür er bekannt ist, niemand ist an seinem richtigen Ort, alle sind ver-rückt, also kann auch nichts funktionieren, schon mal gar nicht die Verständigung. Wenn jeder nur noch seinen Interessen nachgeht oder (wie Pound und Eliot in

---

[222] Dylan: Lyrics, S. 174-176.
[223] Es ließe sich eine hübsche Vignette über Mr oder Mrs Jones in den angloamerikanischen Song-Texten schreiben. Hier sei nur die für *Mick Jagger* bezeichnende kleine Gemeinheit erwähnt, „irgend so ein Mädchen" als Miss Amanda Jones zu bezeichnen. Vgl.: *The Rolling Stones*: „Miss Amanda Jones ", LP „Between The Buttons" (20. Januar 1967), Track 11 (UK-Fassung).

der 9. Strophe) sich in sinnlose Kämpfe um Vorteile oder Rechtbehalten verstrickt, dann wird die ganze Welt allmählich zur Desolation Row, die unrettbar im Chaos versinkt. Auf welcher Seite man stehe (Z. 100) – eine letzte Invektive gegen die Folk-Traditionalisten und Berufslinken –, sei dann auch egal.

Mehr als je zuvor experimentiert *Dylan* auf „Highway 61 Revisited" mit dem Blues („It Takes A Lot To Laugh, It Takes A Train To Cry", „Ballad Of A Thin Man"), aber im deutlichen Unterschied zu den *Rolling Stones* oder auch den *Animals* sind die Texte durch *Dylan*s Herkunft aus dem Folk und seine Beschäftigung mit klassischen erzählenden Textformen alles andere als Pop-Format-tauglich. Sie werden experimenteller, abstrakter und gleichzeitig persönlicher – allerdings in einem Maß, das die Texte zunehmend ein Genre für sich werden lässt. *Dylan* findet in der Kombination dieser Elemente vertraut wirkender Musik und surreal aufgeladener Texte eine Songstrategie, die nicht kopierbar ist und ihn zu einem singulären Phänomen macht.

Dass sich die Texte jeder einfachen Interpretation entziehen – wie es für den klassischen Folk hingegen verbindlich ist –, verhindert aber nicht, dass *Dylan* schon in dieser Zeit zu einem vielfach gecoverten Song-Autor avanciert. Nicht nur die *Byrds* oder *Joan Baez*, sondern auch vermeintliche Spaß-Pop-Interpreten wie *Manfred Mann* entdecken die Songs für sich; Letzterer interpretiert „With God On Our Side" inklusive der Holocaust-Strophe und er wird danach immer mal wieder auf *Dylan*-Songs zurückkommen.[224] Sich an ein *Dylan*-Cover zu wagen, heißt in den 1960er-Jahren nicht nur, von einem aktuellen Trend und dem Erfolg des Komponisten profitieren zu wollen, sondern vor allem, der eigenen Verwirrung über die unübersichtlich werdenden Zeiten einen adäquaten Ausdruck zu geben. In dem Maß, in dem die Texte offener und vieldeutiger werden, ist jeder Sänger (oder Hörer) gefordert, sein individuelles Verständnis an sie heranzutragen (und das gilt im doppelten Sinn für all jene, deren Muttersprache nicht das amerikanische Englisch ist, die also noch eine zusätzliche Verständnishürde überwinden müssen). Bilanzierend gilt es im Auge zu behalten, dass nicht jeder Text die eine destillierbare Botschaft oder Aussage hat, dass nicht jede Zeile in jedem Fall im Dienst des Textes steht, dass einzelne Zeilen gegebenenfalls auch als irreführende Widerhaken funktionieren, und dass ein Text multiple Zielobjekte oder -richtungen haben kann.

---

[224] *Manfred Mann*: „With God On Our Side", EP „The One In The Middle" (18. Juni 1965); später folgen u.a. „If You Gotta Go, Go Now" und „The Mighty Quinn" (als „Mighty Quinn") sowie in den 1970er Jahren mit der *Earth Band* u.a. „Please Mrs. Henry" (1972), „Father Of Day, Father Of Night" (1973), noch einmal „Mighty Quinn" (1977) und „You Angel You" (1979).

Blonde On Blonde

Schon früh werfen Kritiker *Dylan* angesichts dieser Text-Architekturen wilde Beliebigkeit, geradezu Willkür vor, ganz so, als sei sein Tun nur darauf angelegt, seine Hörer zu veralbern und ihnen mit dilettantisch-halbfertigen Produktionen, die gleichwohl absichtsvoll mit einem Schleier des Mystischen und des Bedeutungsschwangeren umgeben werden, listig das Geld aus der Tasche zu ziehen. So mache er sich lustig über das irregeführte Publikum. Wenn es nur das wäre, möchte man antworten, dann wäre es auch schon ein Beleg dafür, wie unselbstständig im Denken und Entscheiden die Menschen der Mitt60er-Jahre offenbar sind – und das wäre eben auch schon ein gutes Stück Gesellschaftskritik. Aber darum geht es in der Kunst ja gar nicht, sondern darum, immer wieder einen neuen Blick auf die Dinge zu entwickeln, als Antenne zu funktionieren und die hochindividuelle Sicht so aufzubereiten, dass der Betrachter/Hörer möglichst viele Assoziationen dazu entwickeln kann. Das gilt es auch bei *Bob Dylan* zu berücksichtigen, denn für nichts in Anspruch genommen, eingespannt werden zu wollen, heißt noch lange nicht, keine Botschaft oder keine Meinung zu haben.

Die kritische Durchsicht von *Dylan*s Werk vor seiner 1966er LP „Blonde On Blonde" hat ergeben, dass er immer wieder bereit ist, eingenommene Positionen aufzugeben, gewonnene Plateaus zu räumen, die literarischen und musikalischen Formen zu verändern – und damit auch immer wieder die Karriere zur Disposition zu stellen. Gesellschaftskritik im klassischen Sinne der Folk-Musik gibt es immer weniger; alles ist geprägt von der individuellen Optik, vom unbedingten Willen zur subjektiven Brechung bis hin zur Spiegelung der Reaktionen auf seine Äußerungen und Veröffentlichungen. Welche Halbzeile als Replik, als verdeckte Bibel-Anspielung, als verdrehtes Literatur- oder Politiker-Zitat zu verstehen ist, welches Setting reine Erfindung ist und welches ein reales Vorbild hat, ist oft kaum zu entscheiden. Wer jede Song-Zeile aus *Dylan*s Biographie zu belegen sucht, sieht an der Intention des Autors vorbei. *Dylan* nutzt genuin literarische Vorgehensweisen, ohne dass seine Texte deshalb immer gleich Literatur wären.

Im Laufe der Aufnahmen zu „Highway 61 Revisited" entsteht auch der Song „Positively 4th Street",[225] neben „Like A Rolling Stone" wohl der unversöhnlichste, aggressivste Kommentar im Frühwerk. Er geht dem Album „Blonde On Blonde" als Single voraus und stellt in seiner Schärfe ein Bindeglied zwischen den Alben dar. Der Anlass ist unverkennbar autobiographisch: Ich wendet sich an einen Trittbrettfahrer, der Ich bis dahin vor allem begön-

---

[225] *Bob Dylan*: „Positively 4th Street" b/w „From A Buick 6" (7. Sept. 1965); Dylan: Lyrics, S. 184f.

nernd, bekrittelnd, naserümpfend begleitet oder wahlweise auch umgangen hat. Nun, da der Erfolg da sei, bezeichne er sich als Freund, das sei doch wohl die Höhe (1. Strophe), auf seine Anwesenheit oder Hilfe könne er verzichten (2. Strophe), zumal er ohnehin nicht aufrichtig und verlässlich sei (4. Strophe), und er halte einen wohl für einen Idioten, wenn er glaube, dass Ich ihn nun willkommen heiße (6. Strophe). Stattdessen wünscht sich Ich, sein Gegenüber könne einmal den Platz mit ihm tauschen – um zu erkennen, wie besch... es sei, ihn, den Trittbrettfahrer, jetzt zu sehen (11. und 12. Strophe). Das Reimschema dieser langen Wut-Rede ist kompliziert: Jeweils die zweiten Zeilen der Strophen reimen sich miteinander, desgleichen jeweils die vierten; die jeweils ersten und dritten Zeilen reimen sich nur, wenn es sich zufällig ergibt, zumeist jedoch nicht. Eine solche „ungeordnete" Struktur passt zum Anlass. Ungewöhnlich ist für eine an Pop-Hörer adressierte Veröffentlichung das Maß der autobiographischen Grundierung, wenngleich *Dylan* natürlich so clever ist, Anspielungen, die ausschließlich aus seiner persönlichen Situation zu erklären wären, nicht aufzunehmen. So lässt sich der Text auch als eine Brandrede gegen selbsternannte Freunde verstehen und insofern auch auf den politischen oder den vorpolitischen Raum (beispielsweise die Bürgerrechtsbewegungen) beziehen. Ungebetene „Freunde" können gerade auch hier eine an Diffamierung grenzende Belastung darstellen. Verachtung und Fremdschämen zugleich ist die natürliche Reaktion.

In Newport ausgebuht, von der Kritik missverstanden und von der Folk-Bewegung für Ziele in Anspruch genommen, die nicht die seinen sind: Im Herbst 1965 sitzt *Dylan* zwischen allen Stühlen. Und so stellt er eine Abrechnung mit all jenen, die nicht verstehen können oder wollen, sozusagen als Warnung an den Anfang der (Doppel-)LP „Blonde On Blonde": Was man auch tut, es ist verkehrt in den Augen der anderen, so die Erkenntnis und zugleich Botschaft von „Rainy Day Woman # 12 & 35".[226] *Dylan* nutzt dafür den für seine Verhältnisse etwas dünnen Wortwitz der Doppelbedeutung von „to get stoned": gesteinigt werden oder sich zukiffen. Der Sänger ist ein anonym bleibender Beobachter der Situation, der sich entweder an ein unbenanntes „you" wendet oder sich im Selbstverständigungsmodus als „you" anspricht. Ihm oder „you" steht ein gleichermaßen anonymes „they" gegenüber. Von diesem „they" gehen alle mißbilligenden, diffamierenden, bösen oder gut gemeinten (und schlecht gemachten) Handlungen aus: jeweils in den ersten vier Zeilen der fünf je sechszeiligen Strophen. Die je fünfte und sechste Zeile bilden den Chorus; in der fünften Zeile wünscht sich das Ich, sich nicht so allein

---

[226] Vorab als Single: *Bob Dylan*: „Rainy Day Women # 12 & 35" b/w „Pledging My Time" (April 1966); Dylan: Lyrics, S. 191.

zu fühlen, die sechste Zeile formuliert die Schlussfolgerung, jeder müsse stoned sein (oder werden). Auf diese Weise positionieren sich der Sänger und „you" als Angehörige der Minderheit, die von der Mehrheit der „they" nicht verstanden und gegebenenfalls unterdrückt und marginalisiert, mindestens aber verachtet werde (worauf die Minderheit gleichermaßen mit Verachtung reagiert). Der Sänger legt dabei die Verhaltensmechanismen der Mehrheit bloß: Sie lehnen dich ab (= steinigen dich), wenn du gut zu sein versuchst (Z. 1), wenn du für dich zu sein versuchst (Z. 3f.), wenn du einfach nur die Straße entlang gehst (Z. 7), wenn du Alltägliches tust, z.B. frühstücken (Z. 13), wenn du jung und zu allem fähig bist (Z. 14), wenn du mal ein bißchen Geld zu verdienen versuchst (Z. 15) ... und das Perfide ist: Sie lassen dich einfach nicht in Ruhe (Z. 19f., 28), sie sehen sich stets und immer als die Überlegenen, sind aber in den Augen des Sängers nur die anonyme Masse der allgegenwärtigen Besserwisser, die nur anerkennen, was sie mit ihren schwachen Kräften selbst verstehen können – und von der man sich genau deshalb erdrückt fühlen könne. In diesem Ich vs. „they" ist „Rainy Day Women # 12 & 35" verwandt unter anderem mit „The Sound Of Silence", mit „I Just Wasn't Made For These Times" und (später im Jahr) mit „Rain" und „I'm Only Sleeping". Ich vs. „they" signalisiert in der Regel eine Standortbestimmung, egal, ob das Ich aus der Defensive oder aus einer Position der Stärke formuliert. Die unübersichtlicher werdenden Zeiten verlangen geradezu danach, eine Position zu beziehen und *Dylan* hat das mehr als einmal getan. Aber in „Rainy Day Women # 12 & 35" belässt er es bei der satirisch-aggressiven Aufzählung aller Übeltaten von „they" – in dem Wissen, dass die Hörer, die mit *Dylan*s Weg vertraut sind, sich das ihre denken, und die anderen, sofern sie Angehörige der Minderheit sind, sich erkennen und erfahren, dass sie bei aller provozierten Abneigung doch nicht so allein stehen in der Welt. Und nicht zuletzt ist der Song auch ein Komplement zur „Ballad Of A Thin Man" bei umgekehrten Mehrheitsverhältnissen: Stand dort Mr. Jones allein dem unerklärlichen Geschehen gegenüber, so findet sich hier der Angehörige der counterculture an die stupide, missgünstige Masse ausgeliefert und verzichtet qua Einsicht kalkuliert darauf, sich ihrer Mechanismen zu bedienen.

Zu den satirischen Elementen gehört die musikalische Umsetzung dieses wiederum additiv gebauten Textes: ein Heilsarmee-Marsch, der, wäre er noch etwas langsamer, auch an eine Beisetzungszeremonie in New Orleans denken ließe. Satirisch sind auch die „rainy day women", die im Text gar nicht auftauchen. *Dylan*-Exegeten haben eine Beziehung hergestellt zum Buch der Sprüche Salomos 27, 15, wo es heißt, ein zänkisches Weib und ein regentriefendes Dach ließen sich miteinander vergleichen: Wer sie aufhalten wolle, könne genauso gut den Wind aufzuhalten versuchen. Und es muss *Dylan* amüsiert haben, dass das konservative Amerika nur den lahmen Doppelsinn gehört hat: Eine Reihe von Radiostationen belegt den Song mit einem Bann, rufe er doch zum Drogenkonsum auf.[227] Aber wie alle wissen, verschafft ein Bannstrahl erst recht Aufmerksamkeit.

Auf diesen vorsätzlich leicht verständlichen Opener, dessen zeremoniellem Charakter das Gekicher der Musiker und die Hintergrundgeräusche widersprechen, folgt mit „Pledging My Time"[228] der erste Song, der sich auf dieser Platte mit den Fährnissen entstehender oder vergehender Partnerschaften beschäftigt. Er gibt die Stimmung vor, die von nun an herrscht. Seine fünf Strophen scheinen nur vage zusammenzuhängen. Die erste und dritte Zeile jeder Strophe reimen sich nicht, die zweite und vierte bilden einen umarmenden Reim, die fünfte und sechste Zeile einen Paarreim; technisch gesehen ist also Ordnung drin. Die erste Strophe berichtet von den anhaltenden Kopfschmerzen des Ich, die zweite davon, dass ein Hobo sein „Baby" geraubt habe, die dritte stellt die Frage nach einer gemeinsamen Zukunft, die vierte zeigt das Paar, nachdem alle anderen – welche anderen? – gegangen sind, die fünfte scheint das Misslingen der Beziehung zu signalisieren. Was will das also sagen? Ist der Song nur eine Ausrede für all die Vagheiten und Zufälle, die die Beziehungen (und Partnerschaften) von Menschen steuern – und wo ein Unfall alles ändern, womöglich zunichte machen kann? Spürbar ist immerhin, dass die Kommunikation zwischen den beiden nicht vollständig und vertrauensvoll zu sein scheint. Und wenn die Frau sich von einem Hobo ent- oder verführen lässt, scheint es keine Grundlage dafür zu geben, dass Ich ihr seine Zeit, gleichbedeutend mit Aufmerksamkeit, widmen will. Liebe und Hingabe funktionieren nicht als Einbahnstraße. Wenn er auch bereit ist, ihr seine Zugehörigkeit zu beweisen, so stellt sich doch die Frage, ob sie das denn will? Die Sache bleibt ungleichgewichtig, weil sie offenbar nicht mit der gleichen Gefühlstiefe bei der Sache ist. Wer schlecht drauf ist, entdeckt darin die notorische Bereitschaft der Frau zum Verrat. Sicher lässt sich aber lediglich sagen, dass es um Beziehungen geht, die wegen ihrer unvollständigen Kommunikation fragil bleiben; was *Dylan* (möglicherweise) sagen wollte, bleibt im Dunklen.

Am ehesten ist „Pledging My Time" noch als ein Stimmungsbild aus einer nicht mehr rund laufenden Partnerschaft zu verstehen, technisch nicht unähn-

---

[227] Heylin nennt „Rainy Day Women # 12 & 35 " *Dylan*s „first overt drug song", obwohl *Dylan* selbst immer bestritten hat, einen Drogen-Song geschrieben zu haben. Vgl. dazu: Clinton Heylin: Revolution in the Air. The Songs of Bob Dylan, 1957-1973. Chicago: Chicago Review Press / A Cappella 2009, S. 309f., hier: S. 309. Im Folgenden zitiert als: Heylin: Revolution. Ferner: Andy Gill: Bob Dylan. The Stories behind the Songs. O.O.: Carlton 2011, S. 136f. Im Folgenden zitiert als: Gill.
[228] Dylan: Lyrics, S. 192.

lich der „slice-of-life"-Verfahrensweise der Short Story. Stimmung ist hier wichtiger als Konsistenz. Vollends gilt das für das folgende „Visions Of Johanna", einen gemächlich trödelnden Blues, der nur für eine Harmonika-Bridge zwischen den Strophen unterbrochen wird.[229] Der Abfolge seiner Bilder, Gedanken und Imaginationen ist schwerlich eine stringente Geschichte zu entnehmen. Mit „Desolation Row" hat „Visions Of Johanna" die Ansammlung von Figuren vom Rand der Gesellschaft gemeinsam. Im Verlaufe des Textes etabliert Ich den Gegensatz zwischen der anwesenden und verfügbaren Louise (zuerst Z. 3), die offenbar unter anderem als Kontaktperson für die Versorgung mit allerlei chemischen Substanzen tätig ist („rain" in Z. 3), und der abwesenden, chimärischen Johanna (zuerst Z. 9), die offensichtlich nach und nach Gefühlsleben und Phantasie des Ich überwältigt. Louise mag alltagsklug sein und kleine Fluchten ermöglichen (vgl. Z. 41f.), aber wie so oft ist das Abwesende, Unerreichbare, kaum Gekannte auch hier das Interessantere, ein Rätsel, das aufzulösen wäre.

Auf diese Weise kommt Mona Lisa ins Spiel (Z. 31f.), seit Leonardos enigmatischem Frauen-Porträt (um 1505) immer wieder Metapher für das Unerreichbare, Unerklärbare, Nicht-Auflösbare. Möglich ist, dass *Dylan* mit dieser Erwähnung nicht einmal so sehr auf das Bild zielt, sondern auf die in den USA wohl viel präsentere Titelfigur aus dem Song von *Nat ‚King' Cole*.[230] Dessen Protagonistin trage ihr geheimnisvolles Lächeln, weil sie einsam sei, und man wisse nicht, ob sie mit ihrem Lächeln herausfordern oder nur ihr gebrochenes Herz verstecken wolle; jedenfalls stürben viele Träume auf ihrer Türschwelle. Dieses Unerfüllte in ihr macht den „highway blues" verständlich (Z. 31), der hier als Metapher für die Jagd nach dem Glück, dem ultimativen Kick, jedenfalls einer Form von Erfüllung steht.[231] Unantastbar, ja unerreichbar und untadelig wie eine Madonna (Z. 44) steht Johanna vor dem inneren Auge des Ich; Johanna allein ist dem Ich so wichtig, dass sie zumindest in der letzten Zeile einer Strophe chorusartig wieder auftaucht – in der Formulierung des Titels, also nicht in Person, sondern als „visions". „Gegenpol" Louise, die nicht wirklich ein Gegenpol ist, und alle anderen Figuren treten hingegen (rein sprachlich gesehen) leibhaftig auf. Ihre Handlungen und Äußerungen tragen unverkennbar Züge des Irrealen oder zumindest des – in den Augen des Ich – irgendwie Unwichtigen, Nebensächlichen. Dieser Unterschied ist einer ums Ganze, denn

---

[229] Dylan: Lyrics, S. 193f.
[230] *Nat ‚King' Cole*: „The Greatest Inventor Of Them All" b/w „Mona Lisa" (1950). Als Filmmusik erhielt „Mona Lisa" im gleichen Jahr einen Academy Award als „best original song".
[231] „Highway" lässt natürlich an die wiederholten Fahrten der Protagonisten von Jack Kerouacs „On The Road" denken: Das Glück, das Gesuchte ist immer gerade dort, wo man selbst nicht ist.

hier geht es nicht um die unerreichbare Frau, die in der Phantasie des Ich immer übernatürlicher, strahlender wird neben den verfügbaren Alltagsgestalten, sondern um das Unerreichbare schlechthin. Weder die Mona Lisa von Leonardo noch jene von *Nat ‚King' Cole* lässt sich ihr Geheimnis entreißen; beide bleiben so unerreichbar wie Johanna. Die naheliegende Deutung geht also davon aus, dass Johanna für die von jedem ernsthaften Künstler erstrebte Transzendenz steht: das immerwährende Streben nach der Konvergenz von Form und Inhalt in der Schönheit, das Bemühen, den Augenblick festzuhalten und ihm die Hundertstelsekunde der Schönheit abzugewinnen, die Schönheit in die Form zu bannen. Aber die(se) Madonna zeigt sich nur selten und nicht jedem (vgl. Z. 44) und vermutlich schon mal gar nicht dem, der sie allzu krampfhaft verfolgt.

Gestützt wird dieses Verständnis in erster Linie durch die Vorgeschichte von Komposition und Aufnahme. Ohne Bezug zu „Visions Of Johanna" hat *Dylan* Jahre nach der Aufnahme in einem Interview betont, dass er schnell schreibe: „The inspiration doesn't last. Writing a song, it can drive you crazy. My head is so crammed full of things. I tend to lose a lot of what I think are my best songs ..."[232] Mag der folgende Hinweis, er trage keinen Cassetten-Recorder mit sich herum, auch wie bohemienhafte Arroganz gegenüber der eigenen Kreativität wirken, so zeigt die Studio-Dokumentation, dass *Dylan* es anfangs auch sehr eilig hatte mit der Aufnahme: „... he initially seemed in something of a hurry to get the song captured in the studio, as if the inspiration would fade as quickly as the night vision he sought to contain."[233] *Dylan*s Ungeduld im Studio ist vielfach dokumentiert. Wie die weitere Geschichte zeigt, war er im Fall der „Visions Of Johanna" allerdings doch ungewohnt geduldig. Lohn der Mühe ist die einhellige Anerkennung für den Song: Bis heute gehören die „Visions ..." nach Ansicht vieler Fans und Kritiker zu den Höhepunkten seines Kanons – textlich und vor allem gesanglich.

Woher eine Inspiration kommt und wann der so verzweifelt erhoffte, gejagte Augenblick eintritt, ist völlig ungewiss.[234] So ungewiss wie der Grund für das geheimnisvolle Lächeln der Mona Lisa. Eine Antwort auf die in der *Dylan*-Literatur und den Foren der Dylanologen immer wieder gern diskutierte Frage, ob der Song oder die Figur Johanna auf *Joan Baez* zurückgehe, trüge zum Ver-

---

[232] Jim Jerome: Bob Dylan: A myth materializes with a new protest record and a new tour. [People Magazine v. 10. November 1975]. In: Younger, S. 95-100, hier: S. 98.
[233] Heylin: Revolution, S. 274. Zur langen Aufnahmegeschichte vgl. ebd., S. 274-279.
[234] Das britische Duo *Picadilly Line* hat 1967 eine Cover-Version von „Visions Of Johanna" vorgelegt, die an dieser Deutung vollkommen vorbeizuschauen scheint: Abgesehen von einigen kleinen Umstellungen lassen sie ausgerechnet die Z. 44 (mit dem Hinweis, dass sich die Madonna immer noch nicht gezeigt habe) aus.

ständnis des Textes allerdings nichts bei, vor allem wenn man konzediert, dass in eine künstlerische Schöpfung alles eingeht, was ihren Schöpfer umgibt – aber eben nicht als Eins-zu-eins-Abbild. Der halluzinatorische Charakter des Textes macht solche Fragen obsolet; interessant wäre schon eher, zu erfahren, in welchem Umfang der denkbare Konsum von Drogen zur Entstehung dieses oder jenes Songs beigetragen hat. Immerhin verweist in diesem Fall schon der Titel „Visions Of Johanna" auf andere als rein physisch-sensuelle Wahrnehmungsmöglichkeiten. Zumindest ist zu bedenken, was schon gesagt wurde: dass nicht jeder Zeile und jedem Bild eine Bedeutung abgefragt werden kann.

Sehr viel mehr von dieser Welt ist das folgende „One Of Us Must Know (Sooner Or Later)", der zweite Song, der einer zerfallen(d)en Partnerschaft ein Resümé zu geben versucht. Von Liebe oder auch nur Empathie ist jedenfalls nichts mehr zu spüren, während das Ich sich erinnert (wobei nicht deutlich wird, ob es ein letztes Gespräch ist oder ein Selbstverständigungsmonolog).[235] Was genau sie ihm vorwerfen könnte, wird nicht explizit deutlich; allerdings hat er sie offenbar – vor allem aus zunehmendem Desinteresse (vgl. Z. 1 und 4) – nicht gut behandelt. Was sie getan hat, wird hingegen deutlich: Sie sei nie aufrichtig und offen in ihren Handlungen gewesen (Z. 5-8), habe sich und ihre Motive verborgen gehalten (Z. 13-16), ihn getäuscht (Z. 19f.) oder sogar angelogen (Z. 29f.). Aber letztlich, so der dreimalige Chorus, habe sie nur getan, was von ihr zu erwarten gewesen sei (vgl. Z. 10, 22, 34), während er wirklich versucht habe, sie zu verstehen und ihr nahe zu sein (Z. 12, 24, 36). Also nur eine Neuauflage misogyner Sentiments?

Hervorgegangen ist diese (offenbar kurze) Partnerschaft aus zwei Entscheidungssituationen (vgl. Z. 5-8 und 17f.) und zwischen Anfang und Ende liegt viel unehrliche und unvollständige Kommunikation. Dass Ich bekennt, im Schneetreiben nichts gesehen zu haben und nur ihrer Stimme gefolgt zu sein (Z. 25f., die Stimme schon mal in Z. 16f.), deutet von fern auf den antiken Mythos der Sirenen – und insofern auf die Bereitschaft, einer Versuchung zu folgen. Wenn man aber alle Sicherheitssysteme ausschaltet, darf man sich nicht wundern, wenn man im Verlauf der Geschichte eher zum Objekt oder Opfer wird. Andererseits deutet die Bereitschaft, die Initiative abzugeben, auch zurück auf *Dylan*s Rat, nicht den selbsternannten Führungsfiguren zu folgen (aus „Subterranean Homesick Blues"); man täte dem Text aber Gewalt an, wenn man ihn deshalb für die Frage nach der psychologischen oder gesellschaftlichen Rolle der Leitfiguren in Politik und Bürgerrechtsbewegung in Anspruch nähme. Andere Texte gehen da viel expliziter vor. So betrachtet ist „One Of Us Must Know (Sooner Or Later)" eher doch keine Abrechnung mit der

---

[235] Dylan: Lyrics, S. 195.

Falschheit der Frau, sondern ein Blick zurück, der die erforderliche Selbstkritik lediglich tentativ umkreist. Das Eingeständnis, sie solle seine Behandlung nicht persönlich nehmen, sie sei nur eben gerade dagewesen, ist in diesem Zusammenhang nicht als Selbstkritik zu verstehen, sondern als gezielter Versuch, auf die erlittenen Verletzungen mit gleichen Mitteln zu reagieren.

Der aufwendige Klavier-/Orgel-Wettbewerb, das Drumming und der dreimalige Chorus rücken „One Of Us Must Know (Sooner Or Later)" schon in die Nähe gängiger Pop-Formate. Einen noch deutlicheren Schritt in diese Richtung unternimmt „I Want You", das die zweite Seite der ursprünglichen Doppel-LP eröffnet. Nach einem halbtaktigen Drum-Intro ist die ganze Band präsent und spielt den vorangestellten Chorus – ein Kunstgriff, den vor allem die *Beatles* perfektioniert haben – einmal instrumental durch. Wenn *Dylan* dann nach 15 Sekunden mit dem Text einsetzt, werden alle Erwartungen – wie könnte es bei ihm auch anders sein – über den Haufen geworfen. Stattdessen hat der Hörer es wieder mit einer Ansammlung skurriler Tagediebe und Außenseiter zu tun.[236] Die Beobachtung von der „typical parade of Dylan characters, too numerous to inhabit the song's three minutes comfortably",[237] lässt allerdings die Frage aufkommen, in welchem Verhältnis denn all diese Figuren zu „I" und „you" und in welchem Verhältnis „I" und „you" zueinander stehen. In den ersten beiden je siebenzeiligen Strophen teilt Ich seine Beobachtungen aus seiner Umgebung mit und versucht, sich dazu in Beziehung zu setzen. Die Wahrheit ist allerdings, dass Ich die Umgebung eher als irritierend erfährt: Er erlebt Politiker, Mütter, Erlöser und andere Gestalten, die sich keineswegs so verhalten, wie er es von ihnen erwarten würde (Z. 1, 11-14), und muss sich gezielt vornehmen, sich nicht von seinem Weg abbringen zu lassen (Z. 6). Seine eine feste Gewissheit scheint sein Verlangen nach dem nicht näher beschriebenen „you" zu sein (Chorus, vgl. Z. 8-10 und noch dreimal). Das Middle Eight (Z. 21-24) liest sich wie ein weiterer Abschied von all den formenden Kräften (von den Eltern bis zum Folk-Movement), denen der Song-Autor schon so lange zu entkommen sucht, weil er Vereinnahmung uind Missverständnis fürchtet. Das Ich beschreibt seine Bindungslosigkeit damit als janusköpfig, als erforderlich und problematisch gleichermaßen (und in den „daughters" der Z. 23 könnte nun durchaus etwas *Joan Baez* stecken). Weiteren Aufschluss dazu scheint die dritte Strophe mit der kryptischen Zeile, das Zimmermädchen aus der „Pik Dame" wisse sehr wohl, wo er viel lieber wäre (Z. 30), zu geben: bei you, also ihr oder etwa noch bei einer anderen? Von dort kehrt Ich zurück zur Beobachtung seiner Umgebung in der vierten Strophe:

---

[236] Dylan: Lyrics, S. 196f.
[237] Gill, S. 142.

dem nervigen Tanzkind im Chinesen-Kostüm, dem er die Flöte wegnehmen muss, weil der Bengel you hereingelegt habe (Z. 35-39) und die Zeit auf seiner Seite war (Z. 40). Wer oder was nun auch immer „you" ist, die begehrte Frau oder jedes andere Stimulans:[238] Deutlich ist, dass „I Want You" wie „Visions Of Johanna" auf mindestens zwei Ebenen funktioniert. Es könnte sich um ein Liebeslied handeln, in dem Ich der Angebeteten auf dem Umweg über all diese Nebenfiguren versichert, dass es niemand Wichtigeren als sie gebe und er sich nicht ablenken lassen werde. Oder es ist wiederum ein Selbstbestimmungstext; demnach gebe es nichts, was ihn von dem als richtig erkannten Weg abbringen könne. Und wie es aussieht, wird er diesen Weg allein gehen – denn mit seiner Umgebung verbindet ihn nicht viel, wie der Text erweist. „You" ist dann vermutlich eher nicht der öffentliche oder materielle Erfolg, sondern (wie in „Visions") die Befriedigung in dem Augenblick, in dem alles klickt und die Inspiration in eine gelungene Schöpfung umschlägt. Die eingängige Melodie und dagegen der widerspenstige Text stehen dann für das Problem des Künstlers, Form und Aussage in eine befriedigende Beziehung zu bringen; die Aufgabe des Reimschemas in der dritten Strophe ist ironischer Beleg dafür.

Beim ersten Hören scheint „Stuck Inside Of Mobile With The Memphis Blues Again" mehr vom Gleichen zu sein, denn wie in „I Want You" wird dem Hörer eine ganze Reihe von Figuren präsentiert und wie „Bob Dylan's 115th Dream" wird es gern als Panorama der US-Gesellschaft verstanden. Kommt hinzu, dass *Dylan* dem Zufälligen oder Aleatorischen seit dem Herbst 1965 zunehmend mehr Raum gewährt und sich auf das pünktliche Eintreffen der Inspiration verlässt, so dass – wie in diesem Fall – manche Songteile erst im Studio entstehen. Aber warum ist es erforderlich, noch einmal ein solches Figuren-Panoptikum vorzuführen? Tatsächlich scheint ein Großteil der Gesellschaft abgebildet zu sein. In der ersten Strophe[239] tauchen die Randständigen auf, in der zweiten Künstler (Shakespeare!), in der dritten Arbeiter und Mona – ist es Mona Lisa, die archetypische Glücklose? –, in der vierten die Verwandten, in der fünften der Politiker ... und insofern könnte in der Tat ein Panorama gemeint sein? Wie der Blick auf die einzelnen Strophen zeigt, fehlt hier aber das absurdsatirische Element. Vielmehr kann das Ich auf alles, was es bei seiner Inspektion sieht, nur mit Verzweiflung reagieren: Der Lumpensammler malt Kreise, aber nach dem Sinn kann man ihn nicht fragen, aus Shakespeare ist ein Dandy (oder ein Narr mit Schellen?) geworden, das Post Office wurde entwendet und der Großvater ist vergangene Woche verstorben, aber die Leu-

---

[238] Auf solche Möglichkeiten ist zurückzukommen im Zusammenhang mit „Got To Get You Into My Life" von den *Beatles* im folgenden Kapitel.
[239] Dylan: Lyrics, S. 198-200.

te reden nicht über den Toten, sondern über den Schock, den sie davongetragen haben. Nicht nur, dass niemand tut, was von ihm zu erwarten wäre – das wäre ja vielleicht im antibürgerlichen Sinn noch zu begrüßen –, sondern es erweist sich auch, dass niemand so recht weiß, was die anderen tun oder wie damit umzugehen wäre. Das gibt „Stuck Inside Of Mobile ..." eine andere Zielrichtung: Hier geht es um Entfremdung als Ergebnis von Desinteresse, um die Fragmentierung der Gesellschaft, deren einzelne Mitglieder ihre Interessen gar nicht mehr vertreten können, weil die Lebenswirklichkeit ständig unübersichtlicher wird und sich rationaler Verstehbarkeit zunehmend zu entziehen scheint (oder wie kann es sein, dass das Post Office verschwunden ist? Der geplagte Alltagsweise des frühen 21. Jahrhunderts weiß natürlich, dass es nur fragwürdigen Einsparungsversuchen zum Opfer gefallen sein kann). Kein Wunder, dass Menschen dem Druck nicht mehr standhalten können und irrationale Dinge tun. Mit einem Feuer auf der Main Street kann man immerhin für eine gewisse Aufmerksamkeit sorgen. Der Chorus – die entsetzte Frage des Ich, ob's das denn schon sein kann: festhängen in der (seelischen, gesellschaftlichen, kulturellen) Provinz und den Blues vor sich herschieben? – ist dann zu deuten als die Frage der sensibleren Zeitgenossen nach ihren Möglichkeiten, mit dieser geistigen und emotionalen Provinz umzugehen. Weil *Dylan* nur konstatiert und ohne Lösungsangebot aus dem Text geht, sei die Volte erlaubt: Wenn die Außenwelt keine Anregungen, keine Richtung bietet, kann die Antwort doch wohl nur sein, sich nach innen zu wenden, die Wahrheit und die Reaktion auf die Welt in sich zu suchen und die eigene emotionale Intelligenz und Phantasie nutzbar zu machen?

Eine Frau wie die mit dem neuen Leopardenfell-Hut passt denn auch perfekt in diese Zeit und diese Welt – wenn „Stuck Inside Of Mobile ..." satirisch gemeint wäre, hätte sie das Personal dort komplettieren können. Und von vornherein ist natürlich klar, dass so eine nicht die sein kann, die ein *Dylan*-Ich für sich sucht. Wie mögen sie ursprünglich zusammengekommen sein? Denn wie vom Ende her deutlich wird, ist „Leopard-Skin Pill-Box Hat"[240] wieder eine Trennungsgeschichte. Offensichtlich betrügt sie das Ich erst mit ihrem Arzt (4. Strophe) und dann mit einem neuen Liebhaber (5. Strophe) – aber ist es denn Betrug? Von Anfang an verfolgt Ich sie mit seiner Ironie – Darf ich mal auf deinem neuen Hut herumtrampeln, um zu sehen, ob es wirklich die teure Sorte ist (Z. 7-9), fragt er – und unwillkürlich erhebt sich die Frage, wie ernst es denn dem Ich mit ihr überhaupt war. Der Song ist gern als Satire auf Modewahn und Materialismus verstanden worden,[241] aber das ist denn doch

---

[240] Dylan: Lyrics, S. 201.
[241] Gill, S. 144.

klar erkennbar nur die eine Seite. Wie kann es nur sein, so die unausgesprochene Frage, dass sich so viele Menschen diesem Wahn hingeben, wenn es doch so viele dringendere Probleme gäbe? Und es sind ja nicht nur Frauen, die diesen Wettlauf um den (vermeintlich) wirkungsvollsten Auftritt unter sich ausmachen. Mindestens so wenig Verständnis wie für die Frauen hat das beobachtende Ich für die Männer, die auf diesen Karneval hereinfallen oder sich zumindest – um selbst als hip angesehen zu werden – intensiv um diese Frauen bemühen (vgl. 4. und 5. Strophe). Sich freiwillig der Manipulation von Mode-Industrie und Zeitgeist anheimzugeben, ist nichts anderes als die Preisgabe selbstbestimmten Handelns, in den Augen des Ich offenbar die wahre Sünde der Zeit. Seine sarkastische Geste mit dem Gürtel um den Kopf provoziert denn auch keine (verzeichnete) Reaktion.

Ob es für die Frau in „Leopard-Skin Pill-Box Hat" ein individuelles Vorbild gibt,[242] ist für das Verständnis nicht entscheidend. Der Text legt nahe, dass die Frau ihre Identität nur aus ihrer Spiegelung in der Schicht der ihr wichtigen Menschen bezieht. Damit steht sie in der Nähe des Mädchens aus „19th Nervous Breakdown" und im Hinblick auf die Abhängigkeit von der aktuellen Mode auch von „Dedicated Follower Of Fashion", die beide kurz vor der endgültigen Aufnahme von „Leopard-Skin Pill-Box Hat" im Februar 1966 veröffentlicht worden sind. Dass sie *Dylan* beeinflusst haben könnten, ist allerdings nicht anzunehmen, denn den ersten Versuch, seinen Song aufzunehmen, hat er schon im Januar unternommen. Diese thematische Übereinstimmung zeigt eher, wohin sich die selbsternannten In-crowd-Angehörigen, die „beautiful people" Anfang 1966 entwickelt haben: in den Hedonismus und die erschrockene Abwehr von Verantwortung.

Auf „Leopard-Skin Pill-Box Hat" folgt mit „Just Like A Woman"[243] gleich noch ein Frauenporträt und auch diese Protagonistin ist noch nicht so recht erwachsen. Bei näherem Hinsehen erweist sich der Song als ein Seiten- und Ergänzungsstück zum vorangegangenen „Leopard-Skin Pill-Box Hat". Gesehen wird die Frau von „Just Like A Woman" wieder aus der Perspektive eines Ich und es geht auch wieder um eine Trennung. Diese Trennung bereitet dem Ich so wenig Kopfzerbrechen wie die für das Ich in „Leopard-Skin ...", denn wie dort hat Ich die Frau und ihren Antrieb durchschaut. Der Unterschied zwischen den beiden Frauen – und der Grund dafür, dass „Just Like A Woman" auf „Leopard-Skin ..." folgt – ist nicht nur die letztendliche Abfertigung als „child" (als Gegensatz zu „woman") in der je letzten Zeile des Chorus

---

[242] Gern genannt wird das Warhol-Sternchen Edie Sedgwick. Vgl. z.B.: Heylin: Revolution, S. 267f.
[243] Dylan: Lyrics, S. 202.

(Z. 10, 20 und 38), sondern vor allem die Beobachtung, dass die Protagonistin gegenüber der (sich selbst unbewusst) egozentrischen Mode-Puppe einen Schritt weiter ist, ohne das zu wissen: Dass ihre Bänder und Schleifchen nicht mehr in ihren Locken halten (Z. 5f.), ist ein dezenter Hinweis darauf, dass dieses namenlose Weibchen die Kontrolle verloren hat.[244] Das beobachtende Ich ist über die (Selbst-)Täuschung hinweg, während es im (metaphorischen?) Regen steht und aus seinen Beobachtungen ein überlegenes Wissen gewonnen hat: Ihre Perlen, Amphetamine und anderen Tricks werden sie nicht glücklich machen (Z. 14-16). Nach dem hierauf folgenden zweiten Chorus ändert Ich die Blickrichtung: Die direkte Ansprache an „you" richtet sich offensichtlich an die zuvor in der dritten Person beschriebene Frau, wie der Hinweis, er könne hier nicht bleiben (Z. 27), sich nicht einfügen (Z. 29), deutlich macht. Von seiner eigenen Enttäuschung wird etwas deutlich, wenn er betont, er stehe kurz vor dem Verdursten (Z. 22) und sie habe ihn (ver)hungern lassen (Z. 34), denn sie habe die Möglichkeiten genutzt, ihn seine Abhängigkeit spüren zu lassen („your world", Z. 34). Wie unsicher er bei seiner Unabhängigkeitserklärung ist, wird erkennbar an der Formulierung, dass ihr Langzeitfluch ihn denn doch verletze (Z. 24), und an der Bitte, sie möge späterhin bei Begegnungen nicht zu erkennen geben, dass sie ihn von früher kenne (Z. 33). Diese Bitte bleibt ambivalent, denn eine Begründung dafür wird nicht mitgeliefert. Sie ist insofern als Schlüsselzeile des Songs anzusehen. Er kann nicht als eine weitere frauenfeindliche Diatribe verstanden werden: Der Sarkasmus fällt milder aus als in „Leopard-Skin Pill-Box Hat" und das Ich ist deutlich weniger souverän als jenes im vorausgegangenen Song. Stattdessen macht Ich seine eigene Verstrickung in die Geschichte und seine mühsame Lösung sehr deutlich; sein überlegenes Wissen (Z. 14f.) entsteht erst aus dieser Verstrickung. Das Ich geht mindestens so sehr mit sich selbst ins Gericht, weil ihn seine eigene Anfälligkeit, Verführbarkeit irritiert, wie mit der als Kind enttarnten Frau. Dass sie nehme, liebe und leide wie eine Frau, dann aber zerbreche wie ein Mädchen – mit anderen Worten: dass sie nicht tragen könne, was sie anrichte –, ist ihm Ausweis ihrer Unreife. Er tut sich Leid dafür, auf sie hereingefallen zu sein – eine Form von Selbstkritik.

Mit dem ohrwurmtauglichen Pop-Song[245] „Just Like A Woman" endet zwar die zweite Seite der Doppel-LP, nicht aber die Beschäftigung mit dem

---

[244] Heylin: Revolution, S. 304, äußert die Vermutung, dass wiederum Edie Sedgwick hinter der Figur stecken könnte. Zu viel der Ehre: Es geht doch eher um den Typus dessen, was man heute It-Girl nennt.
[245] *Manfred Mann* nimmt den Song umgehend auf. *Manfred Mann*: „Just Like A Woman" b/w „I Wanna Be Rich" (Juli 1966); in den nächsten Jahren folgen u.a. *The Byrds*, *Roberta Flack*, *Joe Cocker*, *Van Morrison* und *Nina Simone*.

Thema der zu Ende gehenden Liebe oder Partnerschaft. Wie schon der Titel deutlich macht, nimmt „Most Likely You Go Your Way (And I'll Go Mine)"[246] das Thema zu Beginn der dritten Seite wieder auf – und führt es wiederum einen Schritt weiter. Das Ich hat offenbar eine längere Geschichte hinter sich: Er kennt die Beteuerungen und Schwüre der Frau inzwischen allzu genau. Auf ihre Behauptung, sie liebe ihn und denke an ihn (Z. 1f.), antwortet er, na ja, sie könne sich auch irren, ihre Bekräftigung, sie wolle ihn im Arm halten (Z. 4f.), kontert er ironisch mit dem Satz, sie wisse ja, dass sie nicht so stark sei. Auf ihren Versuch, sich in seinen Augen herabzusetzen – sie störe ihn doch nur und verdiene ihn auch gar nicht (Z. 14f.) –, reagiert er ungerührt mit dem Hinweis, manchmal lüge sie eben. Er durchschaut sie also und er betont, es sei schwierig, sich aus alledem noch etwas zu machen. Deutlich wird, dass beide allzu lang mit falschen Rücksichten und Höflichkeiten hantiert haben; sie betont schließlich, es tue ihr Leid, ihm all diese Geschichten erzählt zu haben (Z. 32-34) und jetzt kann sie sich endlich überwinden, ihm zu gestehen, dass sie schon einen anderen Lover habe (Z. 35-37). Das erreicht ihn nicht mehr; wie er schon im Chorus betont hat, werde die Zeit zeigen, wer gefallen sei und wer wie aus dieser Geschichte herauskommen werde (jeweils die fünf abschließenden Zeilen einer Strophe, beginnend mit Z. 9-13). Dass ihm Gerechtigkeit widerfahren werde, betont auch das Middle Eight mit der entfernt biblischen Anspielung auf den Richter, der ihr zum Verhängnis werden könne (Z. 27-31). Nirgends ein doppelter Boden, eine kryptische Anspielung, nicht einmal Sarkasmus. Der Song ist einfach das Protokoll eines letzten Gespräches, das schon längst hätte geführt werden müssen. Auch in der aufmüpfigen Musik dieses Blues-Stompers gibt es keine Überraschungen. Es scheint fast, als wolle *Dylan* zeigen, dass er auch einfach kann,[247] selbst das fast durchgehend saubere und gleichmäßige Reimschema und der gleichbleibende Einstieg in die Aufzählung ihrer Ausreden mit „you say ..." (Z. 1, 4, 14 usw.) deuten darauf.

Viel besser zu „Temporary Like Achilles" als zum vorausgegangenen „Just Like A Woman" passt eine dieser rätselhaften Anekdoten, wie es sie zu Dutzenden in der *Dylan*-Fanfolklore gibt, wenn etwas nicht erklärbar ist. *Dylan* selbst soll angedeutet haben, dass die Frau in „Just Like A Woman" in Wahrheit ein Mann in Frauenkleidern war[248] – was natürlich der Bemerkung über

---

[246] Dylan: Lyrics, S. 203f.
[247] Tauglich befunden für eine Single-B-Seite: *Bob Dylan*: „Leopard-Skin Pill-Box Hat" b/w „Most Likely You Go Your Way (And I'll Go Mine)" (März 1967) – vermutlich auch, weil neueres Material fehlt.
[248] Vgl.: Heylin: Revolution, S. 304f. – Mitte der 1960er Jahre beginnt mit solchen Anekdoten und Anspielungen in Songtexten wie beispielsweise in „Party Line" von den Kinks – „Ist sie groß, ist sie klein, / ist sie überhaupt eine Sie? – das Spiel mit androgynen Identitäten, das schließlich zu „Lola" von den *Kinks* oder „Rebel Rebel" von *David Bowie* führt. Vgl.: *The Kinks*:

die verrutschten Bänder und Schleifchen und der Voraussage, sie werde nicht froh werden, eine andere Dimension gäbe. Andererseits wäre der Hinweis, sie werde nicht froh, wenn sie nicht begreife, dass sie wie alle anderen sei, dann kaum auflösbar; passen würde andererseits die Zeile, „you" lüge wie eine Frau (Z. 35). Übersehen wird bei dieser hektischen Tiefsinnigkeitssuche allerdings die Tatsache, dass das an der grundlegenden Aussage – die Unreife der Hauptfigur und damit die Unberechenbarkeit einer Gesellschaft, die solche Menschen duldet oder gar züchtet – nichts ändert. Im Fall von „Temporary Like Achilles" steckt hingegen eine Anspielung schon im Titel. Schließlich wird der historische Achill von seiner Mutter – nach dem nicht vollständig geglückten Versuch, ihn über einer Zauberflamme bzw. mit einem Bad im Styx unsterblich zu machen – in Mädchenkleider gesteckt, damit er nicht in den Krieg um Troia verstrickt werde. Odysseus ist allerdings noch eine Drehung schlauer: Als sei er ein Händler, lässt er Achill Schmuck und Waffen zur Auswahl vorlegen und dann plötzlich die Kriegstrompeten blasen. Achill greift unwillkürlich zum Schwert ...

Dieses vorausgeschickt, wird schnell deutlich, dass die Bilder und Anspielungen des Textes auf vielen, nicht immer miteinander zu vereinbarenden Ebenen funktionieren oder auch nicht funktionieren. Heißt „temporary" in diesem Fall „vorübergehend" oder „vergänglich"? Ist dieser Achilles der Liebhaber der namenlos bleibenden Frau oder nur so eine Art Bodyguard? Wer ist der Skorpion? (Z. 21) Auf der einfachsten Ebene ist „Temporary Like Achilles" zunächst einmal ein Song über ein Ich, das sich seit einiger Zeit darum bemüht, die Aufmerksamkeit und die Liebe des „honey" zu erringen. Er wartet geduldig (Z. 1-3), nimmt Demütigungen hin (Z. 8f., 16) und legt sich schließlich mit diesem aufschneiderischen Achilles an (Z. 26f.), aber er wird nicht beachtet (Z. 5) und fragt sich, wieso sie eigentlich so hochmütig sein kann (Z. 12, 23). Im Chorus (Z. 6f., 13f. und öfter) beteuert er, doch nur ihre Liebe zu wollen, aber sie hat eine ganze Reihe von Barrieren ersonnen: verschlossene Türen, einen Skorpion und eben Achilles. So fragt er sich schließlich im Middle Eight, ob ihr Herz denn aus Stein, aus Kalk oder doch aus Fels sei (Z. 17f.) – und der Hörer fragt sich, was er eigentlich von ihr wollen könnte, wenn er ihr doch so überlegen ist, sich fragen zu können, was sie denn wohl schützen zu müssen glaube (Z. 23).

Auf dieser einfachen Ebene geht es also um die Vernarrtheit eines Mannes, dessen Wunschdenken auf eine (für ihn) unerreichbare Frau gerichtet ist. Weil

---

„Party Line", LP „Face To Face" (1966); „Lola", LP „Kinks part 1 Lola versus Powerman and The Moneygoround" (1970); *David Bowie*: „Rebel Rebel" b/w „Queen Bitch" (Februar 1974).

es im Text keinen Hinweis darauf gibt, dass die beiden sich zu einem früheren Zeitpunkt in einer Liebesbeziehung befanden – die er nun wiederzubeleben versuchte –, ist eher davon auszugehen, dass das Ich sich in der Position eines Fans gegenüber einem Film- oder Pop-Star befindet. Der Star hat sich abgeschottet gegen seine zudringlichen Verehrer, sein Versuch, in das Haus einzudringen oder aus einem Porträt etwas herauslesen zu wollen, ihre samtbeschlagene Tür (Z. 20) sowie ihre Unnahbarkeit passen zu dieser Sichtweise. Auf einer anderen Ebene sind aber noch die Anspielungen auf Achilles (Z. 26) und einen Mann in Frauenkleidern (Z. 29) zu klären. Natürlich ließe sich die unerreichbare Frau als egozentrisch-hochmütiges It-Girl verstehen, das sich mit allerlei fragwürdigen Dingen und Leuten umgibt, was ihr eigenes Prestige erhöhen soll. Es bleibt dann dem Hörer überlassen, ob er den Skorpion wörtlich oder metaphorisch verstehen will. Dass Achilles mit der Hilfe von Frauenkleidern eine andere Identität angenommen hat, passt auch zur Situation: In der Welt von Stars oder It-Girls ist nichts das, was es auf den ersten Blick zu sein scheint. Wie es in früheren Jahrhunderten Hofnarren gab, gibt es in dieser so sehr auf Äußerlichkeiten und kurzfristige Ablenkung bedachten Welt eben auch Menschen, die sich freiwillig erniedrigen und in die Narren-Rolle schlüpfen, so lange sie nur für eine Weile im Orbit ihrer Stars bleiben und auf diese Weise auch ein wenig Aufmerksamkeit auf sich lenken können. Die *Rolling Stones* hatten sich in „High And Dry" und „Out Of Time" und *Dylan* selbst in „Positively 4th Street" mit solchen Parasiten beschäftigt. Der Star verachtet seinen Hofnarren, der Hofnarr den Star, die Beziehung ist eine zeitweilige, vorübergehende, aber sie ist stark genug, dass der Hofnarr sich noch gegenüber dem harmlosen (Z. 3) Fan aufblasen kann, weil er etwas näher dran ist am Star, als der Fan es wohl je sein wird. Daneben verblasst die andere historische Anspielung auf die beinahe völlige körperliche Unverletzbarkeit des Achill; das wäre dann wohl so zu deuten, dass das Ich eben viel Geduld aufbringen müsse, um Achill zu überwinden. Die Kombination realer und vermeintlich irrealer Elemente im Song deutet auf die Welt eines schlechten Traums, aus dem der Träumer irgendeine Form von Vorausdeutung zu gewinnen versucht, indem er darüber spricht.

„Absolutely Sweet Marie" als eine Abfolge sexueller Anspielungen zu verstehen,[249] ist angesichts allein des Titels wie auch der verwendeten Bilder sicher eine verführerische Idee, und freilich ist allein die erste Strophe eine einzige Klage über sexuelle Unerfülltheit – dass es manchmal so hart sei (Z. 2f.) usw. – ... wenn man es denn so verstehen will. Aber warum sollte *Dylan* sich diese Mühe machen? Zumal „Absolutely Sweet Marie" – wie auch „Temporary Like

---

[249] Gill, S. 149f.

Achilles" – beispielsweise ein sehr sorgfältig gebautes Reimschema in den Strophen aufweisen, in diesem Fall ein ganz regelmäßiges ababb. Ein weiterer Versuch, einen deutlichen Pop-Appeal mit einem dezidert un-popgemäßen Text zusammenzubringen, um auf die Bedeutung hinzuweisen, die Pop-Texte haben können oder künftig sollten?

Was „Absolutely Sweet Marie" mit anderen Songs verbindet, ist die inhaltliche Ausgangsposition.[250] Wieder haben wir es mit einem Ich zu tun, dessen Partnerschaft mit einer zwar charakterisierten, aber nicht näher bezeichneten Frau zu Ende geht oder gegangen ist. Er hat an ihr festgehalten, obwohl er stets vergeblich auf sie gewartet habe (Z. 6-8) und auch woanders hätte sein können (Z. 9). Ob sie etwas damit zu tun hat, dass er ins Gefängnis geraten ist (vgl. 3. und 5. Strophe), wird nicht deutlich; offensichtlich hat er aber seine Zeit abgesessen (vgl. Z. 29f.), doch wo sie damals anzutreffen war, ist sie nun nicht mehr zu finden (Z. 31f.) – daher seine chorusartig am Ende der Strophen wiederkehrende Frage, wo sie denn heute Nacht sei (Z. 5, 10 und öfter). Auf seinen Wegen und Irrwegen ist er nicht nur schlechter Gesellschaft, sondern auch einer Ansammlung typischer *Dylan*-Figuren begegnet, u.a. einem Riverboat-Kapitän (Z. 19) und einem persischen Trunkenbold (Z. 23), dem er zwar ihr Haus zeigen, das er ihm aber nicht öffnen könne (Z. 24). Die Frau ist für das Ich des Textes also so wenig erreichbar wie die von „Temporary Like Achilles" für das dortige Ich. In „Absolutely Sweet Marie" ist aber deutlich mehr vom Ich die Rede: von seinen Bemühungen und seinen Fehlschlägen. Die Frau dieses Textes braucht keinen Beschützer; sie ist einfach weg und das macht sie in jeglicher Hinsicht zu einem Objekt der männlichen Phantasie. Sie hat schon früher ihre Versprechungen zu spät oder gar nicht eingelöst, also sind die Chancen groß, dass Ich auch bei einer Wiederbegegnung unbefriedigt bleibt. Die Frau, die viel verspricht und nichts davon hält, ist allerdings ein geradezu klassisches männliches Songtext-Sujet; auf diese Weise passt der Text durchaus in seine Zeit.

Die in der Untergrund-Kultur der ausgehenden 1960er-Jahre gern zitierte Zeile, dass ehrlich sein müsse, wer außerhalb des „law" leben wolle (Z. 15), passt ebenfalls in diesen Kontext. Übersetzt man „law" nicht als „Gesetz", sondern als „Regeln", so wird aus der aufs erste Hören paradoxen Formulierung eine Art Handlungsempfehlung sowohl für Partnerschaften als auch für die 1960er Jahre: Wer ungebunden sein Ding machen will – sich also außerhalb von für die Mehrheit verbindlichen Regeln etablieren will –, muss sich seinen Freiraum verschaffen. Und dazu gehört Ehrlichkeit in der Form von Treue zu sich. Damit steht der Text in der Nähe von „I Just Wasn't Made For

---

[250] Dylan: Lyrics, S. 206.

These Times". Das bedeutet in letzter Konsequenz aber auch, dass die Frau gar keine Frau, sondern die schon in „Visions Of Johanna" so begehrte Muse oder Inspiration sein könnte. Aus all den Nebenfiguren werden dann schlechte Berater und aus den Versprechungen der Frau werden die Hoffnungen, die sich der Kunst-Einsteiger so macht, hofft er doch nicht zuletzt, das Prestige der künstlerischen Betätigung für sich nutzen zu können.

Und noch eine Trennungsgeschichte: In „4th Time Around" führen das Ich und die Frau, mit der Ich bis dahin zusammen war, ihre vorletzte und ihre letzte Unterhaltung.[251] Sie hat endgültig genug von ihm und fühlt sich selbstsicher und überlegen genug, ihn mit dem Hinweis, jeder müsse auch etwas geben für alles, was er bekommen habe (Z. 7-9), an die Luft zu setzen. In einer sarkastischen Verdrehung dieser biblisch motivierten Mahnung überreicht er ihr sein letztes Stück Kaugummi (Z. 15-18), nachdem er versucht hat, sie zu Erklärungen zu bewegen, die er verstehen könnte (Z. 10-14). Was eigentlich zu der Entzweiung geführt hat, wird nicht erläutert – der Text setzt in slice-of-life-Manier mit „when ..." ein –, und warum die beiden anscheinend noch einmal miteinander im Bett waren (Z. 12f., 21f.), ist auch nicht erklär- oder nachvollziehbar. Schon rausgeworfen, kehrt er jedenfalls noch einmal zurück, um sein Hemd zu holen. Dass er nicht verstehe, was sie auf seine Bitte um etwas Rum antwortet, und dass das wohl am Kaugummi liegen müsse (Z. 31f.), ist noch eine böse Drehung in der Unterhaltung dieser beiden auf Bosheiten trainierten Kontrahenten. Tatsächlich ist ihre Selbstgewissheit nunmehr erschüttert: Bei dieser Gelegenheit fällt sie dann offenbar tot um (Z. 33-35), was ihn aber nicht weiter rührt und auch zu keinem Notruf motiviert. Vielmehr nutzt er die Gelegenheit, ihre Schränke zu durchwühlen (Z. 36) und offenbar an sich zu nehmen, was er brauchen kann (Z. 38). Dann geht er zu „you", einer nicht näher beschriebenen dritten Person; von dieser fünften Strophe (Z. 37-45) aus wird deutlich, dass die ersten vier Strophen offenbar als Erzählung für die Ohren dieser dritten Person gedacht sind.

Wieder einmal wird die Musik, in diesem Fall ein lieblicher Dreivierteltakter, gegen den garstigen Text gestellt. Fällt der Blick auf diesen Song, ist häufig davon die Rede, das er als Reaktion oder Gegenentwurf auf „Norwegian Wood (This Bird Has Flown)" von den *Beatles* gedacht ist; allerdings gibt es in der *Dylan*-Literatur auch den Hinweis, dass *Lennon* das Stück zu einem früheren Zeitpunkt von *Dylan* gehört und seinerseits darauf reagiert habe.[252] Dass

---

[251] Dylan: Lyrics, S. 207f.
[252] Vgl. Gill, S. 150. Das ist alles in allem eher unwahrscheinlich; ihren ersten Versuch, „Norwegian Wood" aufzunehmen, haben The Beatles am 12. Oktober 1965 unternommen. Vgl.: Lewisohn: Sessions, S. 63. *Lennon* müsste „4th Time Around" dann im Laufe des 15. oder 16. August 1965 von *Dylan* gehört haben; an diesen beiden Tagen sind sich die Songschreiber im

der ruhelose *Lennon* in *Dylan*s Texten eine Herausforderung sieht, ist unbestreitbar; dass *Dylan* das letzte Verspaar – Ich hab' dich nie um deine Krücke gebeten, also frag' nicht nach meiner (Z. 44f.) – an die Adresse von *Lennon* gerichtet habe, ist allerdings auch nur die vage Vermutung derer, die ihre *Lennon*-These unbedingt bestätigt wissen wollen. Denn dass diese dritte Person der fünften Strophe an irgendeiner Behinderung leidet, wurde schon in der dritten Strophe mit der Erwähnung eines Rollstuhls (Z. 26) deutlich gemacht. *Dylan* müsste also schon sehr bösartig intendieren, dass alle *Lennon*-Texte irgendwie auf ihn, *Dylan*, zurückzuführen seien, *Lennon* also nicht selbstständig gehen könne (daher der Rollstuhl!).

Was aber soll der Hörer aus diesem Text machen? Ihn einfach als frühen Versuch psychedelischer Lyrik durchgehen lassen? Resignieren in der Überzeugung, dass *Dylan* einfach aufgeschrieben habe, was ihm so eingefallen sei, um die Sinnsucher an der Nase herumzuführen? Oder resignieren in der Überzeugung, dass der Text – wenn der Song denn etwas mit *Lennon* zu tun hat – entstanden ist aus Bruchteilen der Unterhaltungen, die beide im August 1965 geführt haben könnten, der ganze Text also von vornherein unauflösbar codiert ist? Tatsächlich gibt es beispielsweise kein einziges einheitliches wiederkehrendes Reimschema, was als Spiegel der undurchsichtigen Situation durchgehen könnte. Das absichtliche Missverstehen dessen, was der jeweils andere sagt, deutet auf die hohe Kunst des uneigentlichen Sprechens, wie sie in Politik und Wirtschaft verbreitet ist (zumal dann, wenn die Wahrheit unangenehm zu werden droht). Der Hinweis auf körperliche Defekte deutet auf die Verletzungen, die Menschen sich absichtlich oder unabsichtlich beibringen; und *Dylan* war sicherlich orientiert über *Lennon*s Besessenheit von körperlichen Defekten, zumal *Lennon*s eigenhändige Zeichnungen in seinen Büchern „In His Own Write" (1964) und „A Spaniard In The Works" (1965) nur allzu deutlich Zeugnis davon ablegen. In der Tat steht hier eher zu vermuten, dass *Dylan* mit seiner kruden Geschichte auf *Lennon* reagiert hat – und ihm indirekt vorwirft, dass es künstlerisch unauthentisch sei, wenn er in seinen Buchtexten und -gedichten sehr viel mehr wage als in seinen Songtexten. Einen Seitensprung mehr oder minder geschickt in einem Songtext zu enthüllen und doch wieder zu verstecken (wie in „Norwegian Wood"), wird in *Dylan*s Augen keine große Tat gewesen sein.[253] So ist „4th Time Around" codiert und nicht codiert: Es

---

Rahmen der US-Tournee der *Beatles* begegnet. Vgl.: Barry Miles: The Beatles. A Diary. An intimate day-by-day History. London: Omnibus 2002, S. 168. Bei *Dylan*s Arbeitsweise ist das unwahrscheinlich. Heylin: Revolution, S. 292-294, gibt denn auch keinen Hinweis auf diese Reihenfolge, sondern vermutet eine Entstehung kurz vor der Aufnahme.

[253] Es gibt auch die These, dass „4th Time Around" als Fortsetzung von „Norwegian Wood" gemeint sein könnte. Vgl. http://en.wikipedia.org/wiki/Talk:4th_Time_Around [Zugriff

geht um die weitreichenden Folgen misslingender Kommunikation und es könnte ebenso gehen um eine Unterhaltung mit *Lennon* über künstlerische Belange. In der Kunst hat es immer mal wieder Codierungen gegeben, die nur die erkennen konnten, die gemeint waren.[254]

„This is very easy, man ...", grummelt *Dylan* im Studio, als die Aufnahme von „Obviously 5 Believers" nicht gleich klappt.[255] Und tatsächlich: „Obviously ..." ist ein beinahe klassischer Chicago-Blues, der weder musikalisch noch textlich irgendwelche Schwierigkeiten, gar Rätsel aufzugeben scheint. Ich bittet jemanden, offensichtlich die Frau, die bisher seine Partnerin war, doch nach Hause zurückzukommen.[256] Er würde ja ohne sie klarkommen, wenn er sich nur nicht so allein fühlen würde (Z. 6f.), sie solle ihn nicht fallen lassen, denn er werde das auch nicht tun, obwohl sie es beide tun könnten (Z. 8-14), er könne ihr auch erklären, was der schwarze Hund mit seinem Gebell meine (wenn er sich dafür nur nicht so viel Mühe geben müsste) (Z. 15-21) oder was ihre Mutter wolle (wenn er nur wüsste wie) (Z. 22-28). Jedenfalls solle sie ihrer Mutter sagen, dass die Gaukler und die Gläubigen seine Freunde seien ... (Z. 29-35) und zum Abschluss wird wie zur Bekräftigung die erste Strophe wiederholt. Die Entwicklung des Textes denunziert die ursprüngliche Bitte um Rückkehr: Das Ich will nur nicht allein sein, sich aber auch nicht übermäßig Mühe geben und seine Freunde sind tabu für ihre Kritik oder die ihrer Mutter. Da wird Arroganz spürbar, die verletzte Eitelkeit, weil sie ihn (und nicht etwa er sie) verlassen hat, was sollen denn da seine Freunde denken ..., auch Bequemlichkeit. Was so einfach begann, überführt sich selbst, landet ganz woanders, und mit Müh und Not wird die ursprüngliche Bitte wiederholt – womöglich, um den eingetrübten Eindruck wieder aufzubessern. Insofern kommt der Song daher als Parodie auf sinnentleertes Gerede, dem die Argumente fehlen, vielleicht auch als Parodie auf die vermeintlich immergleichen Popsong-Texte nach dem Moon-/June-Schema. Derlei hat *Dylan* allerdings längst wirkungsvoller erledigt.

Nichts bereitet den Hörer von „Obviously 5 Believers" auf das vor, was dann auf der vierten Seite der Doppel-LP passiert. Es ist nicht die reine Länge von fast elfeinhalb Minuten, die „Sad-Eyed Lady Of The Lowlands" diese besondere Stellung (als einzigem Song auf dieser Seite) verleiht; technisch war

---

vom 26.03.2014]. Aber was gibt es noch zu besprechen, wenn er tatsächlich ihre Einrichtung angezündet hat? Die Schadenregulierung durch die Versicherung? Vgl.: Dürkob, S. 115f.

[254] Ich habe übrigens nirgendwo in der von mir konsultierten Literatur Hinweise darauf gefunden, dass *Dylan*s ewiges Aufschieben des „Tarantula"-Projektes etwas mit *Lennon*s Büchern zu tun haben könnte. Für Hinweise wäre ich dankbar.
[255] Heylin: Revolution, S. 310f., hier: S. 311.
[256] Dylan: Lyrics, S. 209f.

das nicht notwendig und „Desolation Row" war fast genauso lang. Es ist auch nicht die additive Textstruktur, die in früheren Songs darauf zielte, die Welt als eine potentiell undurchschaubare, zufallsgetriebene und nicht mehr rational erklärbare darzustellen. Was „Sad-Eyed Lady Of The Lowlands" zu diesem popgeschichtlichen Solitär macht, ist die somnambule Qualität, in der Text, Musik und Darbietung zusammenfinden. Geschrieben und aufgenommen in weniger als einem Tag, ist der Song ein gutes Beispiel für die anlässlich von „Visions Of Johanna" erwähnte Arbeitsweise: diesen Versuch, die flüchtige Inspiration einzufangen, den Moment von Schönheit oder Vollkommenheit, der sich so schnell zu verflüchtigen droht, wie er sich einstellt.

Dabei ist „Sad-Eyed Lady Of The Lowlands",[257] gern auch als der Hochzeits-Song für Sara Lowndes bezeichnet – die er still und heimlich am 22. November 1965 geheiratet hat – auch ein gutes Beispiel für ein Lied, das seine stimmige Bedeutung ausschließlich in einem spezifischen Hörer zu einem spezifischen Zeitpunkt entwickelt (und zu einem anderen Zeitpunkt in einer anderen Lebensphase eine ganz andere bekommt). Anders formuliert: das für jeden Hörer eine andere je individuelle Bedeutung bereithält. Denn aus der Aneinanderreihung der Bilder lässt sich keine stringente Geschichte und kein übergeordneter Sinn entnehmen. „... I got carried away somewhere along the line ... and I couldn't stop",[258] hat *Dylan* später bekannt. Wie das Ergebnis erweist, ist er dabei aber einer Intuition gefolgt, die ihn zu einem außerordentlichen Resultat geführt hat. „carried away" lässt denken an die literarischen Techniken von stream-of-consciousness oder écriture automatique, an das Öffnen aller Schleusen, die zwischen Vergangenem und Gegenwärtigem, Erinnertem und Ungewusstem, Gesehenem und Geahntem vermitteln könnten. Dazu passt, dass in den Song reichlich enigmatische Bildlichkeit eingegangen ist; Auflösbares wie der „magazine husband" (Z. 54) steht dabei neben Hoch-Verdichtetem, das seine Wirkung sowohl aus dem reinen Klang als auch der Unauflösbarkeit bezieht.

Der Text mag – „carried away" – aus einer visionären Eingebung entstanden sein; er selbst hat dabei aber nur wenig Visionäres, sondern weist feste formale Eckpfeiler auf. So verfügen die fünf Strophen über jeweils 13 Zeilen, von denen die jeweils fünf letzten den Chorus ausmachen, beginnend mit dem Songtitel als eigene Zeile (Z. 9, 22 usw.). In den Strophen reimen sich jeweils die Zeilen 1 bis 3 und 5 bis 7, um 5 und 7 herum bilden 4 und 8 einen umarmenden Reim, einige dieser Reime sind allerdings unsauber. Dieser strenge formale Bau widerspricht der Idee willkürlicher Fügung; vielmehr erinnert der

---

[257] Dylan: Lyrics, S. 211f.
[258] Heylin: Revolution, S. 294-296, hier: S. 295.

Song an eine ritualisierte Anrufung. Bestätigt wird dieser Eindruck beim Blick auf den Inhalt. Die „Sad-Eyed Lady Of The Lowlands" wird von der ersten Zeile an als „you" angesprochen. Die Anhäufung ihrer offenbar überweltlichen Eigenheiten führt zu einem verehrungsvollen Ton, der *Dylan* sonst völlig fremd ist (zumal auf dieser Doppel-LP). Das Ich des Chorus macht aus der Lady eine Privatheilige, die unter anderem mit biblisch anmutenden Formulierungen (die „who among them"-Zeilen) umkreist und überhöht wird. Dem Liebeslied entspricht, dass auf diese Weise keine andere Frau mit ihr vergleichbar wäre, der Heiligenverehrung entspricht der hohe Ton. Die „who among them"-Fragen bleiben ohne Antwort, was auf die Einzigartigkeit der Lady oder auch die Fragen der Ratsuchenden, die sich an eine göttliche Instanz wenden, verweist. So wird aus der Lady eine andere Johanna, unnahbar, vollkommen, in sphinxhafter Distanz zu allem Real-Weltlichen, ein Bild der Perfektion, Frau und Idee gleichermaßen. Ob reale Frau oder Personifikation absoluter Ziele (wie der Kunst): Die Lady wird zur Erlösergestalt stilisiert. Das hat durchaus etwas Autobiographisches nicht nur, wenn tatsächlich Sara Lowndes gemeint ist, sondern auch – betrachtet man den Song als Fluchtpunkt des Albums, als den Versuch der letztgültigen Aussage, mit der der Hörer entlassen wird –, wenn man *Dylan*s Suche nach einem Ausgang aus dem Karussell der Erwartungen berücksichtigt, diesen Versuch, die aufgezwungene Erlöser-Rolle für sich selbst loszuwerden. Er ist selbst eines Erlösers bedürftig, genauer noch: einer Erlösung.

„Sad-Eyed Lady Of The Lowlands" ist so anders als alles andere auf „Blonde On Blonde", dass es kaum gerechtfertigt erscheint, es als den Punkt zu betrachten, auf den alles zuläuft. Aber so wenig, wie die einzelnen Texte dieser Doppel-LP über sich selbst hinaus etwas zu vermitteln scheinen, um so lauter wird doch die ätzende Kritik an der Gesellschaft – und all jenen, die sie so „einrichten", wie sie ist –, wenn man die Texte als Gesamtheit betrachtet. Auf diese Weise wird deutlich, dass jeder Song einen Beitrag zu einem großen und freilich unvollständigen Panorama bietet. Oberflächlichkeit, Verantwortungsscheu, Triebhaftigkeit, Materialismus, Eigennutz und eine ständige Gier nach Neuem, das möglichst lange exklusiv und für Außenseiter und Spießer geheimnisumwittert bleiben soll – das, so scheint es, sind die Koordinaten, nach denen sich die von *Dylan* beobachteten Zeitgenossen ihr Leben einrichten – und die sich zu einer Wirklichkeitsflucht addieren. Betrachtet man „Sad-Eyed Lady …" unter diesen Vorzeichen doch als den Fluchtpunkt des Albums, so wird daraus nicht nur *Dylan*s persönliche Variante von „Help!", sondern – dank der überweltlichen Eigenheiten der Lady – erwächst daraus auch die Frage, ob denn überhaupt noch irgend jemand in der Lage wäre, einen Ausweg aus dem Irrgarten zu finden. Denn was die Lady tut, ist mindestens so außerweltlich betörend wie rätselhaft, so dass sie nicht so sehr zur Leitfigur, zum „leader" taugt, als vermutlich eher zur Personifizierung des delphischen Orakels, das mit dem Erlöser die Gabe zur sibyllinischen Antwort teilt; und keine Antwort ist in diesem Fall auch eine Antwort. „Sad-Eyed Lady Of The Lowlands" mag ein Liebeslied sein, es ist aber mindestens ebenso sehr das wortgewaltige Dokument der Ratlosigkeit in diesen Zeiten.

Unterstützung für die These von „Sad-Eyed Lady Of The Lowlands" als hoch-verklausuliertes „Help!" findet sich in *Dylan*s Lebenslauf dieser Monate. Da ist die anhaltende Kritik an der Elektrifizierung. Sie führt zu der seltsamen, vielfach dokumentierten Zweiteilung der Konzerte im Winterhalbjahr 1965/66: Wie bei der LP „Bringing It All Back Home" gibt es ein akustisches und ein elektrisch verstärktes Set. Dass die Hälften live vertauscht werden, entspricht auch wieder der Berechnung: Die Zuhörer werden nach dem elektrischen Set gewissermaßen entlassen mit der Angabe der Richtung, in die es nun unumkehrbar gehen wird. Immer wieder muss *Dylan* dabei erhebliche Spannungen aushalten, wie der berühmte „Judas"-Zwischenruf vom 17. Mai 1966 zeigt.[259] Da ist aber noch mehr: der gleichwohl nicht nachlassende Innovationsdruck, dem er sich einerseits selbst unterwirft und der andererseits von dem sich in diesen Monaten 1965/66 unglaublich schnell verändernden Musikbusiness ausgeht, da ist der rigide Tourneeplan, den Manager Albert Grossman nicht zuletzt aus Eigennutz zusammengestellt hat, da ist der mittlerweile wohl eher entkräftende als beflügelnde Konsum verschiedenster Substanzen, da sind die Beschäftigung mit dem „Tarantula"-Manuskript und schließlich im Juli noch der Versuch, aus dem Film-Material der 1966er England-Tour einen Nachfolger für „Don't Look Back" zu destillieren. All das erweist sich schließlich als zu viel: Am 29. Juli 1966 ereignet sich nahe Woodstock der legendäre Motorrad-Unfall. Unabhängig von Zahl und Schwere der Verletzungen ist es im Nachhinein nicht unwahrscheinlich, dass *Dylan* darin sehr schnell eine Möglichkeit entdeckt, Termindruck und Erwartungshaltungen vorerst aus dem Weg gehen zu können. Zwar wird er im Herbst nach und nach wieder produktiv – als Songautor und im Zusammenspiel mit der *Band*, aus dem sich die „Basement Tapes" ergeben –, aber die Welt hört nach dem 29. Juli 1966 erstmal eineinhalb Jahre lang nichts von *Dylan*.

---

[259] Übrigens bleibt *Dylan* bei seiner Praxis, unveröffentlichtes Material zu spielen: Im Akustik-Set bekommt das Publikum eine – man kann es nicht anders nennen: dekonstruierte – Version von „Visions Of Johanna" zu hören ... und reagiert ob der Überforderung mit artigem Beifall. Vgl.: Bob Dylan: D-CD „Live 1966. The ‚Royal Albert Hall' Concert." CD 1, Track 3 (= The Bootleg Series, Vol. 4).

MIDDLE EIGHT:
„Alles, was uns fehlt, ist ein bisschen Freiheit ... "

Wohin kann es nun also gehen? Im Sommer 1966 erlebt die Welt einen Kalten Krieg sowie in Vietnam einen Krieg, der als Stellvertreterkrieg für den Kalten funktioniert und zudem fatalerweise ständig an Intensität zunimmt. Sie hat erfahren, dass ein Menschenleben nichts mehr gilt; die gewaltsamen Tode von so verschiedenen Menschen wie John F. Kennedy (1963), Andrew Goodman und Sam Cooke (1964) oder Malcolm X (1965) sprechen ihre eigene Sprache. Sie beobachtet die Unabhängigkeitsbestrebungen früherer Kolonien; diese Kämpfe um den Stolz auf die eigene Herkunft und die Anerkennung der ethnischen Selbstbestimmung bringen neue Kriege oder Bürgerkriege mit sich und lassen die Welt ständig unübersichtlicher werden. Und schließlich erfährt sie in ihrer eigenen Mitte, wie die Verteilungskämpfe in der „affluent society" mit ungekannter Wucht aufbrechen: Es sind nicht nur die Dürre- und Hungerkatastrophen in der so genannten Dritten Welt, sondern es ist auch die Tatsache, dass Präsident Johnson sich (am 8. Januar 1964) zu einem „War on Poverty" im eigenen Land veranlasst sieht.

Die ganze Brüchigkeit – über die USA muss an dieser Stelle nichts mehr gesagt werden – zeigt sich am Beispiel von England. Seit der Suez-Krise von 1956 ist dem Land klar, dass sein Einfluss auf die Weltpolitik und sein einstiges Commonwealth allmählich erodieren. Zudem hat das leitende politische Personal Schwierigkeiten, die anstehenden Aufgaben zu bewältigen. Spionage-Fälle wie der um Kim Philby und schließlich der Profumo-Skandal im Frühjahr 1963 haben zweifelsohne nicht nur Einfluss auf das Selbstvertrauen der Briten, sondern auch ihren Anteil am Stimmungsumschwung zugunsten der Labour Party im Herbst des gleichen Jahres. Andererseits erleben die Briten, wie im Sommer eben dieses Jahres vier junge Liverpooler zum wiederholten Mal mit gutgelauntem Ohrwurm-Pop die Charts stürmen. Diesmal – und das passt zur düsteren Stimmung – ist es ein advice song, der Mut machen soll: Du denkst, du hast sie verloren, aber sie denkt nur an dich, also geh' hin und entschuldige dich bei ihr, denn sie liebt dich. Yeah, yeah, yeah.

Im Handumdrehen wird aus den *Beatles* mehr als ein beliebiges Pop-Quartett: nämlich ein gesellschaftliches Phänomen.[260] Mit ihrer Musik, ihrem Charme und ihrem gutgelaunten Witz erobern sie die Welt in einer unglaublich

---

[260] Dominic Sandbrook: Never Had It So Good. A History of Britain from Suez to The Beatles. London: Abacus 2006, S. 484-512 (über die Anfänge; Sandbrook unterlaufen hier kleinere Fehler), 717-726 und öfter.

kurzen Zeit – als hätte die Welt auf sie gewartet. Dass das Phänomen der britischen Pop-Explosion mit zwei Dutzend weiteren Bands in den USA als „British Invasion" bezeichnet wird, ist zusätzlich Balsam für die Seele der Engländer. Auf der einen Seite also die politische Realität mit Krieg, Mord, Armut und kräftezehrenden politischen Flügelkämpfen, auf der anderen Seite die andere Realität der Lebensfreude hauptsächlich der jüngeren Menschen, die sich in Musik, bunter Mode jenseits aller Konventionen und unerschrockener Selbstbehauptung als junger Generation, up-and-coming, dokumentiert. Muss es darum gehen, diese beiden Welten aneinander zu vermitteln? Es ist jedenfalls diese Janusköpfigkeit, die die Welt Mitte der 1960er Jahre auf einen Entwicklungsschritt, eine Entscheidung hintreiben lässt – Krieg und Mord sind dafür ebenso sehr Hefe wie die kritischen Fragen der jungen Generation.

Wohin kann es nun also gehen?

Wer Rat sucht, neigt dazu, seine aktuelle Position zu überprüfen und sich der Vergangenheit zu versichern, um sie nach Anregungen für die Zukunft zu befragen. Jede junge Generation tut das in dem Versuch, sich von den Eltern abzusetzen und einen eigenen Weg zu finden – nicht zuletzt darum geht es in diesem Essay. Was dem, der zurückblickt, als erstes oder als definierendes Ereignis einfällt, hängt freilich von dessen individuellem Weg ab. Der einfache Blick zurück ruft zumeist Momente des Glücks oder des Unglücks wach. Im Spiegel der Songtexte dominiert das Motiv der kürzer oder länger zurückliegenden unglücklichen Liebe: aufgrund seiner generationenübergreifenden Universalität und aufgrund der Tatsache, dass es so viele Variationen gibt, wie es unglücklich Liebende oder Verlassene gibt. Aktuelle Beispiele im Sommer 1966 sind „Yesterday" von den *Beatles*, das unmittelbar nach seiner Veröffentlichung im August 1965 schon die ersten Cover-Versionen inspiriert hatte und schnell generationenübergreifend beliebt wurde, oder *Frank Sinatra*s Fassung von „Summer Wind", von Ende Mai bis Mitte Juni Spitzenreiter der englischen Charts. Zahllose andere Lieder ließen sich nennen. Die Vergangenheit ist jeweils die Zeit des Glücks, die Gegenwart ist die Misere voller unbeantworteter Fragen nach dem Grund für das erlittene Unglück („Yesterday") oder zumindest die Zeit der wehmütigen Erinnerung („Summer Wind").

Als sozusagen inverse Retrospektion, als Vorgriff auf den Blick zurück, hat das Thema der vergehenden Zeit wie gesehen schon im Rock'n'Roll vielfach Ausdruck gefunden: Zwar ist älter zu werden für die Teenager einerseits dringend erstrebenswert, um gewisse Freiheiten und Handlungsoptionen in Anspruch nehmen zu können; „Maybellene" von *Chuck Berry* (Autofahren) und „Sittin' In The Balcony" von *Eddie Cochran* (Kino mit der Liebsten in der letzten Reihe)²⁶¹ seien stellvertretend genannt für die Reize dieser Freiheiten. „Wouldn't It Be Nice" von den *Beach Boys* ist der letzte Reflex auf dieses aus dem Rock'n'Roll herübergereichte Thema. Andererseits bleibt die Zeit an diesem erfreulichen Punkt von Bewegungsfreiheit ohne Verantwortung aber auch nicht stehen; insofern bringt älter zu werden auch die Gefahr mit sich, noch älter zu werden und alle Sorglosigkeiten des Teenagerhimmels hinter sich lassen zu müssen; „Dizzy Miss Lizzy" von *Larry Williams* hatte darauf angespielt. Dahinter stehen dann Militärzeit, Ausbildung, Job, die unausweichliche Entscheidung zur Monogamie, Hauskauf und die Anforderung, mit den Jones' von nebenan Schritt halten zu müssen („to keep up with the Joneses"). Die Angst davor, älter zu werden, ist also auch die vorweg genommene Melancholie dessen, der einmal auf die Zeit der Sorglosigkeit und der unschuldigen Vergnügungen als die beste zurückblicken wird; die Musik jener Jahre jeweils wird zu ihrem Soundtrack, gar zu ihrem Inbegriff.²⁶² Dass man aus der Sicht eines 18-Jährigen mit 24 unrettbar alt ist, erklärt die Melancholie, die „Pet Sounds" umweht.

Im Laufe der frühen 1960er-Jahre bekommt „alt werden" aber auch noch eine andere Bedeutung. Die Jugend hinter sich lassen zu müssen, ist für die jungen Leute schlimm genug – aber plötzlich sieht ihre Zukunft auch aus wie etwas, das sie nicht unbedingt erleben möchten. Zukunftsangst und der Verlust von Bewegungsfreiheit im Sinne der Bürgerrechte – und nicht mehr als Ausdruck der Verantwortungslosigkeit – werden deutlich formuliert: wenn es schon gefährlich wird, sich für Bürgerrechte einzusetzen. Alternativen zu suchen, um der Einordnung und Normierung durch diese Gesellschaft möglichst noch für eine Weile zu entgehen und möglicherweise auch an einem Wandel mitzuwirken, wird ein wichtiger Agendapunkt bei der Suche nach dem Selbstverständnis. Im Laufe dieser Suche erfahren Kindheit und Jugend eine neue Bewertung: Kulturelle Normen und einen Kodex gesellschaftlicher Verkehrsformen zu befolgen, heißt jetzt, sich der Freiheiten zu begeben, die es brauchte, um das Leben auf der Welt weiterzuentwickeln bzw. neu zu organisieren. Im mehr oder weniger bewussten Reflex auf die Entwicklungspsychologie postuliert die Anfang 1966 förmlich ausgerufene Hippie-Bewegung – to be hip = vorn dran, zeitgemäß, gedanklich jung, auf der Höhe der Mode und der Diskussion zu sein – eine kommune Utopie friedlicher Selbstbestimmung. Zu

---

261   *Chuck Berry*: „Maybellene" b/w „Wee Wee Hours" (Juli 1955), *Eddie Cochran*: „Sittin' In The Balcony" b/w „Dark Lonely Street" (Februar 1957).
262   Schon zwei oder drei Jahre reichen, um der nostalgischen Melancholie Nahrung zu geben. So entstehen Songs wie „Our Favourite Melodies" (*Craig Douglas*, 1962) oder „Play Those Oldies, Mr. Dee Jay!" (*Anthony & The Sophomores*, 1963), die von der Erinnerung an vorausgegangene Songs als Soundtrack einer schöneren Zeit handeln.

den wichtigen gedanklichen Positionen gehört hier die Überzeugung, dass die Dominanz des Intellekts aufgegeben werden müsse; stattdessen sollten sich die Menschen auf die unbefangene Sichtweise der Kinderzeit besinnen und einander beistehen, ohne dass sich das Regelwerk des Erwachsenseins dazwischen dränge. Der Blick zurück dient hier nicht der Nostalgie, sondern der Utopie. Hilfe bei der Erreichung der Ziele erwarten sich die Hippies und ihre Vordenker von Drogen, beispielsweise wird der vermeintlich egalisierenden und pazifizierenden Verwendung von LSD (das zu diesem Zeitpunkt noch nicht verboten ist), eine wichtige Rolle beigemessen, wenn es darum geht, sich in die richtige Aufnahmebereitschaft zu versetzen.

Zur erinnernden Trauer bedarf es aber nicht unbedingt der Rückbesinnung auf Kindheit oder Jugend. Allein das Vergehen von Zeit und der Wunsch, in diese vermeintlich besseren Zeiten zurückzukehren – erinnert sei an die allgemeinere Bedeutungsebene von „Caroline, No" –, kann diesen Prozess in Gang setzen. In den meisten Fällen ist es jedoch die Erinnerung an die Zeit der eigenen Unbelastetheit durch Verantwortung, die die stärksten Gefühle aktiviert. Es mag in der Natur des Menschen liegen, sich in unübersichtlichen Zeiten aus der Verantwortung stehlen und ein Leben in Unschuld führen zu wollen.

Von dem melancholischen ist der fragende Blick zurück leicht zu unterscheiden. Er kann sich aus Ersterem ergeben, verharrt dann in der Regel aber nicht bei der Aufzählung von Bedeutungsträgern, sondern fragt mit einem klaren Gegenwartsbezug nach dem Grund für die Entwicklung. Mit „Help!" setzt *John Lennon* 1965 ein Beispiel, das umso einflussreicher wird, als es von der aktuell weltweit erfolgreichsten Pop-Gruppe stammt und – zusammen mit der vorausgegangenen Single „Ticket To Ride" – eine Art Neu-Definition des Band-Image in Gang bringt.[263] Freilich bleibt diese Neu-Definition der Öffentlichkeit in gewisser Weise verborgen, denn „Help!" wird eher als ein Programm-Song für den gleichnamigen Film verstanden; erst im Blick zurück wird die Bedeutung dieses Textes, den im Sommer 1965 niemand als ein ernstzunehmendes persönliches Statement seines Autors gehört hat, erkennbar.

Nicht zuletzt unter dem Eindruck der Texte von *Bob Dylan* wagt *Lennon* eine Bestandsaufnahme des Erreichten und des Verlorenen.[264] Als er jünger war, so sehr viel jünger als heute, so das Sänger-Ich, habe er nie irgendjemandes Hilfe benötigt. Diese Tage seien vergangen und er sei nicht länger so selbstsicher wie damals, seine Unabhängigkeit verschwinde in dem Dunst, der ihn

---

[263] Vgl.: *The Beatles*: „Ticket To Ride" b/w „Yes It Is" (April 1965); „Help!" b/w „I'm Down" (Juli 1965).
[264] Vgl.: Dürkob, S. 91-93.

umgebe. Das lässt sich leicht als Reflexion eines Pop-Stars lesen, der erfolgreicher als jeder andere vor ihm ist, und der zum Gefangenen seines Erfolgs wird: *Lennon*, immer stolz auf seine Selbstständigkeit und Ungebundenheit, gesteht sich bei seinem ersten Blick zurück ein, dass „früher" alles besser war. Seine Gegenwart besteht aus einer endlosen Folge von Tourneen und Fernsehauftritten mit den Band-Kollegen, der Anspannung ständiger Arbeit und der Ehe mit Cynthia, die ihn zunehmend weniger befriedigt. In dieser ihn emotional bedrängenden Situation sucht er nach einem (unidentifizierbaren) „you", das ihn verstehen könne. Diese Suche nach einem Kommunikationspartner wird er fortan noch öfter thematisieren – auch auf der LP „Revolver", die noch in den Mittelpunkt der Betrachtung zu nehmen ist.

Als Lösung wird hier also die Suche nach einem neuen Gegenüber formuliert; nichts könnte den Abstand zur eigenen Jugend und den Weggefährten deutlicher machen als die Tatsache, dass die alten Weggefährten nicht mehr als Kommunikationspartner taugen, weil sie eben nicht über die gleichen Erfahrungen verfügen. Festzuhalten ist die Tatsache, dass „früher" alles einfacher gewesen sei und dass die aktuelle Situation nicht so sehr als unerträglich oder ausweglos verstanden wird, sondern in erster Linie als Kommunikationsproblem. Es geht nicht um den Wunsch, in die übersichtlichere Zeit zurück- und der aktuellen Bedrängnis den Rücken zu kehren, sondern ganz im Gegenteil der Gegenwart mit der Hilfe eines geeigneten Gesprächspartners neu zu begegnen. Cynthia kann das offenbar nicht mehr sein.

Aufschlussreich ist auch „Where Have All The Good Times Gone", die B-Seite von „Till The End Of The Day", der Oktober-'65-Single von den *Kinks*. Aus Anlass einer Depression erinnert sich das Sänger-Ich an die Zeiten, in denen er sich über nichts Gedanken machen musste, die Zeit auf seiner Seite war – eine deutliche Anspielung auf „Time Is On My Side" von den *Rolling Stones* – und er gar nichts falsch machen konnte. Auch seine Eltern schauten zurück; zwar habe der Vater kein Spielzeug gehabt, aber die Mutter habe auch keine Jungs gebraucht (was sehr schön doppeldeutig daherkommt) und alles sei gut gewesen. Gestern sei es ein leichtes Spiel gewesen – noch eine deutliche, nahezu wörtliche Anspielung, diesmal auf „Yesterday" von den *Beatles*[265] – ... und erst die letzte Strophe stellt klar, dass diese Rückwärtsgewandtheit keine Option darstellt: Der Sänger der ersten drei Strophen hängt der Vergangenheit nach, der Sänger der vierten ist offenbar das „you", das bislang im Chorus angesprochen wurde – und der macht dem Nostalgiker nun deutlich, dass die Dinge heute doch viel einfacher seien und dass er wohl mal aufgeschüttelt werden müsse, um wieder Boden unter die Füße zu bekommen.

---

[265] *The Beatles*: „Yesterday", LP „Help!" (August 1965).

Genau zur Jahresmitte erscheint am 1. Juli 1966 eine neue Single der britischen Sängerin *Dusty Springfield*, die dem Blick zurück eine neue – und für 1966 zeitgemäße – Deutung gibt. *Dusty Springfield* hat sich in den vorausgegangenen knapp drei Jahren mit Pop („I Only Want To Be With You", 1963) und Blueeyed Soul („You Don't Have To Say You Love Me", 1966) einen Namen gemacht und sich dabei als Meisterin des großen musikalischen Dramas erwiesen. Die ganz großen Erfolge („Son Of A Preacher Man", 1969) liegen allerdings noch vor ihr. Und „Goin' Back" ist nicht der Song, der einem als erstes zu *Dusty Springfield* einfällt[266] – aber auf geradezu unheimliche Weise trifft er mit seinem dialektischen Textbau den historischen Moment.

Nach nur zwei Takten eines sparsamen Klavier-Intros (bis 00:05) meldet sich das Sänger-Ich und verkündet, was durch die Einstiegsformel „I think …" als Ergebnis eines Nachdenkens präsentiert wird: In der ersten Strophe, dargeboten in zwei Terzetten, kündigt Ich an, zu den Dingen zurückkehren zu wollen, die sie als Kind gelernt habe, in jenen Tagen, da sie jung genug war, die Wahrheit zu kennen. Der Verzicht auf strukturierende Percussion unterstreicht die Ungebundenheit, die mit der Kindheit assoziiert werden soll, nur eine Flöte begleitet das Klavier im zweiten Terzett (00:21 bis 00:33). Wenn sich das Sänger-Ich in der zweiten Strophe der Gegenwart zuwendet, setzen konsequenterweise unter „Now …" auch die Drums ein: Nun gebe es keine Spiele mehr, gespielt nur, um die Zeit zu verbringen, keine Malbücher mehr und keine Weihnachtsglocken, heißt es in den ersten beiden als Antithese gedachten Versen. Das zweite Vers-Paar der zweiten Strophe bildet die Synthese aus dem bisher Gesagten: Jung denken und älter zu werden sei keine Sünde (und, so ist gemeint, kein Widerspruch) und als Erwachsene könne sie das Leben herausfordern. In Erinnerung ist zu behalten, dass sie anfangs die Rückkehr zu den Werten und einfachen Wahrheiten der Kindheit angekündigt hatte.

Hiernach sackt die Musik zurück in den Rhythmus der ersten Strophe, wobei die dritte Strophe begleitet wird von dezentem Drumming und von den Streichern, die unter der zweiten Strophe hinzugekommen waren. Der Aufbau wiederholt sich annähernd: Im ersten Terzett erinnert sie sich an die Zeit, da sie den Mut hatte, Hilfe von Freunden in Anspruch zu nehmen, im zweiten Terzett blendet sie über in die Gegenwart, wenn sie – im Vokabular der Kindheit – betont, sie habe heute mehr zu vergeben als nur ein Springseil. In der vierten Strophe stellt sie wieder den vollen Abstand zwischen Damals und Heute her: Jetzt gebe es mehr zu tun, als nur dem Segelschiffchen zuzusehen, zumal nun an jedem Tag ein Ritt auf dem Fliegenden Teppich möglich sei. Die

---

[266] *Dusty Springfield*: „Goin' Back" b/w „I'm Gonna Leave You" (Juli 1966); „Goin' Back" ist geschrieben von Gerry Goffin und Carole King.

Synthese (im zweiten Vers-Paar der vierten Strophe) formuliert, was sie seit Kindertagen gelernt hat: dass sie mit ihren Ängsten Verstecken spielen und einfach dem Tag leben könne statt die Jahre zu zählen.

Dass die Vorteile des Erwachsenseins jedoch deutlich weniger wiegen im Verhältnis zum unverstellten Handeln der Kindheit, wird in der abschließenden Strophe deutlich. Sie ist vom bisherigen Text durch den wuchtigen Instrumental-Mittelteil, ein dramatisches Tutti von Percussion, Streichern und Bläsern,[267] getrennt, das nach 27 Sekunden aufwandlos und elegant wieder in der ruhigen Ausdruckslage der Strophe landet: Lass sie doch alle über die Realität diskutieren, so das Ich, sie ziehe es vor, die Welt so zu sehen wie sie war. Alles, was uns fehle, sei ein bisschen Freiheit. Komm mit, wenn du kannst, fordert das Ich ein bislang unerwähntes Gegenüber im letzten Vers auf: Ich gehe zurück. Meint: in eine Welt einfacherer, unverstellter Wahrheiten und Beziehungen.

Es geht also nicht um eine Selbstaussprache, sondern um die Schlussfolgerungen aus Nachdenken und Erfahrungen. Ich hat Vergangenheit und Gegenwart miteinander abgeglichen. Im Rückblick wird deutlich, dass die Kindheit die Zeit der einfachen Wahrheiten und des unschuldigen Vergnügens war; Malbücher stehen symbolisch für die Möglichkeit, die Welt nach eigenen Vorstellungen zu gestalten, Weihnachtsglocken verkörpern Harmonie und kindlich-elementare Wünsche. Älter zu werden bringt zwar Vorteile im Hinblick auf die Möglichkeiten, zwischen denen man wählen kann, und bringt auch die Chance, Ängste zu überwinden, hat aber unweigerlich auch Desillusionierung zur Folge. Der Idealzustand wäre, das Beste aus beiden Welten zu bekommen, wie es die Synthese der zweiten Strophe formuliert. Älter zu werden, wird hier anders als in den vorangegangenen Beispielen nicht ausschließlich nachteilig gesehen: Schließlich habe ein erwachsener Mensch seinen Mitmenschen mehr zu geben als ein Springseil – wenn es denn abgefordert würde. Doch Konventionen verweigern den Erwachsenen einen unverstellten, ehrlichen Umgang miteinander, beispielsweise eine Bitte um Hilfe. Man könne lernen, mit seinen Ängsten umzugehen, aber man verliere die Sorglosigkeit des Handelns, sei in Zwänge eingebunden und müsse ständig Entscheidungen treffen (inhärent in der vierten Strophe), deren Konsequenzen man womöglich nicht überschaue. Die ersten vier Strophen haben die Ambivalenzen aufgezeigt; spannungssteigernd wird nun der dramatische Mittelteil eingefügt, obwohl die Konsequenz genaugenommen seit der ersten Zeile feststeht. Ich zieht aus alledem denn

---

[267] Wem die Machart irgendwie bekannt vorkommt: Produzent der Aufnahme (und weiterer Tracks von *Dusty Springfield*) ist John Franz – eben der, der auch die *Walker Brothers* bei „The Sun Ain't Gonna Shine Anymore" (1966) betreut hat.

auch die Schlussfolgerung, dem authentischen Miteinander der Kindheit den Vorzug vor den Konventionen der Erwachsenenwelt geben zu wollen. Lass sie reden – was auf das fruchtlose Gegeneinander verhärteter Ideologien deutet statt auf das lösungsorientierte Verhandeln –, man müsse sich nur die Freiheit nehmen. Das Gegeneinander von Kindheit und Erwachsensein dient also letztlich dazu, den Erwachsenen deutlich zu machen, dass sie sich mit ihren Konventionen, Masken und Zugzwängen das Leben selbstverschuldet schwer machen[268] – wo es doch darum gehen müsse, Unterstützung und Hilfe zu geben und zu bekommen, um das Leben besser bewältigen zu können. Von Kindern lasse sich lernen, wie man authentisch und ohne Rücksicht auf Konventionen und tausenderlei Bedenken miteinander umgehen könne; das Geheimnis sei, die jeweiligen Vorteile miteinander zu verbinden.

Es geht hier also nicht um ein simples, unreflektiertes Zurück, um kindliches Wunschdenken und schon gar nicht um die Flucht in einen verantwortungsfreien Raum jenseits der Realität,[269] sondern um die Aporie, die aus dem Wissen um beide Welten entsteht. Das Ich weiß sehr wohl, dass eine Rückkehr nicht möglich ist; die Ankündigung der Schlusszeile ist eher als ein Aufruf zu verstehen, sich über die individuellen Möglichkeiten klar zu werden. Auf seine Weise reflektiert der Text die Ideen der Hippies, geht aber in eine deutlich andere Richtung, indem er die Melancholie formuliert, in der die Welt 1966 befangen zu sein scheint: zu wissen, wie es gehen muss – den Krieg beenden, den Unterdrückten und Benachteiligten die Freiheit geben –, und es nicht erreichen zu können – weil Konventionen, verletzter Stolz und Rituale es verhindern.

Eine andere Möglichkeit der Selbstvergewisserung ist der Versuch, der Zukunft als Zeit der verlorenen Vergangenheit vulgo Jugend zu entgehen, indem man ganz dem Augenblick lebt und die Jugend auf diese Weise zu verlängern trachtet. Im Frühjahr 1966 erscheinen mehrere Single-Titel, die dieser Möglichkeit Ausdruck geben, beispielsweise „Daydream" von den *Lovin' Spoonful*, „Dedicated Follower Of Fashion" von den *Kinks* und „Elusive Butterfly" von *Bob Lind*.

„Elusive Butterfly"[270] ist eine zügige Folk-Ballade zur akustischen Gitarre, die von einem aufwendigen Streicher-Arrangement unterfasst wird. Der Text

---

[268] Ein interessantes Schlaglicht fällt auf diese Erkenntnis aus der Sicht von „She Said She Said" von den *Beatles*, von dem hier noch die Rede sein wird. Vgl. S. 222f.
[269] Wie es *The Seekers* 1965 vorgeschlagen hatten. Vgl.: *The Seekers*: „A World Of Our Own" b/w „[ ]" (1965). Der Song stammt übrigens von Tom Springfield, dem älteren Bruder von *Dusty*.
[270] *Bob Lind*: „Elusive Butterfly" b/w „Cheryl's Goin' Home" (ca. März 1966). Ursprünglich ist die B- die A-Seite, bis ein DJ in Florida damit beginnt, die B-Seite zu spielen und den Erfolg

häuft Formulierungen des Geahnten, kaum Gehörten, beinahe Gesehenen auf- und übereinander: Vielleicht wachst du eines Morgens auf / und hörst etwas, das im Wind an deinem Fenster vorbeifliegt / und wenn du schnell genug aufstehst / erwischst du noch einen Blick auf den verbleichenden Schatten von jemandem. / Über einem neuen Horizont / siehst du die leise Bewegung eines weit entfernten Flügelpaares ... (Z. 1-6), Vielleicht hast du meine Schritte gehört, / die in den Canyons deiner Gedanken leise widerhallen ... (Z. 13f.) und so immer weiter – Bilder der Vergeblichkeit, der Unerfüllbarkeit, des Ungefähren. Sie werden ganz überwiegend in Partizip-Konstruktionen (auf „...ing") geboten; daraus entsteht der Eindruck, dass alles in Bewegung und doch nie ganz zu greifen ist, denn ein Aufeinander-zu gibt es zwischen Ich und „you" nicht. Diese Unerreichbarkeit hält das Ich aber nicht davon ab, sein Ziel weiter zu verfolgen. Sei nicht besorgt, so das Ich im Chorus, (was ich tue) es wird dich nicht beeinträchtigen ... (Z. 9), Ich bin es nur (Z. 10) / ... und ich jage den flüchtigen Schmetterling der Liebe (Z. 12). Die mehrfach in sich gebrochenen Formulierungen der Strophen über das Schöne, Zerbrechliche und scheinbar Nahe, das sich doch immer wieder der Annäherung entzieht (oder signalisieren, dass das Ich immer einen Tick zu spät kommt), widerspre- chen der Zuversicht des Chorus. Mit Zuwendung, Hoffnung und Idealismus (und einer Portion Naivität, so ist zu befürchten) lässt das Ich sich nicht davon abbringen, an seinem Ziel festzuhalten. Der Hörer der Strophen weiß um die ewige Vergeblichkeit des Tuns, der Hörer des Chorus weiß, dass man dennoch nicht aufgeben darf.

Interessant ist „Elusive Butterfly" auch im Hinblick auf das Männerbild, das mit diesen Formulierungen entsteht. Unterstellt man, dass das Sänger-Ich tatsächlich ein Mann ist, wird hier das Gegenbild zum „he-man" vieler *Rolling Stones*-Texte konstituiert: ein sensibler, rücksichtsvoller, für Nuancen empfäng- licher Mann, der seine Verunsicherung eingestehen kann (Ich jage etwas, des- sen ich nicht sicher bin ... vgl. Z. 10). So lebt Ich – wie manche Figuren von *Paul Simon* ganz auf sich konzentriert – in einer Art zeitloser Traumwelt, die mit den Realitäten von Krieg, Krawall, Gewalt und Hunger nichts zu tun hat – und die doch den Idealismus kennt, einen anderen Zustand, ein Glücksgefühl, eine bessere Welt erreichen zu wollen. Ist das nun Naivität oder eine groß angelegte Parabel? Der Song passt ins Jahr, weil er dem Hörer in dieser Hin- sicht alle Möglichkeiten offen hält.

---

von „Elusive Butterfly" auslöst. Der Song wird umgehend von zahlreichen Interpreten gecovert, u.a. von *Val Doonican*, der sich damit in den britischen Charts vom April 1966 noch vor *Bob Lind*s Version platzieren kann, von *Petula Clark* und *Jane Morgan* sowie später den *Four Tops*.

Ähnlich entschlossen, dabei aber ungleich gegenwartsverbundener lehnt das Ich von „Daydream"[271] die Verantwortung für den Tag und die Realität ab. Was für ein Tag für einen Tagtraum / was für ein Tag für einen tagträumenden Jungen ... (Z. 1f.), so das Ich, der an nichts anderes denken kann als offenbar seine Partnerin (vgl. Z. 4, 12). Dieser Tag, so die Essenz, sei viel zu schön, um ihn mit irgendetwas anderem zu vergeuden, als ihn zu genießen. Es gibt keine Entwicklung und nur eine minimale Handlung (einen Spaziergang) in dem Text. Das Ich will nicht mehr, als dem Hier, Heute und Jetzt Ausdruck zu geben. Auf diese Weise bietet auch dieser Text seinem Hörer alle Möglichkeiten: Er kann den „dream" verstehen als freundlichen Soundtrack für einen entspannten Sommer(tag) oder als einen doppelbödigen Hinweis auf einen Zustand, in dem es nichts als das Hier und Jetzt gibt – den Rausch. Die vermeintliche Partnerin (zumal in Z. 4) wäre dann nichts anderes als das Rauschmittel.[272] Letztere Interpretation findet ihre Stütze vor allem in der zweiten Strophe: Eine Zukunft kennt der Text nur hier, wo dem Ich klar ist, dass er aller Voraussicht nach am nächsten Tag für seinen heutigen Schlendrian werde bezahlen müssen, aber hey, heute ist heute. Morgen früh könne man dann entweder wieder seine Ohren aufstellen – metaphorisch für: sei man wieder Herr seiner Sinne und nehme die Welt wahr – oder man tagträume noch tausend Jahre ... Deutlicher geht es kaum.

Die Gegenwart durch die Hingabe an das Hier und Jetzt verlängern und auf diese Weise der Zukunft aus dem Weg gehen, damit die Gegenwart nicht allzu schnell Vergangenheit wird – das kann man auch erreichen, indem man der Zukunft ein kleines bißchen voraus ist. Das – so ungefähr – ist jedenfalls das Credo des „Dedicated Follower Of Fashion", einer weiteren Song-Satire von *Ray Davies*.[273] Sie wendet sich gegen all jene, die die rasante Weiterentwicklung der Kleidung zur Mode seit 1964/65 todernst als Ausdrucksmittel ihrer Persönlichkeit wählen und nun ständig besorgt sind, zwischen King's Road, Carnaby Street und Leicester Square auch stets das Neueste und Beste zu entdecken und zu kaufen. Ihre größte Angst ist, man könne sie mit einem Stück erwischen, das „gestern" aktuell war. Der zeitgenössische Hintergrund ist „Swinging London": Neben den Pop-Stars etablieren sich Mode-Designer, Friseure, Models und Schauspieler als Angehörige der kleinen In-Crowd, die die Themen und den Ton bestimmt. Im Wechselspiel von Angebot und Nach-

---

[271] The Lovin' Spoonful: „Daydream" b/w „Night Owl Blues" (Februar 1966). Auch dieser Song wird umgehend gecovert, u.a. von *Bobby Darin* und *Gary Lewis and the Playboys* (beide 1966).
[272] Dass „harmlose" Texte überraschend doppelbödig sein können, wird sich noch an „Got To Get You Into My Life" von den *Beatles* erweisen. Vgl. dazu ab S. 229.
[273] The Kinks: „Dedicated Follower Of Fashion" b/w „Sittin' On My Sofa" (25. Februar 1966). Für den Text erhielt *Davies* den Ivor Novello Award für Songwriting.

frage geben sie London 1964/65 ein neues, jugendliches Gesicht, machen die Stadt an Paris vorbei kurzzeitig zur Hauptstadt der Mode.[274] In der öffentlichen Wahrnehmung steht vor allem die Modemacherin Mary Quant: Sie gilt als Schöpferin des Mini-Rocks, der gemusterten oder farbigen Nylons und der betonenden Gürtel. Aus der Op Art überführen sie und ihre Designer-Kollegen die Starkfarbigkeit und die großgemusterten Flächen auf die Straße. Eine noch zwei oder drei Jahre zuvor für völlig undenkbar gehaltene Optik bestimmt nun das Bild der Straße, der Clubs und der Events.

„Dedicated Follower Of Fashion" ist der beißendste Kommentar zu dieser aktuellen Stimmung. Für sein Porträt eines solchen Mode-Jüngers – denn interessanterweise steht ein Mann im Mittelpunkt der Songhandlung[275] – nimmt der Sänger eine Beobachter-Position ein; er tritt im Text nicht in Erscheinung und ist nicht Teil der Szene. Die Kleidung des „Dedicated Follower ..." ist auffällig, doch nie allzu verrückt (Z. 2), in der einen Woche seien Polka Dots die Mode, in der nächsten Streifen (Z. 15) und in der Wahl der Stoffe sei er so launenhaft, wie man nur sein könne (Z. 27), aber es gelte nun mal, unbedingt auf der Höhe des Augenblicks zu bleiben, denn in den Augen der anderen mache einen die Kleidung entweder zu einer interessanten Person oder zu einer Null (Z. 3, 22). Also fliegt er auf seinen kleinen Runden (Z. 5) wie ein Schmetterling von Boutique zu Boutique (Z. 26), um das Beste (Z. 3) zu finden, und er nimmt sich selbst in seinem Wahn wahr als eine Blume, die jeder ansehen wolle (Z. 10).

Böse Worte, die gleichwohl von manch einem, der sich darin entdeckt hat, als sympathisierendes Porträt verstanden wurden. Aber es fällt schwer, an der sarkastischen Dimension des Textes vorbeizuhören. Es gibt keine Dramaturgie, keine Steigerung von Zeile zu Zeile in dem Song; wenn man so will, ist die Zeile über die Tatsache, dass all diese schafsgleich agierenden Mode-Jünger – solche wie den Follower gebe es viele, es ist gar von einer Carnaby-Street-Armee die Rede (vgl. Z. 19) – nur auf der Suche nach ihrem Vergnügen seien (Z. 23), die schärfste Absage an diesen Typ Zeitgenossen. Sie finden sich einzeln so einzigartig und individuell, übersehen aber, dass es (viel zu) viele wie sie gibt, so dass also auch hier keine Individualität, kein Charakter entsteht. *Ray Davies* zielt also auf die mehrfache Realitätsblindheit, auf die Tatsache, dass

---

[274] Zum historischen Hintergrund über die Entwicklung der Mode, den Aufstieg ihrer Macher und das so genannte Chelsea Set als ihre Hauptkundschaft sowie die Mode-Fotografie als Ikonen-Bildnerei vgl.: Dominic Sandbrook: White Heat. A History of Britain in the Swinging Sixties. [2006] London: Abacus 2007, S. 228-250. Das Kapitel heißt denn auch – wenig einfallsreich – „Dedicated Followers Of Fashion".

[275] Auch hier steht ein biographisches Erlebnis am Anfang der Songfindung. Vgl.: Marten/Hudson, S. 73. Der Text gab den Gerüchten von den homosexuellen Neigungen der *Davies*-Brüder ein weiteres Mal Nahrung.

Menschen durch Trends und die Inszenierung von Mode als „must-have" verblendet werden. Darunter leidet die realistische Einschätzung der eigenen Person in ihrem Verhältnis zur Umgebung. Hier setzt eine Fremdbestimmung ein, die sich perfide als Anleitung zur Individualität tarnt. In letzter Konsequenz entsteht hier eine gestörte Selbstwahrnehmung – wie andere Zeitgenossen sie mit der Hilfe von Drogen erreichen –, die die Betroffenen aber gar nicht als solche erkennen. Für sie ist das, was sie tun, ein Stück Freiheit.

Die nächsten Zeitgenossen, die von *Davies* ins Visier genommen werden, sind die Finanzbeamten einerseits und die realitätsscheuen Gutverdiener andererseits, die den Besitz von Geld missverstehen als Anspruch auf eine gewisse soziale Stellung: Über „Sunny Afternoon"[276] wird im Zusammenhang mit dem *Beatles*-Song „Taxman" noch zu sprechen sein. Die Single-B-Seite verweist schon vom Titel her auf eine Verwandtschaft mit „I Just Wasn't Made For These Times": „I'm Not Like Everybody Else" behauptet Ich trotzig. Er werde nicht alles hinnehmen, was man ihm zumute, er werde nicht lachen, wenn ihm nicht danach sei, und nicht behaupten, dass es ihm gut gehe, wenn das nicht stimme, er werde sein Leben nicht verschwenden, er werde sein Leben nicht leben wie alle anderen auch und er werde sich schon gar nicht niederlassen und zur Ruhe kommen wie alle anderen auch. Wo *Mick Jagger* in „Sittin' On A Fence" andeutet, dass die meisten sich denn doch irgendwann mehr oder minder zwangsweise zu Bürgerlichkeit und Ehe entscheiden und von den Hypotheken erdrücken lassen, stellt *Davies* das antibürgerliche Aufbegehren seines Ich wie *Pete Townshend* in „My Generation" auf Autopilot: Eine andere Position als die des Außenseiters kann sein Ich für sich gar nicht erkennen. Die einzige Rücksicht, die er sich vorstellen kann, bezieht sich auf ein nicht näher bezeichnetes „you". Der Text lässt allerdings offen, was geschähe, wenn die Freundin nicht einverstanden wäre. Anders herum formuliert: Der Druck zur Konformität – „A Well Respected Man"! – scheint in diesen Zeiten ein erhebliches seelisches Problem für viele zu sein, so dass Unabhängigkeitserklärungen wie „I'm Not Like Everybody Else" (das nicht aus einem dezidiert künstlerischem Blickwinkel kommt) immer wieder auch als stellvertretende Äußerung jener verstanden werden müssen, die sich selbst nicht äußern können. Sie werden von dieser sprachlosen Mehrheit gern zur Identifikation genutzt.

Aber auch 1966 ist die Musik der jungen Generation nicht alles. Einen großen Triumph können Erwachsenen-Pop/‚light music' noch feiern: Die Spitzenposition der LP-Charts wird 1966/67 über lange Strecken hinweg vom Soundtrack „The Sound Of Music" (1965) eingenommen, der Musik zur Film-

---

[276] *The Kinks*: „Sunny Afternoon" b/w „I'm Not Like Everybody Else" (3. Juni 1966).

fassung des gleichnamigen Musicals von Richard Rodgers und Oscar Hammerstein mit der Oscar-Preisträgerin Julie Andrews in der Rolle der Maria. Einzelne Songs daraus wie „My Favorite Things" oder „Edelweiss" hatten Pop-Sängern schon Anfang der 1960er Jahre zu Chart-Erfolgen verholfen.

Fünfte Strophe:
Hätte Eleanor Rigby doch nur Doctor Robert gekannt!

Was bisher unter anderem geschah (1965/66)

Datum	Typ	Band: Titel
21. Juni	LP	The Byrds: Mr. Tambourine Man
12. Juli	S	The Beach Boys: California Girls b/w Let Him Run Wild
19. Juli	S	The Beatles: Help! b/w I'm Down
19. Juli (?)	S	Barry McGuire: Eve Of Destruction b/w (...)
20. Juli	S	Bob Dylan: Like A Rolling Stone b/w Gates Of Eden
30. Juli	S	The Kinks: See My Friends b/w Never Met A Girl Like You Before
August	LP	Paul Simon: Songbook [UK only]
6. August	LP	The Beatles: Help!
30. August	LP	Bob Dylan: Highway 61 Revisited
September	S	Simon & Garfunkel: The Sound Of Silence b/w We've Got A Groovy Thing Goin'
24. September	LP	The Rolling Stones: Out Of Our Heads (UK)
1. Oktober	S	The Byrds: Turn! Turn! Turn! b/w She Don't Care About Time
8. Oktober	LP	Dusty Springfield: Everything's Coming Up Dusty
22. Oktober	S	The Rolling Stones: Get Off Of My Cloud b/w The Singer Not The Song (UK)
29. Oktober	S	The Who: My Generation b/w Shout And Shimmy (UK)
27. November	S	The Beach Boys: The Little Girl I Once Knew b/w There's No Other (Like My Baby)
3. Dezember	S	The Beatles: Day Tripper b/w We Can Work It Out

Revolver

Datum	Typ	Band: Titel
3. Dezember	LP	The Beatles: Rubber Soul
3. Dezember	LP	The Who: My Generation [LP-Debüt]
6. Dezember	LP	The Byrds: Turn! Turn! Turn!
17. Januar	LP	Simon & Garfunkel: *Sounds Of Silence*
Februar	S	Simon & Garfunkel: Homeward Bound b/w Leaves That Are Green
4. Februar	S	The Rolling Stones: 19th Nervous Breakdown b/w As Tears Go By (UK)
11. Februar	S	Peter & Gordon: Woman b/w Wrong From The Start (UK)
18. Februar	S	The Hollies: I Can't Let Go b/w Running Through The Night
18. Februar	LP	The Supremes: I Hear A Symphony
25. Februar	S	The Kinks: Dedicated Follower Of Fashion b/w Sittin' On My Sofa
(März?)	S	Bob Lind: Elusive Butterfly b/w Cheryl's Goin' Home
März	S	The Walker Brothers: The Sun Ain't Gonna Shine Anymore b/w After The Lights Go Out
März	LP	The Lovin' Spoonful: Daydream
4. März	S	The Who: Substitute b/w Circles (Instant Party) (UK)
7. März	S	Brian Wilson / The Beach Boys: Caroline, No b/w Summer Means New Love
14. März	S	The Byrds: Eight Miles High b/w Why
28. März	S	Dusty Springfield: You Don't Have To Say You Love Me b/w Every Ounce Of Strength (UK)
15. April	S	Manfred Mann: Pretty Flamingo b/w You're Standing By
15. April	LP	The Rolling Stones: Aftermath (UK)
Mai	LP	Frank Sinatra: Strangers In The Night

Revolver

Datum	Typ	Band: Titel
3. Mai	S	The Temptations: Ain't Too Proud To Beg b/w You'll Lose A Precious Love
13. Mai	S	The Rolling Stones: Paint It Black b/w Long Long While (UK)
16. Mai	LP	The Beach Boys: Pet Sounds
16. Mai [?]	LP	Bob Dylan: Blonde On Blonde
Juni	S	Bob Dylan: I Want You b/w Just Like Tom Thumb's Blues (live)
[ca.] Juni	S	Georgie Fame and the Blue Flames: Get Away b/w El Bandido
[ca.] Juni	S	The Troggs: Wild Thing b/w From Home
1. Juni	LP	The Hollies: Would You Believe?
3. Juni	S	The Kinks: Sunny Afternoon b/w I'm Not Like Everybody Else
10. Juni	S	The Beatles: Paperback Writer b/w Rain
17. Juni	S	The Hollies: Bus Stop b/w Don't Run And Hide
Juli	LP	Dusty Springfield: You Don't Have To Say You Love Me (US)
Juli	LP	The Association: And Then... Along Comes The Association [LP-Debüt]
1. Juli	S	Dusty Springfield: Goin' Back b/w I'm Gonna Leave You
2. Juli	S	The Rolling Stones: Mother's Little Helper b/w Lady Jane (US)
4. Juli	S	The Lovin' Spoonful: Summer In The City b/w Butchie's Tune
18. Juli	LP	The Byrds: Fifth Dimension
29. Juli	S	Manfred Mann: Just Like A Woman b/w I Wanna Be Rich

Datum	Typ	Band: Titel
5. August	LP	The Beatles: Revolver (UK)
16. August	S	The Monkees: Last Train To Clarksville b/w Take A Giant Step [S-Debüt]

Wo immer sie sind, berichtet die Presse über sie. Ihre Musik – catchy, atemlos, einfallsreich, eigenständig und in einem sonst nirgendwo zu hörenden Sound – verströmt Unbekümmertheit. Ihre Pressekonferenzen sind ironischer Witz und Gutgelauntheit. Vielleicht werden die *Beatles* 1963 in England nicht nur die erfolgreichste Pop-Band, sondern vor allem auch sehr schnell ein gesellschaftlichen Phänomen, weil das von Skandalen geplagte Land in diesem historischen Augenblick ihrer bedarf. Vielleicht gelingt ihnen der erste Brückenschlag über die Generationen, weil sie auf die Engländer wie ein Antidot zur herrschenden Misere des Alltags wirken. In ihrem Heimatland etablieren sie sich als ein bis heute hoch gehaltener nationaler Schatz.

Ihren weltweiten Erfolg erklärt das allerdings nur zu einem kleinen Teil. Scheinbar mühelos gelingt ihnen zunächst die Eroberung der USA im Februar 1964. Die Amerikaner erleben das Phänomen als „British Invasion". Sie hatten der Welt den Blues, den Rock'n'Roll und manche Spielart davon gegeben und jetzt erhält ihre Musik eine Infusion aus England: Nach den *Beatles* können sich in den folgenden 18 Monaten unter anderen auch *The Rolling Stones, The Kinks, The Dave Clark Five, Billy J. Kramer, Herman's Hermits, The Hollies* und *The Who* in den USA erfolgreich platzieren. Die Anerkennung der britischen Pop-Dominanz führt so weit, dass eine ur-amerikanische Girl Group wie die *Supremes* 1964 ein Album mit dem Titel „A Bit Of Liverpool" herausbringt – das einige *Beatles*- und *Beatles*-komponierte Nummern enthält, paradoxerweise aber auch *Smokey Robinson*s „You've Really Got A Hold On Me" – weil die *Beatles* es für ihre zweite LP aufgenommen hatten.[277]

Die „British Invasion" und der jugendliche Ungestüm, der alles neu definieren will, bringen nach den Jahren des Stillstands und des Missvergnügens ein neues Selbstbewusstsein zur Blüte. Zwischen 1964 und 1966 schwingt sich London auf zum gesellschaftlichen Mittelpunkt der Welt, zur „pop cultural capital of the world".[278] Der Bobby, Mary Quants Mini-Rock, der rote Doppeldecker-Bus, das Subway-Logo und der Mini Cooper sind Ikonen und Sym-

---

[277] Vgl.: *The Supremes*: LP „A Bit Of Liverpool" (Oktober 1964); *The Beatles*: „You Really Gotta Hold On Me", LP „With The Beatles " (November 1963).

[278] Stuart Maconie: Dedicated Follower of Fashion. In: Ders.: The People's Songs. The Story of Modern Britain in 50 Records. [O.O.]: Ebury Press 2013, S. 67-76, hier: S. 70.

bole zugleich. Dem amerikanischen Magazin „Time" ist die Kapitale im Frühjahr 1966 schließlich eine (erstaunte) Titelgeschichte wert; auf diesen Text geht die ausgesprochen marketingwirksame Bezeichnung der Stadt als „Swinging London" zurück.[279]

Auf den ersten Blick scheinen diese Phänomene nichts miteinander zu tun zu haben. Oder gibt es doch eine Verbindung? Für eine Antwort muss der Blick noch einmal zurück auf den Beginn des Jahrzehnts gerichtet werden. Wie eingangs erwähnt, gibt es für amerikanische Interpreten kaum eine Aussicht darauf, im englischen Radio gespielt zu werden; für die Songs besteht immerhin eine Chance, nämlich in dem Fall, dass sie von englischen Sängern aufgenommen werden. Daraus entwickeln sich zwei Strategien für englische Musiker: Entweder sie nehmen eine größere Zahl amerikanischer Originale in ihr Repertoire auf, um an dem Erfolg der Originale teilzuhaben und umgekehrt für ihre Reputation die Authentizität der Musik aus deren Herkunftsland wirken zu lassen. Oder sie lassen die Originale auf sich wirken und entwickeln eine eigene Sprache aus allen für sie passend erscheinenden – „fremden" wie einheimischen – Elementen. *Cliff Richard* probiert den Spagat zwischen amerikanischem und eigenem Material, aber seinen Rock'n'Roll-Cover-Versionen fehlt in den meisten Fällen die Überzeugungskraft; als Single-A-Seiten werden sie nicht verwendet. *Richard*s Image wird vielmehr aufgebaut mit Songs, die teilweise eigens für ihn geschrieben und in der Folge kaum von anderen Interpreten gecovert werden – so dass seine Präsenz mit diesen Songs verbunden bleibt und ein „englisches" Profil entsteht. Zu einem gewissen Teil ist er damit aber auch ein Produkt der Industrie. Die *Rolling Stones* andererseits erwerben sich ihre Autorität durch überzeugende R'n'B-Cover. Eigene Songs kommen nur allmählich in den Song-Katalog; die erste Sammlung von ausschließlich originalem Material kommt erst drei Jahre nach Beginn der Studio-Karriere (mit „Aftermath") und spielt dann interessanterweise mit den Mitteln des englischen Pop – und nicht etwa mit denen des Rhythm'n'Blues.

Anders die *Beatles*. Als sie fast vier Jahre nach *Richard* im September 1962 erstmals ins Studio gehen, haben sie bereits derart intensiv an ihren Fähigkeiten und ihrem eigenen Material gearbeitet, dass sie ihrem Produzenten von Anfang an nur eigene Songs zur Aufnahme als Single vorlegen; George Martin andererseits ist souverän genug, den jungen Musikern kein Programm vorzuschreiben, sondern sie in ihren Ambitionen zu unterstützen. Was dabei herauskommt, ist eine einzigartige Folge selbstgeschriebener, also „englischer" Originale auf den Single-A-Seiten. Ihre Quellen und Einflüsse verheimlichen

---

[279] Ausgabe vom 15. April 1966. Das Cover ist abgebildet in: Barry Miles: The British Invasion. New York, London: Sterling 2009, S. 212.

sie dabei nicht; auf drei der ersten vier LPs.– aber eben nur hier – gibt es Cover-Versionen von *Chuck Berry*, *Buddy Holly* und diversen Motown-Autoren. Wenngleich sie teilweise zentrale Aussagen übernehmen,[280] sind sie doch nur Orientierungsmarken; der Aufbau des Band-Profils erfolgt über die Singles – und das sind eben Aussagen mit dem Akzent auf eigenen Sichtweisen.

Es besteht wohl kein Zweifel: Die englische Pop-Musik von 1962ff. trägt eine Menge dazu bei, dass die Engländer etwas von ihrem angeschlagenen Selbstbewusstsein reparieren können.[281] Dieses neue Selbstvertrauen wirkt auch zurück auf die britische Musik. In einem Versuch, sie das auch ausstrahlen zu lassen, greifen einige Komponisten und Musiker um 1965/66 Stil-Elemente der ur-englischen Traditionen wie der Blasmusik der Marching Bands oder der Music Hall-Kultur auf. Interessanterweise passiert Letzteres in dem Augenblick, da das Windmill Theatre als letzte Music Hall im Spätsommer 1966 endgültig seine Türen schließt und die Presse zu dem Kommentar veranlasst, nun sei das Vaudeville tot. Im Herbst des Jahres erscheint noch so etwas wie ein musikalischer Nachruf: „Winchester Cathedral" von der Studiomusiker-Gruppe *New Vaudeville Band*[282] schießt in die Charts, eine Music Hall-styled Nummer komplett mit einem *Rudy Vallee*-artigen Sänger und dem Charme des Grammophon-Klangs. Allerdings war das nicht der erste Song, der sich auf englische Traditionen besann; auf diese Entwicklung wird zurückzukommen sein.

Zurück zu den *Beatles*. Es lässt sich beobachten, wie sich ihr kommerzieller und ihr gesellschaftlicher Erfolg, ihre stetige musikalische und textliche Weiterentwicklung und die Bereitschaft der Welt, sich auf sie einzulassen, zwischen 1963 und 1965 wechselseitig beeinflussen, gar vorantreiben. Diese Jahre sind ein einziges Aufwärts für die Band. Mit jeder Single erreichen sie die Spitze der Charts, Radio- und TV-Auftritte reihen sich in endloser Folge aneinander – so groß ist der Bedarf, sie zu sehen und zu hören –, ihre sechs Langspielplatten in drei Jahren wiederholen keine glücklich gefundenen Formeln, sondern zeugen von ihrer Experimentierlust, die andere Musiker beeinflusst und jede Veröffentlichung zu einer Überraschung macht, und die beiden Kino-Filme sind nicht nur Kassen-Erfolge, sondern auch Medien für ihr Image als fröhlich-

---

[280] Vgl.: Dürkob, S. 38-40 („Twist And Shout") oder S. 55f. („Money (That's What I Want)").
[281] Im Blick zurück scheint Colin MacInnes also Recht gehabt zu haben mit der Vermutung, dass die Engländer Anfang der 60er-Jahre eigene, englische Songs von eigenen, englischen Interpreten haben wollen. Vgl.: Colin MacInnes: ‚Young England, Half English' [1957] und ‚Pop Songs and Teenagers' [1958]. In: Ders.: England, half English. London: MacGibbon & Kee 1961, S. 11-16 und 45-59.
[282] *New Vaudeville Band*: „Winchester Cathedral" b/w „Wait For Me Baby" (1966).

unbekümmerte, charmante Schwiegermütter-Schwärme. Allein diese Aufzählung ist Beleg für die Arbeitsleistung, die sie in diesen drei Jahren erbringen. Ein Ende scheint nicht absehbar.

Und doch zeichnen sich Veränderungen ab. Insbesondere der LP „Help!" vom August 1965 ist – bei manchem glücklichen Einfall und mal abgesehen von *McCartney*s Solo-Nummer „Yesterday" – eine gewisse Erschöpfung anzumerken. Unmittelbar nach ihrem Erscheinen beginnt die Band eine kurze USA-Tour, in deren Verlauf unter anderem der legendäre Auftritt im Shea Stadium (15. August) und ein beide Seiten etwas ratlos lassendes Treffen mit *Elvis Presley* (27. August) stattfinden. Der September vergeht ohne Verpflichtungen, im Oktober – die *Rolling Stones* absolvieren gerade eine Tournee durch Großbritannien – gehen sie ins Studio, um eine neue LP aufzunehmen. Am 26. Oktober wird ihnen von Queen Elizabeth II. der Orden „Member of the British Empire" verliehen. Am gleichen Tag nehmen die *Rolling Stones* ihre schon erwähnte Version von „As Tears Go By" auf, und auch die *Kinks* sind in der letzten Oktober-Woche im Studio, um unter anderem „Till The End Of The Day" aufzunehmen.

Die LP „Rubber Soul", die schließlich Anfang Dezember erscheint, markiert im Verhältnis zum Vorgänger „Help!" einen ungeheuer großen Schritt nach vorn. Hier zeichnet sich ab, was 1966 noch deutlicher wird: Nicht nur lassen die *Beatles* die simpleren Pop-Formeln hinter sich, sondern die Songs werden allmählich so komplex, dass sie für eine Reproduktion auf der Bühne kaum noch taugen. In der Setlist für die kurze England-Tour vom Dezember finden sich davon nur *George Harrison*s „If I Needed Someone" – das kurioserweise die *Hollies* gecovert und am gleichen 3. Dezember veröffentlicht haben, an dem „Rubber Soul" erscheint[283] – und „Nowhere Man" sowie die Single-Titel „Day Tripper" und „We Can Work It Out"; alle anderen Titel sind älter. Und noch etwas ändert sich: Weil ihnen die Anstrengung der immer gleichen Runde durch alle TV-Shows, die mit jeder neuen Single zu absolvieren ist, zu groß wird, drehen sie am 23. November Promotion-Filme unter anderem für „Day Tripper" und „We Can Work It Out"; in gewisser Weise dürfen diese Clips als Vorform der späteren Pop-Videos bezeichnet werden.

Nach der kurzen Tour beginnt Mitte Dezember für die Musiker eine Zeit von gut drei Monaten fast ohne Verpflichtungen, die erste längere Zeit des Müßiggangs, seit sie *Beatles* sind. Das Ergebnis ist, dass sie sich als Suchende erleben. *McCartney* erkundet die Londoner Kunstszene und trifft den Avant-

---

[283] *The Hollies*: „If I Needed Someone" b/w „I've Got A Way Of My Own". Zwischen „Look Through Any Window" (August 1965) und „I Can't Let Go" (Februar 1966) geht „If I Needed Someone" unter wie ein Stein.

garde-Komponisten Luciano Berio, *Lennon* liest viel. „You see, there's something else I'm going to do, something I must do – only I don't know what it is", sagt er in einem Interview mit der Journalistin Maureen Cleave,[284] zu der die Band ein vertrauensvolles Verhältnis unterhält. Häufig treffen sich die vier in den Londoner Clubs mehr oder minder zufällig mit anderen Musikern, um sich auszutauschen; die Clubs erleben sie als eine sehr entspannte, kosmopolitische und vorurteilsfreie Szene.[285] Anfang April 1966 beginnen sie mit den Aufnahmen für ihre neue LP; irgendwann in dieser Zeit treffen sie auch *Bruce Johnston* von den *Beach Boys*, der ihnen ein Acetat von deren neuer LP „Pet Sounds" mitbringt.[286]

Als wären die Promotion-Clips vom November 1965 und die lange Pause zwischen Mitte Dezember und Anfang April, in der sie sich den Anforderungen des Business fast völlig entziehen, noch nicht genug der Neuerungen, beginnen die *Beatles* ihre nächste LP mit einem count-in – genau wie ihre erste LP 1963. Von den signifikanten Unterschieden wird noch die Rede sein. Dass für die *Beatles* irgendwann im Herbst 1965 kurz vor der Aufnahme der LP „Rubber Soul" tatsächlich eine neue Zeit begonnen haben muss, wird auch deutlich an *Brian Wilson*s Reaktion auf diese LP, von der bereits die Rede war. Ist der Band das selbst bewusst oder versucht sie nur, sich nicht selbst zu langweilen? Es gehört jedenfalls von Anfang an zum Arbeitsethos der vier, sich nicht wiederholen zu wollen und (sich selbst und) dem Publikum ständig etwas Neues zu bieten. Und mit der unerhörten Kette von Erfolgen aus der Zeit, in der sie gar nichts falsch machen konnten, wird es für sie zunehmend leichter, sich die Bedingungen zu schaffen, wie sie sie für ihr kreatives Arbeiten brauchen. Dazu gehört, dass die zumeist abendlichen Aufnahme-Sessions immer öfter über Mitternacht hinaus andauern; bei „Revolver" wird das schließlich die Regel. Auf diese Weise wird zugleich der Spielraum für Experimente größer. Im Ergebnis führt das dazu, dass die *Beatles* das Studio zunehmend als ein weiteres Instrument betrachten, dessen Möglichkeiten erkundet und genutzt werden wollen. Anders als *Brian Wilson*, der vorwiegend mit der Kombination von Instrumenten und ungewöhnlichen Akkordfolgen experimentiert, arbeiten die *Beatles* daran, ihren Sound mit Hilfe der Studiotechnik weiterzuentwickeln.

---

[284] Das Interview erscheint am 4. März 1966 im „London Evening Standard". Nachzulesen: Maureen Cleave: How does a Beatle live? John Lennon lives like this. In: Read The Beatles. Classic and new writings on The Beatles... Hg. v. June Skinner Sawyers. New York u.a.: Penguin 2006, S. 87-91.

[285] Über diese drei Monate vgl.: The Beatles Anthology. München: Ullstein 2000, S. 201-203; Barry Miles: The Beatles. A Diary. An intimate day by day history. London: Omnibus Press 2002, S.210-215.

[286] Das genaue Datum scheint nicht ermittelbar zu sein. Vgl.: Dürkob, S. 340 (Anm. 288).

Dabei klingt das erste, was die Welt nach „Day Tripper" b/w „We Can Work it Out" und der LP „Rubber Soul" zu hören bekommt, zumindest auf der A-Seite der neuen Single noch nicht sonderlich revolutionär, sondern eher wie eine Rückbesinnung: Mit „Paperback Writer"[287] beweisen die *Beatles*, dass sie immer noch eine Rock'n'Roll-Band sind. Es sind vor allem die (musikalischen) Details, die die Weiterentwicklung zeigen.[288]

Mit dem Text geht *Paul McCartney* seiner Neigung zur Erfindung von Figuren und kleinen Geschichten nach. Er entwirft als Rahmengeschichte den Brief eines Möchtegern-Romanciers, mit dem dieser einem Verlag sein Manuskript andienen will; in der Binnengeschichte (ab der 2. Strophe) skizziert der Autor den Inhalt des Romans. Sowohl in der Rahmen- als auch in der Binnengeschichte geht es wie sechs Monate zuvor in „Drive My Car", dem Opener von „Rubber Soul", um Aufstiegsambitionen. Der Autor des Manuskriptes macht in seinem Brief sehr deutlich, dass er zu allerlei Zugeständnissen bereit wäre (3. Strophe): Obwohl er mehrere Jahre gebraucht hat (Z. 3), will er gern Änderungen vornehmen (Z. 16-18) – wenn der Text denn nur verlegt würde und der Autor auf diese Weise den gesellschaftlichen (und auch den ökonomischen) Erfolg mit der Hilfe der höheren Weihen einer Anerkennung als Künstler realisieren könnte. Von künstlerischem Erfolg ist bezeichnenderweise nicht die Rede. Der Brief-Schreiber will unbedingt ein „paperback writer" werden – 18-mal wird der Titel im Laufe des Textes eingesetzt.

Anders als *John Lennon* neigt *McCartney* in dieser Phase der Band-Geschichte nicht dazu, Texte über sich und seine Befindlichkeit zu schreiben.[289] Verfasst er den Text von „Paperback Writer" als Außenstehender über eine x-beliebige Figur, wie sie ihm gerade so eingefallen ist, wird man ihn als albern oder auch ein wenig zynisch bezeichnen dürfen – eine Tonlage, wie sie sonst gern von *Ray Davies* genutzt wird. Unterstellt man aber versuchsweise, dass *McCartney* hier indirekt über seine Situation als Künstler spricht – und irgendwoher müsste dieser Zynismus ja kommen –, dann bekommt die Sache ein etwas anderes Gesicht. In diesem Falle lässt sich behaupten, dass er mit diesem Text auf sehr verdeckte Weise das Arbeitsethos der *Beatles* reflektiert: mit jeder Veröffentlichung musikalisch und künstlerisch etwas Neues bieten zu wollen und dennoch als einzigartig identifizierbar zu sein, um in der Gunst des Publikums zu bleiben. Um diese Zeit herum ist den *Beatles* klar, dass ihr Mana-

---

[287] Grundlage für die Texte der *Beatles* ist: The Beatles Lyrics. London: Omnibus Press 1998. Im Folgenden zitiert als: Beatles: Lyrics. – „Paperback Writer": Ebd., S. 110.
[288] Zur musikalischen Analyse vgl.: Tim Riley: Tell Me Why. A Beatles Commentary. [2. Aufl.] Cambridge, MA.: DaCapo Press 2002, S. 177. Im Folgenden zitiert als: Riley.
[289] Das wird er erst 1969 tun, als sich für ihn die Gefahr abzeichnet, dass es die Band und *Lennon* als Arbeitspartner für ihn bald nicht mehr geben könnte.

ger Brian Epstein nicht immer die vorteilhaftesten und ergiebigsten Deals ausgehandelt hat und dass sie als Song-Autoren mit einem anderen Vertrag auch besser dastünden. Sieht man es so, weist „Paperback Writer" zurück in die Anfangsjahre, als die *Beatles* auch vieles getan hätten (und haben), um ins Geschäft zu kommen. Das Versprechen des Brief-Autors, in ein oder zwei Wochen mehr zu schreiben, falls das gewünscht werde, korrespondiert mit dem künstlerischen Selbstmord, den jene begehen, die stetig eine einmal gefundene Erfolgsformel wiederholen – und aus genau diesem Grund bald wieder in der Versenkung verschwinden (wie es so vielen von jenen, die Anfang der 1960er Jahre gestartet sind, um diese Zeit herum passiert). Gar die Rechte abtreten zu wollen (Z. 21), ist noch ein deutlicher Hinweis auf die Fehler, die jeder Berufsstarter im Bereich von Kultur und Medien allzu leicht begeht; dass an künstlerischer Arbeit eher Management, Verlag, Vertrieb und Zwischenhandel verdienen als der Künstler, ist eine Einsicht, zu der viele, die es mit Erfolg ins Business schaffen, irgendwann kommen. Sie seien am Anfang ihrer Karriere sehr naiv gewesen, aber junge Autoren täten nun mal alles, um publiziert zu werden, hat *McCartney* fast 25 Jahre danach ohne Bezug auf „Paperback Writer" gesagt.[290] So gesehen ist der Text ein kritischer Blick zurück in der Camouflage einer Geschichte einer vermeintlich skurrilen Figur.

Sehr viel revolutionärer kommt die Single-B-Seite „Rain" von *John Lennon* daher.[291] Hier zeigt sich der ganze Gegensatz zu Autor-Kollege *McCartney*, denn es geht nicht etwa um das Wetter und schon mal gleich gar nicht um so etwas wie „Down Came The Rain", einem Novelty-Hit von einem „Mr Murray"[292] aus dem Jahr 1965. Zwar hat *Lennon* gelegentlich behauptet, „Rain" sei ein Lied über Leute, die ständig über das Wetter nörgelten – aber noch viel eher ist es ein Song über die Suche all jener, die anders ticken als die Nine-to-Five-Berufstätigen, über die Suche nach dem eigenen Ort in der Gesellschaft. Insofern ist der Song oberflächlich verwandt mit „Get Off Of My Cloud" von den *Rolling Stones*; und er kommt auch mit einer vergleichbaren Arroganz daher.

Um sein Ziel zu erreichen, beginnt der Text weit von diesem entfernt mit der Unterscheidung des Ich zwischen einem zunächst impliziten „I" und einem von den ersten Zeilen an explizit benannten „they" – eine Konstellation,

---

[290] Vgl.: Timothy White: Paul McCartney. In: Ders.: Rock Lives. Profiles and Interviews. New York: Holt 1990, S. 122-150, hier: S. 148f.
[291] Beatles: Lyrics, S. 111.
[292] Dahinter verbirgt sich niemand anders als Song-Schreiber Mitch Murray, Komponist von „How Do You Do It", das George Martin den *Beatles* 1962 als zweite Single vorschlug. Sie mochten den Song nicht und überarbeiteten stattdessen das eigene „Please Please Me". Mit Murrays „How Do You Do It" haben dann *Gerry and The Pacemakers* 1963 ihren ersten Nr.1-Hit.

wie *Lennon* sie schon in „You've Got To Hide Your Love Away"[293] genutzt hat. Mit dem Einstiegsvers formuliert und karikiert Ich die Handlungsreflexe von „they" und macht schon mal implizit deutlich, dass er bei Regen gelassener als jene reagiere. So voraussagbar wie „they" handelten, könnten sie auch schon tot sein, ätzt Ich (metaphorisch) im zweiten Vers, womit er der Mehrheit ihr unsensibles Empfinden ausdrücklich vorhält. In der zweiten Strophe wechselt das Ich vom konjunktionalen „If" zum temporalen „When" (Z. 4), um der Wetter-Metapher eine noch größere Allgemeingültigkeit zu verleihen: Wenn die Sonne scheine, flüchteten „they" in den Schatten und tränken Limonade – noch so eine voraussagbare Handlungsweise. In der anschließenden ersten Bridge macht das Ich es völlig klar: Regen ist ihm egal und wenn die Sonne scheint, ist das Wetter schön (Z. 7f.).

Nach den Beobachtungen der ersten beiden Strophen folgen nun zwei Strophen der Konsequenzen daraus, absichtsvoll durch die zweite Bridge voneinander getrennt. In der dritten Strophe spricht Ich ein bisher ungenanntes „you" an: Er könne „you" zeigen, dass alles eins sei, wenn es zu regnen beginne, noch einmal auf diese Weise die Präferenz der Allzuvielen für „wenn ... dann ..."-Reaktionen aufgreifend. Allerdings instrumentalisiert er sie hier schon für sich, denn nach der zweiten Bridge, die die erste wiederholt, wird er ganz deutlich im Hinblick auf sein Ziel. Die Wetter-Metaphorik dient offenbar dazu, den unaufhebbaren Gegensatz aufzubauen: Regen und Sonne sind nun mal nicht das gleiche. Aber in den Augen des Ich mit dem überlegenen Wissen geht es auch ohnehin um etwas anderes. Denn ob Regen und/oder Sonne: Es sei doch nur ein Bewusstseinszustand (Z. 15). Ob „you" ihn hören könne (Z. 16), muss interpretiert werden als die Frage, ob „you" ihn verstehe, anders formuliert: ob er sich verständlich machen könne oder ob er schon zu weit entfernt sei von den allzuvielen „they".

Die Konsequenz des „I" deutet in zwei Richtungen. Dass alles eins sei, ist als Anspielung auf das aktuelle esoterische All-Eine alternativer Denkkulturen zu verstehen, deutet aber natürlich auch auf die Synästhesie-Empfindungen des LSD-Konsumenten. Andererseits deutet die Abstraktion des objektiven Phänomens „Regen" von der klassischen Konsequenz „Schutz suchen" auf *Lennon*s Verständnis der realen Welt: Letztlich sei doch nur entscheidend, wie ein Beobachter oder Teilnehmer ein Phänomen aufnehme oder interpretiere. Es handele sich für die einen um eine Sache der Konvention. Für die anderen, zahlenmäßig wenigeren und emotional Sensibleren sei es hingegen eine Sache der Kommunikation. Etwas anders zu verstehen, als es gewöhnlich verstanden wird, bedarf der Kommunikation – und nicht mehr verstanden zu werden, ist

---

[293] *The Beatles*: „You've Got To Hide Your Love Away", LP „Help!" (August 1965).

das, was Ich und auch *Lennon* umtreibt. Die Band-Erfahrung, die Lektüren, der Drogenkonsum: Längst verfügt er über Einsichten und Empfindungen, über die er sich kaum noch mit jemandem austauschen kann. Zu den Wenigen mit einem besonderen Wissen zu gehören, kann auch kommunikative und emotionale Isolation mit sich bringen.

Revolutionär ist „Rain" schließlich auch durch die Verwendung rückwärts eingespielter Bänder und durch *McCartney*s emanzipierte Bassgitarre, die sich auch schon auf der A-Seite bemerkbar macht. Die beiden Single-Titel entstehen in den frühen Tagen der Aufnahmen zur LP „Revolver"; in diesem Stadium beginnt *McCartney* damit, den Bass von den klassischen Aufgaben zu lösen und sich mehr Freiraum zu geben.

Revolver

Revolutionär sind die ersten Töne der neuen LP auch nicht gerade – aber doch ein bedeutsamer Hinweis. Zu hören sind *George Harrison*, der anscheinend den ersten Song einzählt, Studiogeräusche, ein Husten und im Hintergrund ein zweites Einzählen. Und dann merkt der Hörer, dass das deutliche, im Vordergrund platzierte Einzählen nicht zum Song passt, wohl aber das zweite aus dem Hintergrund. Zwei Tempi, eine Irreführung: Deutlicher lässt sich wohl kaum darauf hinweisen, dass in Zukunft nichts mehr so verstanden werden darf, wie es beim ersten Hören zu sein scheint. Zudem wird damit angespielt auf die Unvereinbarkeit von Zeiterfahrungen verschiedener Menschen in verschiedenen Bewusstseinszuständen. Und natürlich ist das Einzählen eine Erinnerung an die frühen Tage der Studio-Geschichte: „I Saw Her Standing There", das erste Stück der ersten LP „Please Please Me", war seinerzeit ebenfalls eingezählt worden – als kleiner Verweis auf die ursprüngliche Idee, das Programm jener LP wie einen Live-Auftritt zu inszenieren,[294] und auch als Hinweis darauf, dass Rhythmus alles ist. Seither kommt nicht wenigen Journalisten-Kommentatoren jenes erste Einzählen als Beginn einer neuen musikalischen Epoche vor; wenn man das so hören will, müsste das selbstironisch-falsch/richtige Einzählen vor „Taxman" ebenfalls als Beginn einer neuen Zeitrechnung begriffen werden. Zwar ist zum Zeitpunkt der Aufnahme (vom 20. bis 22. April) von einem Ende der Tourneen noch nicht die Rede, aber die Abneigung dagegen hat sich in den Musikern bereits angesammelt.

Wie die LP, die sich mit „Taxman" entrollt, erweisen wird, gibt es auch gute musikalische Gründe, ein Ende der Tournee nach dem hergebrachten Schema in Erwägung zu ziehen. „Taxman" immerhin wäre auf der Bühne

---

[294] Heilige Ironie: Das Einzählen ist ein Edit-Stück. Vgl.: Dürkob, S. 34.

noch reproduzierbar, denn es ist klassischer Rock'n'Roll. Mit dem zweiten Vers der ersten Strophe wird deutlich, dass der Text als Rollenlyrik zu verstehen ist:[295] Es spricht der Steuereinnehmer („Taxman"), der sich im Chorus auch als dieser vorstellt (Z. 3f.). Mit aller Arroganz und Häme macht er deutlich, dass der Mensch gemacht wurde, um Steuern zu zahlen: Von 20 Teilen gingen 19 ans Finanzamt (Z. 2) und der Arbeitende solle froh sein, wenn der Staat nicht alles nehme (Z. 5f.). Dem Einfallsreichtum des Finanzamts seien keine Grenzen gesetzt – wenn einer Auto fahre, werde die Straße besteuert, und so weiter (Z. 9-12) – und der Bürger solle ja nicht auf die Idee kommen, sich Nachfragen zu erlauben (Z. 16/18). Das Ganze gipfelt in dem triumphierenden Ausruf, „you" (der angesprochene Bürger) arbeite nur für das Finanzamt (Z. 28). Besserung erwartet der Text-Autor auch nicht: In unerwarteter Direktheit macht er sowohl den aktuellen britischen Regierungschef als auch den Oppositionsführer (und späteren Nachfolger als Regierungschef) namentlich verantwortlich für den Steuerwahnsinn (Z. 17/19). Deutlich wird: Die *Beatles* sind nicht länger die fröhlich-unbekümmerte Jungenbande; die direkte Kritik ist revolutionärer als das musikalische Gewand, in dem sie daherkommt. Wenn auch das siebentaktige Solo schneidender als alles ist, was sie in ihren Rock'n'Roll-Jahren aufgenommen haben – wohl ein Reflex auf aktuelle Spielweisen im R'n'B-Lager.

Unabhängig vom nicht immer glücklichen Verhandlungsgeschick des Managers Brian Epstein hat *Harrison* schon früh angefangen, Fragen nach dem Woher und Wohin der Band-Einnahmen zu stellen. Sein Text resultiert sicherlich aus der persönlichen Verärgerung, macht aber vor allem das Ohnmachtsgefühl des Einzelnen vor dem Staat deutlich. Wenn hier auch die Ungerechtigkeit staatlichen Steuergebarens herausgegriffen wird, so lässt sich der Impetus doch leicht übertragen auf jegliche staatliche Handlung: Vertreten die Politiker tatsächlich die Interessen der Menschen ihres Landes? Vor dem Hintergrund von Vietnamkrieg, Hungerkatastrophen und Flüchtlingselend – gegen das *Harrison* im Fall von Bangla Desh ein paar Jahre später das erste Charity-Konzert der Rock-Geschichte organisieren wird – ist diese Frage im Sommer 1966 durchaus verständlich.

In seiner Polemik gegen das Finanzamt bekommt *Harrison* in diesen Wochen unerwartet Unterstützung. Rund drei Wochen nach „Taxman" aufgenommen, aber früher als dieses veröffentlicht, lässt *Ray Davies* sein Ich in „Sunny Afternoon"[296] über dessen Zugriff räsonnieren. Allerdings ist das Lamento anders motiviert: Zwar hat das Finanzamt auch in diesem Fall kräftig

---

[295] Beatles: Lyrics, S. 112.
[296] *The Kinks*: „Sunny Afternoon" b/w „I'm Not Like Everybody Else" (3. Juni 1966).

abgegriffen, doch hat die Klage hier etwas damit zu tun, dass das Ich das gute Leben allzu sehr liebt. Geld und Jacht vom Finanzamt eingezogen, das Auto von der Frau entwendet, die zu ihren Eltern zurückgekehrt ist und Geschichten von seiner Trunksucht erzählt: In dieser Situation seien der sonnige Nachmittag und ein kaltes Bier (!) alles, was ihm bleibe, so Ich. Im Chorus bittet Ich ein namenloses Gegenüber darum, gerettet zu werden vor dem Ausquetschen durch das Finanzamt. Im Kern steht „Sunny Afternoon" einmal mehr für *Davies'* Neurose im Hinblick auf alles, was nach Establishment und „corporation" aussieht.[297]

Ging es in „Paperback Writer" um einen aufstiegsorientierten Nachwuchskünstler, der um jeden Preis Erfolg als Buch-Autor haben will, so dreht sich *McCartney*s „Eleanor Rigby",[298] der zweite Song auf „Revolver", um zwei Menschen, die ihre Zukunft hinter sich haben. Eleanor Rigby sammelt in einer Kirche nach einer Hochzeit den Reis auf. Sie lebt fern der Realität wie in einem Traum, wartet am Fenster, aber sie hat niemanden, mit dem sie sprechen kann (Z. 3-8). Father McKenzie, der in der zweiten Strophe vorgestellt wird, hat ebenfalls niemanden. Er schreibt an seiner Predigt, die niemand hören wird – weil niemand zuhört oder weil niemand kommt? Die Formulierung erinnert natürlich an *Simon*s „The Sound Of Silence", wo die Menschen hören ohne zuzuhören –, und in der Nacht stopft er seine Socken, aber all das kümmert ihn nicht (Z. 11-17). In der dritten Strophe werden die beiden Lebensgeschichten zusammengeführt: Eleanor stirbt in der Kirche, dort also, wo sie offenbar einen Teil ihrer Zeit verbracht hat, und mit ihrer Beisetzung verschwindet auch ihr Name (Z. 23), anders formuliert: Jede Erinnerung an sie wird ausgelöscht. Father McKenzie, der sich der einsamen Frau von Berufs wegen hätte annehmen sollen, kümmert es auch in diesem Fall nicht: Gedankenlos erfüllt er nun seine dienstliche Pflicht an ihr und im Abgehen vom Grab säubert er schon seine Hände von der Erde (Z. 25f.).

Dass niemand (= keine Seele) gerettet wird, so der Kommentar des Sängers (Z. 27), überrascht dann auch nicht mehr – wenn die Vertreter der Kirche ihre Aufgaben auf solche Weise wahrnehmen. Die leise Kritik an denen, die im Kirchendienst stehen, erinnert ebenfalls an *Paul Simon* („Blessed"), aber diese Kritik ist nicht *McCartney*s Ziel. Vielmehr öffnet er den Text mit dem jeweils auf die Strophen folgenden Chorus: All die einsamen Menschen, woher kommen sie und wohin gehören sie, will der Sänger darin wissen (Z. 9f., 18f. und 28f.). Hier wird also schlaglichtartig der Zusammenhang zwischen Herkom-

---

[297] In der Tat haben ja die langwierigen Auseinandersetzungen um die Verlagsrechte lange genug dafür gesorgt, dass *Davies* von seinen Einkünften praktisch nichts gesehen hat. Vgl.: Marten/Hudson, S.75-78 und 86-88.
[298] Beatles: Lyrics, S. 113.

men, Lebensweg, Identität und Erfüllung hergestellt. Auch das lässt an *Simon* denken, aber *McCartney* stellt explizit die einsamen Menschen in den Mittelpunkt, also alle jene, die normalerweise keine Stimme und auch sonst niemanden haben, der sich ihrer annähme. Einsamkeit heißt in diesem Fall auch, keine unverwechselbare Identität und insofern keinen „Namen" (vgl. Z. 23) zu haben. Die Fragen, die sich ihm stellen, scheinen den Sänger zu überraschen – als werde er dieser Menschen eben erst gewahr. *McCartney* wird in den kommenden Jahren noch mehr Figuren-Songs dazu nutzen, sein Mitgefühl mit den Ortlosen, weniger Privilegierten zu formulieren.[299] In diesem formuliert er, als erfolgreicher Musiker Mitglied einer privilegierten In-crowd, nicht auch gleich Antworten – ein Mittel, ob bewusst oder unbewusst eingesetzt, das den Hörer dazu bringen soll, selbst nach solchen zu suchen.

Getragen wird die Musik ausschließlich von einem Streichoktett. Außer *McCartney* sind *Lennon* und *Harrison* lediglich im Background-Gesang zu vernehmen. Ob die *Beatles* zum Zeitpunkt dieser Aufnahme schon das Vorab-Acetat von „Pet Sounds" kennen, lässt sich nicht klären; aber auf alle Fälle passen dieses Arrangement, die schroffen Akkorde und die widerspenstige Melodik in die allenthalben spürbare Experimentierlust dieses Jahres.

Von zwei fiktionalen Figuren zurück zum „Ich": Auch *Lennon* reflektiert seine Umgebung, aber er geht dabei von sich aus. In der freien Zeit Anfang 1966 scheint er sich geradezu auf sich verwiesen zu finden, war er doch jahrelang ausschließlich Beatle, also in einer Rolle. So ist es wohl kein Wunder, dass er nun – intensiver noch als mit „Help!" – nach seinem Ort sucht. Wenn er den enormen Erfolg der Band als erkauft sieht mit äußerer und vor allem innerer Ruhelosigkeit, dann wäre der Wunsch, sich treiben zu lassen, zu schlafen, dem Leben zuzugucken, sehr nachvollziehbar. Aber in „I'm Only Sleeping"[300] geht er über diese simple Programmatik hinaus; wie mit der Single-B-Seite „Rain" macht er eine Standortbeschreibung daraus.

Dabei lässt sich nicht sagen, wie viel von den Erkenntnissen über den Umgang mit Zeit und Mitmenschen auf die LSD-Erfahrung und wie viel auf diese Freiheit des künstlerisch tätigen Menschen zurückzuführen ist. In „I'm Only Sleeping" geht es wie in „Rain" um den Zustand zwischen geistiger An- und Abwesenheit, um die Grauzone zwischen Traum und Realität, die eine ganz eigene Perzeption ermöglicht, und nicht zuletzt auch um den Abstand zwischen den Wenigen und den Vielen – und insofern auch um die Distanz, die zwischen den Menschen entstanden ist (vgl. „Eleanor Rigby"). Darüber hinaus

---

[299] Vgl.: *The Beatles*: „She's Leaving Home" (LP „Sgt. Pepper's Lonely Hearts Club Band", Juni 1967), „Lady Madonna" (Single „Lady Madonna" b/w „The Inner Light", März 1968), „Ob-La-Di, Ob-La-Da" (LP „The Beatles", November 1968).
[300] Beatles: Lyrics, S. 115.

geht es aber auch um eine Rückzugsmöglichkeit aus der Welt. Wenn er mitten in einem Traum sei, wolle er auch bitte liegen bleiben dürfen, aufwärts treiben (Z. 1-4) und nicht gestört werden (1. Chorus, Z. 5f.). Ihn kümmert nicht, dass die Leute – hier kommt wieder die Unterscheidung zwischen „I" und „they" ins Spiel – ihn für faul hielten, denn er seinerseits halte sie für verrückt, wenn sie hektisch hier- und dahinliefen, um dann festzustellen, dass das gar nicht notwendig war (Z. 7-10); man solle ihm doch bitte nicht den Tag verderben, wenn er meilenweit weg sei und doch schließlich nur schlafe (2. Chorus, Z. 11f.). Anders als in früheren Texten nimmt das Ich nun keine Rücksicht mehr auf das, was andere von ihm denken könnten, denn er will nicht mehr lediglich funktionieren. Wichtig ist jetzt nur noch das, was für den Einzelnen und die Entwicklung seines Bewusstseins richtig ist, so *Lennon*s Schlussfolgerung. In der Bridge betont er, dass er die Welt von seinem Fenster aus allerdings im Auge behalten werde (Z. 13f.).[301] Danach folgt eine halbe Strophe, in der das Sänger-Ich auf die Schläfrigkeit wartet, und dann folgt ein surreales Gitarren-Solo – nicht etwa rückwärts gedubbt, sondern tatsächlich von hinten nach vorn eingespielt und gedoppelt! –, das den Raum ohne gesteuerte Wahrnehmung (ob Traum oder Rausch) auf sinnfällige Weise akustisch abbildet. Mit der abschließenden Wiederholung der ersten Strophe wird die subjektive Erfahrung zerdehnter Zeit zwischen Traum und Wirklichkeit erfahrbar gemacht.

Wenn es im Text auch keine eindeutigen Anspielungen darauf gibt, so muss bei Traum – also einem Zustand, der sich der intellektuellen, willentlichen Steuerung entzieht – auch an den Zustand eines Rausches durch Drogen gedacht werden. Zweifellos ist das für *Lennon* ebenfalls ein Zustand, in dem lange und ungestört zu bleiben wünschenswert ist, weil er Wahrnehmungen ermöglicht, die auf anderen Wegen nicht zu haben sind. Nach dem Verständnis der Hippies ist der Rausch ein Zustand von Unschuld und Friedfertigkeit, der allein dazu beitragen kann, die Welt zu einem besseren Ort zu machen. *Lennon*s Haltung zu dieser Idee ist ambivalent; ihm ist auch bewusst, dass der Konsum von Drogen Menschen in einen Zustand der Verführbarkeit, der Willenlosigkeit versetzen kann – was sich zu Missbrauch ausnutzen ließe. Anlässlich von „Tomorrow Never Knows", das die LP abschließt, wird davon noch zu reden sein.

Die Gitarren-Loops, rückwärts und vorwärts abgespielt, die aus „I'm Only Sleeping" herausführen, sind nicht nur der perfekte Abstieg in das Un(ter)bewusste von Traum oder Rausch – wo nichts so ist, wie man es aus

---

[301] In „Eleanor Rigby" deutet das Fenster auf unfreiwilliges Getrenntsein, auf unüberbrückbare Distanz, in „I'm Only Sleeping" auf selbstgewählte Distanz, auf ausschnitthafte Wahrnehmung der Welt. In letzterer Bedeutung hat *Simon* es in „I Am A Rock" eingesetzt.

der „Realität" kennt –, sondern auch ein geschickter Übergang zu *Harrison*s zweitem Beitrag zu „Revolver". Das pseudo-indische Klangbild der Loops bereitet „Love You To" den Boden. Außer Gitarre, Bass und einem Tamburin sind hier keine Instrumente des Rock'n'Roll bzw. überhaupt der westlichen Musikwelt zu hören; beherrschend sind Sitar, Tabla und Tambura, die von Sessionmusikern gespielt werden.

Mit „I'm Only Sleeping" ist „Love You To" auch darin verbunden, dass es um den Umgang mit Zeit und die Unterscheidung von Wichtigem und Unwichtigem geht. Der Text[302] setzt ein mit der Klage des Ich darüber, dass die Zeit im Handumdrehen vergehe (Z. 1-3). Die Konsequenz daraus ist, dass „you" und das Sänger-Ich einander lieben sollten, bevor er (= Ich) ein toter alter Mann sei, anders formuliert: dass man Sinnvolles umgehend tun solle. Auf geschickte Weise wird hier der Rock'n'Roll-Topos vom Älterwerden neu gedeutet. In der zweiten Strophe wird das Thema des sinnvollen Tuns vertieft: Weil man ein neues Leben nicht kaufen könne und das, was „you" habe, für das Sänger-Ich wertvoll sei (Z. 6-8), solle man den Tag in/mit Liebe verbringen und singen (Z. 9f.). Damit ist nicht ausschließlich die Liebe zwischen zwei Menschen gemeint, sondern auch ein liebendes, zugewandtes Verhalten als Lebenseinstellung.

Ein drittes Element, dass „Love You To" mit „I'm Only Sleeping" verbindet, ist die Tatsache, dass in der dritten Strophe ein immanenter Unterschied von „I" und „they" beschrieben wird – denn „they" verhalten sich keineswegs so, wie Ich es in den die Konsequenz ziehenden Vers-Paaren vorgeschlagen hat: Sie stehen herum und machen einen fertig (Z. 13-16). Wenigstens das Ich und seine Partnerin wollen einander aber in Liebe zugewandt sein (Z. 17f.), denn das Verhalten von „they" haben sie wie das Ich von „I'm Only Sleeping" hinter sich gelassen.

Westliches und östliches Denken, westliche und östliche Instrumente, gebaut wie ein indischer Raga: Ausgerechnet *Harrison* bricht die Grenzen auf und setzt die fremden Instrumente in „Love You To" nicht mehr als Ornament ein – wie noch in „Norwegian Wood (This Bird Has Flown)" –, sondern als tragende Elemente. Das Ost-West-Crossover gelingt in diesem Fall besser als in späteren Versuchen von *Harrison*; entscheidend sei, so der Text, das Wichtige zu erkennen und zu tun. Mit „love" greift Harrison dabei ein Stichwort auf, das die *Beatles* bereits in den Mittelpunkt von „The Word"[303] gestellt hatten und das im Sommer '67 eine ganz und gar universelle Bedeutung bekommen

---

[302] Beatles: Lyrics, S. 116.
[303] *The Beatles*: „Norwegian Wood (This Bird Has Flown)" und „The Word", LP „Rubber Soul" (Dezember 1965).

wird, wenn das Gedankengut der Hippies und die östliche Philosophie aufeinanderstoßen.

„Love You To" – die Titel-Formulierung taucht im Text gar nicht auf – ist von manchen Kommentatoren als Liebeslied an *Harrison*s Freundin Patti Boyd interpretiert worden. Mit der Ausnahme der die Konsequenz aus den Strophen formulierenden Vers-Paare (insbesondere des letzten: ich will dich lieben / wenn du es willst) gibt es dafür allerdings kaum Anhaltspunkte. Insofern ist das folgende „Here, There And Everywhere" von *McCartney* ein radikaler Stimmungsbruch, denn hier geht es tatsächlich um keinen philosophischen Unterbau, sondern um die reine zweisame Liebe. Der ersten Strophe geht ein viertaktiges Intro voraus (in 9/8 und 7/8), das keinen Hinweis auf die Richtung gibt, die der Song einschlagen wird, das aber das Thema in Kurzform vorstellt: Um ein besseres Leben zu führen, brauche ich meine Liebe an meiner Seite, so das Ich.[304] Die Idee zu diesem Einstieg könnte *McCartney* sich bei „California Girls" von den *Beach Boys* geholt haben.[305] Die Strophen entwickeln keine Geschichte, sondern geben eine Zustandsbeschreibung: Augenblicks- und Stimmungsbilder einer Liebe, von der das Ich hofft, sie werde immer da sein (Z. 2, 8, 12, 13 und öfter), und die offensichtlich von beiden Seiten als erfüllend betrachtet wird (Z. 6, 11 und öfter). Anders als in „Love You To" ist das Vergehen von Zeit hier kein Problem, sondern bedeutet vielmehr die stetige Vertiefung der Liebe (Z. 11, 13, 20f.), aber wie in „Love You To" ist Liebe die Lösung für ein erfülltes Leben. *McCartney* wie *Lennon* suchen die Antwort also in Zuständen der Losgelöstheit, fern vom Alltäglichen. *Lennon* verlangt es nach Freiräumen für die Imagination, nach der Befreiung des Unterbewusstseins, *McCartney* findet die Antwort im Hier und Jetzt („here, there and everywhere"). Liebe zu teilen (Z. 11, 17; auch *Harrison*s „Love You To") könnte dabei auch die Lösung auf die Fragen sein, die „Eleanor Rigby" unbeantwortet gelassen hat.

Mit dem folgenden „Yellow Submarine" kehrt *McCartney* zurück zu dem, was neben harmonisierenden Liebesliedern als seine andere Domäne bezeichnet werden kann: den Songs über fiktive Figuren. Und wie „Paperback Writer" ist auch „Yellow Submarine"[306] ein Lied mit einer Rahmen- und einer Binnengeschichte. Dabei geht es um eine doppelte Brechung: Die Rahmengeschichte bezieht sich bereits auf ein Geschehnis in der Vergangenheit, verdeutlicht durch das verwendete Präteritum und durch die Geste des Blicks zurück in die Kindheitstage (Z. 1f.): Das Ich erinnert sich an einen Seemann im Ruhestand,

---

[304] Beatles: Lyrics, S. 117.
[305] *The Beach Boys*: „California Girls" b/w „Let Him Run Wild" (Juli 1965).
[306] Beatles: Lyrics, S. 118.

dieser wiederum blickt ebenfalls zurück in seine Vergangenheit, denn er erzählt von seiner Fahrenszeit im Land der Unterseeboote (Z. 3f.). Die zweite Strophe (Z. 5-8) lässt sich deuten als Teil dieser Seemanns-Erzählung von der Ankunft in einer grünen See (Z. 6), wo sie dann unter den Wellen leben (Z. 7); weil der grammatische Bezug nicht eindeutig ist, ließe sich aber auch behaupten, dass die zweite Strophe Teil der virtuellen Erlebnisse der Kinder beim Nacherleben der Seemannserinnerungen ist. Denn auf die zweite Strophe folgt erstmals der weltbekannte kinderliedartige Chorus vom gemeinsamen Leben im gelben Unterseeboot (Z. 9-12) – entweder eine Vergegenwärtigung der vergangenen Reise im Präsens oder die kindliche Reaktion aus der Freude an der farbigen Erzählung. Dass alle Freunde an Bord seien und viele weitere nebenan wohnen (Z. 13f.) und zur Besatzung außerdem eine Band gehört (Z. 15), entspricht dann schon eher der kindlichen Phantasiewelt, die mühelos Unterschiedlichstes zusammen denken kann. Nach dem kurzen Marching-Band-Einsatz und dem Nonsense-Interlude mit unverständlichen Befehlen und „technischen" Geräuschen (an der Stelle des traditionellen Middle Eight mit dem Solo) wird das Bild des Schlaraffenlandes an Bord des gelben U-Bootes liebevoll weiter ausgearbeitet: Das Leben sei leicht, alle hätten, was sie brauchten, der Himmel sei blau und das Meer grün (Z. 20-24).

McCartney hat darauf beharrt, dass „Yellow Submarine" als Kinderlied ohne tiefere Bedeutung gedacht sei. Allerdings erlaubt sein Hinweis, der Text werde „more and more obscure as it goes on",[307] auch über eine alternative Deutung nachzudenken. Dass Freunde in einem U-Boot „nebenan" wohnen könnten, verweist – nach der Erwähnung von „green" (Z. 6) – auf eine Wahrnehmungsfähigkeit weit jenseits des Normalen. Zweifellos weiß McCartney, dass „green" umgangssprachlich für Marihuana steht und von hierher erhält eine Deutung von „Yellow Submarine" als Song mit Drogen-Anspielungen eine gewisse Berechtigung. Hier wird allerdings dafür optiert, das gelbe Unterseeboot als Umschreibung für einen Traumraum, eine Zone zwischen Wachen und Schlafen, zwischen bewusstem Erfahren und un(ter)bewusstem Phantasie-Erleben zu verstehen. Der gelbe Anstrich widerspricht dem breiten Verständnis vom U-Boot als Kriegsschiff; tatsächlich deutet der Text das Boot ja zum Schauplatz eines fröhlich-phantasievollen Erlebens um. Diese Umdeutung ist nichts weniger als ein Plädoyer für einen phantasievollen Umgang mit der Wirklichkeit: Nichts muss so sein oder bleiben, wie es ist oder zu sein scheint. Letztlich ließe sich „Yellow Submarine" also auch als ein Anti-Kriegs-Lied bezeichnen; manche Zeitgenossen haben es auch als genau das in Anspruch genommen.

---

[307] Barry Miles: Paul McCartney. Many Years From Now. New York: Holt 1997, S. 286f., hier: S. 287. Im Folgenden als: Miles: McCartney.

Doch gleichermaßen führt von hier aus ein Weg zur Farb-Explosion der psychedelischen Szene, die der Sommer 1967 bringen wird.

Die Konstruktion von „Yellow Submarine" ist kompliziert: Ich erinnert sich an die Kindheit und einen Seemann, der sich seinerseits an seine besten Jahre erinnert. Neben allem anderen lässt sich diese Rahmenkonstruktion auch als Blick zurück in eine (vermeintlich) bessere Vergangenheit reklamieren. Mit einem Blick zurück in die Kindheit beschäftigt sich auch *Lennon* in „She Said She Said" – allerdings nur, weil das Gegenüber seines Sänger-Ich seltsame Behauptungen aufstellt.[308] Wie denn überhaupt die Gesprächspartner über sehr unterschiedliche Erfahrungen verfügen, so dass *Lennon* auch hier seinem aktuellen Thema nachgehen kann: Wie kann man sich mit Erfahrungen, über die die Mehrheit oder auch nur der jeweilige Gesprächspartner nicht verfügt, noch verständlich machen?

Allerdings dreht er, angeregt durch ein eigenes Erlebnis,[309] die Situation diesmal um. Vom ersten Vers an ist klar, dass es um eine Kommunikationssituation geht und dass das Gegenüber über besondere Einsichten verfügt: Sie sagt, sie wisse, wie es sei, tot zu sein (Z. 1, 21, 23). Auf diese intime Mitteilung reagiert Ich mit Verstörung (Z. 5); er fühlt sich, als sei er noch gar nicht zur Welt gekommen (Z. 6) – eine Umschreibung für sein Unterlegenheitsgefühl. Als sie auch noch behauptet, er verstehe ja gar nicht, was sie gesagt habe (Z. 7), weicht er aus mit dem Hinweis, dass alles in Ordnung gewesen sei in seiner Kindheit (Z. 8-10) – und seine Ratlosigkeit veranlasst ihn zu fragen, wie sie denn all das in den Kopf bekommen habe (Z. 11). Zwar bestätigt er mit dem Hinweis auf Zeiten, da er jünger war, den Blickwinkel von „Help!" – wo ja in der Vergangenheit auch alles einfacher und übersichtlicher war –, aber das Argument nützt ihm hier nichts. Sein Instinkt rät ihm, einer weiteren Verstrickung aus dem Weg zu gehen (Z. 12). Mit der Wiederholung der Bridge (Z. 7-10 = 14-17) und der dritten Strophe verdeutlicht *Lennon* wie mit der regelmäßigen Wiederholung von „she said" und „I said" die ziellose Kreisbewegung, in die die Unterhaltung geraten ist. Der Song endet mit einer Variation der ersten Strophe – ein Hinweis darauf, dass das Ich seinem Gegenüber nichts mehr entgegenzusetzen hat. Die Kommunikation glückt nicht, die Gesprächspartner reden aneinander vorbei. Heißt auch, dass es hier nicht um die Vermittlung einer gewachsenen Erkenntnis geht wie in „Goin' Back".

---

[308] Beatles: Lyrics, S. 119.
[309] Zugrunde liegt dem Strophentext *Lennon*s Begegnung mit dem Schauspieler Peter Fonda am 24. August 1965. Im Verlaufe eines LSD-Trips habe Fonda immer wieder gesagt, er wisse, wie es sei, tot zu sein. Vgl.: Phlip Norman: John Lennon. The Life. London: HarperCollins 2008, S. 427.

Diesmal ist es nicht das Ich, das den Abstand zwischen sich und den vielen anderen deutlich macht, sondern die Gesprächspartnerin. Die Einsicht, dass die Erfahrungen unvereinbar sind, anders gesagt: nicht kommunizierbar, lässt im Ich zugleich das Gefühl intellektueller und emotionaler Unterlegenheit entstehen. Er weicht aus in die Erinnerung an die Kindheit als eine heile Welt – interessanterweise unterlegt mit einem kurzzeitigen Wechsel in einen 3/4-Takt –, was eher den Wunsch nach Wiedergewinnung von Unschuld und Übersichtlichkeit signalisiert, als dass es im Gespräch mit der Frau ein Argument sein könnte, mit dem sie etwas anzufangen wüsste. Die Vermutung liegt nahe, dass das Ich auf die Kindheit zurückgreift, weil diese einen Erfahrungsraum darstellt, den wiederum sie nicht in Frage stellen kann, weil sie nicht dabei war. Wie es denn überhaupt auf beiden Seiten bei vielen Behauptungen bleibt; beide unternehmen keinen Versuch, das Behauptete zu qualifizieren und auf diese Weise verständlich, nachvollziehbar zu machen.[310]

In „Good Day Sunshine" hingegen ist alles Gegenwart und Augenblick. Song-Autor *McCartney* konzentriert sich ganz auf diese eine Empfindung sommerlichen Wohlbehagens im Zusammensein mit der geliebten Frau – und heraus kommt sein Meisterstück der Kategorie Wohlfühl-Pop. Der Titel atmet viel von der entspannten Sorglosigkeit des Sommers '66. Er parallelisiert „sunshine" und „good day" und der Titel dient als Chorus, der dreimal im Song sowie ein viertes und fünftes Mal im Fade-Out geboten wird. Kernworte der ersten Strophe sind lachen, Sonne (Z. 3), wohlfühlen (Z. 5), verliebt sein und sonnig (Z. 6), die der zweiten sind Spaziergang und wieder Sonne (Z. 9), die der dritten sind lieben (Z. 14), gut aussehen (Z. 15) und stolz (Z. 16). In der ersten Strophe konzentriert sich Ich ganz auf sich und sein Wohlgefühl des Verliebtseins, in der zweiten Strophe tritt die (bis dahin nur implizit vorhandene) Frau an seine Seite, die dritte Strophe ist wie „Here, There And Everywhere" ganz der Zweisamkeit gewidmet.

Der Song will nicht mehr sagen als eineinhalb Jahre zuvor *Lennon*s „I Feel Fine". Beide haben sogar die Kernbegriffe „good", „in love", „she's mine" und „fine" gemeinsam – und dennoch sind die Unterschiede vielsagend. Denn in der Frühphase des Songwritings ist es *Lennon* wichtig, immer mal wieder zu

---

[310] Lediglich hingewiesen sei auf zwei biographische Implikationen: Wenn *Lennon* und das Sänger-Ich identisch wären, beginge *Lennon* hier zumindest teilweise einen Verrat an der eigenen Biographie, denn seine Kindheit war durchaus nicht „right"; die Trennung seiner Eltern, die Erfahrung, dass sie danach kaum je für ihn da waren, und schließlich der Tod der Mutter beschäftigen ihn lebenslang. Nachzudenken wäre auch darüber, warum er eine Frau zur Gesprächspartnerin macht, wo in der realen Situation ein Mann war. Zu entscheiden, ob das nur ein Mittel der Verfremdung ist oder ob es etwas mit *Lennon*s ambivalentem Frauenbild zu tun hat – wofür manches spricht –, gehört allerdings nicht in den hier diskutierten Zusammenhang.

betonen, dass er seiner Frau/Freundin materielle Wünsche erfüllen kann; da ist unter anderem von Geld („A Hard Day's Night") und Diamantringen („I Feel Fine") die Rede. *McCartney* hingegen beharrt von Anfang an auf Liebe und Zuwendung; noch in „Good Day Sunshine" sind es die immateriellen Dinge wie Sonne und Spaziergang, die Glücksgefühle auslösen und eine Zweisamkeit mit Bedeutung füllen. Wo *Lennon* auf „Revolver" „ich" und „die" unterscheidet, setzt *McCartney* auf Gemeinsamkeit oder zumindest Mitgefühl – seine persönliche Utopie.[311]

Wenn da nur nicht das Wort „sunshine" wäre. Weil es als Code-Begriff für Acid gilt, lässt sich der Text, so harmlos er scheint, auch als Lied über LSD interpretieren. *Lennon* und *Harrison* haben 1965 bereits mit LSD experimentiert; *McCartney* wird das für sich erst im Juni 1967 öffentlich zugeben. Der Text von „Good Day Sunshine" gibt keinen Hinweis auf einen solchen doppelten Boden; manche vorsätzlich naiv wirkende Zeile – Wenn die Sonne scheint, habe ich etwas, worüber ich mich freuen kann – könnte aber auf eine außer Kraft gesetzte Ratio schließen lassen. Auf die Möglichkeit von Doppelbödigkeiten fast ohne Hinweis wird bei „Got To Get You Into My Life" zurückzukommen sein.

Um den Faden von materiellen und immateriellen Gütern wieder aufzunehmen: Dass Besitz oder zumindest die finanzielle Möglichkeit, solchen zu erwerben, für *Lennon* 1966 nicht mehr die Bedeutung hat, die er/sie zwei Jahre zuvor noch hatten, wird mit dem auf „Good Day Sunshine" folgenden „And Your Bird Can Sing" deutlich. Wie in „She Said She Said" wird eine Kommunikationssituation entworfen.[312] Offensichtlich versucht ein Freund das Sänger-Ich von den Qualitäten dessen, was er besitzt, zu überzeugen – das ist nichts weniger als alles, was er je haben wollte. „Bird" in der zweiten Zeile muss hier als der umgangssprachliche Ausdruck für Frau/Freundin verstanden werden.[313] Dass sein Vogel singen könne, wird also auf eine besondere Eigenschaft oder Fähigkeit zurückdeuten. Wenn er aber glaube, dass er demnach alles habe, irre er – denn ihn, das Ich, verstehe er nicht (Z. 3f.). Die zweite Strophe ist inhaltlich eine Variation der ersten: Zwar habe er sieben Wunder gesehen und sein „bird" sei grün (Z. 5f.) – wenn „green" hier für Eifersucht steht, müssen „sieben Wunder" eventuell als Untreue aufgefasst werden, die

---

[311] So gesehen würde es sich anbieten, „Good Day Sunshine" auch als Antwort auf Lennons „Rain" zu verstehen. Letzteres wurde am 14./16. April aufgenommen, Ersteres am 8./9. Juni 1966. Für eine bewusste Absicht gibt es keine Belege; McCartney verweist vielmehr auf das schon erwähnte „Daydream" von den *Lovin' Spoonful*, einem der Soundtrack-Songs des Sommers. Vgl.: Miles: McCartney, S. 288.

[312] Beatles: Lyrics, S. 121.

[313] Wie schon bei „Norwegian Wood (This Bird Has Flown)", LP „Rubber Soul" (Dezember 1965).

sich das Gegenüber leistet; die Eifersucht ließe den Freund demnach stolz auf sich selbst werden[314] –, aber es sei doch so, dass er ihn, das Ich, nicht sehen (Z. 7f.), im übertragenen Sinne: nicht (er)kennen könne. Dass der Freund ihn nicht sehen oder erkennen könne, stößt Ich ein wenig triumphierend hervor, denn tatsächlich ist er – wie das Ich in „Rain" – im Besitz besonderer Erkenntnisse. Wenn ihn sein Besitz herunterziehe, allzu viel koste, so das Ich in der folgenden ersten Bridge (Z. 9f.), dann solle er sich an das Ich wenden – Ich sei da (Z. 11f.). Darauf folgt das instrumentale Middle Eight; das stürmische Riff des Intro wird jetzt als halbe Version des Solo identifizierbar.

Formal ungewohnt folgt auf den Mittelteil sofort die zweite Bridge; über einen Chorus verfügt der Song nicht. Wird es dich fertigmachen, wenn dein „bird" zerbrochen ist, fragt Ich hier und hängt eine Lebenslehre dran: Wenn du das merkst, wirst du erwacht sein und ich bin für dich da. Obwohl er damit seine Position hinreichend deutlich gemacht hat, folgt noch eine dritte Strophe nach dem Muster der vorausgegangenen. Zwar glaube der Freund, schon alles gehört zu haben, und sein „bird" sei richtig gut drauf, aber ihn, das Ich, könne er nicht hören. Ihren Sinn bekommt diese letzte Strophe durch die Gesamtschau: Mit „get", „see" und „hear" sind die wesentlichen intellektuellen und physiologischen Sinne zum Verständnis der Welt erwähnt – und auf keine Weise sei der Freund ihm (aktuell) ebenbürtig. Die Chance zur Erkenntnis habe sein Freund ja (vgl. Z. 13-15), aber dazu müsse eben wohl erst die Katastrophe eintreten.

Die Position des Ich zwischen Herablassung und Mitgefühl gegenüber seinem Gesprächspartner erklärt sich aus dessen allzu großer Selbstgewissheit. Wer behaupte, alles zu haben und zu bekommen (inkl. Affären, vgl. Z. 6), habe nichts verstanden, so die Erkenntnis des Ich. Demnach formuliert *Lennon* hier auch die Antithese zu früheren eigenen Texten. Zusammen mit „Rain" und „I'm Only Sleeping" entsteht so etwas wie eine Unabhängigkeitserklärung.[315] Das Ich hat sich von den Zuschreibungen der Gesellschaft befreit und begon-

---

[314] Erinnert sei auch an „green" als Umschreibung für Marihuana, also eine Droge; möglicherweise liegt deshalb auch die Kommunikation zwischen dem Freund und seinem „bird" im Argen.

[315] Möglicherweise richtet sich diese Unabhängigkeitserklärung auch an Ehefrau Cynthia. Von ihr hatte er anlässlich eines Weihnachtsfestes (1965?) ein „fun gift" in der Form eines mechanischen Vogels in einem vergoldeten Käfig bekommen. Der Vogel zwitschert also in seiner Verpackung, als *Lennon* ihn auspackt – und ungläubig dreinschaut. Nun, Cynthia Lennon ist keine geborene Geschichten-Erzählerin: „Birds were not his favourite pets", schließt sie lahm. Sie stellt weder die Verbindung zu „And Your Bird Can Sing" her, noch identifiziert sie sich mit dem Vogel im goldenen Käfig. Vgl.: Cynthia Lennon: A Twist of Lennon. [1978]. New York: Avon 1980, S. 140.

nen, Handlungsreflexe zu hinterfragen – als erste Stufe auf dem Weg zu den neuen Antworten, die 1966 gefunden werden müssen.

Aber auch *McCartney* ist in dieser Phase die Misere des Lebens bewusst. Mit „Eleanor Rigby" hat er auf jene gedeutet, die die Gesellschaft an den Rand gedrängt hat; dort werden sie dann sich selbst überlassen und vergessen. Wie verlassen und vergessen man aber auch sein kann, wenn man in der Mitte der Gesellschaft steht, verdeutlicht *McCartney* mit dem folgenden Lied über das mühsam-zähe Ende einer Liebesbeziehung; aus dem Abstand von fast 50 Jahren lässt sich sagen, dass „For No One"[316] einer der trostlosesten Texte ist, die *McCartney* je verfasst hat.

Mit „And Your Bird Can Sing" verbindet „For No One", dass das beobachtende Ich eine ähnlich zwischen Herablassung und Empathie schwankende Haltung gegenüber dem Freund „you" einnimmt. Ansatzweise schildert es die Ereignisse im Laufe eines Tages vom Morgen über den Abend hin zum neuen Morgen und spiegelt auf diese Weise, wie sich das „you" gedanklich im Kreis bewegt. Nüchtern und kühl wird die Bestandsaufnahme vorangetrieben: Während die Frau gelassen in den Tag starte (Z. 4f.), tue „you" (seelisch) alles weh und die guten Zeiten wirkten desto intensiver nach (Z. 2), je mehr sie sich entferne und er feststellen müsse, dass sie ihn nicht mehr brauche (Z. 3 und 6). Dem Ich ist klar, dass der schmerzhafteste Teil für „you" noch bevorstehe: dass „you" nämlich auch vor sich selbst endlich zugeben müsse, dass es so sei, wie sie es lebe (vgl. Z. 10-13): dass es vorbei sei. Und alles, was sie je gesagt habe, kehre als Endlosschleife in der Erinnerung an bessere Zeiten zurück (Z. 22-24), wenn er sich nicht irgendwann das Ende eingestehe.

„For No One" – ein inhaltliches Gegenstück zu „Here, There And Everywhere" – ist ein Kammerstück über Kommunikation. Obwohl das Ich die Situation so deutlich wie nur möglich seziert, weigert sich „you", die Konsequenz zu ziehen. Stattdessen deutet „you" sich die Dinge um (vgl. Z. 11-13), um daraus Hoffnung für sich zu schöpfen. Die Kommunikation ist so deutlich und offen wie nur möglich – in ihren Augen sehe „you" nichts, keine Zeichen von Liebe, und die Tränen würden um niemanden geweint, so der Chorus (vgl. Z. 7-9, 14-16, 25-27) – und trotzdem geht sie schief. Ursache sei die Unfähigkeit des „you" zur Einsicht – was sich zuletzt über den Song hinaus auch als Metapher für Scheuklappen und ideologische Verblendungen aller Art deuten ließe. Kommunikation, ob wortreich oder wortlos, scheitert nicht nur an unterschiedlichen Voraussetzungen, sondern auch am fehlenden Willen.

Wenn das auch nicht ohne weiteres erkennbar ist, so kann man „For No One" aber doch unter die advice-songs einreihen. Mit seiner leidenschaftslo-

---

[316] Beatles: Lyrics, S. 122.

sen, wenig Empathie verratenden Bestandsaufnahme formuliert das Ich ja zugleich (indirekt) auch den Rat, sich der Situation endlich zu stellen. Das folgende „Doctor Robert" hingegen ist ein klassischer advice-song, der sein Genre – bislang ging es eher um den freundschaftlichen Rat in Liebesdingen – um eine Dimension erweitert. Das Sänger-Ich porträtiert besagten Doctor Robert in einem Gespräch mit einem nicht näher charakterisierten „you" als eine Art Wunderheiler für jede Situation:[317] Er sei Tag und Nacht erreichbar (Z. 2), man sei anschließend ein neuer besserer Mensch (Z. 5), er helfe einem, zu verstehen (Z. 6), und wenn man völlig fertig sei, baue er einen wieder auf (Z. 9), man müsse nur einen Schluck von seinem besonderen Drink nehmen (Z. 10) – in Kürze: Niemand sei so erfolgreich wie er (Z. 14). Aufgeschlossenen Hörern wird klar sein, dass das alles als Anspielungen auf chemische Substanzen verstanden werden kann, wie immer diese Substanzen auch beschaffen sein mögen. Dass dieser Doktor für die National Health arbeitet (Z. 18), könnte je nach Lesart eine augenzwinkernde oder eine verharmlosende Anmerkung sein: Gemeint sein könnte der britische National Health Service (NHS), gemeint sein könnte aber auch, dass jemand, der Drogen ausgebe – die Menschen vermeintlich kommunikativer und friedfertiger machten –, sich um die nationale Gesundheit verdient mache. Seinen Rat zu bekommen, sei einfach.[318]

Was in „For No One" das individuelle Versagen des (noch nicht ganz) verlassenen Mannes ist, nämlich das durch Interessen, nicht durch die Realität geleitete Verständnis einer Situation, bürdet „Doctor Robert" dem Hörer auf: Ist dieser Freund des Ich tatsächlich nur ein ungewöhnlich effizienter Arzt mit ungewöhnlichen Methoden oder sind Drogen seine Methode? Diese Entscheidung muss der Hörer für sich treffen, denn sie steuert das Verständnis und damit das Ergebnis der Kommunikation zwischen Komponist und Hörer. Vieles spricht dafür, dass die *Beatles* mit ihrer Lust an der verspielten Doppeldeutigkeit tatsächlich von Drogen reden, wie es die Anspielung auf die spezielle Tasse (Z. 10) nahelegt.[319] Der Hinweis auf die National Health ist dann genau die Art verbaler Tarnung, an der die Komponisten ihren Spaß haben. Allerdings: Es ist eher die Zweideutigkeit der Drogenerfahrung, von der hier die Rede ist. „Doctor Robert" ist ein Wohltäter, weil er zu „verstehen" hilft

---

[317] Beatles: Lyrics, S. 123.
[318] Von Z. 19 gibt es zwei Versionen: In der Omnibus-Ausgabe heißt es „you'll pay ...", im Textbuch von Aldridge heißt es „don't pay money ...". Zum Sinn des Textes passt „don't pay ..." besser, anhören tut es sich eher nach „you'll pay ...". Vgl. alternativ zu: Beatles: Lyrics, S. 123, auch: The Beatles Songbook. Das farbige Textbuch der Beatles. Hg. v. Alan Aldridge. 9. Auflage. München: dtv 1977, S. 90.
[319] Eine zunächst nur *Beatles*-interne Anspielung, die als „the dental experience" in die Band-Geschichte eingegangen ist: Ihre erste Berührung mit LSD haben *Lennon* und *Harrison*, als ein befreundeter Zahnarzt ihnen die Substanz 1965 in die Tassen schmuggelt. Vgl.: Anthology, S. 177.

(vgl. Z. 6), aber dahinter steht auch die Möglichkeit des (Drogen)Mißbrauchs an sich selbst oder durch interessierte Dritte. Dass nicht schlagartig alles besser sein und bleiben könne, dürfte auch dem etwas naiveren Hörer klar sein.

Kommunikation, die gar nicht mehr stattfindet („Eleanor Rigby"), Kommunikation, die fehl zu gehen droht („For No One") oder tatsächlich scheitert („She Said She Said"), Kommunikation, die von unterschiedlichen Voraussetzungen ausgeht und ein Gemeinsames erst suchen muss („Love You To"), Kommunikation, die ein neues Verständnis füreinander ermöglichen soll, ohne dass klar wird, ob das Vermittelte tatsächlich „ankommt" („I'm Only Sleeping", „And Your Bird Can Sing") – aber immer das Bedürfnis, durch Kommunikation etwas zu erreichen. Mit seinem „I Want To Tell You" ist *Harrison* seinem Vorbild *Lennon* schon vom Titel her dicht auf der Spur, denn im Kern geht es um das gleiche Problem wie in „Rain". Sein Kopf sei voller Dinge, die er sagen wolle, aber wenn „you" dann da sei, verschwänden alle diese Worte (Z. 2-4), so das Ich. Manchmal sei er müde und wisse nicht, warum, aber das sei egal, er habe Zeit, er könne warten (Z. 13-15). Aus *Lennon*s „Kannst du mich hören?" wird hier der Wunsch, sich überhaupt endlich aussprechen zu können (Z. 17), aber dazu muss erstmal etwas Gemeinsames hergestellt werden (Z. 16) – und darauf zielt ja auch *Lennon*s Frage. Allerdings ist sich Ich über das mögliche Ergebnis seiner Bemühungen durchaus nicht sicher: Vielleicht verstehe „you" ja (Z. 18), heißt es ausdrücklich.

Das Kommunikationsproblem – reden und (an)vertrauen wollen, ohne zu wissen, ob das gutgeht; darin ist *Harrison*s Lied „God Only Knows" von den *Beach Boys* sehr nahe – ist einerseits ein sehr grundsätzliches, nämlich das dahinter stehende Bedürfnis nach Sicherheit. Andererseits geht es hier um etwas, das typisch ist für den Song-Autor: Einen Kontakt aufbauen, das Gegenüber aber nicht zu dicht an sich heranzulassen, eine Kommunikation zu unterhalten, zugleich aber immer auf Distanz zu bleiben (und sogar das Scheitern einzukalkulieren) – über diese Konstellation in der Form eines Bedürfnisses hat *Harrison* sich auch schon zuvor, beispielsweise in „If I Needed Someone",[320] Gedanken gemacht. Das Vor und Zurück der Gedanken und Befürchtungen, die aus diesem Bedürfnis entstehen, ist in „I Want To Tell You" von der ersten Strophe an mit Händen zu greifen. Zwar spricht das Ich hier aus einer doch etwas gelasseneren Position – er habe Zeit, versichert er im Fade-Out mehrfach, und dass diese Sicherheit aus dem neuen östlichen Glauben erwächst, macht die Musik des Fade-Out deutlich –, doch bleibt das Schwanken zwischen Angst und Abgeklärtheit über das Ende hinaus bestehen. Sich auszusprechen, heißt für *Harrison* auch, sich auszuliefern, und die Folgen sind nicht

---

[320] *The Beatles*: „If I Needed Someone", LP „Rubber Soul" (Dezember 1965).

absehbar, wenn das Gegenüber sich als dessen nicht würdig erweisen sollte. „I Want To Tell You" mit der Betonung auf „want" heißt genaugenommen ja auch: Ich würde gern, aber ich tue es nicht, weil ich mich nicht traue. Die schmale Brücke, über die Kommunikation geht, wird hier hell ausgeleuchtet; das heißt aber noch nicht, dass ein Unfall ausgeschlossen ist.

Wenn „Yellow Submarine" ein Kinderlied ist, dann muss „Got To Get You Into My Life" wohl ein Song über die unerwartete Begegnung mit einer Frau sein. Oder doch nicht? *McCartney* hat viele Jahre nach der Aufnahme bekannt, dass es in dem Song um seine Marihuana-Erfahrungen gehe.[321] Der Hörer muss also auch hier auf einen doppelten Boden achten. Nun, selbstverständlich lassen sich manche Verse (vgl. Z. 1, 4, 26 u.a.) auf diese Weise deuten. In den Ohren eines unbefangenen Hörers geht es aber zunächst tatsächlich um eine Begegnung. Das Ich ist allein und bricht zu einer (Fahrrad?)Fahrt auf, ohne zu wissen, was er sucht oder finden wird, vielleicht nur einen anderen (Geistes)Zustand, aber plötzlich habe er „you" gesehen und gewusst, dass er „you" an jedem Tag seines Lebens brauchen werde (Z. 1-7). Und selbst wenn „you" wieder verschwunden wäre, dann würde das Ich „you" doch gleich wiedergefunden haben (Z. 10f.). Der Chorus besteht aus der einzigen Zeile des Songtitels (Z. 15, 23). Wenn ich mit dir zusammen bin, soll es so bleiben, und ich werde niemals gehen (Z. 17f.), so das Ich. Das alles klingt doch sehr nach neuer Liebe; aus der flüchtigen Begegnung auf einer zufälligen Fahrt wird Gefühl und innere Überzeugung.

Die erste Strophe mit der anschließenden Bridge stellt also ein Ich mit viel Muße vor, das gleichwohl in Unruhe, weil auf der Suche ist; doch was er sucht, weiß er nicht. Tentativ formuliert er, dass ihm nach einem Ausbruch aus allem Bekannten ist (vgl. Z. 4). Er findet „you" und tauscht die eine Orientierungslosigkeit gegen die andere, denn was ihm die neue Bekanntschaft bedeuten soll, ist ihm vorläufig nicht klar (Z. 16). Will man die abschließende Wiederholung der ersten Strophe so verstehen, hält die Orientierungslosigkeit offenbar an.

Sieht man mal von *McCartney*s Erläuterung ab, so bleibt angesichts der sehr verdeckten Hinweise auf Drogen nur die Möglichkeit, „Got To Get You Into My Life" als Lied über das Suchen und Finden zu verstehen. Wer sich auf den Weg macht und die Augen offenhält, wird etwas finden, möglicherweise etwas, womit er nicht gerechnet hat. Entscheidend ist, dass man sich auf die Suche macht, wenn man diese innere Unruhe verspürt. Diese allem offene Interpretation hält vor dem Text stand, denn dass das Ich bei dieser Suche Marihuana findet (als Werkzeug, einen anderen Zustand zu erreichen, vgl. Z. 3f.), wird dem unvoreingenommenen Hörer gar nicht deutlich. Er hört vielmehr einen

---

[321] Vgl. dazu: Miles: McCartney, S. 190.

Song darüber, wie der Zufall zu einer neuen Liebe führt; und wenn es denn Marihuana sein soll, das hier gefunden wäre, dann kann es auch alles andere sein.

Bis hierhin hat der aufmerksame Zeitgenosse, der die Karriere der *Beatles* in den vorausgegangenen dreieinhalb Jahren verfolgt hat, auf dieser LP schon vieles gehört, was sich mit den Merseybeat-Anfängen in keiner Weise mehr in Einklang bringen lässt – gut so! Sie haben die klassische Abfolge von Strophe und Chorus aufgegeben und in einigen Fällen auch völlig auf einen (textlichen) Chorus verzichtet („Love You To", „And Your Bird Can Sing"), sie haben das Rock'n'Roll-Instrumentarium beiseite gelassen („Eleanor Rigby", „Love You To", „Got To Get You Into My Life"), sie haben das traditionelle Middle Eight/Solo aufgegeben oder zweckentfremdet („Yellow Submarine", „Doctor Robert") und sie haben vor allem angefangen, das Studio als ein weiteres Instrument zu begreifen. Sie haben die Lust und dank ihres enormen Erfolgs auch die Freiräume seitens der Plattenfirma, alles Mögliche auszuprobieren, um zu noch nie gehörten Sounds und Verfremdungseffekten zu kommen. Bänder zu beschleunigen oder zu verlangsamen, rückwärts einzuspielen, Mikrofone gegen die Gewohnheiten zu platzieren, sich beim Singen auch mal hinzulegen, ganz nebenbei das Tape-loop in den Pop einzuführen, gedoppelte Stimmen zu verwenden, die minimal versetzt aufgenommen werden[322] – nichts bleibt unversucht.

Aber noch nicht einmal irgendwas von dem, was er bislang auf „Revolver" gehört hat, bereitet den Zeitgenossen auf das vor, was sich im letzten Song der Platte ereignet. Und selbst heute noch reagiert, wer die LP zum ersten Mal hört, mit Verblüffung auf „Tomorrow Never Knows". Der Song ist ganz und gar ein Studioprodukt. Die Tatsache, dass die Sessions im April mit diesem avanciertesten Stück beginnen, zeigt nicht nur, dass die Band sich Anfang 1966 quasi neu erfindet und gar nicht mehr als *Beatles* versteht, sondern ist auch psychologisch von Interesse: Die Aufnahme muss großen Einfluss auf das Selbstvertrauen der Musiker gehabt haben, denn von nun an scheint es nichts mehr zu geben, was nicht erreichbar wäre.

Drei Minuten ohne rhythmische Variation. Der Eindruck von Trägheit wird musikalisch umgesetzt durch ein orgelpunktartiges C, um das sich die Melodie minimal nach oben oder unten windet, sowie durch das streng durchgehaltene Drum-pattern, das komprimiert und leicht verhallt auf das Band kommt. Ein Tambura-Ostinato und die Orgel sowie vor allem die fünf Tapeloops (unter anderem das möwenartige Krächzen, das aus einem stark verzerr-

---

[322] Einen Überblick und einzelne technische Erläuterungen gibt es bei: Lewisohn: Sessions, S. 70-84.

ten Lachen stammt) dominieren daneben das Sounddesign. Diese Anhäufung von Soundexperimenten, die zudem noch irregulär gegen Rhythmus und Erwartung auftauchen, lässt eine Klanglandschaft entstehen, die den Eindruck von Zeit- und Raumlosigkeit heraufbeschwört. Und auf diese Art und Weise perfekt den Text unterstützt.

Dieser Text[323] ist den meisten Hörern 1966 kaum erklärlich und wirft selbst heute noch mehr Fragen auf, als er je beantworten will. Wenn das Verständnis zumindest des ersten Verses heute leichter fällt, dann liegt das daran, dass seine Empfehlung – das Denken abzuschalten, sich zu entspannen und treiben zu lassen (Z. 1f.) – inzwischen zum Allgemeingut auch des westlichen Denkens gehört. Seinerzeit noch unerhört, versucht Song-Autor *Lennon* mit dem nächsten Vers – es werde schon nicht sterben (Z. 3) – der natürlichen Abwehrreaktion des Hörers zu begegnen: Das Denken abzustellen, ist demnach nicht gleichbedeutend mit dem Tod des Individuums. Auf dieses Vers-Triple mit Handlungsempfehlung und Belehrung folgt eine parallele Konstruktion: Lass alle Gedanken ruhen und ergib dich der Leere, sie strahlt (Z. 4-6), so das Sänger-Ich. Darauf folgt ein Vers-Triple, das dem Hörer den Gewinn verdeutlicht, den er daraus ziehen könne, wenn er vorübergehend auf die Ratio verzichte: die Bedeutung des Inneren zu erkennen und sich auf das Sein zu konzentrieren (Z. 7-9).[324] Das wichtigste Wissen bestehe in der Erkenntnis, dass Liebe alles und jeder Liebe sei (Z. 10-12). Nach dem folgenden Instrumental-Mittelteil kehrt die Stimme des Sänger-Ich zurück – allerdings wirkt sie, als käme sie aus einer noch größeren Entfernung, wäre sie noch weltentrückter. Ignoranz und Hetze beklagten die Toten, wie es der Konvention entspreche (Z. 13-15), aber (Z. 16) das sei falsches Denken. Man solle auf die Farbe der Träume hören (Z. 16f.). Demnach mit etwas weniger Ernst und Ratio an das Leben heranzugehen und den Erfahrungen aus dem Unbewussten Raum zu geben, um in Zeiten einer von Entfremdung gekennzeichneten Biographie trotzdem noch auf eine stimmige Lebensbilanz zu kommen, ist nach alledem das Fazit der Schlussverse: das Spiel des Lebens bis zum Ende spielen – von allem Anfang an (Z. 19-23). „Spiel" verweist hier noch einmal auf die Kindheit, die schon in „Yellow Submarine" und „She Said She Said" als Ideal ins Gespräch gebracht worden ist. Die mit ihr assoziierte Unbekümmertheit und Unschuld sowie die kindlich-natürliche Phantasie (die eine Marching Band in einem U-Boot ermöglicht), gehören neben anderen zu den Werten, die – vor

---

[323] Beatles: Lyrics, S. 126.
[324] Irritierenderweise gibt es auch hier zwei Versionen in den Textbüchern; vgl.: Beatles: Lyrics, S. 126, Z. 9; The Beatles Songbook, S. 131, Z. 6. Die Abweichung macht die Interpretation in Dürkob, S. 165, nicht obsolet, ist aber zu bedenken. Sein und Sprechen laufen auf das Gleiche hinaus, wenn man sich auf das Innere konzentriert.

allem nach Ansicht all derer, die sich vom weitflächigen Drogenkonsum eine bessere Welt erwarten – künftig die Grundlage des menschlichen Miteinanders bilden sollten.

Eine konsistente Interpretation von „Tomorrow Never Knows" ist kaum möglich. Wie der Blick auf die Abfolge der Thesen gezeigt hat, geht es auch gar nicht um eine Argumentation. Was sich mit „Rain" und „I'm Only Sleeping" angedeutet hat, kommt mit „Tomorrow Never Knows" auf einen – vorläufig hermetischen – Höhepunkt: *Lennon* erarbeitet sich, begünstigt vom Erfolg der Band, einen neuen Blick auf die Welt und den Alltag und er lässt die Hörer an dieser Entwicklung teilhaben. Während er aber in „I'm Only Sleeping" aus dem westlichen Denken kommt, macht er sich in „Tomorrow Never Knows" östliches Gedankengut zunutze: Bekanntlich gehen die Thesen zurück auf das Buch „The Psychedelic Experience" der LSD-Gurus Timothy Leary und Richard Alpert, die sich ihrerseits auf das Tibetanische Totenbuch beziehen. Gleich der erste (ratgebende) Vers von „Tomorrow Never Knows" entstammt wörtlich dem Einführungskapitel.

Bei diesem Tibetanischen Totenbuch handelt es sich um eine Textsammlung, aus der Sterbenden vorgelesen wird, um ihnen durch die wahnähnlichen Bewusstseinsprozesse zu helfen, die nach Anschauung des tibetanischen Buddhismus zwischen den Inkarnationen auftreten. Leary und Alpert entwickeln daraus eine eigenwillige Interpretation: Sie erklären diese Bewusstseinsveränderungen für vergleichbar mit solchen unter Drogen-Einwirkung. Sich selbst keine Bedeutung mehr beizumessen und im All-Einen aufzugehen, führt ihrer Ansicht nach zur Aufgabe des Kampfes gegen andere und damit zu einer friedlicheren Welt. Am Ende stehe die friedliche Selbstbestimmung. *Lennon* hängt eine Weile lang dieser Deutung an; auf LSD habe er die Botschaft bekommen, man müsse sein Ego zerstören, und das habe er versucht. Den entscheidenden Unterschied haben er und viele andere seinerzeit nicht gesehen oder sehen wollen: Während sich Mystiker in einer kontrollierten und Sterbende in einer irreversiblen Entwicklung befinden, die von niemandem geteilt oder beeinflusst werden kann, übernimmt im LSD-Wahn die Droge die Herrschaft über Körper und Geist. Und Bedeutungslosigkeit mit Friedfertigkeit gleichzusetzen, ist ein Geniestreich vorsätzlicher Naivität, der ungewollt Furchtbares offenbart: Der Wahn ließe sich – ganz unfriedfertig – zur Unterwerfung von Menschen ausnutzen. Doch wer eine wissenschaftlich klingende Erklärung haben wollte, um seinen Konsum zu rechtfertigen, war hier richtig: Die simple These erfreute sich in den unübersichtlichen Mitt-60ern zeitweilig großer Beliebtheit.

Das entspannte Arbeiten lässt die *Beatles* innovativ werden; wie der Blick auf die LP gezeigt hat, entfernen sie sich musikalisch und textlich weit von allem, was sie bisher gemacht haben. Diese sehr befriedigende Zeit steht in einem scharfen Gegensatz zu den gut zwei Monaten, die darauf folgen. Sie beginnen harmlos genug Ende Juni mit einer Drei-Städte-Tournee durch Deutschland. Im Anschluss daran geht es nach Tokyo, wo sie in der Budokan Hall auftreten; weil diese Halle für die Anhänger eines japanischen Kultes ein heiliger Ort ist, der noch niemals von einem Menschen der westlichen Welt betreten worden ist, werden Morddrohungen gegen die Band ausgesprochen. Sie spielen die vorgesehenen Shows, bleiben aber ansonsten in ihrem Hotel. Zwei Tage später in Manila bricht dann die Hölle richtig los. Die Band wird rigorosen Sicherheitsbestimmungen unterworfen, und als sie einer Einladung nicht Folge leistet, die die philippinische First Lady Manager Brian Epstein übermittelt haben soll, wird das Klima vollends feindselig: In den Stunden vor dem Weiterflug werden sie auf dem Flughafen hin- und hergestoßen, schikaniert und physisch attackiert, ihren Rückzug in das Flugzeug macht das Flughafenpersonal so kompliziert wie möglich. Als sie schließlich doch in der Luft sind, ist allen klar, dass die Philippinen nicht noch einmal das Ziel sein werden.

Neuerliche Morddrohungen warten drei Wochen später in den USA auf sie. In dem erwähnten Interview mit Maureen Cleave hat *Lennon* fünf Monate zuvor auch seine Gedanken über den Einfluss des Christentums in der westlichen Gesellschaft formuliert. In England hat der Satz „We're more popular than Jesus now" kein Aufsehen erregt, aber in der Folge eines Nachdrucks in einem amerikanischen Teenager-Magazin entsteht vor allem im bibeltreuen Süden ein Aufruhr, der viel Ärger mit sich bringt. *Lennon* soll sich für etwas entschuldigen, was er nicht als herabsetzenden Vergleich gemeint hat, und seine Erklärungsversuche machen die Sache zunächst noch schlimmer. Schließlich formuliert er widerwillig eine Entschuldigung, aber die Morddrohungen, denen schon mal Plattenverbrennungen vorausgehen, werden an einigen Orten erneuert. Zudem ist die Tour logistisch nachlässig geplant, in einigen Städten nicht ausverkauft und in anderen auch wegen heftigen Regenwetters ein Desaster. Schon vor dem letzten Konzert am 29. August in San Francisco fällt die Entscheidung, nicht wieder auf Tournee zu gehen.[325] Und zum ersten Mal – und gleich geballt – wird den *Beatles* in diesem Sommer etwas anderes als Sympathie entgegengebracht: Desinteresse, Unduldsamkeit, Intoleranz, Aggression.

---

[325] Über die US-Tournee vgl.: Mark Lewisohn: The Complete Beatles Chronicle. London: Pyramid Books 1992, S. 228-230; Bob Spitz: The Beatles. The Biography. New York u.a.: Back Bay Books 2005, S. 627-640.

MIDDLE EIGHT:
„Du bist alt genug, zu töten ... "

Dass einige US-Konzerte der *Beatles* im Sommer 1966 nicht ausverkauft sind, mag durchaus auf die – aus europäischer Sicht skurrile – Kontroverse um die „more popular than Jesus"-Äußerung zurückgehen. Nach (weltweit) zwei bzw. (innerenglisch) drei Jahren Beatlemania beginnt die Welt sich allmählich wieder zu drehen. In den frühen Tagen hatte sich die Beatlemania vom Cavern Club in Liverpool verbreitet; dass der Club am 28. Februar 1966 wegen finanzieller Probleme endgültig geschlossen wird, wirkt im Blick zurück wie ein Menetekel. Die schon erwähnte Schließung des Windmill Theatre – im Sommer 1966 der letzte Vertreter der urbritischen Music Hall-Tradition – hat scheinbar wenig mit Pop zu tun, deutet aber doch auf Veränderungen des musikalischen Geschmacks. A Change Is Gonna Come.

In den USA ist das schon früher sichtbar geworden. Die Entwicklung der Folk-Musik weg von der simpel-politischen, womöglich klassenkämpferischen Aussage hin zu einem urban verorteten Vehikel der persönlichen Aussprache hat ein neues Genre entstehen lassen: die Möglichkeit der breit angelegten kritischen Reflexion der Gesellschaft mit literarischen Mitteln, die Verbindung von Kritik und Poesie zu vorwiegend akustisch gespielter Begleitung. *Bob Dylan* und *Paul Simon* stehen für diesen Weg, der kein englisches Pendant im Sinne einer Bewegung (wie der kurzen Skiffle-Mode um 1958) hat. Bekanntester englischer Vertreter des akustischen Folk-Pop wird im Sommer/Herbst 1965 *Donovan* mit „Catch The Wind" und „The Universal Soldier". In den USA etabliert sich neben den schon mehrmals erwähnten *Byrds* im gleichen Jahr *Barry McGuire* mit „Eve Of Destruction", einem überaus plakativen Song über die bevorstehende politische und moralische Selbstzerstörung. Und der Kanadier *Gordon Lightfoot* (der seine größten Erfolge in den 70er Jahren haben wird) veröffentlicht seine erste LP im März 1966.[326]

Für den Fortgang der Musikgeschichte ist die Beobachtung wichtig, dass sich der Trend um diese Zeit in die USA verlagert. Mit einem um Jazz- und Folk-Elemente bereicherten Rhythm'n'Blues-Verständnis versuchen amerikanische Bands, die europäischen Spielweisen, wie die *Beatles* sie verkörpern, zu überwinden. Kristallisationspunkt der neuen Musik ist San Francisco, wo sich

---

[326] *Donovan*: „Catch The Wind" b/w „Why Do You Treat Me Like You Do?" (März 1965), EP „The Universal Soldier" (August 1965); *Barry McGuire*: „Eve Of Destruction" b/w [?] (Juli 1965); *Gordon Lightfoot*: LP „Lightfoot!" (März 1966). – „Eve Of Destruction provoziert übrigens einen patriotischen ‚answer song': *The Spokesmen*: „Dawn Of Correction" b/w [?] (1965).

Spätsommer

1965 unter anderen die Bands *Grateful Dead* und *Jefferson Airplane* zusammenfinden. Beide veröffentlichen 1966 ihre Debüt-Singles, beide propagieren auf je ihre Weise die sich schnell entwickelnde Drogen- und Hippiekultur der Westküste als Lebenstil und Selbstverständnis, beide machen mit gelegentlich dunklen, metaphern- und anspielungsreichen, teilweise auch aggressiven Texten zu freier Liebe und unbegrenztem Drogenkonsum auf sich aufmerksam. Ähnlich wie die ebenfalls 1965 (in Los Angeles) gegründeten *The Doors* zielen sie nicht in erster Linie auf den kommerziellen Erfolg, sondern sind als Katalysatoren der Subkultur konzentriert auf die individuelle Aussprache und den gezielten Tabu-Bruch. Mit dem Vietnam-Krieg, der Unterdrückung der schwarzen Bevölkerung, der alles in allem philiströs-verspannten Atmosphäre – beispielsweise zu erkennen am ganz und gar humorlosen Umgang der Behörden mit dem Comedian Lenny Bruce oder eben auch der paranoiden Reaktion auf *Lennon*s „more popular ..."-Äußerung – und der Kultivierung der Oberfläche haben sich die USA in ihren Augen als ein wachzurüttelndes, durchzulüftendes, kurz: dringend zu veränderndes Land erwiesen. In ihren Texten und ihrer Spielweise schlagen sie deutlich andere Töne an als die *Beatles* – eine Entwicklung, die wie der Rock'n'Roll zehn Jahre zuvor nicht mehr nur rein musikalisch verstanden werden kann, sondern als Reflex auf die gesellschaftlichen Veränderungen begriffen werden muss. Aus ihrer Sicht sind die *Beach Boys* oder die *Beatles* nicht die Antwort, sondern nur der Ausgangspunkt, die Durchgangsstation für alles, was nun dringend kommen müsse.

Ihre erste Single „It's No Secret"[327] nehmen *Jefferson Airplane* im Dezember 1965 auf. Es spricht im hier diskutierten Zusammenhang inzwischen für sich, dass die Band mit einem Song über das Älter-werden debütiert. Deutlicher als in Texten anderer Interpreten geht es hier allerdings um die körperliche Anziehung und Leistungsfähigkeit. Die ersten beiden Strophen hindurch macht Ich sehr deutlich, wie sehr er sich zu seinem Mädchen hingezogen fühlt, aber auf den zweiten Chorus und das Solo folgt ein Bridge-Teil: Wenn sich bei ihr die Zeichen mehren, dass sie nicht mehr so jung wie jetzt sei, werde er das Gefühl bekommen, dass sein Leben vorbei und seine Liebe – heißt hier: Leistungsfähigkeit – nicht mehr so stark sei, obwohl er ihre Liebe immer noch wollen werde. Hier geht es also darum, sich die jugendliche Ausstrahlung und Ungebundenheit so lange wie möglich zu bewahren, weil nur diese Phase die Erfüllung verspricht. Die B-Seite „Runnin' Round This World" geht in der Feier des Augenblicks noch ein bißchen weiter: Sie beide hätten sich allzu lange nicht vom Einfluss der Außenwelt befreien können, aber nun seien sie frei (und könnten einander genießen). Es liegt mehr als nahe, die Vorschriften

---

[327] *Jefferson Airplane*: „It's No Secret" b/w „Runnin' Round This World" (Februar 1966).

und Verhaltenskodizes der Gesellschaft und im engeren Sinne der Eltern als den in der ersten Strophe beklagten Einfluss zu identifizieren. So gesehen steht die Befreiung von den Eltern für jene von der Gesellschaft. Die beiden sind offenbar in der hier schon skizzierten Zwischenphase: alt genug für selbstbestimmtes Handeln, wo sie daran interessiert sind, aber noch nicht so alt, um die volle Verantwortung tragen zu müssen.

Die erste LP „Jefferson Airplane Takes Off"[328] bietet mehr Manifeste dieser Art. In „Come Up The Years" beklagt Ich, dass das Mädchen viel zu jung sei und er trotzdem nicht von ihr lassen könne. In „Blues From An Airplane" erwartet Ich sich alles von einem neuen Mädchen: Derzeit allein, habe er keine Welt und keine Worte, bis er nicht eine neue Partnerin habe. Auch die Cover-Versionen werden danach ausgesucht: „Let's Get Together" fordert vor dem Hintergrund der gefürchteten Vergänglichkeit wiederum, den Augenblick zu nutzen (gemeint ist natürlich: für freie Liebe).

Von den *Grateful Dead* erscheint 1966 nur die Debüt-Single „Stealin'".[329] Darin geht es um einen geheimen Seitensprung, denn die Frau, die das Ich liebt, ist verheiratet, aber dennoch besuche sie ihn zuweilen; er „klaue" sie also von ihrem Mann.

Wenn es um schwer durchschaubare Texte – und insofern die rasante Weiterentwicklung von Songlyrik in den Jahren 1965/66 – geht, ist auch die Band *Love* aus Los Angeles zu erwähnen. Nach der gleichnamigen Debüt-LP vom April 1966 verändern die Musiker um *Arthur Lee* binnen kurzer Zeit ihren Sound und ihre textlichen Intentionen. Erstes Ergebnis dieser Neuorientierung weg von gängigen Pop-Formaten ist die Single „7 And 7 Is".[330] Einige der irritierenden Bilder in den alles in allem nur acht Textzeilen sind aus der Biographie des Sängers und Text-Autors *Lee* erklärbar. So ist bekannt, dass *Lee*s Mutter, als Lehrerin tätig, über die schulische Entwicklung ihres Sohnes enttäuscht war und ihn deshalb immer mal wieder in sein Zimmer verbannt hat. Dort habe er sich dann gefühlt, als trage er selbst dort, wo es keiner sehe, die „dunce's cap",[331] also die Mütze des Trottels, des Ausgestoßenen; so erklärt sich die Zeile über den Kopf in der Eiswaffel. Ähnlich ist die Zeile über den Vater im Kamin aufzulösen; sie steht für *Lee*s Vater, der in den häufigen Augenblicken seiner Geistesabwesenheit in den Kamin gestarrt habe. Wenn Ich nicht in Tränen ausbreche, so liege das nur daran, dass er keine Augen habe.

---

[328] *Jefferson Airplane*: LP „Jefferson Airplane Takes Off " (September 1966).
[329] *Grateful Dead*: „Stealin'" b/w „Don't Ease Me In" (1966).
[330] *Love*: „7 And 7 Is" b/w „No. Fourteen" (Juli 1966).
[331] Ein spitz zulaufender Hut, der aussieht wie eine umgedrehte Schultüte; sie wird Schülern aufgesetzt, die Klamauk oder Aufruhr veranstaltet haben und bestraft werden müssen. Der Schüler hat dann mit dem Gesicht zur Wand in der Ecke des Klassenzimmers zu stehen.

Der Titel wird im Text weder erklärt noch auch nur erwähnt; angeblich bezieht er sich auf *Lee*s High School-Freundin, die wie er am 7. März Geburtstag hatte.[332] Die Bilder des Textes addieren sich zur Re-Imagination einer wenig glücklichen Kindheit: Der Protagonist sieht sich zumeist auf sich selbst verwiesen und entwickelt eine Neigung zur Introversion. Versteht man den Text tatsächlich als autobiographisches Statement, so gehört er wie „Help!" oder „I Just Wasn't Made For These Times" in die kleine Gruppe, die als Selbstaussprache oder Bekenntnis auf eine kathartische Wirkung zielen; solche Texte werden (abgesehen vom klassischen Blues) im Pop-Format überhaupt erst Mitte der 1960er Jahre möglich.

Eine zusätzliche Bedeutung erhält die Text-Aussage aus dem Sounddesign: Nach dem Ende des Textes steigert sich das ohnehin schon manische Spiel der Band zu einer aggressiven Rasanz. Zum hypnotischen Drumming, der knurrigen Bassgitarre und den schnellen Gitarren-Triolen tritt bei 01:48 noch eine schneidende Gitarre, bis sich der Song bei 01:54 in einer Explosion auflöst – angeblich ein Gewehrschuss aus der Soundeffekt-Sammlung des Studios, der sehr verlangsamt abgespielt wird und die Vorstellung einer Atombomben-Explosion evozieren soll. Im Zusammenhang des Textes ist aber zweifellos gemeint, dass ein solchermaßen auf sich zurückgeworfener, isolierter, in mancher Hinsicht ausgestoßener Mensch eine solche Beziehungs- und Bindungslosigkeit über eine längere Zeit nicht ohne seelischen Schaden ertragen werde und dann eben „explodiere" – beispielsweise krank oder gewalttätig werde. Die liebliche Blues-Coda nach dem Knall steht für den Frieden, den der „explodierte" Mensch (zumindest für sich selbst, wenn auch nicht für mögliche Opfer) erreicht hat.

In eine ganz andere Richtung geht der später gern als „Bürgerschreck" bezeichnete *Frank Zappa* mit seiner ersten LP. Mit seiner Band *Mothers Of Invention* entwickelt er ein satirisches Bild der amerikanischen Gegenwart, im engeren Sinne: der Pop-Kultur. Durch diese lose Verknüpfung der 15 Songs gehört „Freak Out!"[333] ähnlich wie „Pet Sounds" zu den frühen Konzeptalben. „Bürgerschreck" passt als Etikett schon auf dieses erste Album: Weder die Angehörigen der etablierten Gesellschaft noch die jungen Leute sind vor seinen Attacken sicher. Gleich der erste Song, „Hungry Freaks, Daddy", lässt mit seiner Klage über die Oberflächlichkeit und Verlogenheit der Gesellschaftskultur, formuliert aus der Perspektive der Zurückgelassenen, der Sprach- und Einflusslosen, derer ohne Lobby, nichts an Deutlichkeit zu wünschen übrig: Der angesprochene Mister America bestehe im Innern nur aus Leere. „I Ain't Got

---

[332] Vgl.: http://en.wikipedia.org/wiki/7_and_7_Is
[333] *Frank Zappa and The Mothers Of Invention*: D-LP „Freak Out!" (27. Juni 1966).

No Heart" ist zweischneidig: Einerseits betont Ich, das Mädchen solle mal darüber nachdenken, warum sie glaube, dass sie so toll sei, andererseits decouvriert sich Ich als jemand, der an nichts mehr glauben könne; also auch hier nur Leere. Der dritte Song, „Who Are The Brain Police",[334] ist einer der bekanntesten: Was, so das Ich, werde „you" tun, wenn all das Plastik zerschmolzen sei, unmetaphorisch formuliert: wenn die Scheinwelt geplatzt sei. Die Antwort von „you" im Interlude ist: Ich denke, ich werde sterben. Die Menschen halten sich (ähnlich wie jene in „Dedicated Follower Of Fashion") an einer Scheinwelt fest, ohne die sie nichts mehr wären. Andersherum formuliert: Weil die Schulen nichts von Wert unterrichteten (vgl. „Hungry Freaks, Daddy"), seien die Menschen auch nicht in der Lage, sich selbstständig zu orientieren, Werte auszubilden, sinnerfüllt zu leben. „Go Cry On Somebody Else's Shoulder" ist ein schöner Doo-Wop und zugleich eine Parodie auf happy-go-lucky-Songtexte: Ich wirft dem Mädchen vor, immer nur Lügen erzählt zu haben, er sei aber nun klüger. Das erinnert sehr deutlich an Texte der *Rolling Stones*. „Motherly Love" ist ein ironisches Spiel: Das Mädchen solle alles andere vergessen, was sie brauche, sei lediglich „motherly love", wobei im Text dann sehr deutlich wird, dass „motherly" nicht so sehr „mütterlich" bedeutet, sondern sich auf die „Mothers Of Invention" bezieht und dann auch nicht weiter erklärt zu werden braucht... So werden nach und nach viele Themen der Alltagskultur, wie sie dem Selbstbild der Amerikaner entspricht, erledigt. Herausgehoben seien noch „Wowie Zowie", eine Liebeslied-Parodie mit völlig unglaubwürdigen Geständnissen, und „Trouble Every Day", die Klage über die täglich neuen und doch immer gleichen weil schlechten Nachrichten – der Song zielt vor allem auf die Konflikte der Ethnien: In einem Interlude heißt es, Ich sei zwar nicht schwarz, aber häufig genug wünsche er sich, sagen zu können, er sei zumindest nicht weiß. „Help, I'm A Rock" spielt mit zwei Songtiteln von den *Beatles* und *Simon & Garfunkel*, besteht aber im ersten Teil nur aus Nonsense-Silben, Stöhnen und anderen Geräuschen; erst gegen Ende kommt die Klage, es sei doch furchtbar, ein Fels zu sein, da wäre er ja lieber ein Polizist, und es sei furchtbar, immer nur zurückgewiesen zu werden. „It Can't Happen Here" nimmt die Zuversicht der Spießer aufs Korn, dass die Unruhen aus „Trouble Every Day" in ihrem Ort, in ihrer Region ja nicht passieren könnten; sie kümmerten sich nur um ihre TV Dinner... bis es schließlich doch passiere. Der letzte Song – der ähnlich wie „Sad-Eyed Lady Of The Lowlands" die ganze vierte Seite der Doppel-LP einnimmt – ist die ironische (und musikalisch fragmentierte) Rücknahme alles Vorangegangenen nicht etwa

---

[334] Auch als Single veröffentlicht: *Frank Zappa and The Mothers Of Invention*: „Who Are The Brain Police" b/w „Trouble Every Day" (1966).

durch *Zappa*, sondern durch die fiktionale Figur Suzy Creamcheese, ausgelöst durch die Frage, was denn bloß in sie gefahren sei.

Antworten auf oder Änderungsvorschläge gegen das Unbehagen an der Gegenwart formuliert „Freak Out!" nicht. *Zappa* lässt dieses Panoptikum von Spießern in seliger Sorg- und Interesselosigkeit sich selbst überführen und geht dabei davon aus, dass die Platte beim Hörer quasi von selbst Antworten hervorbringt. Die Produktion ist nicht auf chartgefällige Songs, sondern auf Verstörung von Hörgewohnheiten gerichtet: Erst die Zerstörung des Alltäglichen, Liebgewonnenen, sprich: Banalen kann die Erneuerung ermöglichen; dazu gehören sowohl die dramatisch oder pathetisch aufgeputzte Zurückweisung abgelebter Verhaltensweisen (die genau so pathetisch in der Realität ausgelebt werden), als auch beispielsweise der Ersatz konsistenter Lyrics durch Nonsense als Synonym für das Banale oder des einschmeichelnden, affirmativ wirkenden Gesangs durch skurrile Vokal-Arrangements. Nicht die sanfte Überzeugung, sondern die drastische Konfrontation mit den Mitteln von Spott, Satire, Zurückweisung und Skurrilität sind *Zappa*s Sache; in den folgenden Jahren werden unter anderem noch Obzönität und Tabu-Bruch hinzukommen.

The Hollies hingegen hätten beinahe den Anschluss verloren. Den Masterplan für die Karriere der Briten haben *The Beatles* geliefert: Seit dem Frühjahr 1963 ist eine dichte Kette sehr erfolgreicher und eingängiger Pop-Singles entstanden. Ihr unverwechselbares Kennzeichen ist der dichte Harmoniegesang von *Allan Clarke*, *Graham Nash* und *Tony Hicks*. Am 1. Juni 1966 veröffentlichen sie ihre vierte Studio-LP mit dem Titel „Would You Believe?", eine sehr unausgeglichene Sammlung von (mittlerweile) unzeitgemäßen R'n'B-Covern wie „That's How Strong My Love Is" oder „Sweet Little Sixteen" und andererseits einem Cover von *Simon*s „I Am A Rock". Auch die typisch-englische Novelty-Song-Tradition greifen sie mit „Fifi The Flea" auf, etwas, das den stilbewussten *Beatles* niemals eingefallen wäre.[335] Aus alledem ragt nur das selbstgeschriebene „Oriental Sadness" mit seinen fernöstlichen Anklängen als sowohl zeitgemäß als auch innovativ heraus. Knapp drei Wochen später erscheint dann die nächste Single, die nichts von der Schwäche der LP verrät: „Bus Stop"[336] gehört zum Soundtrack des Sommers 1966.

Und dann passiert irgendetwas. Die LP „For Certain Because",[337] nur sechs Monate nach „Would You Believe?" veröffentlicht, ist – wie im Fall von

---

[335] Der einzige Song der *Beatles*, der ein wenig in diese Richtung geht, ist das im Laufe des Mai 1967 begonnene, jedoch nicht fertiggestellte „You Know My Name (Look Up The Number)", das erst als B-Seite von „Let It Be" veröffentlicht wird. Vgl.: *The Beatles*: „Let It Be" b/w „You Know My Name (Look Up The Number)" (6. März 1970).
[336] *The Hollies*: „Bus Stop" b/w „Don't Run And Hide" (17. Juni 1966).
[337] *The Hollies*: LP „For Certain Because" (9. Dezember 1966).

Spätsommer

„Aftermath" der *Rolling Stones* – die erste, die ohne Fremdkompositionen auskommt, und sie markiert einen qualitativen Abstand vom Vorgänger, der jenem von „Help!" zu „Rubber Soul" von den *Beatles* vergleichbar wäre. Ein neues Selbstbewusstsein und neue Themen bestimmen die LP. „What's Wrong With The Way I Live?" wendet sich gegen jede Form von Fremdbestimmtheit; jeder solle leben, wie es (zu) ihm passe. „Pay You Back With Interest" dreht sich ebenfalls um Fremdbestimmtheit: Alle wollten etwas von ihm, was ihn davon abhalte, zu tun, was er wolle, aber wenn er nach Hause zurückkehre, werde er „you" alles Verpasste mit Zinsen zurückgeben. „Tell Me To My Face" greift die Unfähigkeit zur Kommunikation auf: Das Mädchen verlässt das Ich, ohne es ihm direkt zu sagen. „It's You" zeichnet das komplexe Bild einer Partnerschaft: Wenn er sie nicht liebe, wie er wohl solle, so liege das an ihr, denn er sei nicht der, den sie suche. „High Classed" berichtet ebenfalls von einer komplizierten Partnerschaft: Die Liebenden passen aus gesellschaftlichen Gründen nicht zusammen, denn sie kommt aus einem wohlhabenden Hintergrund und das Ich ist mittellos, so dass sie sich vor ihren Freunden verbergen müssten ... und das folgende „Peculiar Situation" führt diese sehr englischen Klassenunterschiede an einem weiteren Beispiel noch einmal aus. Der Höhepunkt der LP ist „Crusader", der zehnte von zwölf Songs, ein Lied über Erinnerungen. Wovon sie provoziert werden, wird nicht deutlich; verdeutlicht wird der Zeitabstand – anders als beispielsweise in „Caroline, No" – an der Tatsache, dass das Gras mittlerweile sehr viel höher sei als zu der Zeit, da Ich gegangen sei. Abgesehen vom Titel deutet die Percussion an, dass das Ich ein heimkehrender Soldat sein könnte; damit würde sich das Lied in aktuelle Zusammenhänge einordnen. „Crusader" schließt das Programm der LP ab; um die Platte voll zu machen, folgen darauf noch „Don't Even Think About Changing", das sehr hörbar aus dem Soundbild der LP herausfällt, weil es fast ein Jahr früher entstanden ist, und die neue Single „Stop Stop Stop".

Die Songs von „For Certain Because" sind komplexer und orientieren sich textlich und produktionstechnisch stärker an der internationalen Entwicklung. Insbesondere *Graham Nash* drängt in diese Richtung weg von den harmlosfröhlichen Good-Time-Singles, mit denen die *Hollies* bekanntgeworden sind; zwei Jahre später wird er die Band verlassen, um in den USA zusammen mit dem von den *Byrds* entfremdeten *David Crosby* sowie *Stephen Stills* und *Neil Young* von den frisch aufgelösten *Buffalo Springfield* unter dem Band-Namen *Crosby, Stills, Nash & Young* eine neue Richtung einzuschlagen. In seiner Person vollzieht er sozusagen die Entwicklung der Pop-Musik nach: Das Zentrum verlagert sich 1966/67 von England in die USA.

Manches von dem, was *Jefferson Airplane* und die *Grateful Dead* nach ihren Debüt-Veröffentlichungen machen, wird bald mit dem Etikett ‚psychedelic rock' versehen. Eine lupenreine, zufrieden stellende Definition des Begriffs ist nicht einfach, denn der Intention der Protagonisten gemäß sollen Songstruktur, Spielweise, Improvisation, Sound-Effekte und Text sowie das Umfeld der Rezeption, also Live-Sound, Licht-Effekte und Projektionen, eine (im besten Fall durch Drogen befeuerte) Einheit ergeben, die eine völlig neue Wahrnehmung ermöglicht. Gedacht ist dabei an die akustische und visuelle Umsetzung einer Drogenerfahrung, die sich durch zeitgleichen Konsum der Zuhörer bzw. Zuschauer noch steigern ließe. Es liegt auf der Hand, dass diese Ideen im Einzelfall sehr unterschiedlich gewichtet und umgesetzt werden. Den *Grateful Dead* sind lange, improvisierende Instrumentalpassagen, die gegen Hörgewohnheiten verstoßen, wichtig, *Jefferson Airplane* und die *Doors* setzen eher auf anspielungsreiche, den Tabu-Bruch umkreisende Texte mit dem Ziel, das bisher Ungesagte so pointiert zu formulieren, dass der öffentliche Diskurs nicht mehr dahinter zurückgehen kann.

Amerikanische Psychedelia haben einen weniger deutlich literarischen Hintergrund, sondern konzentrieren sich auf die Dekonstruktion von Songstrukturen. Englische Musiker neigen auch dazu, sich der Bilder aus Märchen und Phantasiewelten zu bedienen,[338] um neue Phantasiewelten zu gestalten und auf diese Weise die Wahrnehmung zu erweitern. Sie suchen den bisher ungehörten Sound und lieben, getreu dem britischen Penchant zum Exzentrischen, die Porträtierung skurriler Zeitgenossen und die Darstellung traumhafter Gegenrealitäten (weswegen von einigen Musikologen auch „Yellow Submarine" unter die psychedelischen Songs eingeordnet wird). Prominentes Beispiel für England ist die Band *Pink Floyd*, die im Frühjahr 1967 mit ersten Veröffentlichungen hervortritt. Gleich die Hauptfigur der ersten Single-A-Seite, Arnold Layne, ist eine solche skurrile Gestalt: Mit Vorliebe stiehlt er des Nachts Wäsche von den Wäscheleinen, wird aber schließlich gefasst und eingesperrt.[339] Der erste Albumtitel „The Piper At The Gates Of Dawn" zitiert Kenneth Grahames Roman von 1908,[340] die Songtexte von *Syd Barrett* spielen auch darüber hinaus mit literarischen Verweisen. In den folgenden beiden Jahren porträtieren *Pink Floyd* getreu der englischen Vorliebe für alles Exzentrische noch etliche sehr eigenartige Figuren.

Die psychedelische Bewegung hat ihren Höhepunkt zwischen 1967 und 1969. Das Arsenal der Stilmittel dient einmal mehr dazu, sich von der etablier-

---

[338] Die beiden „Alice"-Bücher von Lewis Carroll (aus den Jahren 1865 bund 1871) und „The Wind In The Willows" (1908) von Kenneth Grahame sind die hierbei einflussreichsten Werke der englischen Literatur.
[339] *Pink Floyd*: „Arnold Layne" b/w „Candy And A Currant Bun" (10. März 1967, UK).
[340] „The Piper at the Gates of Dawn" ist der Titel des ersten Kapitels in Grahames „The Wind In The Willows" (1908).

ten Gesellschaft – also nicht zuletzt wieder von den Eltern – abzusetzen und eigene Werte zu definieren. Darüber hinaus werden Psychedelia auch ein Vehikel für die Formulierung von Ängsten und Vorstellungen des Un(ter)bewussten und des Abseitigen unter dem Deckmantel des Poetischen. Zweifellos werden kathartische Wirkungen erzielt – auf beiden Seiten.

Sechste Strophe:

„So fahre ich fort, fortzufahren ..."

Was bisher unter anderem geschah (1966)

Datum	Typ	Band: Titel
17. Januar	LP	Simon & Garfunkel: Sounds Of Silence
Februar	S	Simon & Garfunkel: Homeward Bound b/w Leaves That Are Green
25. Februar	S	The Kinks: Dedicated Follower Of Fashion b/w Sittin' On My Sofa
März	LP	The Lovin' Spoonful: Daydream
7. März	S	Brian Wilson / The Beach Boys: Caroline, No b/w Summer Means New Love
April (?)	S	The Mamas And The Papas: Monday Monday b/w Got A Feelin'
April	S	Bob Dylan: Rainy Day Women # 12 & 35 b/w Pledging My Time
16. Mai	LP	The Beach Boys: Pet Sounds
16. Mai [?]	LP	Bob Dylan: Blonde On Blonde
Juni	S	Bob Dylan: I Want You b/w Just Like Tom Thumb's Blues (live)
3. Juni	S	The Kinks: Sunny Afternoon b/w I'm Not Like Everybody Else
20. Juni	LP	The Rolling Stones: Aftermath (US)
27. Juni	LP	Frank Zappa: Freak Out! [LP-Debüt]
1. Juli	S	Dusty Springfield: Goin' Back b/w I'm Gonna Leave You
2. Juli	S	The Rolling Stones: Mother's Little Helper b/w Lady Jane (US)

Datum	Typ	Band: Titel
4. Juli	S	The Lovin' Spoonful: Summer In The City b/w Butchie's Tune
11. Juli	S	The Beach Boys: Wouldn't It Be Nice b/w God Only Knows
18. Juli	LP	The Byrds: Fifth Dimension
August	S	Bob Dylan: Just Like A Woman b/w Obviously 5 Believers [US only]
8. August	LP	The Beatles: Revolver (US)
26. August	LP	Donovan: Sunshine Superman (US)
15. September	LP	Jefferson Airplane: Takes Off [LP-Debüt]
Oktober	S	The Kinks: Dandy b/w Party Line
10. Oktober	LP	Simon & Garfunkel: Parsley, Sage, Rosemary & Thyme
10. Oktober	S	The Beach Boys: Good Vibrations b/w Let's Go Away For Awhile
November	S	Simon & Garfunkel: A Hazy Shade Of Winter b/w For Emily, Whenever I May Find Her
5. Dezember	LP	Buffalo Springfield: Buffalo Springfield [LP-Debüt]

Dass die Welt irgendwann kürzlich von ihrer Achse gefallen sei und niemand das habe wahrhaben wollen, hatten *Simon & Garfunkel* schon zu Anfang des Jahres klargestellt. Doch hat „The Sounds Of Silence" trotz aller guten Intentionen keine grundsätzlichen Änderungen bewirkt, so dass sich die Frage stellt, ob denn überhaupt jemand zugehört hat? Richtig, das war ja eines der Grundübel: Zuhören ist ja schon einmal eine Voraussetzung dafür, dass Kommunikation überhaupt gelingen kann, findet aber nicht statt.

Weil aber alles andere auch immer noch im Argen liegt ... was macht man, wenn keiner zuhört? Man wird entweder lauter oder leiser oder man spitzt zu, forciert Gegensätzliches, um einen Aha-Effekt zu erzielen. Übers Jahr wird der Ton von *Simon*s Texten noch ein bißchen direkter, konziser. So offen politisch und angriffslustig wie auf der LP „Parsley, Sage, Rosemary and Thyme", die im Oktober 1966 erscheint, ist er bisher noch nicht gewesen.

Der Titel ist eine Zeile aus „Scarborough Fair/Canticle",[341] dem Opener der Seite 1. Die Wurzeln von „Scarborough Fair" reichen in das späte Mittelalter zurück; sein Sänger spricht mit einem Freund, der auf der Handelsmesse („Fair") in Scarborough ein Mädchen von ihm grüßen solle, das einst eine wahre Liebe gewesen sei. Über den Mittler stellt er ihr unlösbare Aufgaben – unter anderem ein Hemd ohne Nähte oder Nadelarbeit herzustellen –, um zu prüfen, ob die Liebe noch halte. Das eingewebte „Canticle" ist eine umfassende Überarbeitung von *Simon*s „The Side Of A Hill", einem Antikriegslied von der britischen „Songbook"-LP aus dem Vorjahr. Unfern eines Kindergrabes (Z. 7f., und 14) reinigt ein Soldat seine Waffe, schläft ein und überhört das Kampfsignal (Z. 15f.). Unterdessen fordern Generale ihre Truppen auf, die Gegner zu töten (Z. 22), obwohl der Anlass des Krieges längst vergessen ist (Z. 23).

In beiden Liedern stehen sich zwei Seiten gegenüber, fordern sich heraus, und in beiden Fällen liegt der Anlass zu dieser Herausforderung lange zurück. Auf unterschiedliche Weise geht es um gewissermaßen sinnloses Tun. In „Scarborough Fair" ist nicht entscheidend, die unlösbaren Aufgaben tatsächlich zu lösen, sondern sich der Herausforderung überhaupt zu stellen. Wenn sich das Ziel auch von vornherein nicht erreichen lasse, so entstehe doch während der Bemühungen wenigstens etwas Neues – und sei es nur ein wiedererstarktes Gefühl für den anderen. Das lässt sich leicht übertragen auf ein Gemeinschaftsgefühl, das auch noch wächst, wenn die, die es einbegreift, weit voneinander entfernt sind – beispielsweise die (über die USA verstreuten) Friedensaktivisten. „Canticle" kreist um die Sinnlosigkeit des angeordneten Tötens. Zwei Parteien stehen sich weisungsgemäß gegenüber, verstehen den Grund für die Auseinandersetzungen aber nicht und haben persönlich nichts gegen einander. Das Unmögliche besteht hier darin, die Anforderungen, in diesem Fall die Anordnungen der Vorgesetzten zu hinterfragen und dem Geschehen durch Kommunikation (sprich: Friedensverhandlungen) Einhalt zu gebieten – eine Konstellation, die sich auf viele Alltags- und Berufssituationen übertragen lässt. Und wenn es auch aussichtslos scheine, so müsse man sich doch der Herausforderung stellen und das von der eigenen Position aus Machbare tun. Das erinnert von fern an die Konstellation von „Elusive Butterfly". Durch die Überblendung einer privaten Geschichte mit einem Ereignis, das eine ganze Nation betrifft, findet *Simon* allerdings den moralischen Hebel, um jeden an seine Verantwortung für das Miteinander und das große Ganze zu erinnern.

---

[341] Nicht in Simon: Lyrics enthalten. Hier ist wieder auf das Booklet der „Columbia Studio Recordings 1964-1970" zurückzugreifen. Vgl. Anm. 64.

"Patterns", der zweite Song auf der ersten Seite, macht hingegen vermeintlich erst mal dort weiter, wo die LP "The Sounds Of Silence" aufgehört hatte; auch ihn hatte *Simon* bereits für die "Songbook"-LP geschrieben. Die Nacht senkt sich herab, wirft Schatten auf die Häuser und die Straßenlaternen lassen Muster ("patterns") auf der Wand entstehen (Z. 1-6). Die schmale Treppe, die zu dem kleinen Zimmer des Sänger-Ich führt (Z. 9f.), erinnert sehr deutlich an das Zimmer des "Most Peculiar Man" und die Isolation von "I Am A Rock". Auf dem Bett liegend, erkennt Ich in den Mustern auf der Wand das Muster seines Lebens und – in einer der evokativsten Zeilen von *Simon*s Frühwerk – das Puzzle, das er (sich) selbst ist (Z. 16). In einer blitzartigen Erkenntnis wird ihm klar, dass das Leben von der Geburt bis zum Tod aus Mustern besteht, denen zu folgen man gezwungen sei (Z. 17-19), wie man jeden Atemzug machen müsse. Wie für eine Ratte in ihrem Versuchslabyrinth ändere sich nie etwas an diesen Mustern (Z. 21-24). Insofern sei es folgerichtig, dass sich die Dunkelheit herabsenke – die Entwicklung von hell nach dunkel erinnert an "The Sun Is Burning" –, denn in Dunkelheit müsse er verharren wie in seiner Hautfarbe oder in seinem Alterungsprozess. Das Leben bestehe aus (Verhaltens)Mustern, die sich kaum kontrollieren oder beeinflussen ließen (Z. 25-32).

Der Songtext vollzieht sich von der klassischen Exposition der ersten Strophe mit der Einführung des zentralen Bildes "pattern" (Z. 6) – deren Undurchsichtigkeit hier noch mit willkürlicher Kindermalerei gleichgesetzt wird – über die Epiphanie der zweiten Strophe hin zum Anerkennen der Gefangenschaft (die Ratte im Labyrinth) in der dritten Strophe und zur Einsicht der vierten Strophe, dass das Leben des Einzelnen außengesteuert sei und sich vorbestimmt, quasi naturgemäß abwickle. Menschliches Handeln sei konditioniert und bewege sich in engen Grenzen. Äußeres Anzeichen dafür ist die Tatsache, dass das titelgebende "patterns" in jeder Strophe auftaucht: vom Bild der Muster an der Wand zur Metapher der unausweichlichen und unveränderbaren Verhaltensmuster.

Einen solch fatalistischen Glauben kennt der Literatur-Versierte nur von den französischen Existenzialisten, die die These von der Geworfenheit des Menschen formuliert haben.[342] Die Auffassung, dass das Leben des Menschen aus dem Befolgen von Mustern bestehe, passt zu deren Überzeugungen und sie passt zu den früheren jahreszeitlichen Metaphern, die *Simon* gewählt hatte, um den vermeintlich festgelegten Ablauf und die Unumkehrbarkeit von Entwicklungen zu charakterisieren. Wieder spielt die Dunkelheit eine zentrale

---

[342] Erinnert sei daran, dass es in beiden Biographien keine Hinweise darauf gibt, ob *Simon* zu diesem Zeitpunkt mit den Werken der Existentialisten vertraut ist. Aufgrund seines Literaturstudiums lässt es sich allenfalls vermuten.

Rolle unter den Metaphern – und deutlicher noch als in „The Sound Of Silence" steht sie hier auch für den metaphysischen Raum eines Menschenlebens: Denn was kann man schon wissen oder beeinflussen, wenn einen die Dunkelheit umgibt, die aus Unaufgeklärtheit, Willkür, Einflusslosigkeit und kontrolliert zugeteiltem Wissen besteht. Was zunächst wie ein Widerspruch zur Aufforderung, sich zu engagieren, zu wehren, aussieht, kann nichts anderes sein als eine Anklage der gesellschaftlichen Kräfte – vor allem der Politik, der Wirtschaft und der Lobbyisten –, die Fakten schaffen, mit denen sich die Menschen anschließend arrangieren müssen, und die sich dann weigern, offensichtliche Ungerechtigkeiten zugunsten einer Entwicklung hin zu einem humanen, aufgeklärten, gleichberechtigten, chancengleichen Miteinander aller Menschen zu korrigieren. Wer sollte sich da nicht als Ratte im Labyrinth, als Hamster im Laufrad fühlen? *Simon* hat es erlebt, dass er in seinem Leben allein (= ohne *Garfunkel*) nicht nennenswert vorangekommen ist (obwohl im Wesentlichen er für die Songs sorgt). Für den Augenblick ist also als These festzuhalten, dass er zwischen dem Aufruf zum Engagement und der Resignation ob der Einflusslosigkeit hin- und hergerissen ist. Gilt es doch nichts anderes, als gewissermaßen gegen die Naturgesetze aufzustehen. Allerdings: Ob das Bild der Statik in „Patterns" die Wiedergabe eines Ist-Zustandes oder die Warnung vor einer solchen Verfestigung ist, sagt der Text nicht.

Für das folgende „Cloudy" zieht *Simon* wieder Natur-Metaphern heran. Die Wolken haben eine ähnliche Bedeutung wie der Nebel und das Tuch („shroud") in „Bleecker Street": Der Himmel ist grau und hängt geradewegs auf das Sänger-Ich herab (Z. 2f.). Das Ich bezeichnet sich als Straßenkind (Z. 5) ohne Schatten (Z. 7). Seine Gedanken sind verstreuter Art und kennen keine Grenzen oder Hindernisse (Z. 9f.): Sie bewegen sich zwischen Tolstoi und Tinker Bell, der Fee aus James Barries „Peter Pan" (1904), zwischen Berkeley und Carmel (Z. 12f.). Eine Aufhellung des Gemüts erwartet er sich vom Sonnenschein (Z. 15-17), stattdessen verharrten die Wolken wie eine unbeantwortete Frage, bis sie zergehen – und sie wüssten nicht, wohin sie gingen.

Mit der Hilfe zahlreicher literarischer Anspielungen verschafft sich *Simon* in „Cloudy" viel Bewegungsspielraum. Wolken oder Nebel sind ein althergebrachtes Bild für zeitliche und räumliche Orientierungslosigkeit und Irregehen bei uneingeschränkter Bewegungsfreiheit – was Chancen und Risiken bedeutet und jeden sich selbst überlässt. Und natürlich gibt es in den Wolken (ohne Sonne!) keinen Schatten; aber hier dürfte *Simon* auch eher an den literarischen Topos des Mannes ohne Schatten gedacht haben.[343] Der verlorene Schatten

---

[343] Paradigmatisch für die deutsche Literatur: Adelbert von Chamisso: Peter Schlemihls wundersame Geschichte. (1814). In England erfreut sich die Geschichte großer Bekanntheit.

steht für die verlorene Gemeinschaft mit den anderen Menschen – wer den Schatten verliert, ist nicht wie die anderen –, die mit dem Verlust der Identität endet. Die Erwähnung von Tinker Bell dient ebenfalls der Anknüpfung an ein typisches *Simon*-Thema, äußert sich die Fee bei Barrie doch ausschließlich in glockentonartigen Lauten, die nur verstehen kann, wer mit der Sprache der Feen vertraut ist – ein Hinweis auf Kommunikationsbarrieren, die aus unterschiedlichen Sozialisationen und Lebenssituationen entstehen. Mit der Erwähnung von Berkeley wird vor allem auf die Studentenproteste der Jahre 1964/65 angespielt. Das (ebenfalls kalifornische) Künstlerstädtchen Carmel schließlich steht wie Greenwich Village in „Bleecker Street" für Kreativität, intellektuelle Neugier und weltoffene Toleranz.

Worauf *Simon* bei alledem hinaus will, wird in der letzten Zeile der dritten Strophe deutlich: Ebenso wenig wie die Wolken nicht wüssten, wohin sie zögen, weiß das Ich, wohin ihn sein Weg führt (Z. 21). Diese Selbsteinschätzung passt zu früheren Songs; in diesem Fall ist es allerdings so, dass die eben aufgeschlüsselten Ereignisse und Einflüsse ein Übermaß der Optionen und Informationen (vgl. Z. 11) andeutet, das in Ratlosigkeit umschlägt. Es passt zu den Wirkungsabsichten des Autors, dass die Bilder unmittelbar ohne großen interpretatorischen Aufwand verständlich sind (wie die Ratte im Laufrad in „Patterns"). Die Frage nach dem Warum (Z. 19) fordert implizit, dass der Hörer sich für sich selbst nach seinem Standort befragen soll. Aus den Wolken herauszukommen, hieße nichts anderes, als sich – mittels Wille und Phantasie – zu seinen eigenen Möglichkeiten zu befreien. Dass dafür auch der Sonnenschein erforderlich ist, stellt den „American Dream" in Frage: Es ist eben nicht so, dass jeder alles erreichen könne, wenn er sich nur bemühe. Dass nichts so ist, wie es behauptet wird, macht auch das spielerische, dezente Jazz-feel der Melodie deutlich, die den Text ironisch konterkariert.

Nach so viel Verunsicherung, so vielen unbeantwortbaren Fragen wäre eine Selbstvergewisserung Erholung für die Seele. „Homeward Bound", das an dieser Stelle auf der LP folgt, geht hier[344] in zwei Richtungen: Es versucht die Selbstvergewisserung durch den Wunsch nach einer Rückkehr in einen aus der Vergangenheit bekannten Zustand – nichts anderes ist ja der Wunsch nach einer Rückkehr nach Hause –, sagt aber nichts Konkretes über die Zukunft. Wenn die Lösung für das Ich in der Rückkehr liegt, ist davon auszugehen, dass „my love" gleichzeitig die einzige relevante Kommunikationspartnerin ist.

Nach „Homeward Bound" ändern sich Stimmung und Tempo. Mit „We've Got A Groovy Thing Goin'", „Richard Cory" oder auch „I Am A Rock" haben *Simon & Garfunkel* schon deutliche Schritte heraus aus den musikali-

---

[344] Vgl. ansonsten die Interpretation ab S. 80.

schen Grenzen des Folk gewagt. Orientierungspunkt war dabei nicht so sehr *Dylan* – obwohl *Simon* ihn immer im Auge behält –, sondern eher der Pop-Song. Ihn mit anspruchsvollen Inhalten aufzuladen und das Medium für einen neuen Zweck und auch ein neues Publikum zu gewinnen, ist dabei die selbstgestellte Aufgabe. „(I Can't Get No) Satisfaction" hatte 1965 bereits gezeigt, wie sich Kommerzkritik und Identitätssuche mit den musikalischen Mitteln des Rhythm'n'Blues kombinieren lassen. „Help!" hatte die Standortbestimmung als Folge von Verunsicherung mit den Mitteln des Pop betrieben. So liegt die Idee, der Gesellschaft mit der Hilfe eines satirischen Songs einen Spiegel vorzuhalten, nicht fern; für *Simon & Garfunkel* bedeutet es immerhin eine Erweiterung des stilistischen Repertoires. „The Big Bright Green Pleasure Machine"[345] spricht direkt all jene an, die sich von Leben und Alltag bedrückt und benachteiligt fühlen. Mit suggestiven Fragen insinuiert das anonyme Sänger-Ich, das für das „we" einer ebenso anonymen Vertriebsorganisation steht, dass der Hörer doch wohl zu den Verlierern gehöre: Wenn er das Gefühl habe, ausgenutzt zu werden (Z. 1), wenn andere in glücklichen Partnerschaften lebten, nur er nicht (Z. 4), wenn Vertreter der Obrigkeit ihn niedermachten, wenn er besorgt und ewig in Unruhe sei (Z. 15f.), wenn er nur noch Schicksalsschläge erwarte – dann, so der Chorus, helfe nur noch die „big bright green pleasure machine" (Z. 10, 20 und 32). Jetzt (Z. 9, 19 und 31) sei der richtige Zeitpunkt, eine zu kaufen, und der zweizeilige Mittelteil verschärft noch den vom „Now" ausgeübten Druck: Eile sei geboten, denn der begrenzte Vorrat sei schon fast aufgebraucht (Z. 21f.). Der satirische Effekt liegt zum einen in der Zweckentfremdung von Formulierungen einer typischen Marketing-Strategie – wobei die Fragen des Vertriebs weniger besorgt als vielmehr höhnisch klingen, ganz so, als sei ohnehin klar, dass der Hörer mit den Anforderungen des modernen Lebens nicht mehr mithalten könne – und zum anderen in der Tatsache, dass der Charakter oder die Wirkungsweise der „big bright green pleasure machine" gar nicht erst noch erklärt wird. Das ist der gleiche Trick, der „I Am Waiting" hatte funktionieren lassen: Was ist „it" denn? Auf diese Weise legt der Text nahe, dass es sich um etwas völlig Nutzloses handle, anders formuliert: um ein Glücksversprechen, das einzig in der Möglichkeit des Erwerbs besteht oder von vornherein eine Illusion ist. Selbst hier liefern wir uns also noch an Mechanismen aus – weil wir schon so denkfaul sind, dass wir es gar nicht mehr merken: Wir fallen noch auf das Sinnloseste herein. Befriedigung, so der Umkehrschluss, den *Simon* gezogen wissen möchte, lasse sich nicht durch Konsum erreichen. Auf diese Weise wird der Song mit völlig anderen Mitteln ein Komplement zum „Dedicated Follower Of Fashion".

---

[345] Simon: Lyrics, S. 29.

In „The Big Bright Green Pleasure Machine" geht es anders als sonst bei *Simon* nicht um Prozesse, um naturgesetzhafte Entwicklungen oder Zyklen. Statt Natur-Metaphern, die Leben heraufbeschwören, gibt es Standbilder einer unbefriedigenden Welt, die sich selbst entfremdet ist. Dieses „Leben" hat nichts mit Leben zu tun. Der folgende „The 59th Street Bridge Song (Feelin' Groovy)"[346] gehört zur „Pleasure Machine" wie die andere Seite der Medaille, denn hier geht es – zunächst einmal – um natürliches, zweckfreies Leben. Der Song kann verstanden werden als schlichter Ausdruck der Freude über einen gelungenen Morgen: Langsamer leben, um den Morgen etwas länger dauern zu lassen (Z. 1f.), Kiesel vor sich her kicken und nach ein bisschen Spaß Ausschau halten (Z. 3f.), die Zeit vertrödeln und Blumen beim Wachsen zusehen (Z. 7), nichts Dringendes tun zu müssen (Z. 11) ... so einfach kann es sein, einen erfüllenden Morgen im Einklang mit sich selbst zu erleben und alles groovy zu finden. Tatsächlich?

Die 59th Street Bridge taucht im Text nicht auf. Der Name ist die volkstümliche Bezeichnung der Queensboro Bridge, die vom Stadtteil Queens – wohin *Simon*s Eltern in dessen früher Kindheit von Newark kommend gezogen sind – über Welfare Island nach Manhattan führt und dort zwischen der 59. und 60. Straße endet. Aus diesem Blickwinkel ließe sich der Text verstehen als eine Erinnerung an eine sorglose Kindheit und ihre mit der Brücke in das Stadtzentrum verbundenen Träume und Ambitionen für die Zukunft: Erfolg, Aufstieg oder gar Ruhm.[347] Die Besinnung auf die Kindheit mit ihren völlig anderen Zeitmaßen und ihrer Unbekümmertheit nicht zuletzt im Umgang mit der Zeit bietet sich als Alternative zu dem Leben an, das einen so kaputtmacht, dass man eine „big bright green pleasure machine" braucht, um wieder zu sich zu kommen – woraus auch immer sie besteht. Gleichermaßen ist die Kindheit auch der Raum, in dem (noch) alles möglich war/ist und die Fehler des Erwachsenenlebens noch nicht gemacht sind; das war das Thema von „Goin' Back".

„The 59th Street Bridge Song" ist so irritierend positiv und melodisch freundlich, dass sich der Gedanke an einen doppelten Boden – wie in „Daydream" – geradezu aufdrängt. Wer so unbeirrbar in sich ruht, dass er mit einem Laternenpfahl eine Unterhaltung anfängt, muss wohl etwas außerhalb

---

[346] Simon: Lyrics, S. 30.
[347] Ein beliebtes Songtext-Motiv durch die Jahrzehnte. Beispielsweise *Barry Manilow*, geboren in Brooklyn, hat es im „Brooklyn Blues" mit gleicher Intention (über die Brooklyn Bridge zum Erfolg) aufgenommen. Vgl.: *Barry Manilow*: „Brooklyn Blues", CD „Swing Street" (1987). – Ein starkes Indiz für die Bedeutung, die die Queensboro Bridge für *Simon* haben könnte, ist die Tatsache, dass sie auf dem Cover der Box „The Columbia Studio Recordings 1964-1970" abgebildet ist.

der Realität stehen. Unterstützt wird dieses alternative Verständnis von der Zeile, die vorschlägt, den Blumen beim Wachsen zuzusehen (Z. 7). Der seltsame Vers bekommt Sinn, wenn man „The 59th Street Bridge Song" als einen mild-ironischen Vorwurf an alle Dropouts versteht, wie sie schon in „Blessed" aufgetaucht sind. Denn Blumen beim Wachsen zusehen zu wollen, heißt nichts anderes, als in einer völlig anderen Zeiterfahrung zu leben[348] – wie sie beispielsweise für LSD-Konsumenten erlebbar ist. Weil es nun aber für *Simon* keine Alternative ist, sich auf diese Weise aus der Realität zu verabschieden, ließe sich der Text von der ersten Zeile an demnach auch satirisch verstehen.

Wie schon manch ein Song bis hierher verrät auch „The Dangling Conversation" manches vom Ex-Literaturstudenten *Simon*. Hier allerdings gibt es so viele Anspielungen und Querverweise, dass nach einem ersten Hören nicht unbedingt klar ist, worum es eigentlich geht. Dass *Garfunkel* den Song nicht mag, weil er „far too pretentious (even for them)"[349] sei, ist kein Indikator. Es gilt vielmehr, zweierlei im Auge zu behalten: Der Titel verrät im Grunde alles und es handelt sich um Rollenpoesie, nicht um eine (Selbst-)Aussprache. Rollenpoesie darf „pretentious" sein.

Simon-erfahrene Hörer ahnen schon mit dem Titel, was auf sie zukommt: eine Situation, in der jemand oder etwas steckengeblieben ist. Spätestens die erste Zeile lässt dann keinen Zweifel mehr: ein Wasserfarben-Stilleben[350] (Z. 1) ist ein deutlicher Hinweis auf Unschärfe, Randlosigkeit, Verblassen. An einem späten Nachmittag (Z. 2) kommt die Sonne durch die Gardine und füllt den Raum mit Schatten (Z. 3f.), wo zwei in aller Apathie (Z. 6) ihren Kaffee trinken (Z. 5) und eine hin- und hertreibende Konversation pflegen (Z. 9). Sie liest Emily Dickinson, er Robert Frost (Z. 12f.), und wie ein schlecht verfasstes Gedicht seien sie beide Verse ohne Rhythmus und Reim (Z. 16-18); die Lesezeichen stehen für das, was sie im wirklichen Leben verloren haben (Z. 15f.). Zwar sprächen sie über Dinge, die sie etwas angingen (Z. 23), so über die Frage, ob das Theater wirklich tot sei (Z. 26), aber daraus folgt in dieser Situation nichts und der Raum verdämmert (Z. 27) im Vergehen des Tages. Er küsse nur ihren Schatten und könne ihre Hand nicht spüren: Sie sei eine Fremde geworden (Z. 28-30). Zwischen den beiden ging es offenbar immer nur um „Themen", um gesellschafts- oder kulturrelevante Fragen, nie um sie

---

[348] Am Ende des Jahrzehnts wird *John Lennon* die Idee variieren: Als neues Mittel im Kampf für den Frieden in der Welt empfiehlt er, das Unerwartete zu tun: im Bett zu bleiben und die Haare wachsen zu lassen. Aus seiner Perspektive ist das natürlich auch eine späte Antwort auf Häme und Ablehnung, die die vermeintlich so langen Haare der „moptops" provoziert hatten – er muss sich mittlerweile nach keinen Autoritäten mehr richten.
[349] Eliot, S. 74.
[350] Simon: Lyrics, S. 31.

selbst, und so hat sie letztlich wieder getrennt (vgl. Z. 14f.), was sie wohl ursprünglich einmal zusammengebracht hat. Zumindest das Ich hat begriffen, dass eine stellvertretende Unterhaltung über Dinge, die beiden etwas bedeuten, eben doch nur eine gelehrte Konversation ist und kein Ersatz für ein Gespräch über das, was sie im Kern ausmacht und was ihre Partnerschaft braucht, um zu leben. Nicht nur, dass sie das wahre Wesen der Partnerschaft trotz ihrer oder auch gerade durch ihre Kommunikation verfehlt haben. In einer fernen Anspielung auf das antike Höhlengleichnis hören sie das Meer auch nur in den Muscheln (Z. 7f.), haben also keinen Zugang zum tatsächlichen Geschehen, was letztlich auch bedeutet, dass sie auf die Beantwortung der großen Fragen, die sie bewegen, keinerlei Einfluss haben. Alles bleibt folgenlos, abstrakt. Die Entwicklung vom Nachmittag (Z. 2) zum Zwielicht im Raum (Z. 27) ist das Bild für das Verdämmern der Partnerschaft zu bildungsbürgerlicher Indifferenz.

Dem Song vorzuwerfen, er sei „pretentious" – anmaßend, überheblich, hochgestochen –, verfehlt das Anliegen. *Simon* verwendet die Sprache und Bilder seiner Figur. Der Kulturbürger und Bücher-Leser seines Songs ist trotz seiner Einsicht offenbar nicht mehr in der Lage, sich anders zu äußern als in der Sprache jener Meta-Ebene, auf der er sich dem Leben nähert; dazu passt das bisweilen dramatisch zugespitzte Streicher-Arrangement, mit dem *Simon & Garfunkel* den Anschluss an aktuelle popmusikalische Entwicklungen („Eleanor Rigby") suchen. Im Leben des Sänger-Ich geht es gerade nicht um die drängenden aktuellen gesellschaftlichen Fragen, sondern allenfalls stellvertretend um deren Reflex in der Kulturszene. Hier wird vorsätzlich ein Schutzraum vor den Zumutungen der Wirklichkeit aufgesucht, der den Vorteil hoher gesellschaftlicher Achtung, gleichzeitig aber Folgenlosigkeit mit sich bringt. Die Partner, über die interessanterweise keine Altersangaben gemacht werden, haben nicht nur einander, sondern auch den Kontakt zum Leben verloren. Wiederum ein Thema, das nicht gerade zur Single taugt; dass die Veröffentlichung kein Erfolg wird,[351] kann nicht wirklich verwundern.

Wenn das Ich von „The Dangling Conversation" nicht nur vage verstünde, worin sein Problem besteht, sondern sich auch um eine Lösung bemühen würde, könnte er zu Einsichten gelangen, wie sie „Flowers Never Bend With The Rainfall"[352] formuliert: dass er sich aus einem Vakuum befreien müsste. Die gesamten drei Strophen hindurch bemüht sich das Sänger-Ich von „Flowers Never Bend ...", seinen Ort und seine Bewusstseinslage zu beschreiben,

---

[351] *Simon & Garfunkel:* „The Dangling Conversation" b/w „The Big Bright Green Pleasure Machine" (September 1966). Vgl. zu *Simon*s Enttäuschung über den Misserfolg: Jackson: Simon, S. 97.
[352] Simon: Lyrics, S. 32.

aber nirgends findet er einen verlässlichen Anhaltspunkt. Er wisse nicht, was wirklich sei (Z. 4) und könne nicht greifen, was er fühle (Z. 5), denn sein Bewusstsein tanze hin und her in Verwirrung (Z. 3) durch die Korridore des Schlafs (Z. 1), vorbei an tiefen Schatten (Z. 2). Ob der Spiegel tatsächlich sein Bild wiedergebe, sei ihm nicht klar (Z. 11-13); geblendet vom Licht der großen Wahrheiten (Z. 14f.), wandere er ohne Richtung durch die Nacht (Z. 16). Ob man als König oder Bauer auf die Welt komme, sei angesichts des schmalen Grats zwischen Freude und Sorge egal (Z. 21-23), und so müsse man sein, wer und was man sein müsse und sich dem nächsten Tag zuwenden (Z. 24-26). Worum es letztlich geht, macht auf besonders niederschmetternde Weise der dreimalige Chorus deutlich. Anders als der Sänger von „The Dangling Conversation" ist sich der von „Flowers ..." wie gezeigt über den Verlust von Wirklichkeit und Authentizität in seinem Leben vollkommen im Klaren: Er werde fortfahren, mit der Heuchelei fortzufahren, dass sein Leben niemals ende – und dass die Blumen nicht einknickten unter dem Regen (Z. 7-10, 17-20 und 27-30). Das alles zu einer der spielerischsten Melodien der LP.

Der Mensch als Opfer seiner Umstände: In ähnlicher Schärfe hatte *Simon* sich bereits auf der ersten LP-Seite in „Patterns" geäußert. Dass es egal sei, ob man im Schachspiel der Welt König oder Bauer sei, entspricht der dort formulierten Erkenntnis, man habe im Leben Mustern zu folgen, die nicht zu beeinflussen seien. Was die Situation im Fall von „Flowers Never Bend With The Rainfall" für den Sänger offenbar noch verschärft, ist nicht so sehr die Tatsache, dass er von der Ausweglosigkeit seiner Situation weiß – sein Bewusstsein empfindet er offenbar als eine Art Kafkaeskes Schloss mit Irrwegen und Zerrspiegeln –, sondern dass er zu alledem ein freundliches Gesicht machen muss. Ihm ist abhandengekommen, was alle als gesicherte Gewissheiten und Orientierungsmarken nutzen (Z. 14f.: geblendet von Gott, Wahrheit und Recht, sei er richtungslos), dennoch muss er fortfahren, so zu tun, als gäbe es keine Verstörung. Sich im Schutz seiner Illusion zu halten (Z. 6), ist offenbar seine Überlebensstrategie.

Warum *Simon* seinen Hörern ein derart pessimistisches Bild zeigt? Zunächst spricht er von den Korridoren des Schlafs; er setzt „Flowers Never Bend With The Rainfall" damit in eine indirekte Beziehung zu „The Sound Of Silence", dessen verstörende Bilder der Binnengeschichte als Teil eines Traums definiert worden waren. Auf diese Weise kann sich ein Autor beliebig weit von dem Text distanzieren, denn schließlich handele es sich ja nur um eine Sichtweise, die das Unterbewusstsein produziere. Gleichwohl bietet die Schilderung zahllose Möglichkeiten der Identifikation für den Hörer. Er kann beispielsweise zustimmen, weil er sich an einen ähnlich wirren Traum erinnert. Oder er kann die Bewusstseinssituation des Sängers als die des modernen entfremdeten

Menschen entlarven, weil er beispielsweise in seinem Berufsalltag – je kleiner die Firma, desto stärker – selbst gezwungen ist, ohne Sicherheiten oder positiven Zuspruch zurechtkommen und bei alledem ein freundliches Gesicht machen zu müssen. *Simon* nutzt die Drastik, um deutlich zu machen, dass die Menschen im entfremdeten Alltag nur noch Maskenträger sind. Wie sich diese Maske ihrerseits über die Zeit auf die Seele des Menschen auswirkt, wird nicht mehr thematisiert, weil es hier um die Warnung im Gewand einer Zustandsbeschreibung geht. Immerhin hält Ich sich für ein Morgen bereit (Z. 26) – so dass doch noch nicht alle Hoffnung aufgegeben scheint. Die Schlussfolgerung des Chorus, „Flowers Never Bend With The Rainfall", steht vor diesem Hintergrund als sarkastische Anspielung. Wie er damit fortfahren wird, vorzugeben, dass sein Leben nicht enden werde, kann er auch behaupten, dass Blumen sich nicht krümmten unter dem Regen – beides ist unwahr.

Um den persönlichen Platz im Leben und die Tatsache, dass man möglicherweise einen Platz einnehmen muss, den man nicht als den eigenen, richtigen empfindet – um Unterordnung in fragwürdige Ordnungen und Hierarchien also –, geht es auch in „A Simple Desultory Philippic (Or How I Was Robert McNamara'd Into Submission)".[353] Das gute Dutzend Namen, das *Simon* als kulturelle Signale nutzt, gehört allerdings nicht ausschließlich auf die gute oder die schlechte Seite. Es geht eher darum, dass die Namen ein Netz von Beziehungen aufspannen, in dem sich jeder selbst orientieren muss: wie viel er Politikern, Militärs oder Künstlern glaubt, die ihre Position dazu nutzen, vermeintliche Wahrheiten zu formulieren, moralischen Druck auszuüben und Menschen zu einer Haltung oder einer Tat zu verführen. Hier geht es also wieder um falsche Leitbilder und Missbrauch von Kommunikation.

Die Beschäftigung mit der Rolle wahrer und selbsternannter Führer liegt zu dieser Zeit in der Luft. Im März des Vorjahres ist *Dylan*s LP „Bringing It All Back Home" erschienen. Dessen „Subterranean Homesick Blues" enthält den schnell berühmt gewordenen Rat, keinen selbsternannten Führerfiguren zu folgen, stattdessen aber die Parkuhren im Auge zu behalten[354] – der in sich von *Dylan* noch weiterentwickelt wird in „Bob Dylan's 115th Dream", in dem Ich ein Falschparker-Ticket vom Mast seiner „Mayflower" pflückt.[355] Aber die zahlreichen Protest-Bewegungen leben von Identifikationsfiguren wie Martin Luther King Jr. oder dem im Februar 1965 ermordeten Malcolm X. Sie treten in der Öffentlichkeit vor allem als umstrittene Persönlichkeiten hervor, an denen die Gegner der Bewegung, die sie führen, alle Übel dieser Bewegung

---

[353] Simon: Lyrics, S. 33.
[354] Vgl.: Dylan: Lyrics, S. 141f., Z. 56f.
[355] Dylan: Lyrics, S. 148-151, Z. 112f. So viel zur satirischen Dimension von Träumen!

festmachen. Dass insbesondere Journalisten je nach ihrem Standort und eine kritische College- und Universitätsjugend Ziele und Berechtigung dieser Persönlichkeiten hinterfragen, ergibt sich in dem aufgeheizten Klima der Mitt-60er Jahre von selbst.

In seiner ersten, freilich nicht in den USA verbreiteten Version erscheint das Lied auf *Simon*s Solo-LP vom August 1965. Im Studio kündigt er das Lied (bei der Aufnahme am 5. Juli) mit dem Untertitel „Or How I Was Lyndon Johnson'd Into Submission" an. Auch nach *Dylan*s LP und nach Songs wie „Think For Yourself"[356] von den *Beatles* hält *Simon* seinen eigenen Song im Sommer 1966 noch für wichtig genug, ihn für „Parsley, Sage, Rosemary And Thyme" neu aufzunehmen. Dabei erfährt der Text umfassende Änderungen: In der früheren Fassung tauchen Walt Disney, Jack Kerouac, John Birch, Walter Brennan und James Joyce auf, die in der späteren Version keine Rolle mehr spielen. Beim näheren Blick auf die Namen zeigt sich, dass der Ersatz vor allem der Aktualisierung des Textes dient. Die in der neuen Version größere Zahl von Politikern und Militärs kommt der gesellschaftskritischen Schärfung zugute. Nur der Mittelteil, der sich mit *Dylan* und all jenen beschäftigt, die ihn nicht verstehen, ist nahezu unverändert geblieben.

Anstelle von Präsident Lyndon B. Johnson (1908-1973) erhält nun sein Außenminister Robert McNamara (1916-2009) die prominente Position im Untertitel. McNamara vertritt die Strategie der „Flexible Response", die es erlaubt, der Sowjetunion in der atomaren Konfrontation gegebenenfalls auch mit einem Erstschlag zu begegnen. Im Verlauf seiner Amtszeit ist er darüber hinaus vor allem bekannt geworden durch die stetige Aufstockung der Truppen in Vietnam. Im Laufe der ersten Strophe werden außerdem der politisch links stehende Roman-Autor Norman Mailer (1923-2007), der Ex-Militär und Vordenker Maxwell Taylor (1901-1987), der Romancier John O'Hara (1905-1970) und die politische und moralphilosophische Vordenkerin Ayn Rand (1905-1982), bekannt geworden durch die Theoreme vom Eigennutz als handlungsmotivierender Leitlinie, erwähnt. In der zweiten Strophe ist vor allem die Erwähnung von *Barry Sadler* (1940-1989) aufschlussreich; mit seiner „Ballad Of The Green Berets", die Geist und Kampfwillen dieser Elitetruppe hurrapatriotisch glorifiziert – hundert absolvieren heute die Aufnahmeprüfung, aber nur drei werden bestehen, und so weiter …[357] – hat er im Frühjahr 1966 fünf Wochen lang die Charts angeführt. Das Ganze bis dahin wird – auch schon in der '65er Fassung – konterkariert durch die Behauptung, der Sänger habe die

---

[356] The Beatles: „Think For Yourself" (Harrison), LP „Rubber Soul" (Dezember 1965). Dazu auch: Dürkob, S. 118-120.
[357] Eine geschickte und gleichwohl dreiste Inanspruchnahme von Mt 22, 14.

Wahrheit von Lenny Bruce (1925-1966) gelernt. Dabei denkt *Simon* möglicherweise an das lang hinausgezogene Gerichtsverfahren, in dem sich der Stand-Up-Comedian und Satiriker gegen den Vorwurf der Obszönität zur Wehr setzten musste. Aus Sicht von Bruce' Parteigängern zeigt der Staat hier sein wahres Gesicht im Umgang mit seinen Bürgern. Durch das Verfahren in den Bankrott getrieben, wird der für seinen Drogenmissbrauch gleichermaßen bekannt gewordene Vorkämpfer für das freie Wort Anfang August 1966 – rund sechs Wochen nach der Neu-Aufnahme der „Philippic" und vor ihrer Veröffentlichung – tot in seinem Haus in Los Angeles aufgefunden. Er wird noch einmal auftauchen auf der LP.

Die additive Struktur (wie im „Subterranean Homesick Blues") und die Präsentationsweise haben längst deutlich gemacht, dass *Dylan* gleichermaßen Vorbild und Ziel der Attacke ist. Weiteres Indiz dafür ist die Anspielung auf dessen „Talking John Birch Paranoid Blues" mit dem hübschen Hinweis, er, der Sänger, sei (zumindest in den Augen der anderen) ja wohl ein Kommunist, weil er Linkshänder sei (Z. 5f.). Die ironische Anspielung – *Dylan*s Sänger-Ich hatte bei seiner Inspektion seiner Umgebung, Schreck, lass nach!, rote! Streifen in der amerikanischen Flagge entdeckt – ersetzt die direkte Erwähnung von Birch aus der '65er-Fassung der „Philippic". Der Mittelteil, in dem *Simon* in einen Sprechgesang verfällt, ist dann ganz *Dylan* gewidmet. Ein Mann, dessen Hirn so klein sei, dass er nicht mal denken könne (Z. 13f.), der Poesie nicht verstehe und völlig unhip sei (Z. 16f.), denke an Dylan Thomas, wenn von *Dylan* die Rede sei (Z. 18), wer auch immer Dylan Thomas sei... der Mann habe nun mal keine Kultur, aber – nun mit *Dylan*-Zitaten – das sei schon in Ordnung, Ma („It's Alright, Ma (I'm Only Bleeding)"), schließlich müsse jeder stoned werden (ganz aktuell von „Blonde On Blonde": „Rainy Day Women # 12 & 35"). Es sind neben der Vortragsweise vor allem auch die erratischen Mundharmonika-Einwürfe (Z. 13, 15, 18, 20 und 22), die die Philippika an dieser Stelle auch zu einer drolligen Parodie machen ...

... so drollig, dass der kritische Impetus des Liedes verloren zu gehen droht. Hier geht es schließlich um Kritik am kritiklosen, schafsgleichen Hinterherlaufen hinter selbsternannten Führern der politischen oder kritischen Bewegungen. Dass Selbstdenken das Gebot der Stunde ist, macht *Simon* in der dritten Strophe deutlich, wenn er auch Mutter, Vater, Tante und Onkel unter die Figuren einreiht, denen man nicht kritiklos folgen dürfe. Eine letzte bittere Note kommt in den Song, als *Simon* auch *Art Garfunkel* in die Aufzählung aufnimmt (Z. 26). Den Zeitgenossen mag es wie (Selbst)Ironie und Wortspiel vorgekommen sein. Doch vor dem Hintergrund von *Simon*s Ehrgeiz – dass er es nach Auskunft seiner Biographen vorgezogen hätte, es allein zu schaffen – wirkt es eher wie eine verbitterte Anspielung darauf, dass der, der da in seinem

Leben und seinen Umständen gefangen sei und Mustern folgen müsse, er, *Simon*, sei.[358]

Auf die Kaskaden der „Philippic" folgt ein abrupter Stimmungswechsel. Alles ist friedlich in der Erinnerung an den Traum: zarte Stoffe, sanfte Farben, weicher als der Regen (Z. 1-4). Der Sänger wandert durch leere Straßen, vorbei an den Schaufensterauslagen, Kirchenglocken im Ohr (Z. 5-9). Die musikalische Entsprechung bieten das Fingerpicking-Intro und die zweite Stimme einer an- und abschwellenden akustischen Gitarre. Der Sänger genießt es, das Mädchen auf sich zulaufen zu sehen, und erinnert sich an Wacholderfelder und Laternenlicht – und wie er ihre Hand hielt (Z. 10-14). Auf ein kurzes instrumentales Interlude folgt das Erwachen: Er küsst das Haar des Mädchens und bekennt seine Liebe (Z. 15-18). Der deutlich voluminösere Gesang des „I love you", unterstützt von langem Vorhalt, signalisiert entweder Flehen oder Pathos. Allzu schnell ist der Traum vorbei – nur 2:02 Minuten dauert die Vision – und wir wären nicht bei *Paul Simon*, wenn plötzlich alles gut wäre. Seine Imagination heißt „For Emily, Whenever I May Find Her".[359] Wie einerseits der Name des Mädchens im Text nicht auftaucht, denunziert das „Whenever ..." die erzählte Handlung als Wunschbild, wofür es wiederum im Text keine Hinweise gibt. Gerade die Brechung des Traums durch Erwachen signalisiert für die Hörer vordergründig Realität und Erfüllung: Die Realität entspricht dem Traum. Dass die Grenzen zwischen Betrug und Selbstbetrug fließend sind, hat *Simon* schon in „Flowers Never Bend With The Rainfall" (dort u.a. Z. 24f.) deutlich formuliert. Das Ich betrügt sich in „For Emily, Whenever I May Find Her" in eine Wunschvorstellung hinein,[360] der Song-Titel – den ein Hörer beispielsweise am Radio ja nicht unbedingt kennt – nimmt das zurück.[361] Wiederum ist Selbstbetrug ein Weg, die Zumutungen der Realität zu überleben.

Mit der vermeintlichen Idylle „For Emily, Whenever I May Find Her" ist eine Assoziation von Land oder Kleinstadt verbunden; mit „A Poem On The Underground Wall" findet sich der Hörer zurückversetzt in die Großstadt.[362] Kurz vor Betriebsschluss wartet ein Mann unruhig in einer U-Bahn-Station auf den letzten Zug. Ruhelos gleiten seine Augen hin und her, während er tief in

---

[358] Eliot missversteht den Song völlig, wenn er ihn als „lighthearted gerund-rhyming pop list that pokes fun at Dylan ... and Art Garfunkel" bezeichnet. Vgl.: Eliot, S. 67 (Fußnote).
[359] Simon: Lyrics, S. 34.
[360] Wenn sie bei ihrem Mädchen sein wollen, müssten sie nur träumen: Das Thema tauchte z.B. schon bei den *Everly Brothers* auf. Vgl.: *Everly Brothers*: „All I Have To Do Is Dream" b/w „Claudette" (April 1958).
[361] Eigenartigerweise bemerkt Jackson den doppelten Boden nicht. Vgl.: Jackson, S. 99. Eliot hat gar nichts dazu zu sagen; vgl. Eliot, S. 74f.
[362] Simon: Lyrics, S. 35.

seiner Tasche einen Stift umklammert hält (Z. 1-10). Als der Zug einfährt, zieht er sich tiefer in die Schatten zurück; dann tritt der Song in ein Interlude, das ein retardierendes Moment bildet: Der Zug ist wieder weg, aber der Mann wartet noch. Vom Percussion-Intro, das seinen Herzschlag symbolisiert, wird seine zunehmende Anspannung durch das Hinzutreten von Orgel (oder Mellotron?) nach Z. 5 und aus dem Hintergrund heraufkommenden Tamburin nach Z. 7 symbolisiert; im retardierenden Interlude wird der Percussion-Schritt verdoppelt, während er noch wachsam um sich blickt, den „crayon rosary" (Z. 19) weiter fest in der Hand. Das Bild des Rosenkranzes ist glücklich gefunden, denn der Stift wird in der fünften Strophe – bei wieder nachlassendem Percussiondruck und Beginn der Aktionsphase – zum Mittel der Ent-Spannung: Der Mann schreibt sein Ein-Wort-Gedicht aus vier Buchstaben hastig quer über die Werbung (Z. 22-25), als ginge es um eine kriminelle Tat. Als er seine Mitteilung abgesetzt hat, flieht er treppauf und verschwindet in der Dunkelheit (Z. 29f.), während die Begleitung mit abflauender Spannung wieder reduziert wird auf den Percussion-Herzschlag des Intro.

Als beginge ein Einzeltäter eine illegale Tat: In der anonymen Großstadt muss ungewöhnliche Wege beschreiten, wer gehört werden will. Welche Botschaft er da unter das Volk der U-Bahn-Pendler des folgenden Tages bringt, ist offen für die Interpretation. So lässt sich beispielsweise assoziieren, dass er gegen Stein, Stahl und Schatten ein menschliches Wort setzen will: In der Nachfolge von „The Word" von den *Beatles* könnte es „love" sein.[363] Wichtiger aber ist die Tatsache, dass sich hier einer aufmacht und überhaupt – quer über die Werbung hinweg – eine Mitteilung absetzt, also die Sprachlosigkeit durchbricht und eine nicht bereits vorgeprägte Kommunikation anbietet. Wie ein Künstler, der sein Werk nach vieler Vorbereitung veröffentlicht, hat er keinen Einfluss darauf, wie seine Botschaft von den Menschen verstanden wird. Und wenn Kunst insofern als illegale Tat verstanden wird, als es ihre Aufgabe ist, Denkgewohnheiten aufzubrechen und dem Konsens, der Diktatur der Mittelmäßigkeit die Stirn zu bieten, dann ist die Tat im U-Bahn-Schacht tatsächlich ein subversiver Akt, der mit jeder Veröffentlichung eines kritischen Buches oder einer kritischen LP auf einer Höhe steht.

Wie eingangs der LP „Scarborough Fair/Canticle" bindet das abschließende „7 O'Clock News/Silent Night"[364] zwei äußerlich völlig verschiedene Inhalte zusammen, um aus ihrer Opposition Funken zu schlagen. Das Verbindende zeigt sich hier allerdings von vornherein deutlicher: Es beginnt friedlich genug mit den Segens- und Friedenswünschen des 1818 in Österreich komponierten

---

[363] *The Beatles*: „The Word", LP „Rubber Soul" (Dezember 1965). Dazu auch: Dürkob, S. 120f.
[364] Simon: Lyrics, S. 36f.

Weihnachtsliedes „Stille Nacht, heilige Nacht". Während der Zeile „All is calm, all is bright" (Z. 2) wird aus dem Hintergrund die Stimme eines Nachrichtensprechers vernehmbar. Sie kommt im Folgenden stetig weiter in den Vordergrund. Den Nachrichten ist gemeinsam, dass sie ein skeptisches Bild vom Stand der Innenpolitik und der Gesellschaft zeichnen: In Los Angeles ist Lenny Bruce gestorben, Martin Luther King Jr. hält an einem geplanten Open Housing March in Chicago fest, Richard Speck, Mörder von neun Krankenschwester-Schülerinnen, wird vor die Grand Jury gebracht, Ex-Vizepräsident Richard Nixon verlangt eine substantielle Aufstockung des Engagements in Vietnam, anderenfalls werde der Krieg noch mindestens fünf Jahre andauern und im Übrigen sei die inländische Opposition gegen den Krieg die stärkste gegen die USA gerichtete Waffe in den Anstrengungen des Landes ... lauter Meldungen, die direkt (Vietnam) oder indirekt (Lenny Bruce) dem Wunsch nach einer „silent night" hohnsprechen.

Wer sich die erwähnten Ereignisse genauer ansieht und sie zueinander in Beziehung setzt, bemerkt Ungenauigkeiten und Inkongruenzen. Daraus ist zu schließen, dass es sich nicht um die Einspielung einer 19-Uhr-Nachrichtensendung eines bestimmten Tages handelt, sondern um eine simulierte Sendung, wie sie *Simon*s Intentionen für den Song entspricht. Nähme man das „today" aus der Todesmeldung von Lenny Bruce, so müsste es um Mittwoch, den 3. August 1966, gehen – das passt aber nicht zu anderen Meldungen.[365] Beispielsweise würde sich dann die für Dienstag angekündigte Rückkehr von Martin Luther King Jr. auf Dienstag, 9. August, beziehen. Tatsächlich aber hat King Jr. am Freitag, 5. August, an einem Open Housing March durch Chicago teilgenommen; der Marsch ist bekannt geworden durch das Steinwurf-Attentat auf King Jr.[366] Ähnliches gilt für andere verifizierbare Angaben; so hat Speck nicht neun, sondern acht Krankenschwester-Schülerinnen ermordet. In der Tat geht es mit dieser Nachrichten-Sammlung auch eher um den Hinweis, dass eine „Silent Night" in diesen unruhigen Zeiten – und mindestens aus der Perspektive aller Antikriegs- und Bürgerbewegungen – nicht zu haben sei, solange sich die USA repressiv gegenüber ihren

---

[365] Stellvertretend für die Uneinigkeit in der Frage, ob es sich um eine authentische oder eine simulierte Sendung handele, können die Angaben von zwei Wikipedia-Seiten stehen: „http://en.wikipedia.org/wiki/7_O%27Clock_News/Silent_Night" sagt ausdrücklich „... a simulated ... bulletin", „http://de.wikipedia.org/wiki/Parsley,_Sage,_Rosemary_and_Thyme" geht wie selbstverständlich von einer realen Sendung eines Tages aus. [Zugriff vom 17.11.2014] Gestützt wird die These von der simulierten Sendung auch durch die Tatsache, dass der Text des Songs in den „Lyrics" inkl. der Nachrichten wiedergegeben wird.

[366] Zu den Open Housing Marches in Chicago vgl.: James R. Ralph Jr.: Northern Protest. Martin Luther King Jr., Chicago and the Civil Rights Movement. Cambridge, Mass., u.a.: Harvard University Press 1993, S. 92-130; zum Anschlag auf King Jr.: Ebd., S. 123.

eigenen Bürgern verhalten. Mal ganz abgesehen vom Recht auf freie Meinungsäußerung, für das das Gerichtsverfahren gegen Bruce ganz gegen das Interesse der Ankläger eine Speerspitze wird. Gleichwohl ist die Tatsache, dass „Silent Night" von *Simon & Garfunkel* gesungen wird und dass es allmählich gegen den Nachrichtensprecher in den Hintergrund gedrückt wird, als Aussage des Duos nicht misszuverstehen.

Über die Verbindung von divergierenden Themen oder Stimmungen in einem Song hinaus – Beispiele sind der erste und der letzte Song der LP – haben eine Reihe von Liedern auch Beziehungen untereinander, so dass Songpaare entstehen. „Scarborough Fair/Canticle" und „7 O'Clock News/Silent Night" sind nicht nur durch ihre Doppelstruktur miteinander verbunden, sondern sie sind auch Eingangs- und Ausgangstor der LP und betonen das Private im Gesellschaftlichen und umgekehrt. „Scarborough Fair" und „Silent Night" stehen für das Private, „Canticle" und „7 O'Clock News" für das Gesellschaftliche und die Verantwortung des Einzelnen in der Gesellschaft. „The Big Bright Green Pleasure Machine" und „A Simple Desultory Philippic" sind durch das Thema der Verführbarkeit des Menschen – zu harmlosem Konsum ebenso wie zum Irrglauben oder moralisch inakzeptablem Verhalten – verbunden. Das gemeinsame Thema von „The Dangling Conversation" und „Flowers Never Bend With The Rainfall" ist die selbstverschuldete Ausweglosigkeit, die sich ergibt, wenn man sein Verhältnis zu den Mitmenschen und dem gesellschaftlichen Umfeld nicht fortwährend hinterfragt, um Irrwege zu meiden. „Patterns" lässt sich hier andocken, weil es in ungewohnter Drastik die Gefahr beschreibt, ein Leben auf ausgetretenen Pfaden zu verbringen. „The Dangling Conversation" unterhält auch eine Beziehung zu „Homeward Bound", wenn die Rückkehr des Sänger-Ich zu seiner Liebe zugleich die Rückkehr zu jemandem als Kommunikationspartner ist; diese Kommunikation ist in „The Dangling Conversation" abgerissen. „Homeward Bound" und „A Poem On The Underground Wall" schließlich unterhalten eine Beziehung zueinander als Selbstverständigungsversuche von Künstlern auf der Suche.

Wie schon auf „The Sounds Of Silence" umkreist *Simon* auf „Parsley, Sage, Rosemary And Thyme" wenige Themen: die Freiheit des Einzelnen im Verhältnis zur Gesellschaft, den Umgang von Politik, Wirtschaft und Gesellschaft mit dem Einzelnen (Unterordnung, Sprachlosigkeit durch Konformitätsdruck, Unehrlichkeit und die Anordnung von Handlungen – als ob der Mensch Handlungsmuster zu befolgen habe) und die Reproduktion dieser Verhaltensweisen auf der zwischenmenschlichen oder partnerschaftlichen Beziehungsebene. *Simon* erlebt und schildert die Welt als festgefügtes System mit wenig Freiraum und begrenztem Interesse der Menschen aneinander. Möglichst soll jeder nur im Interesse eines anderen „funktionieren". Sich den Zustand bewusst zu machen, wäre der erste Schritt zur (eigenen) Befreiung. Auf diese Weise stellt sich heraus, dass „Patterns" – an zweiter Stelle der ersten Seite platziert – so etwas wie ein Generalthema der LP formuliert. Es geht um das Erkennen und Überwinden von Mustern. Ob gedankenloser Konsum in „The Big Bright Green Pleasure Machine" oder kritiklose Befolgung von Anordnungen vermeintlicher Autoritäten in „Canticle" oder „Flowers Never Bend With The Rainfall": Immer geht es um vorgeprägte Verhaltensweisen.

Im Fall von *„Parsley, Sage, Rosemary And Thyme"* hatte „The Dangling Conversation" als erste Single den Boden bereiten sollen; von ihrem Misserfolg war schon die Rede. Nach dem Album (im Oktober) erscheint als nächste Single (im November) wiederum ein Song, der nicht auf der LP enthalten ist.[367] „A Hazy Shade Of Winter" fasst am Ende des Jahres noch einmal alle Themen und Begriffe zusammen.[368] Die Zeit vergeht so schnell, während man seine Chancen abzupassen sucht (Z. 1-4), irgendwann sind die Hoffnungen wichtiger als die Realität, weil sie auf die Zukunft deuten, während man schon so viele Erinnerungen aufhäuft (Z. 16-20). Die Zeit wird allmählich zu einem dichten teppichartigen Gewebe (Z. 25f.) und die Gefahr wächst, dass man für die anderen Menschen nur noch jemand aus der Vergangenheit ist. Wie schnell die Zeit vergeht, wird einem bewusst, wenn man Relikten aus der eigenen Vergangenheit – hier wieder einmal alten Blättern mit unvollendeter Lyrik – begegnet (Z. 29-31). Diese unvollendeten Gedichte sind das heimliche Zentrum der Bedeutung: Was hatte man nicht alles erreichen wollen, immer noch besser hatte es werden sollen (Z. 10f.) – und jetzt parallelisiert „unpublished" (Z. 31) die braun gewordenen Blätter (Z. 6, 14, 34, 37, 40). Der Frühling (= die Jugend, Z. 21-24) ist verblüht, die Blätter (= die Manuskripte) sind braun, Schnee liegt auf dem Boden (Z. 38, 41). Implizit ist „A Hazy Shade Of Winter" also nicht nur eine Klage über das Vergehen von Zeit, sondern auch über die Gefahr, nicht zur rechten Zeit das rechte Wort zu finden, womöglich am falschen Ort zu sein und vorzeitig in die Bedeutungslosigkeit abzusinken, sein Leben zu verfehlen. Wenn *Simon* zentrale Motive früherer Songs – die Parallelen zu „Leaves That Are Green" sind überdeutlich – aufnimmt, so, weil sie ihre Bedeutung für ihn nicht verloren haben. Die Rückkehr zu alten Manuskripten ist insofern auch wörtlich zu nehmen: Zwar ist in den vorausgegangenen Monaten des Jahres (oder gut eineinhalb Jahren seit der Entstehung von

---

[367] ... und als Albumtrack erst eineinhalb Jahre später wieder auftauchen wird. Vgl.: *Simon & Garfunkel*: „A Hazy Shade Of Winter", LP „Bookends" (April 1968); *Simon & Garfunkel*: „A Hazy Shade Of Winter" b/w „For Emily, Whenever I May Find Her" (November 1966).
[368] Simon: Lyrics, S. 49f.

„Leaves That Are Green") viel passiert, aber es hat sich wenig verändert. Eher werden die Anliegen noch dringlicher: Die Entsendung immer neuer Truppen lässt den Vietnam-Krieg eskalieren, der Konflikt um die Einberufung junger Männer zum US-Militärdienst holt die Gewalt ins eigene Land[369] und die ethnischen Unruhen nehmen ebenfalls an Härte zu. Alte Manuskripte mit unvollendeten Reimen hervorzuholen, steht also nicht nur (einerseits) für Melancholie (weil die Zeit vergeht oder wegen des immer noch fragwürdigen Zustands der Welt), sondern viel eher noch (andererseits) für das Wiederaufnehmen loser Fäden: Es ist notwendig, die eigenen Anliegen neu/wieder zu formulieren, einen neuen Anlauf mit den Worten zu nehmen und doch noch die Reime zu finden, weil Resignation keine Alternative ist.

---

[369] Erinnert sei an das Gesetz vom 31. August 1965, das das Verbrennen der draft cards unter (Freiheits)Strafe stellt.

Wir ändern alles, 2. Durchgang.
Zugleich Rück- und Ausblick

Am genauesten hat es vielleicht *Stephen Stills* formuliert. Der Beobachter-Sänger von *Bob Dylan*s „Ballad Of A Thin Man" hatte den von ihm angesprochenen Mr. Jones 1965 noch mit einer Menge Häme bedacht. „Irgendwas geht hier vor, aber du verstehst es nicht, oder, Mr. Jones?", so der siebenmal eingesetzte Chorus. Zur Erinnerung: Mr. Jones war in etwas geraten, was für seine Verhältnisse und seine Erfahrungen wohl eine Freak Show sein musste, aber tatsächlich ist es einfach nur die Welt, die sich rasant verändert, und der Sänger macht deutlich, dass Jones mittlerweile unzureichende Maßstäbe hat (Gespräche mit Wissenschaftlern, Belesenheit). Seine Eintrittskarte zur Welt taugt zu nichts mehr, denn nichts von dem, was er weiß und für richtig hält, funktioniert noch. Der Song lässt sich darauf beziehen, dass sich alle Definitionen dessen, was Leben, Kunst oder Kultur sind, so sehr verändert haben, dass der Spießer die Unterhaltung, die Entspannung, die er für sein Ticket von der Kunst erwarten zu dürfen glaubt, nicht mehr bekommen wird. Diese Interpretation lässt sich ohne weiteres vom Kleinen ins Große übertragen: Dem einzelnen Beobachter kommt die Welt wie eine Freak Show vor, aber mittlerweile ist die Situation nun mal so unübersichtlich und so durchgedreht, dass es der Einzelne ist, der seine Position überdenken und seine Sichtweise in eine neue Perspektive zur Realität bringen muss. Um dann auch das irgendwie Absurde, aus dem diese Welt mittlerweile besteht, zu verstehen.

Paul Simon hatte schon 1964 von den Samen gesprochen, die sich während des Schlafes in ihn eingesenkt hätten, hatte dann aber nur ex negativo davon gesprochen, was aus ihnen erwachsen könnte. Denn vorläufig hat er es mit Menschen zu tun, die den Neon-Gott anbeten, die hören, aber nicht verstehen, und die nicht in der Lage seien, gemeinsam zu singen bzw. – ohne Metapher formuliert – gemeinsam zu handeln. Ziel gemeinsamen Handelns kann ja aber nur sein, sich eine bessere Welt zu erkämpfen, die Machtausübenden also zu einer Kursänderung zu zwingen. Wie die bessere Welt aussieht, verrät „The Sound Of Silence", das dann Ende 1965 die Welt erobert, allerdings auch noch nicht.

Und auch *John Lennon* treibt die Ratlosigkeit um. Mit „Help!", „Nowhere Man" und „In My Life" hatte er im Jahr zuvor seinem Unbehagen an der persönlichen/überpersönlichen Situation schon mal Ausdruck gegeben. Deutlicher als in seinen Songs formuliert er im Laufe des berühmt gewordenen „Evening Standard"-Interviews mit Maureen Cleave etwa Ende Februar 1966, dass er – jenseits des Song-Schreibens und Beatle-seins – etwas tun müsse, „only I don't know what it is."[370]

Am Ende des Jahres fasst der Amerikaner *Stephen Stills* es dann im Rückblick zusammen. Eben ist die erste LP seiner Band *Buffalo Springfield* erschienen, da stehen die Musiker am gleichen Tag schon wieder im Studio. Angeregt von Auseinandersetzungen, die aus dem Versuch der Behörden vom November 1966, eine Sperrstunde auf dem Sunset Strip in Los Angeles einzurichten, entstanden sind – was von jungen Leuten als willkürliche Einschränkung bürgerlicher Freiheiten verstanden wird –, hat *Stills* spontan „For What It's Worth" geschrieben. Diesen Hintergrund erwähnt der Song freilich nicht, denn es geht um etwas Allgemeines. In gerade mal zwei Zeilen fängt er die Atmosphäre von 1966 ein: Hier geschieht gerade etwas, heißt es in den ersten Zeilen des Songs, aber was das sei (= bedeute), sei nicht ganz klar.[371] Das ist nahe bei *Dylan*.

Tatsächlich ist das Leben ja auch nicht mehr ohne weiteres zu verstehen. Die Menschen leben im Schatten der Atomkriegsgefahr, bekommen genau ausgemalt, was im Falle einer atomaren Auseinandersetzung geschehen wird – und lassen hilflos zu, dass diese Drohung fortbesteht. Der Krieg in Vietnam wird zu einem Stellvertreterkampf des Kalten Kriegs. Die Zahlen der amerikanischen Todesopfer (verdreifacht 1966 gegenüber 1965), der Bombardierungen (verdoppelt) oder der eingesetzten amerikanischen Soldaten (annähernd verdoppelt) steigen unaufhaltsam. Im heißesten Jahr des Krieges, 1968, stehen mehr als 536.000 amerikanische Soldaten in Vietnam, mehr als 16.800 sterben allein in diesem einen Jahr. In den USA gibt es nicht nur Auseinandersetzungen zwischen Schwarzen und Weißen um die gleichberechtigte Beteiligung an der Bürgergesellschaft, sondern auch zwischen Weißen und Weißen um das Maß der Bürgerrechte im Verhältnis zu den Rechten des Staates; nicht wenige fühlen sich dem Staat regelrecht ausgeliefert (und nicht nur in dem Sinne, wie Vance Packard es kurz zuvor in seinem Bestseller „The Naked Society" beschrieben hatte). Die Generation der Anfang-20-Jährigen fühlt sich herausgefordert, auf diese – und noch viele andere – Belastungen Antworten zu finden, die der Generation entsprechen.

---

[370] Vgl. Cleave in Anm. 284, ebd.: S. 91.
[371] *Buffalo Springfield*: „For What It's Worth" b/w „Do I Have To Come Right Out And Say It?" (9. Januar 1967). Aufgenommen wird „For What It's Worth" am 5. Dezember 1966; die Single provoziert die Neuveröffentlichung der ersten LP „Buffalo Springfield" (erschienen am 5. Dezember 1966) am 6. März 1967 mit „For What It's Worth" als Opener der Seite 1.

Die Welt ist in einem rasanten Wandel begriffen, aber eine Entwicklung, eine Richtung scheint 1966 nicht erkennbar. Es ist viel passiert, aber es hat sich wenig verändert – die Welt im Wartezustand.

Eher als jede andere Kunst ist die Musik der natürliche Verbündete der jungen Generation, weil sie Gemeinschaft stiftet und zunächst mal einfach herzustellen und zu reproduzieren ist. Ende der 1950er Jahre hatten die Marketingstrategen entdeckt, dass die Kriegs- und Nachkriegskinder zu einer eigenen Käuferschicht mit mehr Geld und Konsumwünschen denn je herangewachsen waren – der Teenager war entdeckt. Der Rock'n'Roll, der Doo Wop, bald auch der frühe Folk und andere Stile animieren sie, es selbst mit der Musik zu versuchen und mit dem Medium des Textes eigene Themen zu platzieren. Um 1962 drängt die neue Generation mit Macht ins Business, um dem verstaubten Erwachsenen-Pop etwas entgegenzusetzen und die Idee des Rock'n'Roll zu erneuern. Aus dem Folk wandert die Idee, mit dem Text eine Botschaft, eine Aussage zu verknüpfen, in den Pop hinüber – und fertig ist das Medium, das im Laufe der 1960er Jahre vor allem wegen seiner Allgegenwärtigkeit eine ungeahnte gesellschaftliche und kulturelle Dimension bekommen wird.

Seit 1955 haben sich Qualität und Dimension der Texte gründlich verändert. Von der Beschreibung trauter Zweisamkeit im Erwachsenen-Pop und harmloser Freizeitvergnügungen hat sich der Text über die Kritik an der Elterngeneration zu einem Medium unter anderem der Kritik an der Gesellschaft entwickelt: Mitte der 1960er Jahre begleitet, kommentiert, ironisiert, konterkariert und dementiert die Pop-Musik dieses an Auseinandersetzungen so reiche Jahrzehnt wie kein anderes Medium. Literatur und Film haben das Nachsehen, denn sie sind schlicht zu langsam.

Damit haben sich auch alle Parameter verändert. Die Rock'n'Roller hatten das Vergnügen am Augenblick elterlicher Abwesenheit formuliert, am Tanzen, am Kinobesuch, am Jungsein; älter zu werden, war eigentlich nur akzeptabel wegen der größeren Freiheiten und Möglichkeiten, letztlich aber doch nicht erstrebenswert. Zehn Jahre später ist Älterwerden ein Schrecknis: Vor allem junge Menschen können den Augenblick und die Jugend nicht mehr genießen, weil Älterwerden auch bedeutet, einen Platz in einer Gesellschaft einzunehmen, die jungen Menschen ganz offensichtlich nichts zu bieten hat, statt dessen immer mehr nimmt oder verlangt. Älter zu werden, ist mit dem Verlust von Freiheiten und Möglichkeiten aller Art verbunden. Vor dem Hintergrund beschnittener Bürgerrechte und eines zunehmend aufdringlichen staatlichen Interesses an allem, was als privat erachtet wird – Post, Konsumverhalten, politische Einstellung usw. –, endloser politischer Auseinandersetzungen, die sich zunehmend auch auf die Straße verlagern und vor Mord nicht zurückscheuen, und womöglich einem Kriegsdienst in Vietnam hält die Zukunft keine Lockungen für sie bereit.

So ist zu verstehen, dass das Vergehen von Zeit eine beherrschende Rolle in fast allen der betrachteten Songtexte des Jahres 1966 spielt.

Paul Simon erarbeitet sich – unter Rückgriff auf etablierte literarische Techniken – eine umfangreiche Metaphorik von Werden und Vergehen, um die Gegenwart kritisch zu hinterfragen. Häufig nutzt er dazu Naturmetaphern und die Jahreszeiten („The Sun Is Burning" von 1964, „Leaves That Are Green", „April Come She Will", „Flowers Never Bend With The Rainfall" und andere). Wo er auf Naturmetaphern teilweise („The Sound Of Silence") oder ganz („Patterns") verzichtet und statt dessen Hell-/Dunkel-Kontraste nutzt, wird er in seiner Aussage, gleichbedeutend mit einer Anklage, noch kompromissloser. Auffällig ist allerdings, dass er zwei widerstreitende Zeitkonzepte nutzt: den Kreislauf (beispielsweise im metonymischen Gebrauch der Tages- oder Jahreszeiten), der in vorausgehenden Jahrhunderten auch als Rad der Fortuna, als regelmäßige Abwechslung von Glück und Pech bekannt war, oder die lineare Vorstellung einer stetigen Entwicklung zum Schlechteren, gelegentlich bis zum apokalyptischen Weltende. Dieses unfeste Vorgehen weist in erster Linie zurück auf das tastende Suchen des Songschreibers, deutet aber auch auf die verwirrende Vielfalt der Welterklärungsmöglichkeiten. Mit der LP „The Sounds Of Silence" macht *Simon* zwar einen ersten Schritt der Befreiung von den allzu bemüht literarisierenden Texten der ersten LP, findet aber noch nicht zu einem konsistenten Weltbild.

Brian Wilson hingegen liest das Vergehen von Zeit eher an den Mädchen ab („The Little Girl I Once Knew" 1965); er ist in seinen Texten nicht mit Gesellschaftskritik, sondern mit dem unter vielfältigen Druck geratenen Gefühlsleben von Teenagern beschäftigt. Sein Ich reagiert fassungslos, als er Caroline ohne ihre langen Haare wiedersieht und konstatieren muss, dass die Jugend irgendwie vorbei ist („Caroline, No"). Insofern ist sein Zeitkonzept (mehr als einmal) auf zwei Zeitpunkte – Vergangenheit und Gegenwart oder Gegenwart und Zukunft – konzentriert; zwischen diesen beiden Punkten passieren rätselhafte Dinge. In diesen Fällen ist den Texten eine deutliche Melancholie eigen, die anders als bei *Simon* aber ohne Selbstmitleid auskommt. Auch der Blick in die Zukunft fällt ernüchternd aus, sofern das geliebte Mädchen – aus welchen Gründen auch immer – nicht mehr da sein würde („God Only Knows"). Wo das Vergehen von Zeit positiv gedeutet wird, steckt dahinter die seelische Reifung des heranwachsenden Ich („That's Not Me").

Bei den *Beatles* findet das Vergehen von Zeit 1966 sehr unterschiedliche Bewertungen; gemeinsam ist ihnen, dass es sozusagen luxurierende Konzepte sind. *John Lennon* beispielsweise scheint einen unbegrenzten Vorrat zu haben: „I'm Only Sleeping" feiert die Zurückgezogenheit, den Moment der Freiheit von Verpflichtungen und Anforderungen, die von außen herangetragen werden, das Verweilen bei sich selbst – im Bett. Zweifellos steht dahinter die Erfahrung oder zumindest die Erwartung, dass gerade in diesen Phasen der Ungebundenheit, des Befreitseins von rationalem Handeln Ideen und Entscheidungen heranreifen. An anderer Stelle macht er sehr deutlich, dass das Hin- und Herhetzen um kleiner Ziele des täglichen Einerlei willen nicht die Lösung ist („Rain") – was nicht zuletzt auch eine Kritik am Umgang mit (Lebens-)Zeit ist: Die Menschen machen sich das Leben mit derlei zuvörderst selbst zu kurz. *George Harrison* gibt dem alten Rock'n'Roll-Topos vom Älterwerden eine neue Deutung: Es geht nicht mehr um das Schrecknis des Alters – gleichbedeutend damit, nicht mehr hip und nicht mehr frei zu sein –, sondern darum, Sinnvolles sofort zu tun oder doch zumindest, so lange man die Zeit und die Kraft dazu habe („Love You To"). Die Beschäftigung mit fernöstlichem Gedankengut prägt von 1965/66 an auch seine Vorstellung von Zeit; es gibt demnach keine Zeit, in der etwas oder jemand nicht ist, so dass die (irdische) Vergänglichkeit ihren Schrecken verliert. Ähnlich *Lennon* ist *Paul McCartney* ganz an den Moment hingegeben, jedoch aus anderen Gründen: Im Zusammensein mit seiner geliebten Partnerin vergisst er die Zeit („Here, There And Everywhere", „Good Day Sunshine"). Er weiß in dieser Zeit allerdings auch um die Qual, wenn die Zeit nicht vergehen und eine Lösung nicht kommen will, zumal dann, wenn man selbst das Vergehen der Zeit und die Ankunft einer Lösung verhindert („For No One", indirekt auch in „Eleanor Rigby"). In „Yellow Submarine" ist die Kindheit das Paradies der Phantasie, der Geschichten und Farben, der verständnisvollen Erwachsenen; das macht sie in *McCartney*s Denken aber nicht notwendigerweise zu einer irgendwie besseren Zeit, in die man sich zurücksehnen könnte. Exotik und Farbenreichtum dieses vermeintlichen Kinderliedes allerdings weisen voraus auf die optische Revolution von 1967.

Simon & Garfunkel fürchten das Vergehen der Zeit, die *Beatles* konstatieren es eher. Für *Bob Dylan* schließlich ist die Zeit eine willkürliche Größe, die ihre Bedeutung nur erfährt im Zusammenhang mit seinem Bemühen, heute unbedingt ein anderer als gestern sein zu wollen. Sowohl seine Songtexte als auch seine Interview-Äußerungen weisen ausdrücklich in diese Richtung; das macht einen historisch-kritischen Umgang mit ihnen bisweilen schwierig. Seine künstlerische Entwicklung führt ihn weg vom klassischen Folk mit plakativer Aussage (und indirekt einer Handlungsanweisung) aus seiner Startphase und hin zu eher impressionistischen Texten und auch zu breiten Songgemälden mit kritischen, sarkastischen oder hämischen Untertönen. In „Bob Dylan's 115th

Dream" (1965) ist die Vermischung historischer Zeitebenen für sein Anliegen mindestens so wichtig wie die genüssliche Schilderung der skurrilen Begebenheiten. Zeitkritik erwächst in dieser Phase nicht zuletzt aus seiner Abneigung gegenüber so manchen Zeitgeistfiguren und -erscheinungen („Like A Rolling Stone", 1965; „Leopard-Skin Pill-Box Hat"). Seine große Stärke liegt in der Fähigkeit, Situationen und Figuren sehr pointiert zu evozieren.

Auch im Universum der *Rolling Stones* spielt Zeit eher als Zeitgeist und gelegentlich als Zeitkritik eine Rolle. Melancholische Töne à la *Brian Wilson* schlagen sie kaum je einmal an („As Tears Go By" für Marianne Faithfull, 1964; eigene Aufnahme veröffentlicht 1966, „Paint It Black"). Mit *Lennon* sind sie sich darin einig, dass man die Zeit auch einfach mal vergehen lassen kann oder sollte („Sittin' On A Fence"). „Mother's Little Helper" beginnt zwar mit der Klage, was für eine Last es doch sei, älter zu werden (im Auftakt), entwickelt sich dann aber zu einem Stück Zeitkritik; deshalb dazu später.

Eine gleichermaßen wehmütige (erste bis dritte Strophe) wie sarkastische (vierte Strophe) Reminiszenz stellt „Where Have All The Good Times Gone" von den *Kinks* dar. Mittels Perspektivenwechsel gelingt *Davies* das Kunststück, sowohl Trauer um die vergangene Zeit von Kindheit und Jugend als weitverbreiteten Grund für gelegentliche Melancholie als auch die Zurückweisung solcher selbstgefälligen Nostalgie in einem Song unterzubringen. Für das Ich der ersten drei Strophen ist die Vergangenheit ein gelobtes Land, für das Ich der vierten, den Vertreter der Gegenrede, ist diese Sicht eine Selbsttäuschung. So kommen *Davies* und *Dusty Springfield* („Goin' Back") in einer Hinsicht zu einem ähnlichen Schluss: Man kann behaupten, dass „früher" alles einfacher und schöner war, aber es lässt sich auch nicht leugnen, dass der Erwachsene, Heutige einen sehr viel besseren Zugriff auf die Welt nehmen könne. Gleichwohl ist das für *Dusty Springfield* keine Alternative: Sie beschließt die Rückkehr in die Kindheit als in eine Welt, in der die Beziehungen untereinander ungetrübt, ehrlich, unverstellt, direkt und phantasievoll waren. Diese (virtuelle) Rückkehr ist leicht zu deuten als Kritik am aktuellen Zustand des zwischenmenschlichen Umgangs.

Dieser Blick auf ein Einst und ein Jetzt, eine schöne Vergangenheit und eine im Vergleich dazu abfallende Gegenwart lässt auf Unbehagen an der Gegenwart schließen. Tatsächlich hat die Betrachtung ergeben, dass die Kritik an ihr das zweite große Thema ist. Diese Kritik wird nicht willkürlich oder aus Langeweile geäußert, sondern ist notwendig – sowohl aus der Perspektive als Vertreter der jungen Generation, die sich das Recht herausnimmt, das Vorhandene zu hinterfragen, als auch stellvertretend aufgrund der Fragen, die sich viele Menschen auch vorangegangener Generationen stellen und denen das politische oder wirtschaftliche Establishment gern ausweichen würde. Und nicht zuletzt dienen die Fragen der Selbstverständigung: Wohin wollen wir die Welt entwickeln?

Paul Simon greift gern mal zur Frontalkritik, eventuell versetzt mit einem Schuss Spott oder Sarkasmus. „Richard Cory" ist nicht misszuverstehen; dass das fabrikarbeitende Ich selbst nach dem Selbstmord von Cory noch lieber Cory wäre als er selbst, spricht von der erstrebten, gleichwohl ambivalenten und auch ohnehin kaum erreichbaren Attraktivität von Erfolg, Wohlstand und (daraus erwachsender) Sexyness. „The Big Bright Green Pleasure Machine" spießt die leeren Versprechungen des Konsumismus buchstäblich mit eigenen Mitteln auf, denn was die „machine" eigentlich genau sei, wird nicht gesagt – das aber mit umwerfender Beredsamkeit. „A Simple Desultory Philippic" macht deutlich, wie schwer es ist, Orientierung zu finden, denn die falschen Vorbilder sind – wie im Rennen von Hase und Igel – immer schon da. Am deutlichsten wird die Zeitkritik an der Parallelführung von zwei Liedern in einem Song: des um Frieden bittenden „Silent Night", das von *Simon & Garfunkel* gesungen wird, mit der simulierten 19-Uhr-Ausgabe einer Nachrichtensendung, die buchstäblich nur Meldungen von Krieg, Gewalt und beschnittenen Bürgerrechten beinhaltet. Zu seiner ganz eigenen Ironie gehört, dass die LP mit diesem Song (als letztem auf der zweiten Seite) Mitte Oktober 1966, also im Vorfeld von Weihnachten veröffentlicht wird; *Simon* erwartet also nichts Gutes vom Fortgang der Zeit. Gern zeigt er den Zustand der Gesellschaft und die Folgen, die der Umgang miteinander für den Einzelnen und von dort rückwirkend auf die Gesellschaft hat, auch am Beispiel von Biographien (wie im Fall von „Richard Cory") oder von Partnerschaften; darauf wird gleich zurückzukommen sein.

Auch die *Beatles* äußern sich in diesem Sommer deutlich wie nie zuvor. Ließ sich *McCartney*s „Paperback Writer" noch verstehen als eine eher verdeckte Kritik an der Selbstausbeutung aufgrund von fehlgeleiteten Ambitionen oder als Kritik an Managern, die aufstrebende Talente für den eigenen Vorteil ausbeuten, so macht *Harrison*s „Taxman" keine Umwege: Die Verantwortlichen für die Steuerpolitik werden namentlich benannt – damit gehört „Taxman" zu den wenigen unmittelbar in ihrer Zeit verankerten Songs der Band –, und ihre Gabe, neue Einnahmequellen für den Staat zu erfinden, wo vorher keine waren, wird unmissverständlich gegeißelt. „Taxman" passt zu *Ray Davies'* „Sunny Afternoon", das den Ich-Sprecher als Opfer des Finanzamts porträtiert. Dass innerhalb von zwei Monaten zwei so prominente Songs über das britische Finanzamt erscheinen, deutet doch wohl auf die Dringlichkeit der Thematik. Auch das schon erwähnte „I'm Only Sleeping" übt ein Stück Zeitkritik: *Lennon*s Ich beobachtet seine Zeitgenossen als eilig hin- und herlaufende Menschen – denen dann irgendwann auffällt, dass diese Geschäftigkeit keinen immanenten Sinn hat. Bei näherem Nachdenken ist diese Kritik ambivalent: Es ist Kritik an den Menschen, die das tun bzw. mit sich machen zu lassen, und an denen, die die anderen hin- und herlaufen lassen.

Die leeren Versprechungen der „big bright green pleasure machine" passen zu „(I Can't Get No) Satisfaction" (1965) von den *Rolling Stones*, das in erster Linie von der Vereinnahmung des Einzelnen durch die Konsumerwartungen seitens der Industrie und durch Ansprüche von anderer Seite berichtet, die das Ich gar nicht zu sich selbst kommen lassen. Der Druck, der von den Erwartungen der Gesellschaft auf den Einzelnen ausgeht, ist Thema in „Mother's Little Helper": Der Versuch, allen Ansprüchen zu genügen, sei eine solche Belastung geworden, dass sich selbst die Suburbia-Hausfrau nur noch mit der Unterstützung der „helper", kleinen gelben Tabletten, über den Tag retten kann. Dass irgendwo da draußen sich etwas vorbereite, man aber noch nicht wisse, was das sein und wie es sich auswirken werde, thematisiert „I Am Waiting" Als Kritik funktioniert es, weil es eine Warnung ausspricht und auf diese Weise der Gegenwart ein schlechtes Zeugnis ausstellt, denn sie hat das Heraufziehen der diffusen Gefahr zugelassen. In der Unbestimmtheit von „I Am Waiting" liegt seine Stärke, denn gerade der Verzicht auf eine Zuschreibung lässt es als Augen- und Ohrenöffner funktionieren in der Hoffnung, dass sich die wachen Zeitgenossen rechtzeitig einmischen können, wenn sich zeige, wo(gegen) man sich engagieren muss.

Die Äußerung von Kritik in eine Handlung, eine Biographie oder einen Zustand unvollständigen Bewusstseins (Traum, Vision) zu verlegen, ist ein genuin literarisierendes Verfahren. Es bietet dem Autor die Möglichkeit, Kritik zu formulieren, ohne sichtbar den Zeigefinger zu heben, und er hat die Möglichkeit, das Gesagte von sich abzurücken, die Kritik also zu verallgemeinern und nicht zwingend als seine persönliche Aussage stehen zu lassen. Manchmal reicht allein die Beschreibung des Vorgefundenen, damit das Gesagte als Kritik wirkt. Es überrascht nicht, dass *Paul Simon* und *Bob Dylan* diese Verfahren häufig anwenden.

Schon in „The Sound Of Silence" (1964/65) hatte *Simon* und in „Bob Dylan's 115th Dream" hatte *Dylan* den Traum genutzt. Bei *Simon* ergibt sich der Effekt einer Vision, in der die Kritik daran, dass die Menschen zu keinem Miteinander mehr finden und sich durch falsche Götter in die Irre leiten lassen, sehr deutlich formuliert wird; die Stadt als Schauplatz deutet nicht nur auf die neue Grundlage des Urban Folk, die musikalischen Folk, Poesie und neue Themen zusammenzubringen sucht, sondern ist – mal abgesehen vom soziologischen Aspekt der Ansammlung von Menschen, die sich in ihrem Überlebenskampf gegenseitig zum Schlechteren beeinflussen – auch ein Gegenentwurf zu allem, was in *Simon*s Verständnis von der Erkenntnis dieser Wahrheiten ablenkt. Der Zufall will es, dass sich kurz nach der Veröffentlichung der LP „Wednesday Morning, 3 A.M." *Petula Clark*s „Downtown" (1964) mit seiner unkritischen Sicht auf die Großstadt zum Hit entwickelt. Dessen Protagonist sucht Ablenkung, Gesellschaft, einen Flirt, vermutlich Sex; weil „The Sound Of Silence" seine Wirkung erst rund ein Jahr später voll entfaltet, konnte es sich im Bewusstsein einiger Zeitgenossen möglicherweise als Antwortsong einprägen – was es natürlich nicht war.

Anders als *Simon* – der zum Zeitpunkt der Komposition auch noch auf der Suche nach formaler Raffinesse ist – nutzt *Dylan* die irrationale Seite des Traums. „Bob Dylan's 115th Dream" (1965) ist eine Akkumulation schräger Figuren und Geschichten, deren Zusammentreffen nur in einer Traumlogik funktioniert. Satire, Zuspitzung und Hohn sind die Mittel, mit denen *Dylan* die andere, die „inoffizielle", die geflissentlich verdeckte Seite der USA zeigt und seiner Ratlosigkeit Ausdruck verleiht – nachdem ihm das finger-pointing der frühen Jahre als Aussagestrategie nicht mehr sinnvoll erscheint.

Häufig nutzt *Simon* die Möglichkeit, sein Unbehagen durch die Biographie seiner Songfiguren auszudrücken. Beispiele sind „Richard Cory" aus der Sicht von Corys namenlosem Fabrikarbeiter, der genau weiß, dass er nie haben wird, was Cory hatte, oder „A Most Peculiar Man", das den Einsamkeitstopos von „The Sound Of Silence" wieder aufnimmt. Die Schuld an seinem Selbstmord weist die vermeintlich interpretationsleitende Mrs Riordan allein diesem (gleichfalls namenlosen) „peculiar man" zu, denn er habe sich in seinem Zimmer verschanzt und mit niemandem gesprochen und daher habe auch niemand mit ihm gesprochen. Die Frage, wie es dazu kommen konnte, stellt *Simon* klugerweise nicht – es ist Sache des Hörers, sich seine Gedanken dazu zu machen, sich von der Interpretation von Mrs Riordan zu lösen und Schlussfolgerungen daraus zu ziehen.

Denn entscheidend ist: Der Einzelne erlebt, dass er nicht mehr Herr seines Lebens, dass er größeren Kräften, Sachzwängen untergeordnet ist, dass es auf ihn als individuelle humane Kraft nicht mehr ankommt und dass er möglicherweise immer schon zu spät ist. Für den abendländisch-humanistisch geprägten Menschen ist das eine inakzeptable Entdeckung. Er reagiert mit Verstörung, mit Rückzug in sich selbst. Simon zeigt, wie der Mensch der 1960er Jahre seelisch beschädigt wird; für den „most peculiar man" und das Ich von „I Am A Rock" ist die Vermutung einer Traumatisierung als Ergebnis des Kontakts mit der Realität nicht abwegig. Wie „The Sound Of Silence" zielt auch „A Most Peculiar Man" zuletzt auf Einsicht und Verhaltensänderung.

In seiner Kontaktarmut ist der „peculiar man" *McCartney*s Eleanor Rigby nahe. *McCartney*, ebenfalls ein großer Figuren-Erfinder des Pop, lässt in dieser Phase der *Beatles*-Karriere überraschend mehrmals jedes positive Harmoniebedürfnis beiseite. Wenn man so will, ist „Eleanor Rigby" eine äußerste Zuspitzung – sowohl motivisch als auch für *McCartney* –, denn Eleanor findet nicht einmal im Umfeld der Kirche Anteilnahme und Geborgenheit: Father McKenzie ist selbst einsam und nicht in der Lage, die Bedürfnisse anderer Menschen zu erkennen. So wird eine Art negativer Harmonie daraus: Woher kommen alle diesen einsamen Menschen, will das Ich wissen – sicherlich doch, um etwas dagegen zu tun? Was das wiederum sein könnte, bleibt aber offen; wie in „A Most Peculiar Man" werden nur Fragen gestellt.

Auch die Ich-Figuren von *Simon* kämpfen – wenn ihnen nicht das Vergehen der Zeit und die damit verbundenen Verlustgefühle und Identitätsängste zusetzen – mit Kontaktarmut, Einsamkeit und Ratlosigkeit. Beides kommt zusammen in „Leaves That Are Green" und „Patterns", seine ultimative Zuspitzung bekommt der Einsamkeitstopos in „I Am A Rock". Anders als in „A Most Peculiar Man" liegen bei „I Am A Rock" Andeutungen vorausgegangener Verletzungen in der Luft, so dass der Rückzug des Ich aus der Gesellschaft motiviert erscheint. Gleichwohl ist es ein radikaler Rückzug, in dem Untertöne von Selbstmitleid mitschwingen. Dass das Ich wie Eleanor Rigby am Fenster steht – und eben nicht unter anderen Menschen unterwegs ist –, weist darauf hin, dass die Verbindung zur Welt abgerissen ist. Eine Art Komplement zu Richard Cory ist die Titelfigur von *Ray Davies'* „A Well Respected Man". Zwar fehlt diesem der Glamour von Cory, er taucht nicht ständig in den Zeitungen auf und ist kein Wohltäter, aber gleichwohl wird er in seinem Umfeld geschätzt, denn er geht regelmäßig zur Arbeit, ist mäßig erfolgreich, feiert keine Orgien wie Cory (um die er privatim beneidet würde) und tritt bescheiden auf – also gänzlich phantasielos und mittelmäßig genug, so dass niemand eine Bedrohung in ihm sieht. Beide Figuren müssen ohne die Sympathien ihrer Songautoren zurechtkommen.

Die Figuren von *Simon* sind alterslos; *Brian Wilson*s Figuren sind in aller Regel Heranwachsende, die sich ihren Platz in ihrem Soziotop und in der Welt noch suchen müssen („Sloop John B.", „I Know There's An Answer"). Dazu nutzt *Wilson* gern die Lieder über Partnerschaften, in denen das männnliche Ich seinen Platz, seinen Anteil an und seine Pflicht in der Zweisamkeit sucht („She Knows Me Too Well" 1965, „You Still Believe In Me", „That's Not Me"). *Wilson*s Figuren erleben mehr Unbehagen durch die Partnerschaft und ihr eigenes Unsicherheitsgefühl darin (Mikrokosmos) als durch die große Gesellschaft (Makrokosmos); es würde bei alledem aber zu weit gehen, aus der

Tatsache, dass die Männer sich häufig hinterfragen, schon Hinweise auf den Wandel des Männerbilds in den 1960er Jahren herauslesen zu wollen. In besonderer Weise exemplarisch für die Wechselwirkúng von Ich und Gesellschaft ist *Wilson*s „I Just Wasn't Made For These Times": Das überdurchschnittlich begabte Ich, das auf einem eher intuitiv erahnten Weg zu einem (vorläufigen) Ziel ist, findet keine Empathie und keine Unterstützung, weil die anderen das Ziel nicht erkennen, nicht daran interessiert sind oder es ihnen zu anstrengend ist. Die Begabung isoliert den Betroffenen von den anderen, die Einsamkeit ist nicht gesucht wie in „I Am A Rock", aber sie geht gleichwohl von der Wechselwirkung des Einzelnen mit der Gesellschaft aus; und eine Reaktion wie in „I Am A Rock" könnte dann die Folge sein.

Auch *Simon*, die *Beatles* und die *Rolling Stones* nutzen die Partnerschaft von Mann und Frau, um aus dem Gelingen oder Misslingen zwischenmenschlicher Beziehungen im Kleinen Rückschlüsse auf das Große zu ermöglichen. Die Partner in *Simon*s „The Dangling Conversation" haben ein intellektuell gleichwertiges Gegenüber aneinander, aber über ihren Lektüren und Diskursen sind das Gefühl und der seelische Kontakt verloren gegangen. *McCartney* betont die Bedeutung einer gelingenden Partnerschaft („Here, There And Everywhere") für die eigene Ausgeglichenheit bzw. die positive Rückwirkung des Einzelnen auf die Welt und zeigt andererseits illusionslos wie selten, was geschieht, wenn einer eine Partnerschaft beendet und den anderen darüber leiden lässt („For No One"). *Lennon* schreibt hingegen mehrere Lieder, die davon erzählen, wie schwer es ist, einen Draht zueinander zu finden bzw. in qualifizierter, zufrieden stellender Weise auf die Gegenseite zu reagieren („She Said She Said") und sich von Selbsttäuschungen zu befreien („And Your Bird Can Sing"). Seine Lösung liegt im Ausgleich von rationalem und gefühlsgelenktem Handeln („Tomorrow Never Knows"); die Ratio darf nicht jegliches Handeln überformen („Rain", „I'm Only Sleeping").

Die *Rolling Stones* schließlich zeigen eine Reihe prekärer Partnerschaften, die von Eigennutz und falschen Erwartungen vergiftet sind. Nicht immer sind es Liebesbeziehungen, aber hier und da klingt an, dass Liebesbeziehungen auch missbraucht werden, um eigene Ambitionen voranzutreiben („High And Dry". „Out Of Time"). Auch von Trittbrettfahrern beiderlei Geschlechts („Doncha Bother Me"), Mädchen mit überdurchschnittlichem Aufmerksamkeitsbedarf („19th Nervous Breakdown") – man würde sie heute It-Girls nennen – und den Verwerfungen, die aus Klassenunterschieden, kopflosem Konsum um des stets Neuen willen oder falschen Leitbildern entstehen, ist die Rede („Grown Up Wrong" 1964, „Play With Fire" 1965). Was die *Rolling Stones* aber vor allem in das Visier frauenbewegter Aktivistinnen bringt, sind die teils illusionslosen, teils ressentimentgeladenen Texte über misslingende Freund- und Partnerschaften. „Stupid Girl" und vor allem „Under My Thumb" sind Lieder darüber – und darüber, wie schwer es ist, in Zeiten sich rasant verändernder Geschlechterbilder und Ansprüche zu einer Übereinstimmung im Verhältnis zueinander zu kommen: Was sind die Partner einander und was sich selbst schuldig, wo sind die Grenzen?

Für *Bob Dylan* schließlich, so scheint es, sind Partnerschaften bzw. die Beziehungen zwischen Mann und Frau resp. zwei Menschen geradezu ein einziger Spiegel der gesellschaftlichen Missstände. Das Missverständnis vieler Zeitgenossen, die *Dylan* seine Abkehr von Folk und finger-pointing übelnehmen, könnte darin bestehen, das nicht erkannt zu haben, denn *Dylan* ist in seinen Schilderungen dieser Beziehungen nicht weniger deutlich als vorher – eher noch ein wenig radikaler, man denke nur an die Song-Geschwister „Like A Rolling Stone" und „Positively 4th Street" (beide 1965). „Blonde On Blonde" zeigt, sieht man von „Sad-Eyed Lady Of The Lowlands" einmal ab, ausschließlich angespannte oder ausgelaugte, zumindest aber angeknackste Mann-Frau-Beziehungen, ob Partnerschaft oder nicht. Liebe ist eine einseitig mit Unglück und Misslingen verknüpfte Angelegenheit und schließlich eine Ent-Täuschung, die zu emotionaler Radikalität führt. Das Misslingen der Beziehung wird im Misslingen der Kommunikation gespiegelt: Die beiden Seiten gehen von ungleichen Voraussetzungen aus, die in der Phase der Partnerschaft offenbar verdeckt oder verdrängt waren. Die Fragen, die man früher hätte stellen müssen, tauchen dann am Ende auf – und finden natürlich keine Antwort mehr, denn selbst wenn eine Seite sie stellt, ist die andere viel zu uninteressiert, um sie noch zu beantworten („Temporary Like Achilles", „Absolutely Sweet Marie", „4th Time Around"). Ähnlich wie die *Rolling Stones* decouvriert er Frauen, die ein bisschen zu viel Selbstbewusstsein vor sich her tragen, aber er macht es eher nicht mit Abneigung oder aus überlegener Perspektive, sondern mit Häme („Leopard-Skin Pill-Box Hat", „Just Like A Woman"). Emotionale Unreife, Konfliktunfähigkeit und Kommunikationsverweigerung ist das, was *Dylan* aufbringt.

Zeit und Kommunikation – wie sich herausgestellt hat: die beiden großen Themen – sind am deutlichsten bei *Paul Simon* aufeinander bezogen: Die Menschen hören nicht aufeinander, widerstreitende Interessen halten sie davon ab, sich um einvernehmliche Lösungen zu bemühen. Allerdings könne die Zeit, in der diese Lösung überhaupt zu finden wäre, schneller abgelaufen sein als gedacht. Insofern stehen sich die Menschen aus Desinteresse, ideologischer Verbohrtheit oder mangelnder Empathie selbst im Weg, wenn es um eine bessere Zukunft geht. Denn erst müssten sie lernen, empathisch und pragmatisch miteinander umzugehen – und damit wäre die Zeit bereits vergangen.

Wie geht es weiter? Im Spätsommer 1966 wird die Stille hörbar:
Brian Wilson weiß, dass er die Erfolgsformel der frühen Hits nicht überdehnen darf, und erarbeitet mit „Pet Sounds" eine LP, die hörbar auf die sich verändernden Umstände der und Ansprüche an die Pop-Musik reagiert. Gemessen an den vorausgegangenen Erfolgen der *Beach Boys* entwickelt sich „Pet Sounds" in den USA allerdings zu einem relativen Flop. Das hindert *Wilson* vorläufig nicht daran, an seinen avantgardistischen Konzepten weiterzubasteln. Nach einer langen Phase der Ratlosigkeit und enervierend vielen Sessions, die die Ratlosigkeit überdecken, erscheint im Herbst schließlich das mehrteilige Song-Gemälde „Good Vibrations", das perfekt in den kommenden Flower-Power-Sommer passt. Die Arbeit am „Pet Sounds"-Folgeprojekt „Smile" muss *Wilson* 1967 nach wiederum unendlich vielen Sessions schließlich einstellen, weil er nicht findet, was er sucht; die LP „Smiley Smile", die aus den am weitesten entwickelten Songs zusammengestellt und unerhörte 16 Monate nach „Pet Sounds" veröffentlicht wird,[372] hat mit dem ambitionierten Ur-Projekt nichts zu tun und leitet eine Phase deutlich schwächerer Veröffentlichungen der *Beach Boys* ein.

Bob Dylan nimmt den Motorrad-Unfall Ende Juli zum Anlass, um sich den Ansprüchen an seine Person ein weiteres Mal zu entziehen. Er verschwindet aus der Öffentlichkeit. Ähnlich wie *Wilson* ist er nach „Blonde On Blonde" auf der Suche nach etwas anderem und betäubt die Unruhe zunächst mit einer Vielzahl kleinerer Projekte. Dann kommt der Unfall dazwischen. Sein Songschreiber-Genius meldet sich aber bald zurück und als er sich dann wieder an das Musizieren macht, wird er gemeinsam mit den Ex-*Hawks*, die sich nun *The Band* nennen, im Sommer 1967 eine Melange von Folk-, Country-, Blues- und Bluegrass-Elementen erstreben. Die Aufnahmen erscheinen offiziell erst 1975, aber eine Reihe von Demo-Bändern und Bootlegs kursiert schon sehr früh.[373] Erst im Jahre 2014 wird der Gesamtbestand der damaligen Aufnahmen veröffentlicht.[374] Jetzt wird noch sehr viel deutlicher, was vorher nur ansatzweise erkennbar war: Mit dem neuen Material greift *Dylan* sehr viel entschlossener als

---

[372] The Beach Boys: „Good Vibrations" b/w „Let's Go Away For Awhile" (10. Oktober 1966); LP „Smiley Smile" (18. September 1967). Einzelne Songs aus dem „Smile"-Projekt sind über die Jahre veröffentlicht worden, aber erst 2011 wurden größere Teile der Originalsessions im Zusammenhang als „The Smile Sessions" zugänglich gemacht – ein faszinierender Einblick, dem gleichwohl nicht zu entnehmen ist, wohin das Gesamtwerk hätte gehen sollen. *Wilson*s (vorausgegangene) Neuaufnahme des Materials unter dem CD-Titel „Brian Wilson presents Smile" (2004) ist da weder Alternative noch Erklärung.

[373] Bob Dylan and The Band: D-LP „The Basement Tapes" (26. Juni 1975). 24 Songs werden veröffentlicht, entstanden sind aber viel mehr, unter ihnen „Quinn The Eskimo", das *Manfred Mann* schon 1968 als „Mighty Quinn" aufnimmt.

[374] Bob Dylan and The Band: 6-CD „The Basement Tapes Complete" bzw. D-CD „The Basement Tapes Raw" (= The Bootleg Series, Vol. 11). (4. November 2014).

zuvor die Pop-Formel auf, indem er auf Strophe-/Chorus-Architekturen setzt, was er bis dahin nur hin und wieder mal getan hat („If You Gotta Go, Go Now", „I Want You").

Aus den Sessions nimmt *Dylan* ein neues Verständnis von der Stärke des Blues- und Country-Registers mit; seine nächsten Veröffentlichungen unter eigenem Namen, unerhörte 19 Monate nach „Blonde On Blonde",[375] gehen deutlich hörbar in diese Richtung. Auch sie klingen gemessen am Vorgänger erst mal wie schwächere Platten; weil *Dylan* etwas ganz anderes sucht, müssen sie aber mit anderen Maßstäben bewertet werden. Während für die *Beach Boys* unbeabsichtigt eine Karrierephase zu Ende geht, weil ihr Leader ausfällt, beendet *Dylan* ganz bewusst eine Phase – um frei zu werden für die nächste Neu-Erfindung von „Bob Dylan". Im Rückblick zeigt sch, dass seine lachend vorgetragene Bemerkung über seine Bob Dylan-Maske einen tiefen existentiellen Grund hatte.

Auch die *Beatles* beenden 1966 eine Phase. Am 29. August sind sie sich – nach dem, wie sich zeigen wird, letzten Live-Auftritt, ironischerweise in San Francisco, einem der Ausgangspunkte der neuen Musik – im Klaren darüber, dass sie nach den Vorkommnissen in Japan, auf den Philippinen und schließlich in den USA keine weiteren Tourneen machen wollen, mal abgesehen davon, dass die Arbeit im Studio sich als sehr befriedigend erwiesen hat. Davon wollen sie jetzt mehr, aber erst Ende des Jahres treffen sie sich, um die Arbeit an den nächsten Songs aufzunehmen. „Strawberry Fields Forever" und „Penny Lane" waren wohl ursprünglich für die neue LP vorgesehen, aber weil die Plattenfirma Material verlangt, werden sie im Februar 1967, sechs Monate nach „Revolver", als Single veröffentlicht; eine Doppel-A-Seite mit einer Rückbesinnung auf Liverpool, was zum Zeitpunkt eines Karriere-Neustarts keineswegs überraschend wäre. Was hingegen überrascht: Es gelingt der Single nicht, die Spitzenposition der Charts einzunehmen. Sollte das nach dem Sommer 1966 ein weiteres Indiz dafür sein, dass die Welt die *Beatles* nicht mehr liebt? Weit gefehlt: Als die verspielte, verdrehte, doppelbödige LP „Sgt. Pepper's Lonely Hearts Club Band" am 1. Juni erscheint, wird sie (trotz fehlender Single) umgehend zum Soundtrack des Sommers. Die Welt hat die *Beatles* immer noch lieb – aber mit dem psychedelisch grundierten Film-/Doppel-EP-Projekt „Magical Mystery Tour" wird es alsbald doch Risse im Bild geben. Als Kommentatoren ihrer Zeit melden sie sich erst im Sommer 1968 zurück: mit

---

[375] *Bob Dylan*: LP „John Wesley Harding" (27. Dezember 1967); LP „Nashville Skyline" (9. April 1969). Mit einer (nicht auf Unterhaltungsware verzichtenden) Country-LP als erster Äußerung auf das gewalttätige Jahr 1968 zu reagieren, ist zweifellos aus Sicht der Fans eine Provokation – die wiederum dem Versteckspiel dient: Deutlicher kann er nicht sagen, dass er kein Sprecher sein will.

„Revolution". Der Titel verspricht Eindeutigkeit, aber Song-Autor *Lennon* weiß wochenlang nicht, wie er sich positionieren soll, wenn es um die Anwendung von Gewalt geht. Schließlich optiert er – zur Enttäuschung aller Radikalen in diesem radikalen Sommer – zur Gewaltlosigkeit.[376]

Auch von *Simon & Garfunkel* ist 1967 nicht viel zu hören. Nach „Parsley, Sage, Rosemary & Thyme" vergehen fast 18 Monate bis zur Veröffentlichung von „Bookends", ihrer vorletzten gemeinsamen Platte.[377] Stellte „Parsley ..." im Vergleich zu „The Sounds Of Silence" eine Radikalisierung der Themen dar, so ist „Bookends" im Vergleich zu „Parsley ..." die Resignation, die Kapitulation. Schon die Kinder haben genug vom Leben, Amerika ist selbst dann nicht zu finden, wenn man es mit dem Greyhound durchquert, und das Ende einer Partnerschaft ist wie das Ende aller Optionen, das trotz allen Nachdenkens nicht zu überwinden ist. Die Erinnerungen sind das, was bleibt, und die gelte es zu bewahren. Kurz vor dem Beginn des gewalttätigen Sommers 1968 stellt diese LP ein verstörendes Dokument dar.

Die *Rolling Stones* machen hingegen unbeirrt weiter. Nach der Kraftanstrengung von „Aftermath" erscheint die nächste LP „Between The Buttons" bereits im Januar 1967, eine schwächere Songsammlung, die die bekannten Themen weiterführt. Im Frühjahr und Sommer stehen *Mick Jagger* und *Keith Richards* dann stärker im Scheinwerferlicht der Öffentlichkeit, als sie je gewollt hätten: Ihr Drogenbesitz bringt sie vor ihre Richter und ihnen drohen lange Gefängnisstrafen. Dass sie dann doch vergleichsweise ungeschoren davonkommen, hat unter anderem etwas damit zu tun, dass ausgerechnet etablierte Medien kommentierend eingreifen. Indem sie auf den rasanten Wandel aller Wertvorstellungen und sozialen Bedingungen als ein längst allgemein anerkanntes Faktum verweisen, machen sie deutlich, dass sich die Parameter verschieben. Schlechtes Vorbild hier, Geringfügigkeit da ... und hatte nicht *Jagger* selbst darauf hingewiesen, dass nicht mal eine Suburbia-Hausfrau heute noch ohne Hilfsmittel klarkommt? *Jagger* und *Richards* entgehen der drohenden Strafe, aber als Künstler müssen sie dieser emotionalen Anstrengung doch Tribut zollen: Mit der LP „Their Satanic Majesties Request" lehnen sie sich allzu deutlich an die psychedelische Mode an.[378] Trotz einiger guter Einfälle und einer gefälligen Single haben sie das Idiom doch nicht so beherrscht im Griff wie die *Beatles*. Und weil das nun wirklich nichts mit den *Rolling Stones* zu tun hat, erleben sie im gleichen Augenblick wie die *Beatles* einen Tiefschlag, von

---

[376] *The Beatles*: D-EP „Magical Mystery Tour" (8. Dezember 1967); „Hey Jude" b/w „Revolution" (30. August 1968). Vgl. zu *Lennon*s Unentschiedenheit: Dürkob, S. 230-232 und 263f.
[377] *Simon & Garfunkel*: LP „Bookends" (3. April 1968).
[378] *The Rolling Stones*: LP „Between The Buttons" (20. Januar 1967 im UK); LP „Their Satanic Majesties Request" (8. Dezember 1967).

dem sie sich (gleichfalls) erst 1968 mit der Rückkehr zu den Rhythm'n'Blues-Wurzeln erholen. Mit „Jumpin' Jack Flash", einer Art Zusammenfassung aller Rückschläge und Demütigungen der vergangenen Zeit, und „Street Fighting Man", einem ambivalenten Aufruf, aktiv zu werden – aber was könne ein armer Junge in London schon tun, das Spiel sei hier, Kompromisse zu finden ... undsoweiter; gerade diese vermeintliche Resignation, verstanden als Rollen-Lyrik, dürfte auf so manchen eher vitalisierend gewirkt haben – sowie vor allem der LP „Beggars Banquet"[379] zeigen sie sich wieder auf der Höhe ihrer Möglichkeiten und ihres Einflusses.

Nicht nur in den USA kommen im Laufe des Jahres 1966 neue Bands – *Jefferson Airplane*, *Grateful Dead*, *Big Brother and The Holding Company*, *The Band*, die Folk-Adepten *The Association* („Along Comes Mary"), aber auch Unterhaltungskombos wie die gecasteten *The Monkees* („Last Train To Clarksville", „I'm A Believer") – in den Vordergrund, sondern auch in England – unter ihnen die *Small Faces* („Sha-La-La-La-Lee"), *The Pretty Things* (beide haben ihr Debüt 1965), *Cream* („N.S.U.") und *The Jimi Hendrix Experience* („Hey Joe") sowie Anfang 1967 *Procul Harum* und *Traffic*. Auf beiden Seiten des Atlantiks wird eine Konzentration auf den Rhythm'n'Blues spürbar. Das bedeutet vice versa, dass das Jahr 1966 den Triumph der Pop-Musik darstellt – eine einzigartige Kombination alles Bisherigen mit vielen Neuerungen, weil sich die Songschreiber von ihrer Zeit vorangetrieben fühlen. Die neuen Bands kommen nun mit dem zur Tür herein, was man später Rock nennen wird. Neue Präsentationsweisen werden – buchstäblich – tonangebend.

Zunächst scheint aber alles wie gewohnt weiterzugehen. Die vielen Fragen, die 1966 gestellt werden, finden vorläufig noch keine Antwort, doch die Anregungen werden aufgenommen. Das Jahr 1967 bleibt in Erinnerung, weil Op Art und die Hippie-Bewegung mehr Farbe hineinbringen – man denke neben der Mode vor allem an die Plakatkunst –, weil der Protest noch vorwiegend fantasievoll, friedlich und hier und da auch ein wenig naiv ist und weitgehend geduldet wird – was sich 1968 beides ändern wird – und weil die Spielräume tatsächlich ein wenig größer zu werden scheinen. Das gilt beispielsweise für die Studioarbeit vieler Bands (für „Sgt. Pepper's Lonely Hearts Club Band" nehmen sich die *Beatles* 52 Aufnahmetage), denn das Unerwartete, der noch nicht gehörte Sound ist nicht zuletzt ein kommerzielles Argument; das gilt aber auch

---

[379] *The Rolling Stones*: „Jumpin' Jack Flash" b/w „Child Of The Moon" (25. Mai 1968 im UK, 1. Juni 1968 US); „Street Fighting Man" b/w „No Expectations" (13. August 1968, US only); LP „Beggars Banquet" (6. Dezember 1968).

für das öffentliche Verständnis dessen, was Pop-Musik mittlerweile in dieser Gesellschaft bedeutet und leisten kann.

Weil Pop-Musik sich so ernst nimmt (und genommen wird), haben 1967 auch vorsätzlich naive Weltverbesserungstexte eine Chance auf Wirkung. Das Jahr ist voll davon. *The Youngbloods* feiern das Gemeinschaftserlebnis: In „Get Together",[380] einem *Kingston Trio*-Cover, raten sie, zu lächeln, einander zu lieben statt in Furcht zu leben und vertrauensvoll auf die Rückkunft des Gottessohnes zu warten; das alles folk-bewegt und von jangligen *Byrds*-Gitarren getragen. *Scott McKenzie* veröffentlicht eine Reise-Information für die Westküste: In „San Francisco (Be Sure To Wear Flowers In Your Hair)"[381] trügen die Menschen Blumen in den Haaren, der Sommer werde ein einziges love-in sein … Der Kern der Mitteilung steckt im Middle Eight: Überall im Land gebe es Menschen, die den Aufbruch spürten, eine ganze Generation mit einer neuen Erklärung sei da … Das ist weder richtig noch falsch: Zweifellos liegt Aufbruchsbereitschaft in der Luft – dieses Pathos passt zum Auf- und Durchbruchskult der 1960er Jahre, der im ‚space race' kulminiert –, denn in den vergangenen fünf Jahren haben sich viele althergebrachte Konventionen verloren, und wenn das möglich war, dann sollte noch viel mehr gehen. Ausgerechnet die *Beatles* schaffen – allerdings aus Anlass einer weltumspannenden TV-Sendung – mit „All You Need Is Love"[382] im Hochsommer eine ähnlich wolkige Hymne. Ein bisschen Eskapismus darf aber auch sein; erinnert sei an das eingangs erwähnte „Up, Up And Away" von *The Fifth Dimension*.

Ein anderer und etwas langlebigerer Versuch, am Bewusstsein der Zeitgenossen zu arbeiten und zugleich die Pop-Musik in Richtung auf eine Kunstform weiterzuentwickeln, sind die großen Konzepte. Wenn es möglich ist, ein Thema im Laufe einer LP von verschiedenen Seiten anzugehen, dann sollte es doch auch möglich sein, eine zusammenhängende Geschichte zu erzählen – also dort den Faden aufzunehmen, wo „Pet Sounds", „Revolver" und „Freak Out!" ihn haben liegen lassen. Einen ersten, noch etwas unbeholfenen Versuch, Orchesterklang und Pop-Song-Zyklus zusammenzubringen, unternehmen 1967 die personell runderneuerten *Moody Blues*: In ihrer sich über beide LP-Seiten erstreckenden Suite „Days Of Future Passed"[383] greifen sie die aus der klassischen Musik wohlbekannte Form eines Kreislaufs auf und beschreiben einen Tag vom Sonnenaufgang bis zur folgenden Nacht. Dabei stehen

---

[380] *The Youngbloods*: „Get Together" b/w „Beautiful" (1967). Die *Kingston-Trio*-Version „Let's Get Together" stammt aus dem Jahr 1964.
[381] *Scott McKenzie*: „San Francisco (Be Sure To Wear Flowers In Your Hair)" b/w „What's The Difference" (13. Mai 1967).
[382] *The Beatles*: „All You Need Is Love" b/w „Baby You're A Rich Man" (7. Juli 1967).
[383] *The Moody Blues*: LP „Days Of Future Passed" (11. November 1967).

Orchester und Band noch weitgehend unverbunden nebeneinander: Das Orchester nimmt hier und da Motive der Songs auf und variiert sie in Überleitungen, aber in den Songs selbst spielt das Orchester noch keine Rolle. Auch die folgenden Platten der *Moody Blues* sind in der Regel lose zusammenhängende Song-Zyklen: „To Our Children's Children's Children" kreist um Raumfahrt, Mondlandung und einen Blick auf die Welt aus einem anderen Blickwinkel, „A Question Of Balance" behandelt die Ausbeutung die Erde und den Umweltschutz.[384]

Die Idee, eine Geschichte zu erzählen, wird 1967 vermehrt aufgegriffen, mal mit, mal ohne Orchester. Das ist nach allem, was dieser Essay zutage gebracht hat, nicht überraschend. Eine Geschichte in der Form einer Biographie ermöglicht es, alle bislang verstreuten Aspekte zusammenzufassen und ein vollständiges Bild im Sinne der hier diagnostizierten Unruhe in Bezug auf die (eigene) Biographie zu entwickeln. Als eine der ersten so genannten Rockopern erzählt „S.F. Sorrow" von *The Pretty Things*[385] 1968 die Geschichte von Sebastian F. Sorrow von seiner Geburt über Liebe, Tragödie und Verwirrung bis zur Desillusionierung im Alter. Die Idee, mit der Hilfe eines Lebenslaufs Zustände zu schildern und zu kritisieren, liegt offensichtlich in der Luft: Auch *Pete Townshend* von *The Who*, der die Selbstverständigungs- und Unabhängigkeitshymne „My Generation" geschrieben hatte, arbeitet an einer Rockoper. 1969 wird „Tommy"[386] veröffentlicht, die Geschichte eines Jungen, den der von ihm beobachtete Mord an seinem Stiefvater blind und taub macht. Trotz oder aufgrund dieser psychosomatischen Belastung wird er ein herausragender Pinball-Spieler, indem er sich ganz auf das Fühlen verlässt. Schließlich wird er durch die Zerstörung eines Spiegels geheilt. Er gründet eine Religion, aber seine Jünger wenden sich bald ab und Tommy zieht sich wieder in sich zurück. Es fällt nicht schwer, an diese Geschichte allerlei aktuelle Kritik anzuhängen: an Erziehungsmethoden, am Umgang der Gesellschaft mit Außenseitern, am Umgang miteinander, der jeden Willen zum Verständnis fehlen lässt.

Einen anderen Weg geht *Ray Davies*. Seine *Kinks* können zwischen 1965 und 1969 nicht in den USA auftreten, wo sie eine große Anhängerschaft haben; also konzentriert er sich, dem ohnehin alles Britische stets zu denken gibt, noch mehr auf englische Themen. Einzelne Songs waren das erste Ergebnis („Dedicated Follower Of Fashion", „Sunny Afternoon", „Waterloo Sunset"); mit „The Kinks Are The Village Green Preservation Society" und „Arthur or

---

[384] *The Moody Blues*: LP „To Our Children's Children's Children" (21. November 1969), LP „A Question Of Balance" (7. August 1970).
[385] *The Pretty Things*: LP „S.F. Sorrow" (Dezember 1968).
[386] *The Who*: D-LP „Tommy" (23. Mai 1969).

The Decline and Fall of The British Empire"[387] schafft er Song-Zyklen mit kritisch-ironischen Anmerkungen zum englischen Selbstverständnis, die vielfach von einer produktiven Verarbeitung englischer Musiktraditionen zeugen und von der Kritik gut aufgenommen werden, sich jedoch nur mäßig verkaufen.

Die Idee zusammenhängender Song-Zyklen zieht sich durch die kommenden Jahre und wird vor allem im Prog Rock noch lange kultiviert.[388] Aber es ist erkennbar nicht nur die bequeme Möglichkeit, an einer Biographie Gesellschaftskritik festzumachen, sondern genau andersherum auch der Versuch, der ständig unübersichtlicher werdenden Welt ein Stück Sinn abzuringen und die zunehmende Bedrängnis des Individuums zu zeigen, dabei zugleich diesem Individuum auch Zuspruch für die Überwindung der Konflikte zu geben, in denen es sich befindet und notgedrungen bewähren muss. Denn natürlich fiele es jedem Hörer leicht, beispielsweise „Tommy" von vorn bis hinten metaphorisch zu verstehen und auf sich selbst zu beziehen. Als taub (von so viel Werbung) und blind (von der Unmöglichkeit, aus der Überfülle positiv das auszuwählen, was zu einem gehört) kann sich jeder erfahren. Geschichten haben noch immer geholfen, Struktur in die Welt zu bringen und sich neu zu fokussieren.

Einige der weltweit wichtigsten Songschreiber sind 1966 ratlos und sagen das deutlich. Sie machen sich Sorgen über den Zustand der Gesellschaft, beklagen die Vereinsamung, die Kommunikationsarmut oder –unfähigkeit, das Desinteresse an Lösungen, die die Gesellschaft weiterbringen würden, und an den Bedürfnissen des Einzelnen. Sie kritisieren die Bevormundung durch ihre Regierungen und die staatlichen Institutionen; Verärgerung, Verunsicherung, Vergeblichkeit und Verfehlung sind die großen Themen. Wo Authentizitätsverlust, Heimatverlust und seelische Unbehaustheit drohen, formulieren sie die Fragen, die sie selbst haben oder die ihre Eltern, „terrorized into silence", noch nicht zu stellen wagten. Mit ihrer Unnachgiebigkeit legen sie in ihren Songs die versteckten, verdrängten Traumata – die aus dem Zweiten Weltkrieg, dem Holocaust, dem Veränderungsdruck, der Atomkriegsangst, dem Verlust von Sicherheit und Zukunftsgewissheit und ganz aktuell aus dem Vietnamkrieg herrühren – bloß. Mechanismen (wie Konsum) oder Floskeln (der Politik) der vordergründigen Pazifizierung werden von ihnen abgelehnt; sie begehren,

---

[387] *The Kinks*: LP „The Kinks Are the Village Green Preservation Society" (22. November 1968; wie das Schicksal es will: am gleichen Tag wie das „Weiße Album" „The Beatles"); „Arthur or The Decline and Fall of The British Empire" (10. Oktober 1969).

[388] Beispielsweise: *Emerson, Lake and Palmer*: LP „Tarkus" (14. Juni 1971); *Genesis*: D-LP „The Lamb Lies Down On Broadway" (18. November 1974).

hinter die Dinge blicken zu wollen, und verlangen Lösungen. Sie verlangen die Respektierung des Individuums und des selbstbestimmten Handelns. Identitätssuche ist immer in der Gefahr, zur Identitätskonstruktion zu gerinnen; vielleicht ist *Dylan*s Verhalten nur exemplarisch für die Einsicht, dass ein konsistentes, durchgehend von einem Sinn definiertes Leben nicht mehr möglich ist. Was der jungen Generation aber durchaus vorgegaukelt wird: Ergäben sich aber alle in den Konsumismus und in die Weltsicht, die ihnen die Politiker und die Sachzwänge vormachen, so die Prämisse, würden die Menschen zur leicht lenkbaren Masse, die für jeden Zweck, gut oder böse, eingespannt und ausgenutzt werden kann („The Sound Of Silence") – deshalb die Absage an die (selbst)ernannten Führungsfiguren. Denn es kommt gerade darauf an, dass das Individuum sich ohne Einschränkungen und Denkverbote entwickeln kann, um der Gesellschaft sein Bestes zu geben („I Just Wasn't Made For These Times"). Und die Jungen wissen, dass keine Zeit mehr zu verlieren ist. Nicht zuletzt deshalb gibt es so viele thematische Berührungspunkte oder Überschneidungen in den hier betrachteten Texten.

Um ihre Ziele zu erreichen, nutzen sie ihre Musik und vor allem ihre Texte. Sie konstituieren sich als eine Generation, die unter dem Druck der Erfahrungen und aus dem eigenen Selbstbewusstsein heraus alles anders zu machen sucht. Sie lassen die jeweiligen Forme(l)n, die sie bis dahin benutzt haben und die erheblich zu ihrem Erfolg beigetragen haben, in diesem Jahr so abrupt hinter sich, als hätten sie sich dazu verabredet. 1966 ist auch das erste große Jahr der Experimentierfreudigkeit – mit Arrangements, mit Sounds, mit dem Studio als Instrument. Was sie geschaffen haben, hat sich nicht nur ausgewirkt auf die Entwicklung der Pop- und Rockmusik der nächsten Jahre, sondern hat die Zeit auch gut überstanden. Es steht am Anfang einer Entwicklung, die Pop-Musik als eine Form von Kunst und den Songschreiber als Künstler etabliert.

Und es ist ein einzigartiges Ensemble von Werken, die ein eindrucksvolles, emotional packendes Bild eines Augenblicks liefern – als noch alle Optionen für eine gute Entwicklung offen zu stehen schienen.

„… a used year" sieht anders aus.

Register: Personen, Bands

Alpert, Richard 232
Andrews, Julie 202
Animals, The 36, 45, 160, 167
Anthony & The Sophomores 192
Armstrong, Neil 39
Asher, Tony 127, 141
Association, The 51, 53, 205, 278
Baez, Joan 167, 173, 175
Bailey, David 100
Baker, Chet 20
Band, The 275, 278
Barrett, Syd 241
Barrie, James 247, 248
Barry, Jeff 13
Barry, John 13
Beach Boys, The 7, 8, 16, 20, 37, 43, 44, 46, 47, 49, 50, 51, 52, 111, 117, 118, 119, 120, 121, 122, 124, 125, 127, 128, 129, 131, 135, 143, 145, 148, 149, 151, 152, 192, 203, 204, 205, 210, 220, 228, 235, 243, 244, 275, 276
Beatles, The 5, 7, 8, 16, 35, 36, 37, 41, 42, 43, 44, 45, 46, 50, 52, 54, 55, 64, 65, 66, 83, 87, 90, 93, 94, 97, 101, 103, 104, 105, 109, 114, 117, 118, 119, 120, 126, 127, 133, 138, 147, 148, 149, 150, 151, 152, 160, 175, 176, 184, 185, 190, 191, 193, 194, 197, 199, 201, 203, 204, 205, 206, 207, 208, 209, 210, 211, 212, 213, 215, 217, 219, 220, 222, 224, 227, 228, 230, 233, 234, 235, 238, 239, 240, 244, 255, 258, 266, 267, 269, 272, 273, 276, 277, 278, 279
Beethoven, Ludwig van 165
Berio, Luciano 210
Berlin, Irving 124

Berry, Chuck 11, 12, 18, 20, 21, 85, 191, 192, 208
Big Brother And The Holding Company 6, 278
Big Joe Turner 12
Bill Haley & His Comets 11
Billy J. Kramer And The Dakotas 36
Birch, John 10, 255, 256
Black, Cilla 49
Blackburn, Tony 37
Blake, George 41
Bloomfield, Mike 165
Blues Breakers, The 51
Bob Dylan and The Band 275
Bokassa, Jean-Bédel 38
Boleyn, Lady Anne 100, 101
Boone, Pat 37
Bowie, David 180, 181
Boyd, Patti 220
Braine, John 23
Brennan, Walter 255
Breschnew, Leonid 39
Brown, James 44, 45, 48, 49, 50, 51, 83, 84, 117, 118
Brubeck, Dave 20
Bruce, Lenny 41, 109, 235, 256, 259
Burton, Richard 28
Byrds, The 38, 43, 44, 46, 47, 49, 50, 51, 52, 54, 55, 66, 72, 77, 78, 117, 118, 126, 150, 151, 152, 163, 167, 179, 203, 204, 205, 234, 240, 244, 279
Camus, Albert 81
Carmichael, Hoagy 124
Carroll, Lewis 241
Casanova, Giacomo 166
Chamisso, Adelbert von 247
Chitty, Kathy 64, 65, 70
Chords 11

Chris Barber's Jazz Band 14
Clapton, Eric 51
Clark, Petula 43, 48, 49, 90, 198, 271
Clarke, Allan 239
Cleave, Maureen 210, 233, 263
Coasters, The 33, 124
Cochran, Eddie 11, 18, 20, 33, 191, 192
Cocker, Joe 179
Cogan, Alma 41
Cohen, Leonard 158
Colyer, Ken 14
Connery, Sean 31
Conniff, Ray 37
Cooke, Sam 6, 14, 190
Cream 53, 278
Crew-Cuts, The 12
Cribbins, Bernard 14
Crosby, David 240
Crosby, Stills, Nash & Young 240
Crows, The 19
da Vinci, Leonardo 172, 173
Darin, Bobby 9, 13, 199
Dave Clark Five, The 36, 46, 206
Davies, Ray 93, 101, 199, 200, 201, 211, 215, 216, 268, 269, 272, 280
Davis, Billie 49
de Gaulle, Charles 39
Dean, James 97
Deene, Carol 9, 14
Diamond, Neil 13, 50, 52, 53
Dickinson, Emily 251
Disney, Walt 42, 255
Donegan, Lonnie 14, 35
Donovan 43, 45, 46, 50, 52, 54, 150, 151, 152, 234, 244
Doonican, Val 198
Doors, The 235, 241
Douglas, Craig 14, 36, 192
Downliners Sect, The 44, 50
Drabble, Margaret 25, 31

Drifters, The 13, 107
Dupree, Theodore Augustus 20
Dykins, John 18
Dylan, Bob 7, 8, 17, 35, 37, 40, 43, 45, 48, 49, 50, 51, 54, 63, 65, 66, 72, 78, 82, 83, 84, 89, 104, 114, 119, 126, 150, 151, 152, 153, 154, 155, 156, 157, 158, 159, 160, 162, 163, 164, 165, 167, 168, 169, 170, 171, 172, 173, 174, 175, 176, 177, 178, 180, 182, 183, 184, 185, 186, 187, 188, 189, 193, 203, 205, 234, 243, 244, 249, 254, 255, 256, 257, 263, 264, 267, 270, 271, 274, 275, 276, 282
Easybeats, The 53
Echols, Johnny 105
Einstein, Albert 166
Eliot, Thomas Stearns 166
Elston Gunn and The Rock Boppers 17
Emerson, Lake and Palmer 281
Epstein, Brian 212, 215, 233
Erhard, Ludwig 42
Everly Brothers, The 19, 34, 56, 57, 257
Evers, Medgar 156
Faith, Adam 36, 90
Faithfull, Marianne 94, 268
Farlowe, Chris 47, 51, 84, 107
Fifth Dimension 5, 279
Flack, Roberta 179
Fleming, Ian 31
Fonda, Peter 222
Forster, Margaret 25, 26, 31
Four Freshmen, The 124, 127, 148
Four Seasons, The 51
Four Tops, The 44, 46, 52, 198
Fourmost, The 36
Franz, John 196
Freddie and The Dreamers 36

Frost, Robert 251
Fury, Billy 32
Gagarin, Juri 15
Gandhi, Indira 39
Gardner, Ava 30
Garfunkel, Art 19, 55, 56, 57, 58, 62, 64, 65, 247, 249, 251, 256, 257
Gary Lewis and the Playboys 199
Gaye, Marvin 50
Genesis 281
Georgie Fame and the Blue Flames 50, 205
Gerry and The Pacemakers 36, 212
Gershwin, George 124
Glenn, John 15
Goffin, Gerry 13, 56, 195
Golden Chords 17
Goodman, Andrew 61, 190
Grahame, Kenneth 241
Grateful Dead, The 6, 235, 236, 240, 241, 278
Greco, Buddy 9
Greenfield, Howard 13
Greenwich, Ellie 13
Grossman, Albert 35, 189
Guthrie, Woody 18, 34, 35, 146, 154
Hailey, Arthur 30
Haley, Bill 12
Hammerstein, Oscar 202
Hancock, Herbie 43
Harrison, George 209, 214, 215, 217, 219, 220, 224, 227, 228, 255, 267, 269
Hawker, Mike 13
Henry VIII 100, 101
Herman's Hermits 44, 46, 47, 49, 50, 206
Hicks, Tony 239
High Numbers, The 36
Holiday, Chico 17

Hollies, The 36, 38, 44, 45, 48, 50, 52, 53, 204, 205, 206, 209, 239, 240
Holly, Buddy 11, 12, 18, 20, 56, 208
Howlin' Wolf 20
Ifield, Frank 36
Ionesco, Eugène 81
Jagger, Mick 6, 20, 21, 85, 86, 87, 89, 96, 97, 98, 100, 101, 102, 103, 104, 106, 109, 110, 111, 114, 166, 201, 277
Jardine, Al 20
Jefferson Airplane 6, 38, 47, 49, 51, 52, 235, 236, 240, 241, 244, 278
Jimi Hendrix Experience 53, 278
Joel, Billy 67
John Mayall and the Bluesbreakers with Eric Clapton 51
Johnson, Lyndon B. 38, 190, 255
Johnston, Bob 165
Johnston, Bruce 210
Jones, Brian 94, 97, 107
Jones, Tom 52
Joyce, James 26, 255
Jürgens, Udo 39
Kaempfert, Bert 37
Kane, Eden 14
Kaye, Carol 132
Keaton, Buster 39
Keeler, Christine 31
Ken Colyers Jazzmen 35
Kennedy, Jacqueline 15
Kennedy, John F. 6, 14, 15, 58, 60, 65, 66, 190
Kern, Jerome 124
Kerouac, Jack 96, 172, 255
Kesey, Ken 38
Kiesinger, Kurt Georg 42
King, Carole 13, 56, 195
King, Martin Luther Jr. 40, 254, 259
Kingston Trio 34, 135, 279

Kinks, The 36, 38, 43, 44, 45, 46, 48, 50, 52, 53, 83, 92, 93, 117, 118, 129, 151, 152, 180, 194, 197, 199, 201, 203, 204, 205, 206, 209, 215, 243, 244, 268, 280, 281
Kramer, Billy J. 206
Landis, Jerry 55, 56
Lawrence, D. H. 27
Lazenby, George 31
Leadbelly 20, 35
Leary, Timothy 5, 232
Lee, Arthur 236, 237
Lee, Peggy 13
Leiber, Jerry 13
Leigh, Janet 28
Lennon, Alfred 18
Lennon, Cynthia 194, 225
Lennon, John 18, 19, 20, 42, 85, 87, 101, 103, 113, 184, 185, 186, 193, 194, 210, 211, 212, 213, 214, 217, 218, 220, 222, 223, 224, 225, 227, 228, 231, 232, 233, 235, 251, 263, 267, 268, 269, 273, 277
Lennon, Julia 18
Lewis, Jerry Lee 11
Lightfoot, Gordon 48, 151, 234
Lind, Bob 38, 48, 151, 197, 204
Little Richard 11, 12, 17
Lodge, David 26
Loog Oldham, Andrew 85
Love 38, 49, 51, 105, 236
Love, Mike 20, 123, 127, 140, 143, 144
Lovin' Spoonful, The 46, 48, 51, 117, 118, 151, 197, 199, 204, 205, 224, 243, 244
Lowndes, Sara 187, 188
Ma Rainey 165
MacInnes, Colin 23, 31, 208
Macmillan, Harold 15
Mailer, Norman 28, 32, 255

Malamud, Bernard 81
Malcolm X 190, 254
Manfred Mann Band 36
Manfred Mann's Earth Band 167
Manilow, Barry 250
Mann, Barry 13
Mann, Manfred 45, 49, 51, 151, 152, 167, 179, 204, 205, 275
Martin, George 207, 212
Mayall, John 43, 51, 83
McCarthy, Joseph 10, 17
McCartney, Jim 19
McCartney, Michael 18
McCartney, Paul 18, 19, 20, 85, 87, 209, 211, 212, 214, 216, 217, 220, 221, 223, 224, 226, 229, 267, 269, 272, 273
McCullers, Carson 59
McGuinn, Roger 66
McGuire, Barry 44, 54, 150, 203, 234
McKenzie, Scott 279
McLean, Don 12
McNamara, Robert 254, 255
Melville, Herman 161
Mercer, Johnny 124
Meredith, James 6, 15, 40, 155
Milburn, Amos 11
Miller, Henry 27
Miracles, The 92
Mississippi John Hurt 42
Mitchell, Guy 37
Monk, Thelonious 20
Monkees 52, 53, 206, 278
Monro, Matt 14
Moody Blues, The 36, 45, 83, 85, 107, 279, 280
Morgan, Jane 198
Morrison, Jim 105
Morrison, Van 179
Mothers Of Invention, The 237, 238
Move 53

Murdoch, Iris 24, 32
Nash, Graham 239, 240
Nat ,King' Cole 172, 173
New Vaudeville Band 208
Newley, Anthony 14
Nixon, Richard 259
O'Hara, John 255
Ono, Yoko 42
Orbison, Roy 14, 47
Ormsby Gore, Jane 101
Osborne, John 21, 22
Packard, Vance 81, 93, 264
Paramor, Norrie 13, 14
Parks, Rosa 10
Paul Butterfield Blues Band, The 165
Peck, Gregory 30, 81
Peel, John 37
Pendletones, The 20
Penguins, The 19
Perkins, Carl 11
Peter & Gordon 48, 49, 204
Peter, Paul and Mary 35
Philby, Kim 31, 190
Picadilly Line 173
Pink Floyd 241
Pohlman, Ray 140
Porter, Cole 124
Pound, Ezra 166
Presley, Elvis 11, 12, 13, 17, 18, 20, 209
Pretty Things, The 278, 280
Procul Harum 278
Profumo, John 31, 190
Quant, Mary 200, 206
Quarrymen, The 18
Rainey, Michael 101
Rampling, Charlotte 25
Rand, Ayn 255
Ray, Johnnie 11
Reagan, Ronald 42
Redding, Otis 43, 45, 49, 83, 103

Redgrave, Lynn 25
Reich, Charles A. 6
Richard, Cliff 13, 14, 32, 207
Richards, Keith 20, 21, 85, 86, 87, 89, 96, 114, 277
Righteous Brothers, The 49
Robinson, Edwin Arlington 73
Rodgers, Richard 124, 202
Rolling Stones, The 6, 7, 8, 16, 36, 37, 43, 44, 45, 46, 47, 48, 49, 50, 51, 54, 64, 83, 84, 86, 87, 88, 89, 90, 91, 93, 94, 95, 97, 99, 100, 101, 105, 106, 107, 108, 109, 110, 111, 112, 114, 115, 117, 118, 130, 150, 152, 163, 166, 167, 182, 194, 198, 203, 204, 205, 206, 207, 209, 212, 238, 240, 243, 268, 270, 273, 274, 277, 278
Ros, Edmundo 37
Rovell, Marilyn 123, 138
Sadler, Barry 255
Sartre, Jean-Paul 81
Schroeder, John 13
Scott, David 39
Searchers, The 36
Sedaka, Neil 9, 13, 56, 126
Sedgwick, Edie 109, 178, 179
Seeger, Pete 34
Seekers, The 25, 197
Selby, Hubert Jr. 27, 32
Seymour, Lady Jane 100
Shadows, The 13, 14
Shakespeare, William 176
Shapiro, Helen 14, 36
Sharp, Margery 24, 31
Shrimpton, Chrissie 100
Shrimpton, Jean 100
Shute, Nevil 30, 31
Sillitoe, Alan 22, 31
Simon & Garfunkel 7, 8, 37, 45, 47, 52, 53, 54, 55, 58, 62, 65, 66, 80,

81, 117, 118, 150, 151, 165, 203, 204, 238, 243, 244, 248, 252, 260, 261, 267, 269, 277
Simon, Louis 19
Simon, Paul 19, 20, 45, 55, 56, 57, 58, 59, 60, 61, 62, 63, 64, 65, 66, 67, 68, 69, 70, 71, 72, 73, 74, 75, 76, 77, 78, 79, 80, 81, 82, 90, 97, 109, 117, 141, 150, 163, 198, 203, 216, 217, 218, 234, 239, 244, 245, 246, 247, 248, 249, 250, 251, 252, 253, 254, 255, 256, 257, 259, 260, 261, 263, 266, 269, 270, 271, 272, 273, 274
Simone, Nina 179
Sinatra, Frank 11, 49, 118, 127, 147, 148, 191, 204
Small Faces, The 45, 47, 50, 52, 83, 84, 85, 278
Smith, Mimi 18
Smokey Robinson 92, 206
Smokey Robinson & The Miracles 44, 117
Snow, Charles Percy 29, 31
Sonny & Cher 44, 49
Speck, Richard 40, 259
Spector, Phil 148
Spencer Davis Group 44, 46, 47, 48, 52, 53, 84, 85
Spokesmen, The 234
Springfield, Buffalo 53, 240, 244, 264
Springfield, Dusty 46, 49, 51, 118, 195, 196, 197, 203, 204, 205, 243, 268
Springfield, Tom 197
Steele, Tommy 32
Stevens, April 51
Stevens, Bobby 13
Stills, Stephen 240, 263, 264
Stoller, Mike 13
Suharto, Haji Mohamed 39

Sukarno, Achmed 39
Sullivan, Ed 65
Supremes, The 43, 45, 48, 52, 118, 204, 206
Susann, Jacqueline 29
Swinging Blue Jeans, The 36
Taylor, Elizabeth 28
Taylor, Maxwell 255
Tempo, Nino 51
Temptations, The 43, 44, 45, 46, 48, 50, 117, 205
The Mamas And The Papas 48, 118, 151, 152, 243
Them 44, 47, 83, 151
Thomas, Dylan 256
Tico and The Triumphs 57
Tom & Jerry 19, 55, 56
Townshend, Pete 91, 146, 201, 280
Traffic 278
Troggs, The 50, 51, 205
Turtles, The 45, 47, 150
Updike, John 27, 32
Usher, Gary 121
Vallee, Rudy 208
Van Heusen, Jimmy 124
Vandyke, Les 13
Vee, Bobby 13, 152
Vincent, Gene 11
Vinton, Bobby 13
Walker Brothers, The 46, 48, 52, 196, 204
Warhol, Andy 109, 178
Warwick, Dionne 47, 48, 53
Waters, Muddy 20, 21, 85, 86
Weil, Cynthia 13
Whitman, Charles 41
Whitman, Stuart 28
Who, The 36, 38, 46, 47, 49, 53, 55, 83, 84, 85, 91, 146, 203, 204, 206, 280
Williams, Larry 11, 97, 192

Wilson, Brian 20, 49, 65, 81, 118, 119, 120, 121, 122, 123, 124, 125, 126, 127, 128, 131, 132, 133, 134, 135, 136, 137, 138, 141, 143, 144, 145, 147, 148, 165, 204, 210, 243, 266, 268, 272, 273, 275
Wilson, Carl 20, 137, 144
Wilson, Dennis 20
Wilson, Harold 39
Wilson, Murry 20, 123
Wilson, Sloan 81
Wilson, Tom 165
Wyman, Bill 20, 94, 107
Wynter, Mark 14
Yardbirds, The 44, 46, 51, 83
Young, Neil 240
Youngbloods, The 279
Zappa, Frank 50, 148, 152, 237, 238, 239, 243
Zombies, The 36, 43

Register: Alben (kursiv), Songs

(Ain't That) Just Like Me 36
(I Can't Get No) Satisfaction 44, 54, 83, 87, 90, 92, 94, 95, 98, 104, 108, 111, 117, 150, 249, 270
(I'm Not Your) Steppin' Stone 53
12x5 86, 107
19th Nervous Breakdown 48, 84, 86, 94, 95, 96, 99, 100, 102, 112, 115, 163, 178, 204, 273
4th Time Around 184, 185, 274
7 And 7 Is 51, 236
7 O'Clock News/Silent Night 258, 260
A Bit Of Liverpool 206
A Change Is Gonna Come 5, 6
A Church Is Burning 64
A Fork In The Road 44, 92, 117
A Hard Day's Night 87, 224
A Hard Rain's A-Gonna Fall 155, 159, 160
A Hazy Shade Of Winter 53, 244, 261
A Most Peculiar Man 74, 75, 76, 78, 82, 246, 271, 272
A Must To Avoid 46
A Poem On The Underground Wall 257, 260
A Question Of Balance 280
A Quick One 53
A Simple Desultory Philippic (Or How I Was Robert McNamara'd Into Submission) 254, 260, 269
A Well Respected Man 92, 93, 94, 201, 272
A World Of Our Own 197
Absolutely Sweet Marie 182, 183, 274
After The Lights Go Out 48, 204
Aftermath 7, 49, 50, 84, 95, 96, 97, 99, 105, 107, 114, 115, 118, 152, 204, 207, 240, 243, 277

Ain't That A Groove, pt. 1 48
Ain't That A Groove, pt. 2 48
Ain't Too Proud To Beg 50, 205
All Day And All Of The Night 129
All I Have To Do Is Dream 257
All I Really Want To Do 44, 54, 150, 158, 159, 163
All Or Nothing 52
All Strung Out 51
All Summer Long 121, 122, 124, 125
All You Need Is Love 279
Along Comes Mary 278
American Pie 12
American Pie, pt. 2 12
Amusement Park U.S.A. 123
And Then... Along Comes The Association 51, 205
And Your Bird Can Sing 224, 225, 226, 228, 230, 273
Animal Tracks 45
Anji 66, 72
Another Side Of Bob Dylan 157, 160
April Come She Will 75, 76, 266
Arnold Layne 241
Arthur or The Decline and Fall of The British Empire 281
As Tears Go By 47, 48, 84, 85, 94, 95, 118, 204, 209, 268
Autumn '66 52
Baby Face 9
Baby Make It Soon 51, 107
Baby You're A Rich Man 279
Ballad Of A Thin Man 166, 167, 170, 263
Ballad Of The Green Berets 255
Barbara Ann 47, 118, 126
Be True To Your School 120
Beatles For Sale 93, 138
Beautiful 279

Beggars Banquet 278
Begin Here 43
Best of The Beach Boys 149
Between The Buttons 6, 166, 277
Big Black Smoke 53
Biograph 17
Bleecker Street 58, 59, 78, 163, 247, 248
Blessed 66, 68, 69, 70, 216, 251
Blonde On Blonde 7, 50, 119, 152, 157, 168, 169, 188, 205, 243, 256, 274, 275, 276
Blowin' In The Wind 63, 155
Blue Suede Shoes 13
Blue Turns To Grey 93, 94
Blues From An Airplane 49, 236
Bob Dylan 16, 154
Bob Dylan's 115th Dream 89, 161, 176, 254, 268, 270, 271
Bookends 261, 277
Breakin' Up Is Hard To Do 13, 126
Bridge Over Troubled Water 81
Bringing It All Back Home 43, 54, 89, 150, 160, 162, 163, 164, 189, 254
Brooklyn Blues 250
Buffalo Springfield 53, 244
Bus Stop 50, 205, 239
Butchie's Tune 51, 205, 244
Bye Bye Love 19, 35, 57
Calendar Girl 13
California Girls 44, 117, 123, 125, 203, 220
Can't Buy Me Love 87, 103
Candy And A Currant Bun 241
Captain Soul 50, 152
Caroline, No 49, 118, 144, 145, 146, 147, 193, 204, 240, 243, 266
Catch The Wind 43, 54, 150, 234
Cherry Cherry 52
Cheryl's Goin' Home 48, 151, 197, 204

Chicken Shack Boogie 11
Child Of The Moon 278
Chimes Of Freedom 158, 163
Cilla Sings A Rainbow 49
Circles (Instant Party) 49, 84, 91, 204
Claudette 257
Cliff sings 13
Cloudy 247
Come On 36
Come Up The Years 49, 236
County Fair 120
Cross Over The Bridge 11
Crusader 240
Cry 11
da capo 105
Dandy 52, 244
Dark Lonely Street 192
Dawn Of Correction 234
Day Tripper 46, 83, 118, 151, 203, 209, 211
Daydream 48, 197, 199, 224, 250
Daydream 48, 118, 151, 204, 243
Days Of Future Passed 279
Dead End Street 53
December's Children (And Everybody's) 47, 84, 93, 94, 95, 99
Dedicated Follower Of Fashion 48, 101, 118, 151, 178, 197, 199, 200, 204, 238, 243, 249, 280
Desolation Row 166, 172, 187
Devoted To You 126
Disturbance 53
Dizzy Miss Lizzy 97, 192
Do I Have To Come Right Out And Say It? 264
Do It 50
Do You Believe In Magic? 46, 117, 151
Do You Remember 124
Do You Want To Know A Secret 36
Doctor Robert 203, 227, 230
Don't Ease Me In 236

Don't Even Think About Changing 240
Don't Ever Change 13
Don't Hurt My Little Sister 122, 123, 125
Don't Just Look At Me 47, 84
Don't Look Back 45, 117, 189
Don't Run And Hide 50, 205, 239
Don't Take All Night 49
Don't Talk 133, 134
Don't Talk (Put Your Head On My Shoulder) 132, 133, 147
Don't Treat Me Like A Child 14
Don't Worry Baby 121, 122, 125, 141
Doncha Bother Me 103, 104, 109, 110, 111, 112, 273
Double Fantasy 113
Down Came The Rain 212
Downtown 271
Downtown 43
Drive My Car 126, 211
Earth Angel 19
Edelweiss 202
Eight Days A Week 93
Eight Miles High 49, 118, 152, 204
El Bandido 50, 205
Eleanor Rigby 52, 203, 216, 217, 218, 220, 226, 228, 230, 252, 267, 272
Elusive Butterfly 48, 151, 197, 198, 204, 245
Embraceable You 13
Empty Heart 86
Eve Of Destruction 44, 54, 150, 203, 234
Every Ounce Of Strength 49, 204
Everything's Coming Up Dusty 46, 203
Exile On Main Street 106
Face To Face 52, 181
Fading Away 48
Fairytales 46, 151
Father Of Day, Father Of Night 167

Fifi The Flea 239
Fifth Dimension 50, 152
Fifth Dimension 51, 152, 205, 244
Fixin' To Die 154
Flight 505 105, 106, 111, 114
Flowers 112
Flowers Never Bend With The Rainfall 80, 252, 253, 254, 257, 260, 261, 266
For Certain Because 53, 239, 240
For Emily, Whenever I May Find Her 53, 244, 257, 261
For Love 50
For No One 226, 227, 228, 267, 273
For What It's Worth 264
For Your Love 44, 83
Freak Out! 50, 148, 152, 237, 239, 243, 279
Fresh Cream 53
Friday On My Mind 53
From A Buick 6 45, 54, 150, 168
From Home 50, 205
From Nowhere... The Troggs 51
Fun, Fun, Fun 120, 121
Gates Of Eden 45, 54, 83, 150, 159, 162, 163, 203
Gee 19
Georgy Girl 25
Get Away 50, 205
Get Off Of My Cloud 46, 54, 83, 88, 89, 91, 93, 94, 95, 203, 212
Get Ready 48
Get Together 279
Gettin' Ready 50
Gimme Some Lovin' 53
Girl 126
Girl Don't Tell Me 47, 118, 123, 124
Girls On The Beach 122
Glendora 50
Go Cry On Somebody Else's Shoulder 238

292

God Only Knows 51, 119, 137, 138, 141, 144, 146, 147, 228, 244, 266
Goin' Back 51, 195, 205, 222, 243, 250, 268
Going Home 104, 105, 108, 112
Good Day Sunshine 223, 224, 267
Good Times, Bad Times 86
Good To My Baby 122, 141
Good Vibrations 52, 244, 275
Got A Feelin' 48, 118, 151, 243
Got To Get You Into My Life 176, 199, 224, 229, 230
Gotta Get Away 47, 84, 118
Green, Green Grass Of Home 52
Grow Your Own 47, 84
Grown Up Wrong 86, 273
Halfway To Paradise 13
Hang On To Your Ego 140
Happy Birthday Sweet Sixteen 13
Having A Rave Up with The Yardbirds 46, 83
He Was A Friend Of Mine 66
He Was My Brother 58, 61, 62, 64, 66
Heart And Soul 49
Heart Of Stone 87
Hello Little Girl 36
Help Me, Rhonda 43, 125
Help! 44, 54, 83, 90, 94, 117, 147, 150, 188, 189, 193, 203, 217, 222, 237, 249, 263
Help! 45, 54, 117, 150, 194, 203, 209, 213, 240
Help, I'm A Rock 238
Here I Am 47
Here Today 140, 141, 142, 147
Here Where There Is Love 48
Here Where There Is Love 53
Here, There And Everywhere 220, 223, 226, 267, 273
Herman's Hermits 44
Hey Joe 53, 278

Hey Jude 277
Hey Schoolgirl 19, 57
High And Dry 106, 107, 111, 114, 182, 273
High Classed 240
High Time Baby 46
Highway 51 Blues 154
Highway 61 Revisited 45, 54, 83, 150, 165, 167, 168, 203
Homeward Bound 47, 80, 81, 118, 151, 204, 243, 248, 260
House Of The Rising Sun 160
How Do You Do It 36, 212
Huggin' My Pillow 51
Hungry Freaks, Daddy 237, 238
I Ain't Got No Heart 238
I Ain't Got Nobody 9
I Am A Rock 78, 79, 218, 239, 246, 248, 271, 272, 273
I Am Henry VIII, I Am 44
I Am Waiting 108, 109, 110, 111, 114, 116, 249, 270
I Can't Go On Livin' Baby… 51
I Can't Help It 45, 83, 117
I Can't Let Go 48, 204, 209
I Couldn't Live Without Your Love 49
I Don't Believe You (She Acts Like We Never Have Met) 159
I Don't Want To Go On Without You 107
I Feel Fine 87, 223
I Get Around 124, 125
I Got Mine 44
I Got The Feelin' 53
I Got You (I Feel Good) 45, 83, 117
I Got You Babe 44
I Gotta Move 129
I Hear A Symphony 48, 118, 204

I Just Wasn't Made For These Times
141, 142, 143, 146, 147, 148, 170,
184, 201, 237, 273, 282
I Knew I'd Want You 43, 54, 150,
163
I Know There's An Answer 138, 140,
141, 142, 272
I Need You 44
I Only Want To Be With You 195
I Saw Her Standing There 214
I Shall Be Free No. 10 158
I Wanna Be Rich 51, 152, 179, 205
I Want To Tell You 228, 229
I Want You 50, 175, 176, 205, 243,
276
I Wish I Weren't In Love 55
I'll Be Yours (My Love) 46
I'll Come Running 52
I'll Feel A Whole Lot Better 44, 54,
150, 163
I'll Find Out 50
I'll Follow The Sun 138
I'm A Believer 53, 278
I'm Alive 44
I'm Bugged At My Ol' Man 123, 124
I'm Down 44, 54, 83, 117, 150, 193,
203
I'm Free 88, 93, 94
I'm Gonna Leave You 51, 195, 205,
243
I'm Lonely 55
I'm Looking Through You 126
I'm Not Like Everybody Else 50,
152, 201, 205, 215, 243
I'm Only Sleeping 113, 170, 217, 218,
219, 225, 228, 232, 267, 269, 273
I'm So Young 122, 128
I'm The Face 36
I'm Waiting For The Day 133
I've Got A Way Of My Own 209
I've Got You Under My Skin 51

I've Just Seen A Face 126
If I Needed Someone 126, 209, 228
If You Can Believe Your Eyes And Ears
48, 152
If You Gotta Go, Go Now 45, 151,
159, 167, 276
In My Childhood 130
In My Life 126, 147, 263
In My Room 120
In My Time Of Dyin' 154
In The Back Of My Mind 122
In The Wee Small Hours 127, 147
Is It Yes Or Is It No? 49, 84, 118
It Ain't Me Babe 159
It Ain't Me Babe 45, 150
It Can't Happen Here 238
It Takes A Lot To Laugh, It Takes A
Train To Cry 167
It Won't Be Wrong 47, 151
It's A Man's Man's Man's World 49,
84, 118
It's A Man's Man's Man's World 51
It's All Over Now, Baby Blue 47, 151,
162, 164, 165
It's Alright, Ma (I'm Only Bleeding)
155, 159, 162, 256
It's Gonna Rain 44
It's No Secret 47, 235
It's Not Easy 108, 114, 130
It's Only Love 126
It's The Same Old Song 44
It's Too Late Now 36
It's You 52, 240
Jefferson Airplane Takes Off 52, 236, 244
John Henry 35
John Wesley Harding 276
Jumpin' Jack Flash 278
Just Like A Woman 51, 152, 178, 179,
180, 205, 244, 274
Just Like Tom Thumb's Blues 50,
205, 243

Kathy's Song 64, 65, 67, 69, 70
Keep An Eye On Summer 121
Keep On Running 46
Keep The Customers Satisfied 81
Kinda Kinks 43
King Of Clowns 9
Kinks part 1 Lola versus Powerman and The Moneygoround 181
Kiss Me, Baby 43
Kwyet Kinks 45, 83, 92
Lady Jane 51, 100, 101, 102, 108, 111, 114, 205, 243
Last Train To Clarksville 52, 206, 278
Leaves That Are Green 47, 67, 69, 70, 74, 75, 80, 118, 151, 204, 243, 261, 266, 272
Leopard-Skin Pill-Box Hat 177, 178, 179, 180, 268, 274
Let Him Run Wild 44, 117, 123, 124, 125, 133, 203, 220
Let It Be 239
Let It Bleed 106
Let Me In 51
Let Me Take You Home 36
Let's Get Together 236, 279
Let's Go Away For Awhile 52, 134, 244, 275
Lightfoot! 48, 151, 234
Like A Rolling Stone 45, 54, 65, 83, 150, 163, 164, 165, 166, 168, 203, 268, 274
Little By Little 86, 118
Little Deuce Coupe 127
Little Honda 121
Little Miss Lonely 13
Little Red Rooster 99
Live 1966. The ‚Royal Albert Hall' Concert 189
Live At The Gaslight 1962 160
Lola 180, 181
Loneliness 55

Lonely Sea 120
Long Long While 50, 84, 114, 205
Long Tall Sally 36
Look Through Any Window 45, 209
Look What You've Done 99
Love 49
Love Again 33
Love You To 219, 220, 228, 230, 267
Made My Bed 53
Maggie's Farm 161, 164, 165
Magical Mystery Tour 276, 277
Magnificent Moodies 45, 83
Maiden Voyage 43
Masters Of War 155
Maybellene 191, 192
Message To Michael 48
Metamorphosis 107
Michelle 126
Miss Amanda Jones 166
Mona Lisa 172
Monday Monday 48, 118, 151, 243
Money 87
Money (That's What I Want) 208
Money Won't Change You, pt. 1 50
Money Won't Change You, pt. 2 50
Monkees 52
Moods Of Marvin Gaye 50
More Hits 45
Most Likely You Go Your Way (And I'll Go Mine) 180
Mother's Little Helper 51, 97, 98, 102, 108, 112, 205, 243, 268, 270
Motorcycle 57
Mr. Spaceman 52
Mr. Tambourine Man 43, 54, 66, 150, 160, 163
Mr. Tambourine Man 44, 54, 117, 150, 203
My Baby 45, 117
My Favorite Things 202

My Generation 46, 55, 83, 91, 92, 94, 97, 102, 201, 203, 280
My Generation 47, 84, 204
My Love 48
My Old Man's A Dustman 35
Nashville Skyline 276
Never Met A Girl Like You Before 45, 203
Night Of Fear 53
Night Owl Blues 48, 199
No Expectations 278
No. Fourteen 51, 236
Norman 9, 222
North Country Blues 156
Norwegian Wood (This Bird Has Flown) 101, 126, 184, 185, 219, 224
Now! 87, 99
Nowhere Man 209, 263
Obviously 5 Believers 51, 152, 186, 244
Off The Hook 99, 108
Oh Carol 13
On The Outside Looking In 9
One Of Us Must Know (Sooner Or Later) 48, 151, 174, 175
One Too Many Mornings 157
Only A Pawn In Their Game 156
Oriental Sadness 239
Otis Blue 45, 83
Our Favourite Melodies 192
Our Song 55
Out In The Street 91
Out Of Our Heads 45, 83, 93, 94, 95, 203
Out Of Time 51, 107, 108, 114, 182, 273
Outlaw Blues 161
Over And Over 46
Oxford Town 155

Paint It Black 50, 84, 114, 115, 205, 268
Papa's Got A Brand New Bag, pt. 1 44
Papa's Got A Brand New Bag, pt. 2 44
Paperback Writer 50, 152, 205, 211, 212, 216, 220, 269
Parsley, Sage, Rosemary and Thyme 7, 52, 244, 255, 260, 261, 277
Party Line 52, 180, 181, 244
Patterns 246, 247, 248, 253, 260, 261, 266, 272
Pay You Back With Interest 240
Peculiar Situation 240
Penny Lane 276
Pet Sounds 144
Pet Sounds 7, 50, 118, 119, 122, 126, 127, 128, 132, 135, 138, 141, 143, 144, 145, 146, 147, 148, 152, 192, 205, 210, 217, 237, 243, 275, 279
Play Me A Sad Song 55
Play Those Oldies, Mr. Dee Jay 192
Play With Fire 43, 86, 87, 95, 96, 99, 163, 273
Plays John Mayall 43, 83
Please Let Me Wonder 122
Please Mrs. Henry 167
Please Please Me 212
Please Please Me 105, 214
Pledging My Time 49, 84, 152, 169, 171, 243
Pom Pom Play Girl 121, 122
Portrait 52
Positively 4th Street 45, 54, 150, 168, 182, 274
Pretty Flamingo 49, 204
Promise Her Anything 52
Quadrophenia 146
Queen Bitch 181
Queen Jane Approximately 48, 151

Quinn The Eskimo 275
Rain 50, 152, 170, 205, 212, 214, 217, 224, 225, 228, 232, 267, 273
Rainy Day Women # 12 & 35 49, 84, 152, 169, 170, 171, 243, 256
Reach Out I'll Be There 52
Rebel Rebel 180, 181
Renaissance 53
Restless Farewell 156
Revelation 105
Revolution 277
Revolver 5, 7, 52, 105, 152, 194, 206, 210, 214, 216, 219, 224, 230, 244, 276, 279
Richard Cory 66, 73, 74, 76, 80, 248, 269, 271, 272
Ride On, Baby 112, 113
Rock Around The Clock 11
Rock Island Line 35
Rubber Soul 46, 55, 83, 101, 104, 118, 119, 126, 127, 148, 151, 204, 209, 210, 211, 219, 224, 228, 240, 255, 258
Run For Your Life 126
Run, James, Run 144
Runnin' Round This World 47, 235
Running Through The Night 48, 204
S.F. Sorrow 280
Sad Day 95, 112, 113
Sad-Eyed Lady Of The Lowlands 186, 187, 188, 189, 238, 274
Salt Lake City 123
San Francisco (Be Sure To Wear Flowers In Your Hair) 279
Say Goodbye To Hollywood 67
Scarborough Fair/Canticle 245, 258, 260
Second Album 46, 47
See My Friends 45, 203
See That My Grave Is Kept Clean 154

Set Me Free 44
Set You Free This Time 47, 151
Sgt. Pepper's Lonely Hearts Club Band 5, 42, 217, 276, 278
Shake 6
Shake, Rattle And Roll 11, 12
Sha-La-La-La-Lee 47, 84, 278
Sh-Boom 11, 12
She Don't Care About Time 46, 54, 117, 151, 203
She Knows Me Too Well 125, 129, 137, 141, 272
She Said She Said 197, 222, 224, 228, 231, 273
She's Not There 36
Shout And Shimmy 46, 55, 83, 91, 203
Shut Down, Volume 2 121, 122
Shy 55
Silent Night 259, 260, 269
Since I Lost My Baby 44
Sing Smokey 43
Sittin' In The Balcony 191, 192
Sittin' On A Fence 112, 113, 201, 268
Sittin' On My Sofa 48, 118, 151, 199, 204, 243
Sloop John B. 49, 118, 135, 136, 147, 152, 272
Slow Down 97
Small Faces 50
Smile 275
Smiley Smile 275
So Beautiful Or So What 58
So Lonely 45
Solitary Man 50
Somebody Help Me 48, 84
Somewhere They Can't Find Me 66, 70, 71, 72
Son Of A Preacher Man 195
Song To Woody 155
Soul & Inspiration 49

Spanish Harlem Incident 163
Stay Around 45, 151
Steal Your Heart Away 36
Stealin' 236
Stevie's Blues 48, 84
Stone Free 53
Stop Stop Stop 52, 240
Strangers In The Night 49, 118, 204
Strawberry Fields Forever 276
Street Fighting Man 278
Stuck Inside Of Mobile With The Memphis Blues Again 176, 177
Stupid Girl 99, 100, 102, 104, 107, 108, 114, 274
Substitute 49, 84, 91, 92, 204
Subterranean Homesick Blues 160, 164, 174, 254, 256
Summer Days (And Summer Nights!!) 44, 117, 122, 123, 124, 126
Summer In The City 51, 205, 244
Summer Means New Love 49, 118, 204, 243
Summer Wind 191
Summertime Blues 33
Sunny Afternoon 50, 152, 201, 205, 215, 243, 269, 280
Sunshine Superman 50
Sunshine Superman 52, 152, 244
Surfer Girl 120
Surfin' 20
Surfin' Safari 120
Surfin' USA 120
Surprise, Surprise 99, 106
Sweet Little Sixteen 239
Sweets For My Sweet 36
Swing Street 250
Take A Giant Step 52, 206
Take It Easy with The Walker Brothers 46
Take It Or Leave It 110, 112
Talkin' Bout You 160

Talkin' World War III Blues 155
Talking John Birch Paranoid Blues 256
Tarkus 281
Taxman 201, 214, 215, 269
Tell Laura I Love Her 13
Tell Me 86
Tell Me To My Face 240
Tell Me What He Said 13, 14
Temporary Like Achilles 180, 181, 183, 274
Temptin' Temptations 46
That's All Right 11
That's How Strong My Love Is 239
That's My Story 55
That's Not Me 127, 130, 131, 132, 134, 139, 143, 147, 266, 272
The 59th Street Bridge Song 250, 251
The Angry Young Them 44, 83
The Basement Tapes 275
The Basement Tapes Complete 275
The Basement Tapes Raw 275
The Beach Boys Party! 46, 117, 126, 151
The Beatles 217, 281
The Big Bright Green Pleasure Machine 249, 250, 252, 260, 261, 269, 270
The Boat That I Row 53
The Bootleg Series, vol. 6: Bob Dylan Live 1964. Concert at Philharmonic Hall 159
The Columbia Studio Recordings 1964-1970 62, 71, 77, 250
The Dangling Conversation 251, 252, 253, 260, 261, 273
The Door Swings Both Ways 50
The End Of The World 44
The Feel Of Neil Diamond 52
The Freewheelin' Bob Dylan 155, 156
The Golden Vanity 35

The Great Otis Redding Sings Soul Ballads 43
The Greatest Inventor Of Them All 172
The Iron Man 146
The Kink Kontroversy 46, 151
The Kinks Are The Village Green Preservation Society 280, 281
The Lamb Lies Down On Broadway 281
The Last Thing On My Mind 25
The Last Time 43, 86, 87, 95, 99
The Little Girl I Once Knew 46, 118, 125, 145, 203, 266
The Lonesome Death Of Hattie Carroll 156, 159
The Man With The Cigar 46
The Mighty Quinn 167
The One In The Middle 167
The Orbison Way 47
The Paul Simon Songbook 45, 65, 66, 117, 150, 203, 245, 246
The Pet Sounds Sessions 8, 119, 133, 135, 144
The Piper At The Gates Of Dawn 241
The Rolling Stones No. 2 87
The Side Of A Hill 245
The Singer Not The Song 46, 54, 83, 88, 203
The Soul Album 49
The Sound Of Music 201
The Sound Of Silence 45, 54, 58, 59, 60, 62, 63, 64, 65, 66, 67, 77, 78, 80, 94, 117, 150, 165, 170, 203, 216, 247, 253, 263, 266, 270, 271, 282
The Sounds Of Silence 7, 47, 55, 64, 65, 66, 67, 72, 80, 118, 151, 165, 204, 243, 244, 246, 260, 266, 277
The Spider And The Fly 44, 54, 83, 87, 117, 150

The Sun Ain't Gonna Shine Anymore 48, 196, 204
The Sun Is Burning 62, 63, 246, 266
The Supremes A' Go-Go 52
The Times They Are A-Changin' 126, 158
The Times They Are A-Changin' 156, 157
The Tracks Of My Tears 44, 92, 117
The Trip 50
The Universal Soldier 234
The Universal Soldier 45, 54, 150, 234
The Warmth Of The Sun 121
The Wondrous World of Sonny & Cher 49
The Word 126, 219, 258
Their First LP 44
Their Satanic Majesties Request 277
Them Again 47, 151
There's No Other (Like My Baby) 46, 118, 125, 145, 203
Think 47, 84, 110, 111, 113
Think For Yourself 104, 110, 126, 255
This Car Of Mine 121
Ticket To Ride 43, 90, 193
Till The End Of The Day 46, 92, 93, 117, 194, 209
Time Is On My Side 107, 194
To Our Children's Children's Children 280
To Ramona 158
Today! 122, 123
Tom Dooley 34
Tombstone Blues 165
Tommy 146, 280, 281
Tomorrow Never Knows 218, 230, 232, 273
Trampoline 52
Trouble Every Day 238
Turn! Turn! Turn! 46, 54, 117, 151, 203

Turn! Turn! Turn! 47, 55, 66, 118, 151, 204
Turnstiles 67
Twist And Shout 105, 208
Two Teenagers. Paul Simon & Art Garfunkel as Tom & Jerry, Jerry Landis... The Singles 1957-1961 19, 55
Under My Thumb 102, 103, 107, 108, 114, 274
Under The Boardwalk 107
Understanding 52
Until You Love Someone 52
Up, Up And Away 5, 279
Visions Of Johanna 172, 173, 174, 176, 184, 187, 189
Wait 126
Wait For Me Baby 208
Waiting In Heaven Somewhere 44
Wake Up Little Susie 35
Walk With Me 9
Walking Back To Happiness 13
Waltz For A Pig 91
Watching The Wheels 113
Waterloo Sunset 280
We Can Work It Out 46, 48, 83, 118, 151, 203, 209
We Remember Sam Cooke 43
We Shall Overcome 64, 165
We'll Run Away 121, 122, 125, 128
We've Got A Groovy Thing Goin' 45, 54, 66, 76, 77, 117, 150, 203, 248
Wednesday Morning, 3 A.M. 70, 71
Wednesday Morning, 3 A.M. 58, 59, 62, 64, 65, 66, 271
Wee Wee Hours 192
What A Shame 87, 88, 110
What To Do 111, 114, 116
What's A Matter Baby 45, 83

What's Bin Did And What's Bin Hid 43, 54, 150
What's Happening?!?! 52
What's The Difference 279
What's Wrong With The Way I Live 240
Whatcha Gonna Do About It 45, 83
When I Come Home 52
When I Grow Up (To Be A Man) 122, 125, 127
When The Boys Meet The Girls 47, 49
When The Ship Comes In 156
Where Have All The Good Times Gone 46, 92, 93, 117, 194, 268
Which Way To Nowhere 5
Who Are The Brain Police 238
Why 49, 152, 204
Why Do You Treat Me Like You Do? 43, 54, 150, 234
Why Should We Not 36
Wild Thing 50, 205
Will You Still Love Me Tomorrow 13
Winchester Cathedral 208
With God On Our Side 156, 159, 167
With The Beatles 206
Woman 48, 49, 204
Would You Believe? 50, 205, 239
Wouldn't It Be Nice 51, 119, 128, 130, 137, 140, 146, 147, 192, 244
Wowie Zowie 238
Wrong From The Start 48, 204
Yakety Yak 33, 124
Yardbirds 51
Yellow Submarine 52, 220, 221, 222, 229, 230, 231, 241, 267
Yes It Is 43, 193
Yesterday 191, 194, 209
Yesterday's Papers 6
You Angel You 167
You Baby 47
You Can't Do That 103

You Don't Have To Say You Love Me 49, 118, 195, 204
You Don't Have To Say You Love Me 51, 205
You Know He Did 44
You Know How 9
You Know My Name (Look Up The Number) 239
You Really Gotta Hold On Me 206
You Still Believe In Me 129, 130, 131, 132, 138, 141, 272
You Won't See Me 126
You'll Lose A Precious Love 50, 205
You're No Good 154
You're So Good To Me 49, 118, 123, 124, 127, 152
You're Standing By 49, 204
You've Got To Earn It 44
You've Got To Hide Your Love Away 213
You've Really Got A Hold On Me 206
Young Ideas 17
Your Way Of Life 49
Zing Went The Strings Of My Heart 33

LITERATUR

Die nachstehende Liste führt die wichtigsten jener Titel an, die meine Überlegungen unterstützt haben:

Allgemeines: Gesellschaft

Freese, Peter: Der thermodynamische Pfeil der Zeit: Der Zweite Hauptsatz und die neuere amerikanische Erzählliteratur. In: Zeit und Roman. Zeiterfahrung im historischen Wandel und ästhetischer Paradigmenwechsel vom sechzehnten Jahrhundert bis zur Postmoderne. Hg. v. Martin Middeke. Würzburg: Königshausen & Neumann 2002, S. 333-358.

Frey, Marc: Geschichte des Vietnamkriegs. Die Tragödie in Asien und das Ende des amerikanischen Traums. München: Beck 1998.

Gitlin, Todd: The Sixties. Years of Hope, Days of Rage. New York u.a.: Bantam 1993.

Halliwell, Martin: American Culture in the 1950s. Edinburgh: Edinburgh University Press 2007.

Krisen im Kalten Krieg. Studien zum Kalten Krieg, Bd. 2. Hg. v. Bernd Greiner, Christian Th. Müller und Dierk Walter. Hamburg: Hamburger Ed. 2008.

Marwick, Arthur: The Sixties. Cultural Revolution in Britain, France, Italy, and the United States, c.1958 – c.1974. Oxford, New York: Oxford University Press 1998.

Monteith, Sharon: American Culture in the 1960s. Edinburgh: Edinburgh University Press 2008.

Ralph, Jr., James R.: Northern Protest. Martin Luther King, Jr., Chicago, and the Civil Rights Movement. Cambridge, Mass.: Harvard University Press 1993.

Rorabaugh, W. J.: Kennedy and the Promise of the Sixties. Cambridge u.a.: Cambridge University Press 2002.

Sandbrook, Dominic: Never Had It So Good. A History of Britain from Suez to The Beatles. [2005]. London: Abacus 2006.

Sandbrook, Dominic: White Heat. A History of Britain in the Swinging Sixties. [2006]. London: Abacus 2007.

Schulz, Charles M.: The Complete Peanuts. 1965 to 1966. Seattle: Fantagraphics Books 2007.

Allgemeines: Musik

The Age of Rock. Sounds of the American cultural revolution. Hg. v. Jonathan Eisen. New York: Vintage 1969.

Lynskey, Dorian: 33 Revolutions per Minute. A history of protest songs from Billie Holiday to Green Day. New York: ecco / HarperCollins 2011.

Maconie, Stuart: The People's Songs. The Story of modern Britain in 50 Songs. O.O.: Ebury Press 2013.

Miles, Barry: The British Invasion. New York: Sterling 2009.

Whitcomb, Ian: Rock Odyssey. A Chronicle of the Sixties. [1983]. New York: Limelight Editions 1994.

The Beach Boys

Badman, Keith: The Beach Boys. The Definitive Diary of America's greatest Band: on Stage and in the Studio. San Francisco: Backbeat 2004.

Die Beach Boys und Brian Wilson. [1997]. Hg. v. Kingsley Abbott. St.Andrä-Wördern: Hannibal 1998.

Carlin, Peter Ames: Catch A Wave. The Rise, Fall & Redemption of the Beach Boys' Brian Wilson. O.O.: Rodale 2006.

Fusilli, Jim: Pet Sounds. [2005]. New York u.a.: Continuum 2007 (= 33 1/3, Bd. 19).

Lambert, Philip: Inside the Music of Brian Wilson. The songs, sounds and influences of the Beach Boys' Founding Genius. New York u.a.: Continuum 2007.

The Beatles

Badman, Keith: The Beatles off the Record. London: Omnibus Press 2000.

[Beatles]: The Beatles Anthology. München: Ullstein 2000.

[Beatles]: The Beatles Lyrics. London u.a.: Omnibus Press 1998.

Lewisohn, Mark: The Complete Beatles Chronicle. [The only definitive guide to the Beatles' entire career...]. London: Pyramid 1992.

Lewisohn, Mark: The Complete Beatles Recording Sessions. The Official Story of the Abbey Road Years. London: Hamlyn 1988.

Miles, Barry: Paul McCartney: Many Years From Now. New York: Holt 1998 [zuerst 1997].

Norman, Philip: John Lennon. The Life. London: HarperCollins 2008.

O'Hagan, Andrew: England and The Beatles. [2004]. In: Ders.: The Atlantic Ocean. Essays on Britain and America. London: Faber and Faber 2008, S. 255-267.

Riley, Tim: Tell Me Why. A Beatles Commentary. [1988]. Cambridge, MA.: Da Capo Press 2002.

Spitz, Bob: The Beatles. The Biography. New York u.a.: Back Bay Books 2006.

Bob Dylan

Bob Dylan. Ein Kongreß. Hg. v. Axel Honneth, Peter Kemper und Richard Klein. Frankfurt: Suhrkamp 2007.

Detering, Heinrich: Bob Dylan. Stuttgart: Reclam 2007.

Dylan, Bob: Chronicles. Volume One. New York u.a.: Simon & Schuster 2004.

Dylan, Bob: Lyrics 1962 – 2001. [2004]. London: Simon & Schuster 2006.

Heylin, Clinton: Bob Dylan: Behind The Shades. [1991, 2001]. 20th Anniversary Edition. London: Faber & Faber 2011.

Heylin, Clinton: Revolution In The Air. The Songs of Bob Dylan 1957 – 1973. Chicago: Chicago Review Press 2009.

Marcus, Greil: Bob Dylan. Writings 1968 – 2010. New York: PublicAffairs 2010.

Polizzotti, Mark: Highway 61 Revisited. [2006]. New York u.a.: Continuum 2008 (= 33 1/3, Bd. 35).

Shelton, Robert: No Direction Home. The Life and Music of Bob Dylan. Rev. and upd. Edition. London u.a.: Omnibus Press 2010.

Wilentz, Sean: Bob Dylan in America. London: Vintage 2010.

Younger than that now. The collected interviews with Bob Dylan. [o. Hg.] New York: Thunder's Mouth Press 2004.

The Rolling Stones

According to The Rolling Stones. [2003]. Ed. by Dora Loewenstein und Philip Dodd. San Francisco: Chronicle Books 2009.

Appleford, Steve: The Rolling Stones. The stories behind the biggest songs. [1997]. London: Carlton 2010.

Booth, Stanley: The True Adventures of The Rolling Stones. Edinburgh u.a.: Canongate 2012 [zuerst 1984].

Elliott, Martin: The Rolling Stones Complete Recording Sessions 1962-2012. A Sessionography... 50th Anniversary Edition. London: Cherry Red Books 2012.

Simon & Garfunkel

Eliot, Marc: Paul Simon. A Life. Hoboken, NJ.: Wiley 2010.

Jackson, Laura: Paul Simon. The Definitive Biography. London: Piatkus 2002.

Simon, Paul: Lyrics 1964 – 2008. New York u.a.: Simon & Schuster 2008.

Andere Musiker

Boettcher, Marc: Stranger in the Night. Die Bert Kaempfert Story. Hamburg: EVA 2002.

Marten, Neville, und Jeff Hudson: The Kinks. London: Sanctuary 2001.

Miles, Barry: Frank Zappa. London: Atlantic Books 2004.

Fiction und Journalistisches (zeitgenössisch)

Amis, Kingsley, u. Robert Conquest: The Egyptologists. London: Cape 1965.

Capote, Truman: In cold Blood. [1965/66]. London: Hamilton 1966.

Drabble, Margaret: The Millstone. London: Weidenfeld & Nicolson 1965.

Fleming, Ian: On her Majesty's Secret Service. [1963]. London: Vintage 2012.

Fleming, Ian: Thunderball. [1961]. London: Vintage 2012.

Forster, Margaret: Georgy Girl. London: Secker & Warburg 1965.

Highsmith, Patricia: A Suspension of Mercy. [1965]. New York u.a.: Norton 2001.

Lodge, David: The British Museum is falling down. London: MacGibbon & Kee 1965.

Mailer, Norman: An American Dream. New York: Dial Press 1965.

Malamud, Bernard: A New Life. New York: Farrar, Straus & Cudahy 1961.

MacInnes, Colin: Absolute Beginners. London: McKee 1959.

MacInnes, Colin: England, half English. London: MacGibbon & Kee 1961.

Sharp, Margery: Something Light. London: Little, Brown und Co. 1960.

Susann, Jacqueline: Valley of the Dolls. New York: Geis 1966.

Updike, John: Rabbit, Run. New York: Alfred A. Knopf 1960.

Wain, John: Living in the Present. A Novel. London: Secker & Warburg 1955.

Auch interessant

Hentz, Stefan: Im Bauch der Gegenwart. [Über Greil Marcus]. In: Die Zeit Nr. 52 vom 20. Dezember 1996, S. 63.

Kemper, Peter: Maske oder Name: John Lennon und Bob Dylan. In: Frankfurter Allgemeine Zeitung Nr. 186 vom 12. August 2006, S. 41.

Kister, Kurt: Der weise Rebell. [Über Leonard Cohen]. In: Süddeutsche Zeitung Nr. 217 vom 20./21. September 2014, S. 13.

Morley, Jess Cartner: „Erstaunlich, dass ich nicht völlig durchgedreht bin." [Über Twiggy]. In: der Freitag Nr. 42 vom 15. Oktober 2009, S. 23.

Wiele, Jan: Mein Freund? Du hast Nerven. [Über Izzy Young]. In: Frankfurter Allgemeine Zeitung Nr. 189 vom 16. August 2014, S. 11.

Wyss, Beat: Im Supermarkt von Atlantis. In: Süddeutsche Zeitung Nr. 195 vom 24./25. August 1996, S. 13.

INHALT

A Change Is Gonna Come 5
Wir ändern alles, 1. Durchgang. 9
    1954 10
    1962 12
    Biographisches: was prägt 17
    Literatur: was in der Luft liegt 21
    Der mühsame Weg zur Revolution 32
    Was man kennen sollte 43

Erste Strophe: 54
„Blätter, die grün sind, werden braun" *54*
    The Sounds Of Silence 64

Zweite Strophe: 83
„Keine Farben mehr, ich will, dass sie schwarz werden" *83*
    Aftermath 96

Dritte Strophe: 117
„Ich bin nicht gemacht für diese Zeit" *117*
    Pet Sounds 126

Vierte Strophe: 150
„... während mein Bewusstsein explodiert" *150*
    Blonde On Blonde 168

Middle Eight: 190
„Alles, was uns fehlt, ist ein bisschen Freiheit ..." *190*

Fünfte Strophe: 203
Hätte Eleanor Rigby doch nur Doctor Robert gekannt! *203*
    Revolver 214

Middle Eight: 234
„Du bist alt genug, zu töten ..." *234*

Sechste Strophe: 243
„So fahre ich fort, fortzufahren ..." *243*

Wir ändern alles, 2. Durchgang. Zugleich Rück- und Ausblick 263

Register: Personen, Bands 283
Register: Alben (kursiv), Songs 290
Literatur 302

Ebenfalls im Igel Verlag erschienen: The Sixties, vol. 1

Carsten Dürkob

„Word's are flying out ..."
Die Textgeschichte der Beatles

The Sixties, vol. 1

356 Seiten, gebunden
32,90 €
ISBN 978-3-86815-554-9
Igel Verlag, Hamburg 2012

Band-Biographien, die die Karriere-Umstände und die Erfolge der Beatles nachzeichnen, gibt es zur Genüge. Demgegenüber gibt es – nicht einmal im angelsächsischen Raum – keine auch nur im Ansatz detaillierte Darstellung zur Entwicklung der Song-Texte und der Beziehungen der Texte untereinander. Das ist um so erstaunlicher, als der Satz über den freundschaftlichen Wettbewerb zwischen den Songschreibern Lennon und McCartney schon lange ein Allgemeinplatz im Beatle-Talk ist. Doch der Frage, ob und wie sich das alles in den Texten spiegelt, ist bislang nicht nachgegangen worden. Diese Lücke wird mit „Words are flying out..." endlich geschlossen.

Der Autor zeigt, wie sich viele Themen und Motive quer durch den gesamten Song-Katalog verfolgen lassen, und wie sich dabei ein Sub-Dialog der Songschreiber entwickelt. Deutlich wird, dass das Image der fröhlich-unbekümmerten „Moptops" gezielt mit den Singles aufgebaut wird, während die quantitativ gleichstark vertretenen melancholisch-pessimistischen Texte vor allem auf den LPs zu finden sind. Viele Texte und Alben werden auf diesem Weg neu oder überhaupt erstmals gedeutet. Und es erweist sich, dass es schon sehr früh auch Hinweise darauf gab, warum die Bandgeschichte so lief, wie sie lief – und warum sie endete, wie sie endete.